직업능력 개발훈련의 이해

이진구 · 오계택 · 고혜원 · 장신철 · 이문수
이수경 · 전승환 · 정동열 · 김봄이 · 김주섭

박영story

머리말

직업능력개발훈련의 이해를 발간하며

　　직업능력개발훈련은 모든 국민에게 평생에 걸쳐 직업에 필요한 직무수행능력을 습득하고 향상시키기 위해 실시하는 훈련이다. 1967년 직업훈련법이 제정되면서 시작된 직업훈련은 1995년 고용보험법이 도입되면서 고용보험 3대 사업 중하나인 직업능력개발사업으로 변화하면서 획기적인 발전을 이루어 왔다. 고용노동부는 이러한 직업능력개발훈련을 통하여 개인에게는 직업능력을 갖추도록 하면서 생애경력개발의 토대를 마련하고 기업에게는 지속적으로 필요한 인력양성을 통해 기업이 사람을 통해 성장, 발전할 수 있는 토양을 만들어 왔다. 특히, 국민평생직업능력개발법, 직업교육훈련촉진법, 산업현장 일학습병행 지원에 관한 법률, 국가기술자격법, 자격기본법, 고용보험법 등의 제정을 통해 직업훈련이 제대로 추진될 수 있는 기틀을 마련해 왔다.

　　본 개요서는 그동안 고용노동부에서 추진해 온 직업능력개발훈련과 관련된기반 이론과 실제를 체계적으로 정리함으로써 학생, 연구자, 실무 담당자 등 직업능력개발훈련에 대해 관심을 가진 모든 사람들에게 도움을 주고자 하는 목적으로기획되었다. '1장. 직업능력개발훈련의 개념과 이론(이진구, 오계택)'에서는 직업능력개발훈련의 정의를 소개하면서 직업능력개발훈련의 근간을 이루는 이론에 대해 설명하고 직업능력개발훈련의 기능에 대해 제시하고 있다. '2장. 국가별 직업능력개발훈련 체계와 재원조달 유형(고혜원)'에서는 숙련체제별 직업훈련체계의유형에 대해 설명하고 훈련기금을 중심으로 하는 훈련비 재원조달 유형 및 해외사례를 통해 훈련에 대한 시사점을 제시하고 있다. '3장. 우리나라 직업능력개발훈련 정책의 변천과 특성(고혜원)'에서는 직업능력개발훈련 정책이 시대별로 어떻게 변화되어 왔고 핵심적인 특징이 무엇인지에 대해 설명하고 있다. 직업능력개발훈련이 어떻게 발전해 왔는지를 역사를 이해할 수 있는 내용을 담고 있다. '4장. 우리나라 직업훈련 추진 체계 및 지원제도(장신철)'에서는 직업훈련 관련된 법령에 대해 설명하면서 직업훈련의 구성요소인 공급자와 수요자, 그리고 현행 직업훈련과 관련된 지원제도에 대해 제시하고 있다. '5장. 직업능력개발훈련 품질관리(이문수, 이수경)'에서는 직업능력개발훈련의 품질관리의 개념에 대해 설명하면서 심사평가 제도와 모니터링 시스템에 대해 소개하고 있다. 또한, 직업능력개발훈련 품질의 주요한 요소 중 하나인 직업능력개발훈련 교·강사 제도에 대해 설명하고 있다. '6장. 역량중심 직업능력개발체계 구축(정동열)'에서는 역량의 개념과 더불어 역량중심 직업능력개발에 대한 해외사례를 고찰하였고 역량중심 직업능력개발의 대표적인 제도인 NCS, SQF 등에 대해 소개하고 있다. '7장. 자격제도 및 숙련기술장려시책(전승환)'에서는 자격의 개념에 대해 설명하면서 국가기술자격이 무엇인지 그리고 국가기술자격을 취득하는 방법에 대해 제시하고 있다. '8장. 직업능력개발훈련 기본 정책 방향(김봄이)'에서는 5년마다 제시하는 직업능력개발훈련 기본 정책에 대해 그동안의 성과와 한계에 대해 논하면서 직업능력개발훈련 정책의 추진 방향에 대해 설명하고 있다. '9장. 직업능력개발의 현재 이슈와 미래방향(김주섭, 이수경)'에서는 직업능력개발 정책 및 사업의 주요 논의점과 미래방향성에 대해 제시하고 있다. 아마도 향후 미래지향적인 직업능력개발훈련 체계를 수립하는데 여러 시사점을 제시하는 내용이라 할 수 있다.

그동안 직업능력개발과 관련된 여러 정책을 논의하면서 실제 고용노동부의 직업능력개발훈련 정책과 관련된 다양한 경험이 이론을 바탕으로 체계적으로 축적되지 못하는 부분에 대해 문제의식을 가지고 있었다. 더군다나 직업능력개발훈련에 대해 학습하는 학생, 연구하는 연구자, 정책을 입안하는 실무자들이 쉽게 접할 수 있는 기본서가 없었다는 점은 무척 큰 아쉬움이었다. 본 개요서를 계기로 향후 직업능력개발훈련과 관련된 이론과 관련된 경험들이 체계적으로 축적되어 미래지향적인 새로운 직업능력개발훈련 정책을 수립하는 데 초석이 되기를 기대해 본다.

2025.2

저자 일동

목 차

01

직업능력개발훈련의
개념과 이론

01

직업능력개발훈련의 개념과 이론

이진구(한국기술교육대학교), 오계택(한국노동연구원)

제1절 ▸ 직업능력개발훈련의 개념

1. 직업능력개발훈련의 이해

(1) 직업능력개발훈련 정의

인간이 삶을 영위하는 데 있어 직업을 갖는 것은 매우 중요한 일이다. 직업을 갖기 위해 인간은 지속적으로 정규교육 이외에 성인이 된 이후에도 계속적인 훈련을 받는다. 그렇기 때문에 직업능력개발훈련(vocational competency development training)은 개인 차원의 삶과 국가 차원의 고용 확대 및 국가경쟁력 향상에 중요한 의미를 가진다. 일반적으로 직업능력개발이란 특정 직업 또는 일반적인 직업에서 일정 직무를 수행하는 데 필요한 능력을 의미한다. 이러한 직업능력개발과 관련된 용어로는 직업능력개발훈련, 직업훈련(vocational training), 직업교육(vocational education), 직업교육훈련(vocational education and training: VET)[1] 등의 용어가 존재한다.

먼저 직업능력개발훈련에 대한 구체적인 정의는 2022년 2월 개정된 국민평생직업능력개발법 제2조에서 볼 수 있다. 동조에 의하면 "직업능력개발 훈련은 모든 국민에게 평생에 걸쳐 직업에 필요한 직무수행능력(지능정보화 및 포괄적 직업

---

[1] Nadler(1970)에 의하면 훈련(training)은 현재 자신의 직무스킬을 향상시키기 위한 활동이며 교육(education)은 향후 가까운 미래에 수행하게 되는 직무에 대한 지식 및 스킬을 향상시키는 활동이다. 개발(development)은 직무와 직접적인 관련은 없지만 미래 어느 순간에 사용할 수 있는 개인의 능력, 지식, 스킬을 향상시키는 활동이다.

표 1-1 직업교육과 직업훈련

구분	직업교육	직업훈련
담당부서	교육부	고용노동부
기간	고정(고교 3년, 대학교 2년~4년)	제한 없음
가르치는 내용	교육부의 인가 필요 교양 등 종합적 내용	제한 없음 필요한 분야의 기술에 특화
교사	교사자격증 취득자만 가능	현장 경력 소지자 등 다양화
기관	학교설립은 엄격하게 제한 (실업계 중등학교, 전문대 등)	지정훈련시설뿐만 아니라 학원 등 다양한 기관에서 실시 (공공, 민간, 기업, 협회 등)
학위/ 자격증	학위 부여	별도의 검정과정을 거쳐서 자격증 부여 (수료만으로 학위나 자격이 인정되지 않음)

출처: 장신철(2023), 직업능력개발훈련개관 p.4에서 재인용

·직무기초능력을 포함)을 습득·향상시키기 위해 실시하는 훈련"을 의미한다. 본 법에서는 훈련의 대상을 전 국민으로 확대하고 평생에 걸쳐 지속적인 직업능력개발을 지원한다는 적극적 의미를 담았다. 1995년 고용보험제 시행 이전에는 주로 직업훈련이라는 용어가 쓰였으나 1995년 고용보험제가 시행되고 고용보험 사업의 하나로 직업능력개발사업이 시행되면서 직업능력개발이라는 용어가 광범위하게 쓰이기 시작하였다. 그러나 실무적으로는 직업능력개발훈련이라는 용어를 축약하여 직업훈련으로 사용하고 있기 때문에 "직업능력개발훈련"과 "직업훈련"이라는 두 용어는 사실상 같은 개념으로 보아도 무방한 것으로 보인다. 따라서 책에서는 독자들의 혼란을 줄이기 위하여 직업능력개발훈련을 직업훈련이라는 용어로 통일하여 사용하였다.

일반적으로 직업교육은 직업훈련과 다음과 같이 구분된다. 직업교육은 중등 및 고등교육 등 정규 학교 교육과정이며 졸업 시 학위가 부여된다. 우리나라에서 직업교육은 특성화고, 마이스터고 등 중등단계의 교육과 전문대학 등 고등단계 교육을 제공하는 정규 교육을 의미하며 교육부에서 관장한다. 반면, 직업훈련은 원칙적으로 학위를 취득하는 것이 아닌 정규교육과정 이외의 과정을 의미한다.[2] 직업훈련은 학원, 사업주가 설립한 회사 내외의 시설, 공공 및 민간직업훈련기관 등 다양한 시설에서 이루어지며 고용노동부에서 관장한다.

한편, 「직업교육훈련촉진법」에서는 '직업교육훈련'을 "「산업교육진흥및산학협

---

2) 단, 예외로 폴리텍 대학은 2년의 기술교육을 통해 산업학사를 취득할 수 있는 과정이 있다.

표 1-2 직업교육과 직업훈련 체제 비교

정규교육(Official Education)		직업훈련(Vocational training)
일반교육 (General Education)	직업교육 (Vocational Education)	
초등학교(6년) 중학교(3년) 고등학교(3년) 대학교(4년)	특성화고, 마이스터고(3년) 전문대학교(2~3년)	○ 민간직업훈련기관 - 지정직업훈련시설,학원, 평생교육시설 등 - 사업주, 사업주 단체설립시설 ○ 공공직업훈련기관 - 폴리텍(37개 캠퍼스) - 국가, 지자체, 공공기관 등에서 설립한 훈련시설

력촉진에관한법률」 및 「근로자직업능력개발법」과 그 밖의 다른 법령에 따라 학생과 근로자 등에게 취업 또는 직무수행에 필요한 지식·기술 및 태도를 습득·향상시키기 위하여 실시하는 직업교육 및 직업훈련"으로 정의하고 있다. 직업교육훈련촉진법은 우리나라 특성화고생들의 현장실습을 규율하고 있는 법으로서 직업교육훈련은 직업교육과 현장실습을 통합한 개념이다. 직업교육과 직업훈련의 통합은 이미 유럽 국가에서는 오래전에 시행되어 왔으며 특히, 독일, 스위스는 교육과 훈련시스템을 결합한 듀얼 시스템이 잘 알려져 있다. 국제적으로는 TVET (Technical Vocational Educational and Training)이라는 용어도 광범위하게 사용된다. 우리나라도 이러한 영향을 받아 학교 교육과 직업훈련을 결합하려는 시도를 계속해 왔고 1997년 직업교육훈련촉진법 제정에 이어 2019년 일학습병행법이 제정되고 2020년 8월 시행됨으로써 직업교육훈련의 발전을 위한 새로운 계기가 마련되었다.

(2) 직업능력개발훈련의 구분

직업능력개발훈련은 훈련의 주체에 따라 자체훈련, 위탁훈련으로 구분되고, 훈련의 내용과 대상에 따라, 양성훈련, 향상훈련, 전직훈련으로 구분되며, 훈련방법에 따라 집체훈련, 현장훈련, 원격훈련, 혼합훈련으로 구분된다(한국산업인력공단, 2021). 그리고 훈련의 지원체계에 따라 사업주훈련과 개인훈련으로 구분할 수 있다.

① 훈련주체에 따른 구분(자체/위탁)

자체훈련은 사업주가 훈련계획의 수립, 훈련실시, 훈련생 관리, 행정처리 등을 자체적으로 하는 훈련이다. 외부 전문기관으로부터 자문을 받거나 훈련 프로그램 제공 등을 받아도 무방하다. 반면, 위탁훈련은 사업주가 외부 교육기관에 위탁하여 실시하는 훈련이다. 이 경우 수탁기관이 훈련을 실시하고 훈련생 관리 등을 담당한다.

② 훈련 목적에 따른 구분(양성/향상/전직)

양성, 향상, 전직 훈련의 정의는 〈표 1-3〉과 같다. 일반적으로 양성훈련이 가장 큰 비중을 차지하지만, 최근 탈탄소 전략, ICT 기술의 급속한 발달 등에 따른 산업구조변화에 따라 기존 인력들을 성장산업으로 이동시키는 데 필요한 기능·기술을 습득시키는 전직훈련의 중요성이 갈수록 높아지고 있다.

표 1-3 훈련목적에 따른 훈련의 구분

훈련의 종류	훈련 내용
양성훈련(basic training)	채용예정자, 구직자 등을 대상으로 기초적 직무수행능력을 습득시키기 위하여 실시하는 훈련
향상훈련(upgrade training)	근로자 등 양성훈련을 받은 사람이나, 기초적 직무수행능력을 가지고 있는 사람에게 더 높은 수준의 직무수행능력을 습득시키기 위하여 실시하는 훈련
전직훈련 (outplacement training)	근로자 등에게 종전의 직업과 유사하거나 새로운 직업에 필요한 직무수행능력을 습득시키기 위하여 실시하는 훈련

③ 훈련방법에 따른 구분(집체/현장/원격/혼합)

집체훈련은 훈련전용시설 등 훈련을 실시하기 적합한 시설에서 실시하는 훈련이다. 훈련전용시설은 생산시설과 독립된 시설로서 직업능력개발훈련만을 실시하기 위하여 설치된 시설을 의미하며 훈련장소뿐만 아니라 훈련실시를 위하여 제공된 시설이나 장비를 포괄하는 개념이다. 근무시간 외의 시간을 이용하더라도 생산시설이나 근무장소에서 훈련을 실시할 경우, 집체훈련으로 인정되지 않는다. 현장훈련은 산업체의 생산시설이나 근무장소에서 실시하는 훈련으로서 흔히 OJT(on-the-job) 훈련으로 부른다. 원격훈련은 정보통신매체를 활용하거나 인쇄 매체로 된 훈련교재를 이용하여 훈련이 실시되고 훈련생 관리 등이 웹상으로 이루어지는 훈련이다. 인터넷, 우편을 이용할 수도 있고, 가상현실 등 스마트 기기를 활용할 수도 있다. 혼합훈련은 집체훈련, 현장훈련, 원격훈련 중 두 종류 이상의 훈련을 병행하여 실시하는 훈련을 말한다. 다만, 인터넷원격훈련과 우편원격훈련 병행실시는 불가하다.

④ 훈련비 지원에 따른 구분[개인주도훈련/사업주주도훈련]

직업훈련은 사업주가 자신의 재직자 또는 구직자(취업예정자)에게 실시할 수도 있고, 개인들이 스스로 훈련을 받을 수도 있다. 우리나라에서는 사업주가 실시하는 훈련에 대해서는 직업능력개발사업기금에서 지원(환급)을 해주고 있으며, 개인들이 받는 훈련에 대해서는 국민내일배움카드를 통해 지원해 주고 있다. 과거에는 사업주훈련이 주류를 이루었으나 2009년 내일배움카드가 도입되고 2020년부터 국민내일배움카드라는 선진국 수준의 제도를 갖추게 됨에 따라 지원예산 비중으로는 개인훈련이 사업주훈련에 비해 4배나 많아졌다. 국민내일배움카드는 일반계좌제훈련, 국가기간·전략산업직종훈련·K−Digital 훈련 등 모든 종류의 훈련을 개인이 선택하여 받을 수 있는 개인주도 훈련이다. 이를 정리해 보면 다음 그림과 같다.

그림 1-1 훈련비지원에 따른 훈련 구분

사업주 (주도) 훈련	개인 (주도) 훈련 (국민내일배움카드 활용)
▪ 사업주가 재직자구직자에게 훈련을 제공하고 고용보험기금에서 환급받음 ▪ 기업 맞춤형 훈련을 통해 생산성 향상 및 기업 경쟁력 확보 가능	▪ 개인들이 국민내일배움카드를 활용하여 훈련기관, 훈련과정을 선택 ▪ 훈련의 보편성, 이동성, 훈련격차 해소에 유리

1. 인적자본이론

(1) 인적자본이론 관련 이론들

① 인적자본이론

인적자본이론은 교육, 훈련, 경험에 대한 투자는 개인에게 임금과 직무에 있어 큰 혜택이 있다는 것을 강조한다. 전략적 인적자원관리는 인적자본에 대한 투자로 볼 수 있고, 훈련에 참여하여 기술을 습득하는 것은 개인의 입장에서는 합리적인 선택으로 볼 수 있다. 인적자본이론은 공식적 혹은 비공식적 훈련이나 교육에 대한 투자는 개인의 성과, 생산성, 수입 등을 증가시킬 것이라는 매우 단순한 주장이 그 핵심이다(Gattiker, 1995). 인적자본이론은 일반적 훈련과 특수적 훈련으로 훈련에 대한 투자를 두 가지로 구분한다. 기업 특수적 훈련은 다른 기업으로 이동이 어렵고, 따라서 해당 조직 밖에서는 제한된 가치를 지닌다. 이에 반해 일반적 훈련은 노동시장에서 가치를 지니며, 경력을 향상시키는 가치를 가진다.

이러한 인적자본이론은 인간의 역량이 조직이 활용 가능한 자원 중의 하나라는 관점에서 출발한다. 이는 조직의 경쟁력을 분석하고 이를 핵심 역량의 소유라고 주장한 Prahalad & Hamel(1990)가 그 시초가 될 수 있다. 이들은 조직은 경쟁력을 가질 수 있도록 하는 여러 가지 요인들의 독특한 조합을 가질 수 있고, 인적자본은 이러한 요인들 중의 하나라고 주장하였다. 따라서, 인적자본이론은 기업 경쟁력에 대한 이론이라고 할 수 있고, 이 관점에서 조직은 학습, HRD에 대한 투자, 지식 축적, 경험 등에 관심을 가진 역량의 집합체로 개념화할 수 있다. Hamel & Prahalad(1994)는 핵심역량을 하나의 숙련이나 기술이라기보다는 숙련이나 기술의 집합체로 보았다. 이러한 관점에서 전략적 인적자원개발은 핵심역량을 향상시키는 데 있어 가치를 가지며, 이 중 일부는 인간의 역량에 기초하고 있다. 다른 경쟁 기업들이 모방하기 어려운 일련의 역량들을 조직이 갖출 수 있도록 하기 위해서는 이러한 기술들이 중장기적으로 개발될 필요가 있다.

② 자원기반이론

자원기반이론은 기업들 간의 인적자원관리 제도 구성에서의 차이가 조직 성과에 공헌하는 잠재력에 있어 근본적인 차이를 가져온다는 가정에서 출발한다. 조직의 중장기적 경쟁력은 그 조직의 인적자원이 얼마나 지속 가능하고, 모방이 어렵고, 대체 불가능하며, 다른 경쟁 기업들과 차별화를 할 수 있는지에 달려있다 (Festing & Eidems, 2011). 인적자원은 기업 특수적이고 암묵적인 조직 지식과 같은 역량을 개발하기 위해 전략적 인적자원개발을 활용함으로써 지속 가능한 경쟁 우위를 제공할 수 있는 잠재력을 가지고 있다(Lado & Wilson, 1994). 암묵적이고 산업 특수적인 지식이 전략적 관점에서 가장 높은 가치를 가진다는 것은 잘 알려진 사실이다. 자원기반이론은 조직이 인적 자원의 역량과 헌신을 동시에 향상시킴으로써 경쟁 우위를 추구할 수 있는 전략적 인적자원개발 전략을 시행할 필요가 있음을 강조한다. 이를 위해서 조직은 내적으로 일관성을 가지는 전략적 인적자원개발 제도들을 운영할 필요가 있다. 기존의 연구들에 따르면 일반적으로 높은 가치를 가지는 전략적 인적자원관리 제도들에는 직무 훈련, 리더십 개발, 기술역량 개발, 암묵적 조직지식 및 사회 네트워킹 형성 전략 등이 포함된다(McWilliams, Van Fleet, & Wright, 2001). 모범 사례 접근은 특정 전략적 인적자원개발 제도가 조직 성과 향상과 연관된다고 주장하고 있다.

③ 행위론적 접근

전략적 인적자원개발에 대한 행위론적 접근은 조직의 목표를 달성하기 위해 도움이 되는 행위의 유형들을 형성하는 도구로서 전략적 인적자원개발 제도를 활용한다고 주장한다. 조직마다 목표가 서로 다르기 때문에 서로 다른 유형의 행위들을 필요로 하고, 따라서 서로 다른 전략적 인적자원관리 제도들을 필요로 한다 (Snell, 1992). 이러한 구성주의 접근은 전략적 인적자원관리에 대한 상황이론을 강조하면서 외적 적합성을 강조하였다. 이러한 요인들로는 조직 규모, 기술, 소유권, 업종과 지역 등이 있다. 전략적 인적자원개발 제도들이 전략과 적합성을 가져야 한다는 주장은 매우 설득력은 있어 보이지만 이러한 주장에 대한 경험적인 기반은 매우 취약하다(Tharenou, Saks, & Moore, 2007). Michael Porter가 주장했던 일반 전략 접근도 전략적 인적자원개발 분야에서는 설득력 있는 결과를 도출하지 못하였다. Lengnick−Hall & Lengnick−Hall(1998)은 조직의 경영 전략과 전략적 인적자원개발 전략 간의 잠재적인 상호 의존성을 제안하였다. 이는 숙련된 근로자에 대한 수요는 기업의 경쟁 전략에 의해 영향을 받을 것이라는 점을 의미한다.

반대로 능력있는 인적자원의 존재 여부는 경쟁 전략에 영향을 미칠 것이며, 높은 수준의 기술과 역량을 갖춘 근로자들을 보유한 성장 기대를 가진 기업은 확장과 성장에 이를 가능성이 높다. 하지만 기술과 역량 수준이 낮은 기업은 전략을 수정할 가능성이 높다. 성장 지향 전략을 추구하는 기업은 조직의 준비성을 향상시키기 위해 전략적 인적자원개발을 활용하게 된다는 것에는 많은 동의가 이루어지고 있다(Tharenou, Saks, & Moore, 2007).

(2) 인적자본이론의 교육훈련에 대한 설명

① 개인의 직업훈련 참가결정

인적자본이론에 의하면 개인의 직업훈련에 대한 투자결정은 훈련 수료 후에 개인의 생산성 향상으로 인한 소득의 증대와 훈련에 참여하지 않았을 경우에 발생할 것으로 예상되는 소득의 비교를 통해 이루어진다. 이러한 개인의 직업훈련에 대한 투자에는 영향을 미치는 요인들이 존재한다. 첫째, 나이가 많을수록 교육훈련에 참여할 가능성은 낮아진다. 훈련 수료 후 기대소득의 합은 연령에 반비례하기 때문이다. 이와 비슷하게 시간에 대한 선호가 높은 사람(혹은 시간에 대한 할인율이 높은 사람)일수록 훈련에 참여할 유인이 감소하게 된다. 시간에 대한 할인율이 높은 사람은 그렇지 않은 사람에 비해 미래의 소득에 대한 가치를 낮게 평가하기 때문에 훈련참가로 인해 동일한 소득효과가 발생한다고 기대되는 상황에서도 훈련참가에 덜 적극적으로 나서게 될 것이다.

둘째, 개인이 접근할 수 있는 정보의 양과 훈련참여는 밀접한 관계를 가진다. 여기에서 정보는 훈련의 질과 유용성에 대한 정보, 훈련정책에 관한 정보 등 훈련과 직접적인 연관성이 있는 정보뿐만 아니라 일반적인 노동시장 정보 등과 같이 광범위한 지식과 정보 역시 훈련참가에 영향을 미칠 수 있다. 일반적으로 개인은 훈련의 질과 유용성이 높은 훈련에 참여하려고 할 것이며, 상대적으로 유리한 훈련정책의 수혜자가 되고자 할 것이며, 노동시장에 더 많은 일자리 기회가 존재할 경우 교육훈련에 더 많이 참여하고자 할 것이다. 기존의 인적자본이론에서는 개인의 인적자본 투자결정은 미래의 생애소득에 대한 완전정보에 기초하여 이루어지는 것으로 보았다. 하지만, 현실세계에서는 불완전한 정보에 기초하여 교육훈련에 대한 투자결정을 하기 때문에 사후적으로는 불합리한 의사결정을 하는 경우가 많다고 할 수 있다. 이러한 이유로 인해 개인의 인적자본에 대한 투자결정은 개인의 위험에 대한 태도와 밀접한 관련을 가진다. 위험을 감수하는 경향을 가진 개인은 상대적으로 불완전한 정보라고 하더라도 이에 기초하여 교육훈련에 투자할 가능성이 높아질 것이다.

셋째, 교육훈련 참여 이전의 소득수준은 이론적으로 훈련참여에 영향을 미치지 않는다. 이는 일반적인 상식과는 부합하지 않는 것처럼 보이지만 훈련참여 이전의 소득수준과 훈련참여 결정이 연관되어 있는 것처럼 보이는 이유는 소득수준이 개인의 정보접근 가능성을 높여줄 수 있고, 이러한 정보의 양이 훈련참여에 영향을 미치는 경우가 많기 때문으로 보인다. 즉, 훈련참여 이전의 소득 수준은 훈련참여에 직접적인 영향을 미치기보다는 훈련참여에 영향을 미치는 다른 변수들을 통하여 간접적인 영향을 미치고 있는 것으로 보인다.

② 기업의 직업훈련 투자결정

기업의 직업훈련에 대한 투자는 일차적으로 직업훈련이 어떠한 성격을 가지는지에 따라 달라진다. 기업특수적 훈련은 훈련을 제공하는 기업의 생산성 향상에는 기여하지만 다른 기업의 생산성 향상에는 기여하지 못하는 성격의 훈련을 의미한다. 그리고 일반적 훈련은 모든 기업에서 똑같이 생산성 향상에 기여할 수 있는 훈련을 의미한다. 따라서 훈련의 성격이 기업특수적일 경우에는 기업이 훈련비용을 부담하는 비중이 높아지게 되며, 일반적 훈련의 경우에는 훈련에 참여하는 근로자가 비용을 부담하는 비중이 증가하게 된다. 훈련비용의 부담에 관한 기제에는 다음과 같은 두 가지 특징이 있다.

첫째, 기업특수적 훈련에 대해 기업이 비용을 지불하는 이유는 기업특수적 훈련이 다른 기업에서는 활용되기 어렵기 때문이다. 즉, 훈련을 통해 향상된 숙련과 증가된 산출물에 대해 일정한 보상을 하지 않아도 훈련을 받은 근로자들을 더 나은 조건으로 받아들이는 잠재적인 기업이 시장에 존재하지 않는다. 따라서, 훈련비용은 기업이 지불하기는 하지만 이로 인한 편익 또한 해당 기업이 모두 향유할 수 있는 것이다.

둘째, 기업이 일반적 훈련에 대한 비용을 지불하지 않으려고 하는 이유는 일반적 훈련은 다른 모든 기업에서도 활용될 수 있고, 따라서 훈련을 이수한 근로자들에게 더 많은 보상을 하고자 하는 잠재적인 기업이 시장에 존재하기 때문이다. 즉, 기업의 입장에서는 일반적 훈련에 투자한 비용을 보상받을 수 있는 방법이 없기 때문에 일반적 훈련에 대한 투자는 기피하게 된다.

그러나 이러한 특징에도 불구하고 교육훈련에 대한 비용부담의 주체가 단순히 훈련 유형에 의해서만 결정되는 것은 아니다. 예를 들면, 정년보장은 기업의 직업훈련 투자에 대한 의사결정 과정에서 완전하게 외생적으로 작용하는 것은 아니고 기업이 상대임금을 조정함으로써 근로자들이 고용 기간에 영향을 미칠 수 있는 여지가 존재한다. 또한, 사회적 또는 제도적 요소들도 개인의 정년 보장에 영향을 미칠 수 있는데 이러한 상황에서 기업의 직업훈련에 대한 최적투자 결정 방식은 달라질 수 있다. 예를 들어, 과거의 일본과 같이 평생고용이 정착된 경우에는 기업의 입장에서 일반훈련에 대한 투자를 기피할 요인이 감소할 수 있다. 따라서, 상대임금이 노동이동의 중요한 결정요인으로 작용하는 상황에서는 훈련의 유형이 기업특수적 훈련인가 혹은 일반적 훈련인가 하는 여부는 기업의 직업훈련에 대한 의사결정의 유일한 기준은 아니라고 할 수 있다.

2. 성인학습이론

(1) 성인학습이론의 관점들

① 도구적 학습이론

도구적 학습이론은 개인의 경험에 초점을 둔 이론으로 행동주의 이론과 인지학습이론, 그리고 경험학습 이론이 있다.

행동주의 이론은 환경에서의 외부적 자극이 행동의 변화를 이끌어낸다는 것이다. 이 이론에 따르면 긍정적인 결과 혹은 강화물들은 행동을 강화시키고 결국에는 학습을 향상시키지만 부정적인 결과와 체벌은 학습을 약화시킨다. 현재 많은 역량 교육과정과 훈련 프로그램들이 이 행동주의 이론에 기반하고 있는데 이 이론을 적용하는 경우 대부분 결과의 표준화를 함양하는 학습으로 연결된다. 따라서, 행동주의 이론의 핵심 쟁점은 누가 결과를 결정하고, 측정하는지이고, 따라서 이 이론에서는 학습자의 특정한 반응을 이끌어내기 위한 학습환경을 통제하는 교수자의 역할이 중요하므로 교수자 중심의 이론이라고 할 수 있다. 이 이론에 따르면 교육훈련을 통해 긍정적인 결과를 얻게 되면 이러한 교육훈련에 참여하는 행동도 강화되고, 교육훈련의 효과도 높아진다고 볼 수 있다.

인지학습이론은 행동 혹은 외적인 환경과 맥락이 아니라 학습자 마음의 정신적이고 심리적인 과정으로서의 학습을 강조한다. 즉 이 이론은 통찰, 정보 처리, 인지, 성찰, 메타인지, 기억 등과 같은 것들을 중시하면서 학습을 촉진시키기 위한 정신적 및 심리적 과정을 강조한다. 이 이론을 통해 직업훈련 교육이 이루어지는 과정에서 학습자가 어떠한 과정을 거쳐 교육내용을 학습하는지를 살펴볼 수 있을 것이며 어떠한 학습과정을 거쳐 학습과정이 이루어질 때 직업교육의 효과성이 높은지를 분석할 수도 있을 것으로 보인다.

경험학습 이론은 학습을 지식이 경험의 변화를 통해 창조되는 과정으로 보고, 학습과 지식의 구성이 경험을 통해 촉진된다고 보았다. 이 이론에서는 구체적 경험(느끼기) – 관찰과 성찰(관찰하기) – 추상적 개념과 일반화(생각하기) – 새로운 상황에서의 개념과 함의를 실험하기(행동하기)라는 주기가 계속해서 반복된다고 보았다. 이 이론은 학습을 촉진하기 위해서는 교육자들이 학습자의 경험을 창조하고, 촉진하며, 조직하는 책임을 강조하였다. 경험학습 이론은 직업훈련에 대해서는 의미하는 바가 크다. 직업훈련에서는 실습이 중요한 부분을 차지하며 경험학습 이론에서는 개인의 경험을 통해 이루어지는 학습 효과를 중시하기 때문이다.

② 인본주의 이론

인본주의 이론은 개인의 성장을 중심에 두고 학습의 궁극적인 목표가 자아실현에 있다고 보았다. 매슬로우가 창시한 인본주의 심리학이 발전하면서 자아실현, 촉진, 자기주도, 경험, 성찰과 같은 인본주의의 아이디어로 접근하기 시작하였다. 이 이론은 자아실현을 할 수 있는 잠재력을 가지고, 자기 주도적이며, 내적인 동기를 가진 개인을 양성하는 것을 목표로 한다. 따라서, 이 이론에서는 학생 중심의 개인 맞춤형 학습을 중시하며, 교수자는 학습의 촉진자로서 기능한다. 이 이론은 직업훈련의 최근 동향과 연결된다고 볼 수 있다. 최근 직업훈련에서도 성인의 학습능력을 강조하며, 자기주도학습 등의 방식을 시도하고 있기 때문이다.

안드라고지(Andragogy)는 아동과 성인의 핵심적인 차이가 어른이 아동과 구분되는 학습동기에서 비롯된다고 보고 있다. 하지만, 안드라고지는 지식과 의미를 구성하는 사회적 맥락과 메커니즘을 이론에서 배제하였다는 한계를 가진다. 자기주도학습은 성인이 자신의 학습을 스스로 계획하고, 수행하며, 평가할 수 있다고 가정한다. 자기주도학습에서 성인교육의 목표는 학습에서의 자율성과 개인의 자유를 강조하는 것이다. 하지만 자기주도학습이 불가능하거나 또는 학습 도

중에 흥미를 잃는 성인 학습자가 존재하기도 한다.

③ 전환학습이론

전환학습이론은 비판적 성찰이 어떻게 학습자의 신념과 가정을 도전하는 데 사용될 수 있는지를 탐구하는 학습이론이다. 이 이론에서 학습이란 미래의 행동에 대한 안내 지침으로써 자신의 경험의 의미를 새로운 또는 수정된 해석으로 구성하기 위해 기존의 해석을 활용하는 과정으로 본다. 즉, 전환학습은 우리가 당연히 받아들이던 준거틀(의미관점, 마음의 습관, 마음가짐)을 보다 포괄적이고 차별화되고 열려있고 정서적으로 변화될 수 있고 성찰적인 것으로 전환하는 과정을 의미하며, 그 결과 보다 진실되고 정당화된 행동지침으로 증명될 믿음과 의견을 생성하게 됨을 의미한다. 이 이론은 직업훈련에도 적용될 수 있을 것으로 보인다. 직업훈련은 직업훈련에 대해 가지고 있던 기존의 편견 등이 없어야만 훈련의 효과 등이 향상될 수 있기 때문이다.

④ 사회적 학습이론

사회적 학습이론은 교육목표를 새로운 역할과 행동의 모방에 두며, 두 가지 중요한 요소는 맥락과 공동체이다. 실천 공동체는 공동의 주제와 목적을 가진 사람들이 자발적으로 모여 상호 신뢰를 바탕으로 해당 주제 영역의 지시과 기술을 체화하고, 체득된 결과를 공유, 실천함으로써 지식을 창출하는 집단 공동체를 의미한다. 따라서, 실천공동체는 학습자를 인도하고 격려하는데 매우 중요한 역할을 한다. 학습자들이 실천공동체에 들어가는 방법에 대한 연구도 이루어졌다. 학습자의 경험이 맥락과 공동체에 의해 형성되는 방법은 상황인지 이론의 영향을 받았는데 이는 세 가지 주요 가정을 전제로 한다. 1) 학습과 사고는 사회적 활동이다. 2) 사고와 학습은 특정한 상황에 가용한 도구에 의해 구조화된다. 3) 사고는 학습이 일어나는 맥락에 의해 영향을 받는다. 이러한 사회적 맥락의 중요성을 강조한 사회적 학습이론은 멘토 혹은 훌륭한 역할 모델의 중요성을 강조한다. 사회적 학습이론은 직업훈련에 많은 영향을 미쳤다. 중소기업학습조직화 지원사업이 이 이론을 기반으로 만들어져서 운영되고 있다고 볼 수 있다. 중소기업학습조직화 지원사업은 중소기업이 업무관련 지식, 경험, 노하우를 작업장 내에서 체계적으로 축적 및 확산할 수 있도록 학습활동 및 인프라 지원을 통하여 중소기업의 지속 가능한 성장과 경쟁력 확보에 기여하고자 하는 사업이다. 지원유형은 학습조 활동지원, 우수사례 확산지원, 외부 전문가 지원, 학습인프라 지원 등이 있다.

⑤ 동기 모형

성인학습을 설명하려는 이론 모형은 반드시 동기와 성찰이라는 두 가지 요소를 포함하여야 하는데 자기결정이론이 이러한 이론 중의 하나이다. 자기결정이론은 내재적 동기의 중요성을 강조하고, 이를 유지하기 위해서는 자율성, 역량, 소속감의 세 가지 기본적인 요소가 충족되어야 한다고 보았다. 학습에 있어 쟁점 중의 하나는 성공할 것이라는 기대가 낮은 경우 학습동기를 저하시킬 수 있다는 것이다. 하지만 이러한 주장은 배움에 대한 다양한 기대, 특히 서로 경합할 수 있는 다른 기대들 사이에서의 균형을 찾지 못한 것으로 보인다. 이에 대한 보완책으로 기대가 이론(Expectancy valence theory)은 성공에 두는 가치와 성공에 대한 기대를 통합시키는 동기모형을 개발하였다. 즉, 학습동기는 성공에 대한 기대와 성공에 두는 가치의 곱으로 보았다. 연쇄반응 모형은 성인의 학습참여는 의사결정 과정에서 긍정적인 반응이 연쇄적으로 나타날 때 이루어진다는 이론이다. 이 모형의 세 가지 내적인 동기 요인은 자기평가, 교육에 대한 학습자의 태도, 목표와 기대의 중요성이며 이 세 가지 요소는 서로 내부적으로 연계되어 있는 것으로 보았다. 직업훈련에 있어서도 동기요인은 매우 중요하게 작용할 것으로 보인다. 직업훈련에 대한 내재적인 동기가 높을 경우 직업훈련에 적극적으로 참여할 것으로 보이며, 직업훈련의 효과도 높을 것으로 기대되기 때문이다.

⑥ 성찰 모형

성찰-변화 모형은 성찰이 행동을 이끌고 그 이후 변화가 일어난다고 가정한다. 성찰은 행위에 대한 성찰과 행위 중의 성찰로 구분된다. 행위에 대한 성찰은 경험을 한 이후에 대해 의식적으로 생각하는 것이고, 행위 중의 성찰은 활동을 경험하는 과정 중에 수행하는 성찰을 의미한다. 성찰은 학생들이 복잡한 상황에 대한 의미를 부여하는 데 도움을 주고, 진정한 실천의 경험으로부터 배우는 것을 가능하게 한다. 성찰 학습에서는 학생들의 성찰능력이 매우 다양하므로 교사의 역할은 성찰을 촉진하는 학습환경과 학생들에게 건설적인 피드백을 제공해 주는 것이 중요하다. 따라서, 지식과 스킬을 함양하기 위한 도구로 성찰과 피드백을 활용한 계획적인 교수 활동은 교수자가 학생이 자율적인 학습을 하도록 돕는 데 중요한 통찰력을 제공한다. 직업훈련에서도 성찰과 피드백은 중요한 역할을 담당할 것으로 보인다. 성찰을 통해 경험으로부터 배우는 것이 가능해지므로 직업훈련에서는 다양한 경험을 할 수 있도록 해 주고 이에 대해 성찰을 할 수 있는 기회를 제공하는 것이 중요할 것으로 보이고, 훈련생들의 결과물들에 대해 풍부한 피드백을 제공하는 것이 훈련생들의 성과를 향상시키는 데 도움이 될 수 있을 것으로 보인다.

⑦ 구성주의 이론

구성주의 이론은 인지적 구성주의 이론과 사회문화적 구성주의 이론으로 구분된다. 구성주의의 핵심적인 주장은 지식은 발견되는 것이 아니라 구성된다는 것이다. 또한 구성주의는 지식을 구성하는 주체로서 인간 주관의 능동성이 중요하다고 보았다. 따라서 진리 혹은 지식 자체보다는 인간 혹은 학습자의 삶의 맥락에 초점을 두었다. 인지적 구성주의에서는 지식 획득이 일어나는 과정에 대해 심리학적이고 인식론적인 설명을 제공하고 있으며, 특히 학습자의 인지적 발달에 초점을 맞추었다. 인간은 환경과 상호작용을 하며 지식을 획득하게 되는데 외부 세계를 단순히 수동적으로 받아들이는 것이 아니라 학습자의 인지가 발달하면서 외부 세계를 능동적으로 구성하고 조직해 나간다고 주장하였다. 반면, 사회문화적 구성주의 이론은 마음의 사회문화적 기원을 강조한다. 즉, 학습에 대한 사회적 이론으로 학습에서의 사회역사적 그리고 상황적 측면을 강조하였다. 구성주의에 따르면 개인들은 새로운 지식을 그들의 이전 기술과 지식 사이의 상호작용을 통해서 혹은 동료나 교사와의 사회적 활동으로부터의 사회적 상호작용을 통해 습득한 기술과 지식 사이의 상호작용을 통해서 새로운 지식을 구성한다고 주장한다. 이러한 측면은 직업훈련과도 관련되는 측면이 있다. 직업훈련에서도 어떠한 지식이나 기술은 기존에 존재하는 기술과 지식으로부터 훈련 과정에서의 상호작용을 통해 새롭게 창출될 수도 있기 때문이다. 이를 위해서는 훈련교사와 훈련생들 간의 상호작용이 원활하게 이루어질 수 있는 훈련 환경을 조성하는 것이 중요할 것이다.

⑧ 포스트모더니즘과 후기구조주의 이론

포스트모더니즘과 후기구조주의 이론에 기반한 학습이론은 절대적 지식의 존재를 부정하며 성인학습이론 자신에 대한 비판을 제시하였다. 즉, 지식 자체에 대한 질문을 던지면서 지식 자체가 사회적 강자들에 의해 우연적이고 사회적으로 구성되었다고 주장하였다. 이 이론에서는 학습이 역사와 사회적 맥락에서 기존의 억압적 경험의 부당성을 깨닫는 과정이다. 성인 교육자와 성인학습자는 대화적 관계를 통해 학습자의 비판적 인식을 촉진하고, 이 과정 속에서 성인학습자는 그들의 삶을 통제하는 억압을 인식하게 된다. 이처럼 포스트모더니즘과 후기구조주의 이론의 주요 목적은 기존의 지식 혹은 이론에 새로운 지식을 쌓아올리는 것이 아니라 기존의 지식을 해체하는 데 있다. 예를 들어 페미니즘 이론에서는 기존의 학습이론이 남성 위주의 담론 혹은 지식에 기반한 것이며, 이를 해체하고 성인학습이론이 그동안 소외되었던 여성의 목소리를 들려주는 데 주력해야 한다고 주장한다. 포스트모더니즘과 후기구조주의 이론은 직업훈련과는 큰 연관이 없는 것으로 보인다.

3. 전략적 인적자원개발

[1] 전략적 인적자원개발 개념

① 용어의 정의

전략적 인적자원개발은 인적자원개발의 특수한 형태로 인적자원개발은 많은 학자들에 의해 다양하게 정의되어 왔다. 일반적으로 인적자원개발은 일과 학습을 더 잘 통합하기 위한 목적으로 개인과 조직의 숙련, 지식, 능력 등을 개발하는 것을 의미한다. 하지만 학자들에 따라 다양한 정의가 존재한다. Swanson & Holton(2009)은 전략적 인적자원개발을 개인과 팀의 업무과정과 조직의 체계를 향상시킬 목적으로 전문성을 개발하고 촉발시키는 과정으로 보았다. Hamilton & Stewart(2011)은 작업장 환경에서 발생하는 과정으로 직무, 일, 경력 등의 맥락에서 조직의 학습, 변화, 발전 등을 목표로 하는 개인과 집단의 학습을 촉진하기 위한 활동으로 보았다.

전략적 인적자원개발은 성과에 더 많은 중점을 둔 개념으로 이 개념 또한 많은 학자들에 의해 다양하게 정의되었다. 이러한 관점에서 Garavan(2007)은 전략적 인적자원개발을 조직의 전략적 목표 달성에 공헌하는 일관적이고, 수직적으로 조정되고, 수평적으로 통합된 일련의 학습 및 개발 활동으로 정의하였다. '전략적'이라는 단어는 전략적 인적자원관리에서처럼 조직의 성과에 직접적인 연관을 가지는 활동이라는 의미로 사용된다. 전략적 인적자원관리는 조직의 중장기적인 인적자원 개발과 연관되며, 전략실행에서의 역할뿐만 아니라 전략 수립에도 관여하며, 성과 창출 목적의 학습을 강조하며, 성과, 학습, 개인과 조직의 변화를 촉진하는 전략의 다중성을 활용하며, 지속적으로 조직의 전략적 목표와의 적합성을 추구한다. 하지만 일부 학자들은 전략적 인적자원개발 접근의 한계점을 지적하기도 한다. 예를 들어, Millmore et al.(2007)은 전략적 인적자원개발 이론에서는 HRD 전문가가 조직에서 중요한 이해관계자라는 추정을 하고 있고, 조직의 전략적 중요성만 강조하고 근로자의 요구를 무시하는 강한 관리자 중심주의이고, 전략적 통합이 다차원적 방식보다는 수직적 방식으로 제시되었다고 지적하였다.

[2] 전략적 인적자원개발의 주요 이론

① 규범적 이론

전략적 인적자원개발에 대한 규범적인 이론은 크게 두 가지가 있다. 하나는 Garavan(1991)에 의해 제안된 것으로 Garavan은 전략적 인적자원개발 활동과 조직의 목표와의 통합, 환경 검토, 전략적 인적자원개발에 대한 경영진의 지원, 전략적 인적자원개발 정책 및 계획의 수립 및 실행, 제도 디자인 과정에서 관리자들의 헌신과 참여, 전략적 인적자원개발과 관련된 인적자원관리 활동들과의 적합성, 인적자원개발 전문가들의 역할 확대, 전략적 인적자원개발 시행 과정에서의 문화의 인정, 전략적 인적자원개발 제도의 개인 및 조직 효과성에 대한 공헌에 대한 평가 등 9가지 주요 특징을 가지는 전략적 인적자원개발 이론을 제시하였다. 하지만 이 이론은 전략적 인적자원개발 이론의 출발점으로는 유용하였지만 몇 가지 한계점으로 인해 비판을 받았다. 예를 들어, 모든 상황에 적용되는 일반적인 제도를 제안하는 방식이었고, 다양한 요인들 간의 관계를 설명하기보다는 특징을 강조하였고, 근본적으로 규범적이라는 것이다. 이 이론은 경험적 검증을 거의 받지 못했다.

McCracken & Wallace(2000)은 이 이론을 발전시키고 확장시켰다. 이 이론의 핵심은 전략적 인적자원개발과 경영전략 간의 상호적인 관계를 통해 학습문화를 창출하는 것이다. 이 이론은 전략적 인적자원개발은 경영전략을 형성하기도 하면서 이에 반응하는 것으로 보고 있다. 전략적 인적자원개발 기능의 예상 발전경로는 행정적, 운영 중심의, 사후적인, 전달 중심의 체제에서 벗어나 강한 학습문화에 기반한, 전략적 인적자원개발에 대한 전략적 접근방식을 가진, 조직 변화에 집중하는 체제로 변화하는 것이다. 전략적 인적자원개발은 조직에서의 인적자원개발 제도의 성숙도에 따라 서로 다른 특성을 보일 것으로 예측하였다. 규범적 모형은 일반적으로 전략적 인적자원개발을 과정으로 보기보다는 하나의 결론으로 가정하였다는 비판을 받았다.

② 설명적 이론

전략적 인적자원개발에 대한 설명적 이론은 Garavan(2007)에 의해 제안된 모델과 Peterson(2008)에 의해 제안된 이론이 있다. Garavan(2007)의 모델은 전략적 인적자원개발이 동적인 맥락 내에서 작동하는 것으로 보았다. 이 이론은 전략적 인적자원개발에 영향을 미치는 4개 수준의 맥락을 제안하였다. 첫 번째 수준의 맥락은 국제 환경으로 이는 지역적, 국가적, 다국적 상황을 포함한다. 지역적 요인은 경제 및 정치적 상황과 산업의 특성 등과 관련되어 있고, 국가적 요인은 기술변화, 노동시장 특성, 국가 문화, 국가 전략적 인적자원개발 체계 등을 포함한다. 다국적 요인은 문화 간의 차이나 국제법이나 국제규제 등에 관한 것이다. 두 번째 맥락은 조직 내부적 맥락으로 기업의 전략, 구조, 문화, 리더십 등이 포함된다. 세 번째 맥락은 직무 수준에 관한 것이며, 직무의 가치와 독특성을 강조한다. 전략적 인적자원개발 전략은 조직 내의 다양한 직위들에 부여된 가치와 독특성에 따라 다를 것이기 때문이다. 조직은 특정 직무에 대해 부여한 중요성에 따라 사용할 전략을 결정하게 된다. 마지막 네 번째 맥락은 개인의 기대, 고용 가능성, 경력 등에 관한 것이다. 근로자 기대, 능력 관리 제도, 그리고 경영진에 의해 스타로 주목받는 근로자들은 전략적 인적자원개발 제도에 중요한 영향을 미친다. 기업의 제도는 근로자들의 야망과 경력 기대, 숙련을 향상시키고자 하는 근로자들의 의지, 조직의 목표를 달성하고자 하는 노력 등에 영향을 받을 것이다. 이 모형은 전략적 인적자원개발 전략, 체계, 제도가 조직 성과, 조직 학습, 조직 변화 등에 집중한다고 주장한다. 조직 성과는 기술 훈련, 직무 분석, 역량 모델링, 성과 관리, 리더십, 관리자 육성 등과 같은 전략에 집중한다. 전략적 인적자원개발에서 가장 가치 있는 제도는 코치나 멘토링 같은 제도이다. 근로자(학습자)는 성과 향상 이외에도 자기계발 기회의 제공에도 높은 가치를 부여한다. 조직 학습 전략은 암묵적 학습 공동체, 실수로부터의 학습, 핵심적 성찰, 행위 기반 학습, 변혁적 학습 등을 중시한다. 조직 변화 전략은 피드백 체계, 재능 개발, 경력 관리, 근로자 임파워먼트 등을 강조한다.

　　Peterson(2008) 모형은 체계―사고 아이디어에 기반하고 있다. 이 모형은 외부 환경의 중요성을 인식하고는 있으나 전략적 인적자원개발 역량, 전략적 인적자원개발 목표, 전략적 파트너로서의 전략적 인적자원개발 전문가의 역할 등 내적 환경을 강조하고 있다. 이 모형도 전략적 인적자원관리가 경제, 규제제도, 경쟁, 내부요소, 문화 및 정치적 요소 등 넓은 사회적 맥락에서 작용한다고 가정한다. 이러한 요인들은 조직이 선제적인 기대를 통해 선도적으로 반응하도록 하기도 하지만 반대로 이러한 요인들에 후천적으로 반응하도록 하기도 한다. 이 모형은 전략적 인적자원개발을 촉진하는 세 가지 조직의 내적 측면(학습 문화, 성과 향상을 위한 헌신, 전략 역량)이 있다고 보고 있다. 학습 문화는 근로자들이 체계적이고 지속 가능한 방식으로 역량을 개발할 수 있는 기회를 제공하는 것을 의미한다. 이러한 문화에서는 학습을 내재적으로 중요한 활동으로 가치를 부여한다. 성과 향상에 대한 헌신은 조직이 성과 향상을 위해 노력하는 정도를 의미하며, 이러한 노력이 이루어지는 조직에서는 전략적 인적자원개발이 고성과에 필요한 지식, 숙련, 태도 등을 제공할 수 있다. 전략 역량은 조직이 학습하고, 자신을 돌아보고, 전략적 이슈에 집중할 수 있는 정도를 의미한다.

　　위의 두 가치 모형 모두 전략적 인적자원개발 역량이라는 개념을 강조한다. 여기에서의 전략적 역량은 전략적 인적자원개발 목표가 조직의 목표 및 전략과 부합하는 정도, 전략적 인적자원개발 전문가가 리더십을 보여주고 전략적 인적자원개발, 경영 능력, 전문가의 감각 등에 관한 전문적인 가치를 표현하는 능력, 전문가가 전략 관점을 노련하게 다루는 능력 등을 포함한다. 이 모형은 전략적 인적자원개발 기능이 계선 관리자, 인적자원관리 기능, 고급 관리자 팀, 다기능 협력 등과 전략적 관계를 형성하는 정도, 인적자원관리 체계 및 과정들과의 적합성, 고성과 작업 시스템과 문화를 창출하는 노력, 조직 내의 개발 및 책임 체계 구축 등의 네 가지의 전략적 측면을 제안하였다. 이 모델은 인적자원개발 전문가는 폭넓은 전략 이슈들을 다루고 조직 내의 전략적 변화에 공헌할 수 있는 전략적 파트너가 될 필요가 있음을 강조하였다.

제3절 ▸ 직업능력개발훈련의 기능

1. 취업역량 취득 지원 기능

[1] 실업자 훈련의 효과

① 실업자의 훈련효과에 대한 이론적 설명

개인의 교육과 직업훈련에 대한 투자가 노동시장의 성과를 향상시킬 것인지에 대해서는 인적자본론, 신호−선별이론, 이중노동시장 이론 등이 설명을 제시하고 있다. 인적자본론과 일반적 신호−선별 이론은 직업훈련이나 교육에 대한 투자가 고용이나 임금과 같은 노동시장의 성과를 향상시킬 것이라고 예측하는 반면, 신호−선별이론 중 양가죽 효과(sheepskin effect)를 지지하는 학자들은 개인의 생산성에 대한 신호 중에서 교육 수준과 같은 특정 신호만이 고용주에게 긍정적으로 작용한다고 주장하였다. 한편, 이중노동시장 이론은 노동시장의 상황에 따라 인적자본에 대한 투자가 노동시장의 성과로 이어지지 않을 수도 있다고 주장하였다.

Schmid(2013)는 교육제도와 노동시장을 연결시켜주는 직업교육 및 훈련제도가 청년 실업률을 낮출 수 있다고 주장하였고, 독일, 오스트리아, 스위스와 같은 듀얼 시스템의 효과성을 주장하였다. 후기 중등교육에서 실습 위주의 직업훈련 비중이 높은 국가들에서 청년들이 더 빠르게 첫 직장에 취업하는 경향이 있는 것으로 나타났다. 스페인 청년들을 대상으로 직업훈련이 졸업 후 첫 직장 구직에 미치는 영향을 살펴본 연구에서는 실습이 중심이 되는 교육과정이 일반과정보다 취업에 더 긍정적인 영향을 미쳤다고 분석하였다. 미국에서도 직업학교 졸업자가 일반 교육과정 졸업자보다 구직기간이 짧다고 분석하였다.

하지만, 직업훈련이 청년의 구직활동에 영향을 미치지 않거나 오히려 부정적인 영향을 미칠 수 있다는 연구도 있다. 미국과 같이 기업과 공공의 인적자본에 대한 투자 수준이 낮은 곳에서는 직업훈련 자체가 좋은 직장에 취업하는 데 도움을 주기 어렵다는 것이다. 미국과 같이 대학교육이 중요한 국가에서는 직업훈련을 받았다는 사실이 긍정적인 신호가 아니라 부정적인 신호로 작용할 수 있다는 것이다. 직업교육과 훈련의 빈도보다는 기업의 참여가 중요한데 그 이유는 직업훈련의 훈련 내용을 시장에서 인정하는지 여부가 취업에 중요한 요소로 작용하기 때문이다.

최근에는 직업훈련이 취업에 도움을 주는지 뿐만 아니라 임금수준이나 고용안정성과 같은 일자리의 질에 어떠한 영향을 미치는지도 중요해지고 있다. 왜냐하면 불안정하고 저임금 일자리로 근로 경험을 시작한 청년들이 안정적이고 임금수준이 높은 일자리로 직장을 옮길 수 있는 가능성이 낮아지고 있기 때문이다. 이러한 경향성은 노동시장이 고용안정성과 임금수준이 높은 일차 노동시장과 그렇지 못한 이차 노동시장으로 명확하게 구분되어 있는 우리나라와 같은 이중 노동시장 국가에서는 더욱 명확하게 나타날 가능성이 높다. 따라서, 직업훈련의 효과를 측정할 때 취업 여부와 같은 양적인 지표뿐만 아니라 임금수준이나 고용안정성과 같은 질적인 지표도 함께 고려할 필요가 있다.

② 실업자의 취업률 향상

직업능력개발훈련을 통한 취업역량 향상효과에 대해서는 상대적으로 많은 연구들이 이루어졌다. 학생이나 실업자, 비정규직 등에 대해 직업훈련을 공급하는 주된 목적은 이들이 직업훈련 서비스를 받은 이후 직업을 갖고 이러한 직업을 지속적으로 유지할 수 있는 능력을 제공하는 데 있다. 고용가능성은 개인의 고용을 가능하게 하는 특성 혹은 자질 등으로 간단하게 정의할 수도 있고, 고용과 노동시장 및 직업세계의 변화에 유연하게 대처하기 위해 고용을 획득하고, 지속적으로 유지하면서, 필요한 경우 직업전환을 통해 새로운 고용을 획득하고 유지하는 등 전 생애에 걸쳐 고용을 획득하고 지속적으로 유지시키기 위한 개인의 역량이라고 좀 복잡하게 정의할 수도 있다. 직업훈련의 효과에 영향을 미칠 수 있는 요인들로는 훈련기간, 훈련직종, 훈련프로그램의 종류, 성, 연령, 교육수준, 가족배경, 지역적 특성, 노동시장의 특성 등이 있다. 유경준과 이철인(2008)의 연구에서는 전직실업자 훈련생이 훈련을 받지 않은 실업자에 비해 구직기간이 짧고, 취업률은 높지만, 임금증가율은 훈련을 받은 집단이 3~4% 정도 낮은 것으로 나타났다. 또한, 실업급여 신청자 중 훈련 참여자와 비참여자의 재취업률을 비교한 결과, 훈련 참여자는 초기에 직업훈련을 받는 기간 동안에는 구직활동에 제한을 받으므로 비참여자에 비해 재취업률이 낮게 나타났지만 6개월이 지난 시점부터는 훈련 참여자의 취업률이 비참여자에 비해 높게 나타났다. 정재호(2012)는 실업자 직업훈련 집단과 비훈련 집단을 비교함으로써 재취업과 임금에 대해 미치는 영향을 살펴보았다. 실업자 훈련의 재취업효과는 중장기에 걸쳐 나타나 훈련 종료 12개월 이후부터는 훈련집단의 취업률이 5.7~6.4%p 더 높게 나타났다. 실업자 훈련의 임금효과는 부적으로 나타났는데 그 이유는 훈련집단이 비훈련집단에 비해 산업 변동률이 25.2%로 더 높아 산업 특수적인 숙련 경력을 인정받지 못했기 때문으로 분석되었다. 강순희·어수봉·최기성(2015)의 연구에서는 실업자 훈련의 취업효과는 긍정적으로 나타났으며, 남성보다는 여성의 취업효과가 더 높게 나타났다. 하지만 정규직 취업률은 여성보다는 남성이 더 높았다. 또한, 대기업으로 취업하는 경우에 있어서도 남성은 직업훈련 참가가 대기업 취업 확률을 높였지만 여성의 경우에는 직업훈련 참가가 대기업 취업확률에 영향을 미치지 않았다.

직업훈련이 취업에 대해 미치는 효과에는 중간에 영향을 미치는 요인들이 많이 존재한다. 가장 많이 연구된 요인들 중의 하나는 훈련서비스의 품질 및 훈련에 대한 만족도이다. 다양한 훈련서비스 품질 중에서도 수업내용, 진로지도, 행정지원 등은 훈련만족도와 고용가능성에 공통적으로 영향을 미치는 것으로 나타났고, 훈련서비스의 품질은 훈련만족도를 매개로 고용 가능성을 더 높이고 있는 것으로 나타났다. 훈련 서비스 품질은 훈련생들이 취업과 재취업에 필요한 지식, 기술, 태도를 습득하고 향상시키기 위하여 훈련기관이 제공하는 제반 훈련활동과 훈련 외 관련 지원활동에 대한 훈련생들이 인식하는 서비스 수준으로 정의될 수 있고, 훈련시설 및 장비, 수업내용, 교강사 교수역량, 교강사와 학생 간의 관계, 학생상담 및 관리, 진로지도, 취업준비지원, 학우관계, 편의 및 복지시설, 행정지원 등의 분야로 구성된다고 하겠다. 교육훈련에 대한 만족도는 수요자를 대상으로 공급자로부터 제공받은 제반 교육서비스에 대한 수요자의 주관적인 판단 내지는 인지 및 정서적 평가, 기대와 욕구의 충족 정도, 기대와 인식의 차이 등으로 정의될 수 있다.

2. 재직자 생산성 향상 기능

(1) 직업훈련이 생산성 등에 대해 미치는 효과

① 생산성 및 임금에 대한 효과에 관한 이론적 설명

숙련편향기술발전 이론에 따르면 기술발전이 숙련 노동자의 생산성을 상대적으로 더 빨리 향상시켰고, 이러한 생산성 격차는 임금격차로 연결된다. 산업혁명 초기에는 숙련노동을 기계화된 비숙련 노동으로 대체하는 방식이었으나 지식정보화 산업사회에서의 기술발전은 숙련 노동자들의 생산성을 증가시켜 비숙련 노동을 대체하는 방식으로 전환됨으로써 노동자의 숙련화를 강조하게 되었다. 직업훈련을 통한 숙련화와 숙련형성을 통한 생산성과 임금과의 관계는 인적자본론에서 설명하고 있다. 교육훈련과 임금의 관계를 설명하는 모형은 주로 Mincer의 모형을 활용하고 있다. 이는 임금을 설명하는 변수로서 교육수준과 근무경력을 강조한다. 즉, 인간의 잠재능력을 발현하기 위한 방법으로 교육훈련을 상정하고, 교육훈련을 통해 경제적 성과를 창출하는 것으로 보고 있는 것이다. 개인은 미래의 임금증가를 위하여 교육훈련에 드는 기간 동안 일정 정도의 임금을 포기하게 되는데 다만 교육훈련에 드는 기회비용이 미래에 더 높은 임금으로 보상될 경우에만 추가적인 교육훈련에 참여할 것이다. 한편, 기업은 교육훈련에 투자할 경우 근로자의 능력향상에 따른 이직을 방지하기 위해 기업특수적 숙련에 더 많은 투자를 하는 것이 일반적이지만 현실적으로는 일반숙련에도 고용주가 교육훈련 비용을 더 많이 투자하게 된다. 기업에서 교육훈련 비용을 투자하더라도 교육훈련에 따른 기회비용의 발생 혹은 교육훈련 성과에 따른 보상체계를 통해 일정부분은 개인이 부담하도록 하게 된다. 교육훈련과 임금 간의 인과관계를 분석하기 위해서는 임금이 인적자본 투자에 의한 것인가 혹은 기존의 능력 중 선별 가능한 변인이 개입되었는가의 문제를 고려해야 한다. 일반적으로는 높은 교육수준을 가진 사람의 임금효과가 더 높은 것으로 보고되고 있으나 반대로 교육수준이 낮거나 비숙련 근로자의 임금효과가 더 높다는 연구결과도 있다. 교육수준이 낮은 근로자의 임금효과가 더 높게 나타나는 것은 교육수준이 낮은 근로자의 경우 근무경력이 상대적으로 더 많아서 일수도 있고, 저학력이나 비숙련 근로자의 경우에는 숙련을 위해 교육훈련에 참여하는 경우가 많은 반면 고학력 근로자의 경우에는 그렇지 않은 경우가 많아 교육훈련에 따른 임금효과가 저학력이나 비숙련 근로자에게서 더 많이 나타날 가능성이 있다.

② 고용지속에 대한 효과

윤정혜·박세정(2017)의 연구는 직업훈련 경험을 취업 후 1년 이내에 직업훈련을 경험한 경우에 한정하여 살펴보았다. 취업한 이후 1년 이내에 직업훈련을 경험한 경우만을 대상으로 하여 일반화 등에 한계는 있지만 이 연구에 따르면 훈련에 참여하지 않은 근로자들의 평균 근속기간은 16.7개월인 반면 훈련에 참여한 근로자들의 평균 근속 기간은 41.5개월로 2배 이상 길었다. 훈련에 참여하는 근로자들은 해당 기업에서의 직무역량과 생산성이 향상되는 등의 효과가 발생하여 근속기간이 증가하는 것으로 추정할 수 있다. 다만 재직기간이 길수록 훈련 참여의 가능성이 높아지는 경향이 있고, 해당 기업에서 오래 근무할 의사를 가진 근로자들이 직업훈련에 참여할 가능성이 높아지는 경향이 있는 등 오히려 재직기간이 직업훈련 참여에 영향을 미쳤을 가능성은 있다. 일반적으로 근로자의 근속기간은 여성보다는 남성이, 연령이 높을수록, 그리고 사업장 규모가 클수록 증가하는 경향을 보인다. 직업훈련의 이직에 대한 효과를 보면 지원 대상에 상관없이 직업훈련 참여는 이직 가능성을 낮추는 것으로 나타났다. 즉, 개인지원 직업훈련을 받거나, 사업주 지원 훈련을 받거나, 사업주와 개인 지원 훈련을 모두 받거나 하는 경우에 근속기간이 증가하는 모습을 보였다. 직업훈련에 참여한 근로자들만을 대상으로 비교하여 보면 근로자 지원 직업훈련을 받은 근로자들이 사업주 지원 훈련을 받은 근로자보다 이직의 가능성이 높게 나타나 사업주 지원 직업훈련의 고용지속에 대한 효과가 상대적으로 더 높게 나타났다. 이러한 결과는 분석대상을 우선지원 대상기업 근로자로 한정할 경우에도 나타났는데 우선지원 대상이 중소기업, 비정규직, 대규모 기업 45세 이상 근로자들임을 고려할 때 훈련 자체의 효과보다는 노동시장에서 상대적으로 근속기간이 짧게 나타나는 근로자들의 특성이 반영된 것으로 볼 수 있을 것이다.

③ 임금수준에 대한 효과

직업훈련의 임금수준에 대한 효과에 대해서는 상대적으로 많은 연구들이 이루어졌다. 이러한 연구들은 대부분 Heckman의 표본선택편의 모형이나 고정효과 및 확률효과 모형 등을 활용하였다. Heckman의 표본선택편의 모형을 이용한 강순희·노홍성(2000)의 연구에서는 직업훈련 경험이 현재의 취업상태에 정적인 효과를 보여 직업훈련 경험이 취업에 긍정적인 영향을 미치는 것으로 나타났으나 직업훈련이 임금에 대해 미치는 효과는 미비한 것으로 나타났다. 남승용·송일호(2005)의 연구에서는 직업훈련이 취업과 임금에 모두 긍정적인 효과를 가지는 것으로 나타났다. 고정효과 모형을 통해 직업훈련이 임금에 대해 미치는 영향을 추정한 김안국(2002)의 연구는 근속자에게는 교육훈련의 임금효과가 나타나지 않았지만 이직자들에게는 유의미한 임금효과가 나타나 재직자 유형에 따라 상반되는 효과가 나타났다. 김창환·김형석(2007)은 직업훈련이 임금을 5% 정도 올리는 긍정적인 효과가 있다고 분석하였고, 이철인·유경준(2011)은 직업훈련에 대한 순지원율이 1% 증가하면 훈련 참가율이 9% 증가하며, 훈련수혜 여부는 임금에 긍정적인 효과를 보였고, 훈련실시 2년 후 임금효과는 크기는 작았지만 양의 효과를 보였다.

윤정혜·박세정(2017)의 연구는 고용보험 취득 이후 1년 이내의 직업훈련 참여여부가 고용보험 취득 연도의 임금수준과 취득 후 2년 이후의 임금수준 변화에 대해 미치는 영향을 분석하였다. 분석결과에 따르면 40대를 제외한 연령층 남녀 모두에서 직업훈련 참여자의 평균 임금 증가율이 비참여자 집단보다 더 높게 나타났다. 60세 이상 고령층을 제외하면 전반적으로 직업훈련 참여자 집단의 임금수준이 더 높은 것으로 나타났고, 직업훈련 참여 집단의 임금증가율도 높은 것으로 나타나 두 집단 간의 평균임금 차이는 더 증가하는 경향을 보였다. 훈련 참여자들만을 대상으로 분석하여 보면 사업주와 근로자 지원 훈련을 모두 받은 경우에 임금 증가율이 가장 높았고, 근로자 지원 훈련만 받은 경우에는 사업주 지원 훈련만 받은 근로자들에 비해 임금 증가율이 낮게 나타났다. 사업체 규모가 클수록 임금수준이 높고 임금 증가율도 높았으며 훈련 참여에 따른 근로자 집단 간 임금수준 차이도 사업체 규모가 커질수록 증가하는 경향을 보였다. 중규모 사업장 근로자는 사업주 지원과 근로자 지원 훈련 참여자 간 임금 증가율 차이가 거의 없었고, 5~9인 사업장의 경우에는 근로자 지원 훈련 참여자의 임금 증가율이 더 높게 나타났다. 직업훈련의 임금상승 효과 추정치는 평균 4.8%로 나타나 근로자가 취업 후 1년 이내에 직업훈련에 참여할 경우 다음 해의 임금수준이 약 4.8% 정도 상승하는 것으로 나타났다.

하지만 일부 연구에서는 재직자 직업훈련이 임금상승에 영향을 미치지 않은 것으로 나타나기도 하였다(김보배·고석남, 2017). 이는 직업훈련에 참여하지 않은 집단의 임금상승분이 직업훈련 참여집단의 임금 상승분보다 높게 나타났고, 직업 훈련 이후 발생한 임금의 상승분이 직업훈련 참여의 효과가 아닌 참여 이전에 존재했던 집단 간 차이와 시점 간 차이로 인해 발생했기 때문으로 보인다. 직업훈련의 목적이 재직자들의 직무능력 향상을 통해 생산성을 높이고 직업능력을 유지하기 위한 것이지만 현재의 직업훈련 대상자 선발과정을 보면 대부분의 재직자 직업훈련이 사업주 훈련이었고 훈련참여 대상이 정규직 고임금 근로자 위주로 선발되는 경향을 가진다. 기업의 입장에서는 오랫동안 근무할 가능성이 높은 정규직 근로자를 대상으로 직업훈련을 시행하는 것이 더 이익이겠지만 이로 인하여 비정규직 근로자들은 직무능력을 향상시킬 기회가 부족할 수 있을 것으로 보인다.

한 연구(김미란·김민경, 2007)는 직업훈련이 숙련 및 승진에 대해 미치는 영향을 살펴보기도 하였다. 기존 연구에서는 인적자본 변수, 인적자원관리 및 인적자원개발 변수들이 숙련의 수준에 대해서는 거의 영향을 주지 않았으나, 숙련의 폭에 대해서는 영향을 미치는 것으로 나타났다. 숙련이 폭을 나타내는 다기능화 비율은 숙련의 수준과 긍정적인 상관관계를 가지므로 숙련형성에 있어 전문화와 다기능화가 대립적이지 않은 것으로 보았다. 기업 수준이 아니라 근로자 개인수준에서 살펴보았을 때 공식적 참여훈련보다는 선배, 동료, 후배를 통한 학습, 직무순환, 일을 통해 스스로 배우기와 같은 비공식 훈련과 제안제도나 6－시그마와 같은 제도들이 숙련의 폭에 영향을 미치는 것으로 나타났다. 또한, 기존 연구에 따르면 근로자의 승진에 있어 가장 중요한 두 가지 요인은 과거의 승진경험과 직업훈련인 것으로 나타났다. 근로자의 직업훈련과 승진과의 관계는 기업의 인사관리 측면에서 딜레마를 가지는데 후임자의 직업훈련에 있어 선임자의 역할은 매우 중요한데 승진에서 잠재적인 경쟁자가 될 후임자의 훈련에 대해 선임자가 적극적일 이유가 없다는 것이다. 이러한 딜레마는 훈련체제를 기업특수적 훈련보다는 일반적 훈련으로 설정함으로써 해결할 수 있다. 이론적으로 기업특수적 훈련체제에 비해 일반적 훈련제제가 훈련 공급 시 훈련을 받은 근로자의 승진확률을 감소시키는 폭이 더 적기 때문이다. 분석 결과는 집체식 사내외 공식훈련은 승진에 큰 영향을 미치지 않았으며 입사 후에 국내외 연수를 받은 경우에는 승진확률이 높아지는 것으로 나타났다.

재직자 직업훈련의 생산성에 대한 평가를 좀 더 엄밀하게 하기 위해서는 재직자 직업훈련이 현재의 직업능력의 유지에 어떠한 영향을 미쳤는지를 살펴볼 필요가 있다. 하지만, 이를 측정하기 위해서는 직업훈련 참가자들에 대한 실태조사와 더불어 산업 및 직종 분야와 재직자 직업훈련을 받은 분야와의 직무 연관성 등을 평가할 수 있어야 한다. 하지만 대부분의 행정통계에서는 직무 연관성을 파악할 수 있는 변수들이 없어 이에 대한 평가가 어려운 상황이다.

3. 사회적 계층 이동 지원 기능

(1) 직업훈련(교육)의 사회적 계층에 대해 미치는 영향

직업훈련은 사회적 계층 이동을 지원하는 기능을 가질 수 있다. 물론 직업훈련만을 통해 사회적 계층 이동이 쉽게 이루어지지는 않겠지만 직업훈련을 통한 직무능력의 향상 등이 사회적 계층 이동의 한 요인은 될 수 있을 것이다. 이러한 가능성에도 불구하고 직업훈련이 사회적 계층 이동에 대해 미치는 영향에 대한 연구는 많지 않다. 다만 직업훈련과 비슷한 기능을 하는 교육이 사회적 계층 이동에 대해 미치는 요인에 대해서는 많은 연구들이 이루어져 왔다. 따라서, 이 글에서는 직업훈련과 비슷한 기능을 하는 교육이 사회적 계층 이동에 대해 미치는 영향에 대해 살펴봄으로써 직업훈련이 사회적 계층 이동에 대해 미치는 영향에 대해 유추해 보고자 한다.

① 직업훈련(교육)의 맥락에서의 사회계층

계층 상승을 위해 열심히 일을 하고 끈질기고 똑똑한 사람은 계층에서 상승이동이 가능할 것이라는 것이 일반적으로 받아들여지는 상식이다. 교육 그리고 직업훈련은 계층상승 기회를 포함하여 기회를 제공하는 기능을 담당하며, 의도하든 의도하지 않든 기존의 사회 계층을 재생산하는 기능을 동시에 담당한다. 이러한 과정에서 교육 혹은 직업훈련은 어떤 개인들(취약 계층일 가능성이 높음)에게는 특정 기회에 대한 접근을 어렵게 하는 장애물을 세우기도 한다. 따라서, 교육 혹은 직업훈련이 사회계층 이동의 기회로 작용하기 위해서는 교육이나 직업훈련을 받을 수 있는 기회가 넓고 균등하게 제공될 필요가 있다. 교육이나 직업훈련 현장은 누군가는 성장하고 성공의 발판을 마련하지만 누군가는 지적으로 열등하고 성취가 약한 것으로 여겨지기도 하며, 이는 체계적으로 사회 계층으로 연결될 가능성이 높다. 학생들이나 훈련생 중에서 교육이나 직업훈련을 통한 기회구조를 인식하는 방식에 있어 차이가 존재하며, 이러한 인식의 차이는 성취 성과와도 연관되는 경향이 있다.

교육 혹은 직업교육은 사회 이동성과 계층 유지의 주요 수단이 되기도 한다. 교육 혹은 직업교육을 잘 받으면 일반적으로 하위 계층에서 중산층으로 계층이 상승할 수 있는 기회를 제공해 준다고 믿고 있다. 또한, 고급 교육이나 전문적인 직업훈련은 상류 계층으로 이동하는 혹은 상류 계층을 유지하는 중요한 전략으로 작용하고 있다. 학생이나 훈련생들의 더 좋은 교육을 받고 싶은 욕망, 학교나 훈련기관에서의 일상적인 경험, 학교나 훈련기관 생활의 중요성에 대한 사후적인 평가 등은 모두 사회계층의 형성에 중요하게 작용한다.

② 교육이나 직업훈련을 통한 사회계층에 대한 이해

한 사회에서 왜 어떤 사람은 부자이고 어떤 사람은 가난한지 등에 대한 원인에 대한 설명은 사회계층 형성의 논리를 제공하고, "게임의 규칙"을 제공하며, 자신의 인생에 있어서의 기회에 대한 인식에 중요한 영향을 미친다. 즉, 사회계층에 있어서의 사람들의 위치는 불공평의 속성에 대한 관점에 영향을 미친다. 또한, 교육이나 직업훈련을 통해 사회계층에서의 위치를 변화시키는 혹은 변화하고자 시도하는 경우 개인의 관점의 변화가 수반되는 경향이 있다. 하위 계층에 있는 사람들은 교육이나 직업훈련을 받을 수 있는 기회가 충분하지 않다고 생각하고 부는 열심히 일한 결과보다는 특권으로 보는 경향이 있다. 하지만, 역설적으로 이들이 교육이나 직업교육을 받으면 중산층으로 상승할 수 있다고 믿는 경향이 있다.

③ 교육이나 직업훈련을 통한 사회계층의 이동 및 유지

사회 재생산 이론에 따르면, 교육이나 직업훈련이 가지는 기능 중의 하나는 기술이나 능력에 따라 하는 일이 달라지고, 서로 다른 직업에 대해 체계적으로 다른 준비를 하게 하고, 특정 이데올로기나 가치관을 통해 사회화를 하도록 하는 것이다. 하지만, 교육이나 직업훈련이 가지는 또 다른 기능은 교육이나 직업훈련이 가지는 사회계층 재생산 기능에도 불구하고 계층상승 이동의 기회를 제공한다는 것이다. 부모로부터 부와 재산을 상속받지 못하는 상황에서 계층 상승 이동을 할 수 있는 방법은 교육이나 직업훈련을 통해 직무능력을 향상시키고 상대적으로 양

질의 일자리를 얻어 중산층으로 상승하고, 다시 자녀들에게 양질의 교육과 직업
훈련을 시켜 중산층의 계층지위를 유지시키는 방법일 것이다. 이 과정에서 교육
이나 직업훈련은 직무능력 함양과 양질의 일자리라는 매개를 통해 계층 상승의
기제로 작용하게 된다. 따라서, 사회계층 이동의 유연성을 높일 수 있는 방법 중
의 하나는 특히 취약 계층에게 양질의 교육이나 직업훈련을 받을 수 있는 기회를
제공하는 것이다. 교육이나 직업훈련을 받은 이후에 직무능력에 적합한 양질의
일자리에 대한 정보를 제공하는 고용서비스까지 이루어진다면 직업훈련의 계층
상승 기능이 더욱 강화될 수 있을 것이다.

참고문헌

김도연 (2014). 무형식학습을 통한 리더십 역량 개발. 직업교육연구, 33(6). 137−158.

김진모·이진화·공민영·이유진 (2010). RP(Rapid Prototype) 접근법에 기반한 농작업 안전 직무교육 프로그램 개발. 농업교육과 인적자원개발, 42(4), 1−26.

강순희·노홍성(2000), 직업훈련의 취업 및 임금효과. 노동경제논집, 23(2), 127−151.

강순희·어수봉·최기성 (2015). 미취업자의 직업훈련 참가 결정요인과 고용성과 분석. HRD 연구, 17(2), 267−298.

김미란·김민경 (2007). 근로자 직업훈련 실태와 숙련 및 승진에 대한 영향. The HRD Review, 82−90.

김보배·고석남 (2017). 재직자 직업훈련의 임금효과 추정−회귀이중차분모형의 적용. Social Science Research Review, 33(1), 149−175.

김안국(2002). 교육훈련의 경제적 성과: 임금근로자를 중심으로. 노동경제논집, 25(1), 131−160.

김창환·김형석(2007). 직업훈련의 임금불평등 효과 분석. 한국사회학, 41(3), 32−64.

남승용·송일호. 2005. 우리나라 직업훈련에 의한 임금과 취업효과에 대한 실증분석. 사회과학연구. 11(2). 99−119.

유경준·이철인 (2008). 재직자 직업훈련의 효과 추정. 노동경제논집, 31(1), 59−103.

윤정혜·박세정 (2017). 재직자 직업훈련 성과 분석: 근로자 개인의 성과를 중심으로. 한국고용정보원.

이철인·유경준. 2011. 재직자 직업훈련 관련 공적 재정의 구조와 성과. 한국개발연구. 3(3). 87−120.

정재호(2012). 실업자 직업훈련의 노동시장 성과 연구. 서울대학교 박사학위 논문.

한국산업인력공단(2021), 사업주 직업능력개발훈련 업무 매뉴얼, 외부용

Baldwin, T. T., & Ford, J.K. (1988). Transfer of training: A review and directions for future research. Personnel Psychology, 41(1), 63−105.

Bernthal, P. R. (2004). ASTD 2004 competency study: Mapping the future: New workplace learning and performance competencies. American Society for Training and Development.

Festing, M and Eidems, J. (2011). A process perspective on transnational HRM sys-tems: A dynamic capability—based analysis. Human Resource Management Review, 21(3), 162-173.

Gattiker, U. E. (1995). Firm and taxpayer returns from training of semiskilled employees. Academy of Management Journal, 38, 1152-1173.

Garavan, T. N. (1991). Strategic human resource development. Journal of European Industrial Training, 15(1), 17-30.

Garavan, T. N. (2007). A strategic perspective on human resource development, advances. Developing Human Resources, 9(1), 11-30.

Hamel, G and Prahalad, C. K. (1994). Competing for the Future. Harvard Business School Press, Boston, MA.

Hamlin, B and Stewart, J. (2011). What is HRD? A definitional review and synthesis of the HRD domain. Journal of European Industrial Training, 35 (3), 199-220.

Lado, A. A. and Wilson, M. C. (1994). Human resource systems and sustained competitive advantage: A competency—based perspective. The Academy of Management Review, 19(4), 699-727.

Lengnick—Hall, M. L. and Lengnick—Hall, C. A. (1998). Love and work: career-family attitudes of new entrants into the labor force,.Journal of Organizational Behavior, 19(6), pp 603-619.

McCracken, M. and Wallace, M. (2000). Towards a redefinition of strategic HRD. Journal of European Industrial Training, 24(5), 281-290.

McWilliams, A., Van Fleet, D. D., and Wright, P. M. (2001). Strategic management of human resources for global competitive advantage. Journal of Business Strategies, 18(1), 1-24.

Millmore, M., Lewis, P., Saunders, M., Thornhill, A., and Morrow, T. (2007). Strategic Human Resource Management: Contemporary issues. Prentice Hall, Essex, UK.

Nadler, L. (1970). *Developing Human Resources*.

Peterson, S. L. (2008). Creating and sustaining a strategic partnership: a model for human resource development. Journal of Leadership Studies, 2(2), 83-97.

Prahalad, C. K., and Hamel, G. (1990). The core competence of the corporation. Harvard Business Review, 68(3), 79-91.

Schmid, G. (2013). "한국의 청년실업: 독일 및 이행노동시장의 관점에서," The HRD Review. 69(8), 126-151.

Snell, S. A. (1992). Control theory in strategic human resource management: the mediating effect of administrative information. Academy of Management Journal, 35(2), 292-327.

Swanson, R. A. and Holton, E. F. (2009). Foundations of Human Resource Development. 2nd ed., Berrett-Koehler, San Francisco.

Tharenou, P., Saks, A. M., and Moore, C. (2007). A review and critique of research on training and organizational-level outcomes. Human Resource Management Review, 17, 251-273.

02

국가별 직업능력개발훈련 체계와 재원조달 유형

02

국가별 직업능력개발훈련 체계와 재원조달 유형

고혜원[한국직업능력연구원]

제1절 ▸ 숙련체제별 직업훈련체계 유형[1]

직업교육훈련을 거시적으로 검토한 연구에서는 직업교육훈련이 산업과 경제 구조, 노동시장, 정치제도와 연계되었다고 설명한다(Busemeyer & Thelen, 2015). 또한 Iverson & Stephens(2008)는 자본주의의 다양성 논의와 복지국가 유형론을 결합하여 국가가 숙련형성정책에 어느 정도 투자하는지, 정책을 둘러싼 정치제도 및 구조가 어떻게 되어 있는지에 따라 '다수대표제하의 자유시장경제', '비례대표제 및 중도좌파 중심의 조정시장경제', '비례대표제 및 중도우파 중심의 조정시장경제' 유형으로 숙련형성체계를 구분하였다.

이러한 논의는 다양한 숙련형성정책(교육, 직업훈련 및 적극적 노동시장정책)에 대한 공적 투자의 정도에 초점을 두고 있는데, 숙련형성에 대한 사적 투자가 어려운 저숙련 계층의 숙련이 공적 투자가 어떻게 이루어지는지에 따라 다를 수 있기 때문이다. Iverson & Stephens(2008)에 따르면 생산체제(자유시장경제 vs. 조정시장경제), 정치제도(비례대표제 vs. 다수대표제), 권력구조(중도좌파 중심 vs. 중도우파 중심)에 따라 유권자, 기업, 정부의 숙련형성정책 투자유인이 달라지기 때문에 다음의 〈표 2-1〉에 나타난 것과 같이 국가 유형별로 정책 투자가 달리 나타난다.

가장 높은 수준에서 교육훈련 투자가 이루어지는 노르딕 국가들에서는 특수적 숙련(specific skill)[2]과 일반적 숙련(general skill)이 함께 발달하게 되며, 특히 저

---

1) 이 절은 고혜원(2019)에 기반하여 정리하였음.
2) 기업이나 산업에 특화된 숙련을 말함.

표 2-1 Iverson & Stephens의 숙련형성 체제

구분	비례대표-조정시장경제		다수대표-자유시장경제
	중도좌파 중심	중도우파 중심	
취학전 교육 투자	높음	낮음	낮음 (상당한 사적 투자)
초등 및 중등교육 투자	높음	중간	중간
고등교육 투자	비교적 높음	중간	중간 (상당한 사적 투자)
적극적 노동시장 정책	높음	낮음	낮음
직업훈련	높음	높음	낮음
국가	북유럽	대륙유럽	영미권

자료: Iverson & Stephens (2008)의 내용 정리.

숙련층의 숙련 수준이 높다는 특징을 갖는다. 반면에 같은 조정시장경제 국가이지만 대륙유럽 국가들은 특수적 숙련 획득이 매우 효과적이고 저숙련 인력에게도 숙련 획득 기회가 주어지지만, 저숙련 가정을 지원할 수 있는 취학 전이나 초등교육에 대한 공적 투자는 낮으며, 이는 결국에는 각 사회집단의 현재 지위를 유지시키는 방향으로 작용하게 된다고 한다. 끝으로 영미권 국가들은 교육 투자의 대부분이 대학교육과 연계된 중산층 지원에 투입되고 있고, 직업교육훈련제도나 학교−직장 이행에 관한 제도가 발달하지 못하여 고숙련과 저숙련의 숙련구조 양극화가 나타나며, 이러한 문제는 불평등을 증가시킨다고 본다(Iverson & Stephens, 2008).

Iverson & Stephens(2008)가 거시적인 정치−경제−사회체제의 관점에서 숙련형성체제를 유형화했다면, Busemeyer & Thelen(2015)은 숙련형성체제에 대한 공적 투자 정도와 기업이 초기(양성)직업교육훈련(initial VET)에 관여하는 정도에 따라 다음과 같은 네 가지 유형을 제시하였다.

이들은 기업이 깊이 관여하는 집합적 숙련형성체제 국가들의 도제제도는 학교에서 직장으로의 이행을 제도화함으로써 전통적으로 청년실업을 감소시키는 효과를 가질 수 있다고 했다. 반면 학교를 기반으로 직업교육훈련이 제공되는 국가적 숙련형성제도는 저소득층에게까지 충분한 훈련이 가능하도록 제공됨으로써 저임금 고용을 줄이는 효과가 있다고 하였다. 그러나 기업의 초기(양성)직업교육훈련에 대한 개입은 낮으면서, 학교교육이 직업교육보다 일반교육에 초점을 맞추는 국가들(예를 들어 캐나다, 아일랜드, 미국, 한국 등)에서는 저임금 노동 영역이 크

표 2-2 Busemeyer & Thelen의 숙련형성체제

구분		양성직업교육훈련에 대한 기업의 관여	
		낮음	높음
직업교육훈련에 대한 공공의 개입	높음	국가적 숙련형성제도 (스웨덴, 프랑스)	집합적 숙련형성제도 (독일, 오스트리아, 스위스)
	낮음	자유주의적 숙련형성제도 (영국, 미국, 아일랜드)	분절적 숙련형성제도 (일본)

자료: Busemeyer & Thelen (2015)의 내용 정리.

게 나타난다고 설명하였다.

이상과 같이 숙련형성과 직업교육훈련제도의 유형에 대한 기존 논의들을 종합하면 직업교육훈련이 제공되는 방식과 노동시장 불평등의 관계는 다음과 같이 정리할 수 있다. 첫 번째, 직업교육훈련제도에 대한 공적 투자 정도가 높을수록 노동시장 불평등은 감소한다. 두 번째, 중등교육 단계의 학교교육에서 직업교육과 일반교육이 분리된 체제(예를 들어 독일식 도제제도)보다는 통합적 교육체계 내에서 직업교육이 이루어지는 체제가 숙련의 이동성을 제고하여 결과적으로 노동시장 평등에 유리하다. 세 번째, 학교교육이 일반교육 중심으로 이루어지고 기업에 의한 숙련 투자가 잘 이루어지지 않는 국가에서는 저임금 고용이 증가하고, 또한 대학교육을 받은 고숙련자에 대한 수요가 높아짐으로써 노동시장 불평등이 확대될 가능성이 가장 크다고 본다(남재욱 외, 2019).

이상과 같이 숙련형성과 직업교육훈련제도의 유형에 대한 기존 논의들을 종합하면 직업교육훈련이 제공되는 방식과 노동시장 불평등의 관계는 다음과 같이 정리할 수 있다. 첫 번째, 직업교육훈련제도에 대한 공적 투자 정도가 높을수록 노동시장 불평등은 감소한다. 두 번째, 중등교육 단계의 학교교육에서 직업교육과 일반교육이 분리된 체제(예를 들어 독일식 도제제도)보다는 통합적 교육체계 내에서 직업교육이 이루어지는 체제가 숙련의 이동성을 제고하여 결과적으로 노동시장 평등에 유리하다. 세 번째, 학교교육이 일반교육 중심으로 이루어지고 기업에 의한 숙련 투자가 잘 이루어지지 않는 국가에서는 저임금 고용이 증가하고, 또한 대학교육을 받은 고숙련자에 대한 수요가 높아짐으로써 노동시장 불평등이 확대될 가능성이 가장 크다고 본다(남재욱 외, 2019).

제2절 ▸ 훈련기금 중심의 훈련비 재원조달 유형[3]

대부분의 국가에서 직업훈련과 관련된 재원조달의 변화를 꾸준히 모색하고 있다. 변화의 방향으로는 재원의 다각화, 효율적인 지원방식을 통한 공공훈련기관의 예산 책정, 고품질 기업훈련의 장려, 민간훈련의 장려 등이 있다. 시장, 공공 및 민간의 훈련 제공자 간의 경쟁 증가, 독립적인 국가훈련기금 도입(우리나라의 고용보험 직업능력개발사업 재원과 같이 훈련분담금을 토대로 하는 훈련기금제 포함), 광범위한 권한과 상당한 규모의 이해관계자 대표성을 갖추고 훈련관련 업무를 자율적으로 담당하는 기관은 국가의 훈련시스템을 조정하고 운영하는 데 효과적일 수

표 2-3 훈련기금 도입국가

지역	수	국가
사하라 이남 아프리카	26	Benin, Botswana, Burkina Faso, Central African Republic, Chad, Côte d'Ivoire, Congo, Equatorial Guinea, Gabon, Gambia, Guinea, Kenya, Malawi, Mali, Mauritania, Madagascar, Mauritius, Namibia, Niger, Nigeria, Senegal, South Africa, Tanzania, Togo, Zambia, Zimbabwe
북아프리카 및 서아시아	6	Algeria, Jordan, Morocco, Oman, Tunisia, Yemen (suspended)
동아시아 및 동남아시아	5	Republic of Korea, Malaysia, Mongolia, Singapore, Thailand
오세아니아	3	Australia, Fiji, Marshall Islands
남미와 카리브해	16	Barbados, Bolivia, Brazil, Costa Rica, Dominican Republic, Ecuador, El Salvador, Guatemala, Honduras, Jamaica, Nicaragua, Panama, Paraguay, Peru, Uruguay, Venezuela (Bolivarian Republic of)
유럽과 북미	19	Austria, Belgium, Québec (Canada), Cyprus, Denmark, France, Germany, Greece, Hungary, Iceland, Ireland, Italy, Luxembourg, Netherlands, Poland, Slovenia, Spain, Switzerland, United Kingdom of Great Britain and Northern Ireland
계	75	

필자 주: UNESCO(2022)의 자료에는 기금 도입이 명확하지 않은 국가(예: 독일)나 기금제로 분류가 가능한 국가(예: 일본)가 빠져 있으나 위 표에서는 UNESCO(2022)의 자료를 준용하여 수정하지 않음.
자료: UNESCO(2022).

---

3) 이 절은 Ziderman(2016)을 중심으로 부분적으로 UNESCO(2020)의 내용을 추가하여 정리하였음.

있다.

거의 모든 훈련 시스템에 공통적으로 나타나는 핵심 특징은 정부재정이 부족하다는 점을 고려하여 공공훈련을 위한 총 재원을 늘려야 한다는 긴급한 필요성이다. 이에 대한 대응은 재원 다양화이다. 즉, 정부재정 이외의 다른 출처에서 공공훈련을 위한 대안 또는 추가 재원을 모색하는 것이고, 서로 다른 방식을 개별적으로 또는 조합하여 운영하기도 한다.

UNESCO(2022)는 2020년 기준 75개국이 국가 또는 산업별 훈련기금(training fund, 훈련분담금) 제도를 운영하고 있다고 하며, 세부적으로 사하라 이남 아프리카 26개국, 북아프리카 3개국, 서아시아 3개국, 동남아시아 5개국, 오세아니아 3개국, 카리브해 3개국, 중남미 13개국, 유럽 18개국, 북미 1개국이라고 제시하였다. 그러나 사실상 우리나라와 비슷하게 기업이 고용보험료를 납부하여 교육훈련 급부 및 능력개발사업을 운영하고 있는 일본 사례는 제시하지 않고 있어서 모든 사례를 다 포함하지는 않은 것으로 판단된다.

1. 재원 확대

[1] 훈련에 대한 공공재정 확대

① 공공훈련 확대를 위한 특수목적 훈련분담금

훈련기금을 위한 분담금은 일반적으로 임금 기반으로 부과되며, 가장 널리 채택된 보완 또는 대안 조치로 등장했다. 이 부분에서 제시하는 훈련기금은 주로 공공부문의 훈련에 자금을 조달하는 데 사용되는 사례이며, 기업 및 개인의 직업 훈련 장려 및 분담금 요율 등에 대한 자세한 내용은 아래에서 추가적으로 다루도록 한다.

훈련분담금 제도는 1925년 프랑스에서 최초로 도입되었고, 이후 1940년대 브라질에서 운영되기 시작하면서 남미와 카리브해 지역의 다른 국가로 널리 확산되었고 다른 많은 국가의 훈련 시스템에도 채택되었다(탄자니아와 피지가 가장 최근의 예).

분담금 요율은 일반적으로 기업의 연간 총 임금의 1%에서 2% 사이로 설정된다. 주로 공공부문의 양성훈련 제공을 지원하는 데 사용되는데, 분담금을 납부하는 기업의 요구와 (직접 또는 간접적으로) 관련이 있다. 이런 의미에서 임금 기준 부

표 2-4 훈련분담금의 장점과 위험

장점	위험
• 훈련재정 다각화 기여 • 안정적인 재원 조달 가능 • 비공식부문까지 훈련 실시 가능	• 비효율성 및 관료주의화 우려 • 소규모기업이 혜택을 받지 못할 우려 • 할당과세인바, 재정원칙에는 위배 • 훈련분담금 수입을 일반세입으로 통합 우려 • 초과수입이 훈련에 활용되지 않을 우려 • 기업의 부담 우려 또는 기업이 임금을 낮출 가능성

자료: Ziderman(2016)의 내용 정리.

과 제도는 훈련 제공의 주요 수혜자(기업)가 비용을 분담해야 하는 비용 분담의 한 형태로 간주될 수 있다. 〈표 2－4〉는 분담금의 장점과 위험을 요약한 것이다.

② 외부 파트너 지원

개발도상국 정부는 정부 또는 훈련기관에 대한 자금을 제공받기 위해 다자간 및 양자간 기부 기관에 의지할 수도 있다. 우리나라에서도 과거에 그리고 현재도 개발도상국들이 외국 또는 국제개발기구로부터 훈련관련 자금을 제공받거나 받고 있다.

[2] 공공훈련기관의 수입 확대

① 수강료 인상

공공훈련기관의 수강료 인상 등을 통해 훈련재정의 비중을 줄일 수 있다. 이러한 수강료 정책의 핵심 문제는 표준 또는 전국적인 제도를 도입해야 하는지, 아니면 개별 훈련기관의 수강료 수준을 전반적으로 고정하고 훈련과정별로 수강료를 차별화할 수 있는 자유를 부여해야 하는지 여부이다.

수강료 인상은 빈곤층 및 기타 소외계층의 훈련 기회에 대한 접근에 부정적인 영향을 미칠 가능성이 높다. 이러한 위험에 처한 집단을 대상으로 장학금, 수강료 인하 또는 보조금 대출 등 제도를 도입해야 할 필요성이 널리 인식되고 있다.

② 생산 및 서비스 수입

훈련생의 생산 및 서비스 활동으로 발생하는 소득을 활용하여 기관의 소득을 증가시키는 방안도 실시되고 있다. 일부 국가의 공공훈련기관들이 훈련생이 만든 생산품이나 서비스를 판매하여 수입을 창출하기도 한다.

(3) 민간훈련의 성장

(훈련생이 전액 비용을 지불하는) 민간훈련의 성장은 공적 재정을 투입하지 않고도 국가훈련시스템을 확장할 수 있는 길을 제공한다. 실제로 정부가 보조금과 비금전적 수단을 통해 민간훈련을 장려하는 것은 훈련을 위한 추가 재원을 창출하는 동시에 공적 재정 수요를 줄이는 효과적인 방법이 될 수 있다. 많은 국가에서 정부가 민간훈련기관의 발전을 방해하는 다양한 제약을 완화시키면서 민간훈련 제공을 장려하기도 한다.

2. 기업훈련 장려

(1) 훈련분담금

① 내용

기업의 직업훈련에 정부가 개입하는 주요한 이유는 기업이 더 많은 그리고 더 나은 훈련을 제공하도록 함에 있다. 정부는 직접적으로 기업의 직업훈련에 보조금을 지급하거나, 정부가 재정을 (전부 또는 부분적으로) 지원하는 특별히 지정된 훈련기금에서 지원하기도 한다.

이상에서 살펴본 훈련재정 확대 차원의 공공훈련을 위한 훈련분담금과 마찬가지로 기업이 납부하는 훈련분담금은 많은 국가에서 기업의 훈련을 촉진하기 위한 기금으로 활용된다.

〈표 2-5〉는 지역별로 훈련분담금 활용목적의 분포를 보여준다. 남미에서는 재원을 확대하는 제도로 활용되는 반면, 다른 지역에서는 기업훈련 촉진 기제로 활용된다. 그러나 실제적으로는 많은 변형이 발견되며, 훈련분담금 제도의 공통적인 특징은 기업이 훈련에 더 많이 참여하거나 투자를 하도록 인센티브를 제공한다는 것이다. 따라서 훈련분담금은 결국 기업이 제공하는 훈련과 이에 상응하는 환급으로 나타난다. 기업이 근로자에 대한 현장훈련이나 외부의 교육을 활성화하도록 장려되는데, 여전히 대부분의 국가에서 기업 직업훈련의 양이나 질이 부족하기 때문에 훈련분담금 제도의 도입을 통한 정부 개입의 필요성이 있다.

훈련분담금 제도는 전 세계적으로 시행되고 있다. 이미 산업화된 국가(예: 프

표 2-5 훈련분담제 도입 국가의 활용목적

지역	국가	활용목적	
		훈련재정 확대	기업인센티브
남미, 중미 및 카리브해	17	16	1
사하라 이남 아프리카	17	6	11
유럽	14	2	12
중동 및 북부 아프리카	6	2	4
아시아태평양	7	1	6
계	61	27	34

자료: Ziderman(2016)의 내용 정리.

랑스, 뉴질랜드), 자본주의 전환단계의 국가(헝가리), 아프리카(짐바브웨 및 남아프리카) 및 아시아(말레이시아 등)와 같은 개발도상국에서도 나타난다. 다양한 변형이 있지만 분담금 제도는 3개 유형(Gasskov, 1994)이 널리 채택되고 있다.

첫 번째는 비용 환급이다. 기업은 지정된 특정 형태의 훈련(직장 내외에서 실시)에 대해 발생한 비용을 기준으로 환급을 받는다. 그러나 이 제도는 분담금 자체를 환급하는 것이 아니라 (기업이 더 많이 또는 더 나은 훈련을 하도록 장려하기 위해) 발생한 훈련비용을 환급하는 것을 목표로 한다. 따라서 훈련비 환급 상한선(허용 가능한 표준에 따라 훈련하는 기업의 경우)은 일반적으로 분담금의 일정 비율까지 설정된다. 네덜란드, 말레이시아, 나이지리아에서 등에서 비용 상환 제도가 운영되고 있다.

두 번째는 형평성 제고 차원의 비용 재분배이다. 특히 훈련을 받지 않는 기업에 의한 숙련된 근로자의 밀렵(poaching)이 훈련 공급에 미치는 악영향을 제어하기 위해 훈련을 받지 않는 기업에서 훈련을 실시하는 기업으로 훈련비 지원을 재분배한다. 기업은 분담금 납부액을 초과하는 보조금을 받을 수 있으며, 이는 기업의 훈련에 대한 강력한 인센티브를 제공한다. 이러한 협약은 뉴질랜드와 아일랜드 공화국에서 채택되었다.

세 번째는 분담금 면제이다. 기업이 훈련 요구를 적절하게 충족하면, 분담금 면제를 받는 것이다. 이는 산업화된 국가(예: 프랑스)에서 더 일반적으로 발견되는데, 코트디부아르에서도 채택하고 있다.

한편, UNESCO(2022)는 전 세계적으로 분담금 납부 기업의 직업훈련에 대한 인센티브 제공으로 훈련기금의 80% 이상이 활용되고, 형평성 차원에서 불리하고 소외된 집단의 훈련(실업자나 청소년 훈련)에 훈련기금의 약 2/3가 활용되며, 비공식 부문의 직업훈련에 훈련기금의 50%가 활용되고, 공공부문의 양성훈련에 약 1/4이 활용되는 경향이 있다고 제시한다.

개인도 직업훈련과 관련된 비용(일부)을 지원받을 수 있다. 일반적으로 정부 예산, 실업보험 또는 사회보장시스템에서 나올 수 있으며, 보조금, 훈련 바우처, 훈련 계정, 개인 학습 계정(ILA) 등 다양한 이름으로 시행되고 있다.

② 훈련분담금의 다양한 방식과 이슈

UNESCO(2022)에 의하면, 훈련분담금으로 훈련기금을 운영하는 75개 국가 중 대다수(84%)가 사업주가 납부하는 임금 기준 분담금 제도를 채택하고 있는데, 임금기준 분담금제를 운영하는 52개 국가의 2020년 기준 평균 요율은 1.3%였으며 범위는 0.05~4%로 나타난다. 즉, 약 4분의 1은 요율이 1% 미만이고, 60% 이상이 1~2%로 나타난다. 훈련 분담금은 산업별로 다를 수도 있다.

산업별 분담금제를 운영하는 국가에서는 국가 차원의 분담금제에 비하여 기업 이익, 매출액 또는 매출의 일정비율을 부과 기준으로 삼을 가능성이 더 높았다. 이집트의 훈련 분담금은 기업의 이익을 기반으로 하고, 보츠와나의 경우 기업의 매출액을 기반으로 한다. 또한 외국인근로자 이슈가 있는 5개 국가(호주, 요르단, 오만, 마샬 군도, 몽골)는 외국인근로자 허가 수수료로 분담금을 활용하는 것으로 나타났다. 2008년 요르단에서 도입된 국가훈련기금은 처음에는 기업의 순익에 대한 1% 세금을 통해 훈련분담금을 도입하였고, 다음 해에는 외국인근로자의 취업 허가 수수료로 대체하였다. 한편, 임금기반이 아닌 직원당 고정 비율 분담금을 운영하는 국가는 덴마크, 케냐, 말리, 태국으로 나타났다.

그러나 기업은 이러한 훈련분담금을 '또 다른 세금"으로 간주하게 될 수도 있다. 따라서 훈련분담금 제도의 운영 특히 지출과 관련해서는 사업주 대표가 참여해야 한다는 주장이 많다. 그렇지만 훈련분담금의 가장 큰 장점은 제약된 정부 재정 상황에서 임시적인 접근 방식이 아닌 보다 체계적이고 구조화된 훈련 접근 방식으로 이어질 수 있다는 데 있고 실제로 세계적으로 확대되는 추세이다.

한편, 사업주와 근로자 간에 비용 분담을 하는 분담금 제도(바베이도스, 베네수엘라(볼리바리아 공화국), 그리스, 파나마, 스페인, 우루과이, 루마니아 등)도 있다. 루마

표 2-6 국가별 훈련분담금제의 임금기반 요율

지역	요율 범위	국가(요율)
사하라 이남 아프리카	0.5–4%	Benin (4%), Burkina Faso (3%), Central African Republic (2%), Chad (1.2%), Côte d'Ivoire (1.6%), Congo (1%), Equ. Guinea (1%), Gabon (0.5%), Guinea (1.5%), Madagascar (1%), Malawi (1%), Mauritania (0.6%), Mauritius (1%, but only half goes to the training fund), Namibia (1%), Niger (2%), Nigeria (1%), Senegal (3%), Tanzania (4%, but only about one-sixth goes to the training fund), Zambia (0.5%), Zimbabwe (1%)
북아프리카 및 서아시아	1–2%	Algeria (2%), Morocco (1.6%), Tunisia (1–2%), Yemen — suspended (1%)
동아시아 및 동남아시아	0.25–0.85%	Republic of Korea (0.25–0.85%), Singapore (0.25%)
오세아니아	1%	Fiji (1%)
남미와 카리브해	0.2–3%	Barbados (1.25% payroll; 0.75% employer and 0.5% employee), Bolivia (1%), Costa Rica (0.5–1.5%), Dominican Republic (1%), Ecuador (0.5%), El Salvador (0.25–1%), Guatemala (1%), Honduras (1%), Jamaica (3%), Nicaragua (2%), Panama (2.75% payroll; 1.50% employer and 1.25% employee),17 Paraguay (1%), Uruguay (0.2% payroll; 0.1% employer and 0.1% employee), Venezuela (Bolivarian Republic of) (2.5% payroll; 2% employer and 0.5% employee)
유럽과 북미	0.05–1.68%	Austria (0.2%), Cyprus (0.5%), France (1.23–1.68%), Greece (0.46% payroll; 0.36% employer and 0.1% employee), Hungary (1.5%), Ireland (1%); Poland (0.05%),18 Slovenia (1% of the official minimum wage), Spain (0.7% payroll; 0.6% employer and 0.1% employee), United Kingdom of Great Britain and Northern Ireland — Apprenticeship Levy (0.5%), Québec — Canada (1%)

주: 싱가포르의 경우 월 최대 US$$ 3,300 임금 근로자당 0.25% 급여 부과금 부과. 이 임금을 초과하는 근로자당에 대해서는 월 US$ 8.25(US$ 3,300의 0.25%)의 고정 비율 부과금 부과. 파나마의 경우 이 분담금 중 실제로 훈련기금에 도달하는 금액은 20% 미만. 폴란드의 경우 훈련기금은 노동기금의 2%로 충당되며, 노동기금 자체는 사업주에 대한 부과금 (2.45% 급여 부과금)에서 조달됨. 따라서 훈련기금의 유효 부과율은 급여의 0.05%임.
자료: UNESCO(2022).

니아에서는 2.5% 분담금에서 사업주(2%)와 근로자(0.5%)가 나누어 납부한다. 이 경우에는 근로자 단체도 요율 설정에 관여해야 한다.

산업별 훈련분담금은 기업의 임금이 아닌 매출액, 생산량, 계약 가치 또는 고용 가치를 기준으로 책정될 수도 있다. 벨기에, 이탈리아, 네덜란드 등 많은 유럽 국가에서는 국가 분담금보다는 산업별 분담금을 도입하고 있다. 네덜란드에는

표 2-7 훈련분담금 제도의 설계 및 시행의 이슈와 해법

이슈	해법
분담금 요율	잉여금 축적을 방지하기 위해 법률에 따라서 정기적으로 검토해야 함
국가 또는 산업별 분담금 요율	산업이나 부문별로 훈련수요에 따라서 다양하게 변화
산업별 적용 범위	가능한 넓어야 하며, 공기업과 NGO도 포함해야 함
기업 규모	소규모 기업은 분담금에서 면제 필요
분담금 징수	효과적인 대리인 필요
분담금의 안전성	분담금 수입을 보호해야 함
이해관계자의 동의	노사 등 이해관계자가 분담금 정책 수립 및 시행에 참여해야 함
설익은 분담금 제도의 도입 자제	노동시장의 공식부문이 약하거나 행정적 취약성이 있는 경우 자제해야 함

자료: Ziderman(2016)의 내용 정리.

약 100개의 산업별 훈련기금이 마련되어 있으며 산업별 수준에서 사회적 파트너 간에 합의된 임금 기준 분담금으로 자금을 조달한다(이 범위는 대부분 0.5%에서 1% 사이). 산업별 분담금의 주요 장점은 해당 산업의 구체적인 특성과 요구에 맞춰 지출할 수 있다는 것이고, 단점은 숙련관련 재정 및 계획에 대한 통합된 국가적 접근 방식을 방해한다는 점이다. 따라서 대부분의 국가에서는 임금을 기준으로 하는 표준, 국가 수준의 분담금 제도를 선호해 왔다.

(2) 기업과 개인의 훈련비에 대한 세금감면(소득공제, 세액공제 등)

기업이 훈련을 실시하는 경우 정부의 지원이 정당화될 수 있는데, 기업의 훈련을 장려하기 위해 공공재정에서 직접 보조금이 제공될 수도 있지만, 훈련비에 대한 세금감면이 있을 수 있다. 법인세와 관련하여 일반적으로 기업의 훈련비용을 과세 소득에서 100% 공제한다. 그러나 기업의 관심을 끌만큼 크지 않거나 세금면제 혜택을 받을 만큼 충분한 이익을 얻는 기업이 거의 없는 경우 효과적이지 않다.

역시 개인의 소득세 산출시 지불한 훈련비용을 소득세 과세 표준 또는 세금에서 공제할 수 있도록 한다.

(3) 기업의 훈련비 회수 조항(pay-back clause)

기업이 훈련비를 회수할 수 있도록 한 훈련비 회수 조항은 교육훈련 제공에 대한 대가로 교육훈련 후 일정 기간 동안 기업이 직원을 구속할 수 있도록 함으

로써 기업이 교육에 투자하도록 장려할 수 있는 장치(일반적으로 유럽에서는 단체협약으로 정함)이다. 실제로 근로자는 다른 기업으로 자유롭게 이동할 수 있지만 교육훈련 비용을 상환하도록 기업으로부터 요청받을 수도 있다.

(4) 도제훈련 보조금

많은 국가에서 공식적인 도제훈련이 실시되고 있다. 도제는 일반적으로 교육훈련기관에서 제공되는 교육과 기업의 현장훈련 간의 공동 파트너십에 의존하는데, 교육훈련기관의 비용에 대해서는 일반적으로 정부가 지원하고, 기업의 훈련과 수당은 기업이 부담한다. 또한 도제는 업무를 배운다는 차원에서 시장수준보다 낮은 수당을 받지만, 수당을 지원하는 제도가 마련되어 있는 국가들도 있다. 프랑스와 알제리의 경우 도제훈련에 자금을 조달하기 위해 도제훈련분담금을 도입하고, 도제생의 수당을 보조하는 형태로 도제훈련에 대한 재정지원을 하고 있다.

(5) 대부(Loan)

개인은 교육훈련비를 충당하기 위해 유리한 조건으로 대부를 받을 수 있다. 일부 국가에서 교육훈련 참여를 장려하기 위해 대출을 실시하고 있다.

(6) 훈련휴가(Training Leave)

훈련/교육 휴가는 법적 권리 및 또는 단체협약을 통해 근로자가 학습 목적으로 임시 휴가를 받을 수 있는 조건을 규정하는 수단이다. 이 휴가를 근로자는 나중에 직장에 복귀할 권리나 현재 고용과 관련된 기타 사회적 권리를 잃지 않고 교육훈련 목적으로 휴가를 받을 수 있다.

3. 국가훈련기금 기관의 역할

이상에서 보듯이 훈련기금 제도가 확산되면서 국가훈련기금 기관도 운영되고 있다. 대부분의 국가훈련기금 기관은 정부 산하의 법정 준자치기관이고, 이해관계자 대표성을 지닌 관리위원회의 기능을 수행한다. 훈련기금은 일반적으로 정부예산 외로 운영되기 때문에 직접적인 정부 지원 훈련 프로그램의 경우보다 더 유연하게 활용될 수도 있다. 그러나 정부 통제 하에 있을 경우 기금 정책 및 관리에 있어서 적극적이고 독립적인 입장을 채택하기보다는 보수적인 경향이 있다.

부문별(산업별) 훈련기금은 국가적, 중앙집중적 모델에 대한 대안이 될 수도 있다. 일부 국가에서는 훈련분담금을 기반으로 한 산업별 훈련기금이 한두 가지 부문에만 도입되었는데, 특히 국가훈련시스템이 없는 상황에서 더욱 그런 경향이 있다. 산업별 기금의 시스템은 유연성이라는 이점과 산업별 훈련 요구에 보다 직접적으로 집중할 수 있도록 한다. 이는 산업별 지향성이 높고 관료주의가 적으며 '주인의식'이 높기 때문에 기업이 더 수용할 수도 있다.

남아프리카공화국에서는 국가기술청(National Skills Authority)의 후원을 받는 노사정 기반의 SETA(Sector Education and Training Authorities)가 산업별 기금을 조달하고 있다. 브라질에는 5개의 잘 확립된 산업별 훈련기금이 있으며, 역시 유럽에서는 산업별 단체교섭의 일환으로 이해관계자가 자발적으로 설정하는 경우가 많다. 벨기에에는 11개, 이탈리아에는 14개, 네덜란드에는 약 100개의 산업별 기금이 있다.

산업별 기금의 단점으로는 훈련 노력이 산업별로 중복될 수 있고, 산업 전반에 걸쳐 이전하거나 지역 수요에 기반한 공통 핵심 기술을 쉽게 개발하지 못할 수도 있다는 점이다. 일반적으로 국가훈련기금은 통합적이고 국가적인 접근 방식을 촉진하기 때문에 개발도상국에서 바람직하다. 특정 산업에 대한 훈련기금도 자금 조달 메커니즘이 초기 단계에 있고 향후 개발이 진행되는 국가 환경에서 적절할 수 있다.

많은 국가에서 훈련기금은 훨씬 더 광범위한 활동을 위하여 발전하고 있고, 국가훈련기금 또는 기관으로 지정된 이들 기관은 종종 '훈련기금'이라는 명칭을 유지하지만 국가적 차원의 핵심 역할을 맡는다. 즉, 기업훈련 보조금 시스템을 관리하고, 훈련분담금 시스템이 있는 경우 분담금 상환을 관리하는 것 외에도 국가훈련 정책 및 표준 개발, 훈련기관 인증에 대한 책임을 맡기도 한다.

4. 주요 국가별 훈련기금 운영 사례

(1) 우리나라

우리나라의 직업능력개발에 사용되는 재원은 훈련기금에 해당되는 고용보험 고용안정·직업능력개발사업료 및 일반회계 등으로 구성된다. 사업내직업훈련 의

그림 2-1 훈련관련 재원 동원 및 흐름 개요

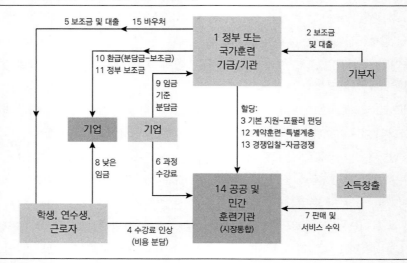

자료: Ziderman(2016)의 내용 정리.

문제를 이어받아서 1995년 고용보험제도 도입 시부터 기업의 임금총액에 대해 일정비율의 고용보험료를 부과하고 직업훈련을 실시하는 경우 일정 금액을 환급하는 방식으로 운영하고 있다. 보험료율은 사업장 규모가 클수록 높게 하고, 훈련 실시 이후 지원금은 사업장 규모가 클수록 낮게 설계되어 있다. 2022년 기준 고용노동부가 집행한 직업능력개발사업 관련 집행액은 16,898억 원으로 나타났다.

표 2-8 고용보험료율 및 지원율

계정 구분		대상 기업 구분	보험료율(%)		훈련비 대비 지원율 (%)
			근로자	사업자	
실업급여		공통	0.9	0.9	
고용안정·직업능력개발사업	우선지원대상	150인 미만	-	0.25	100 (90*)
	대규모	150인 이상	-	0.45	60
		150인 이상 ~ 1,000인 미만		0.65	40
		1,000인 이상 기업 국가지방자치단체 등	-	0.85	

* 위탁훈련은 훈련비의 90% 지원

(2) 일본

우리나라와 가장 유사한 제도는 일본의 고용보험 직업능력개발사업이며, 일본의 직업훈련 재원은 일반회계와 노동보험특별회계로 구분된다. 일반회계는 국가의 일반예산이고, 노동보험특별회계는 고용보험기금인 고용계정과 산재보험기금인 노재(산재)계정으로 이루어져 있으나 고용보험기금이 주요한 직업훈련의 재원이라 할 수 있다.

직업훈련의 주요 재원중 하나인 고용보험기금은 우리나라와 유사하게 「고용

그림 2-2 일본의 고용보험제도

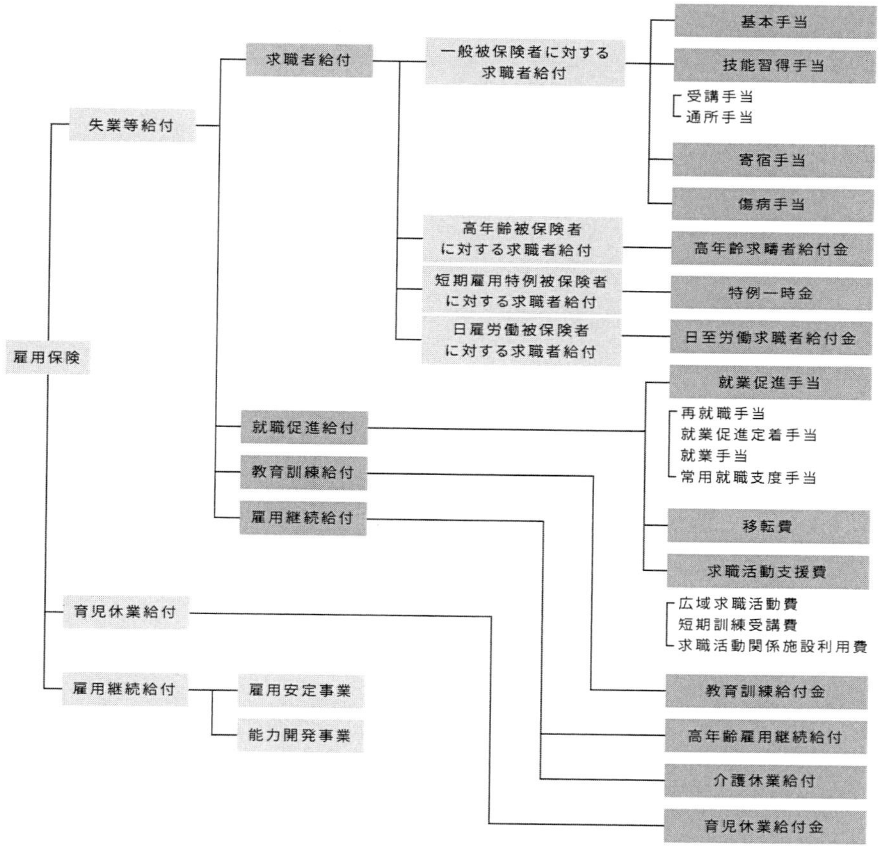

자료: 일본 후생노동성 홈페이지
    (https://www.hellowork.mhlw.go.jp/insurance/insurance_summary.html)

표 2-9 일본의 고용보험료율

부담자 / 사업	① 노동자부담 (실업등급부, 육아휴업급부)	② 사업주부담	실업등급부, 육아휴업급부	고용보험2사업	①+② 고용보험료율
일반사업	5/1,000	8.5/1,000	5/1,000	3.5/1,000	13.5/1,000
농림수산·청주제 조사업	6/1,000	9.5/1,000	6/1,000	3.5/1,000	15.5/1,000
건설사업	6/1,000	10.5/1,000	6/1,000	4.5/1,000	16.5/1,000

자료: 일본 후생노동성 홈페이지

보험법」에 의거해 징수되고 있는데, 일본의 고용보험사업은 최초에는 실업급여사업, 직업능력개발사업, 직업안정사업 및 고용복지사업의 4대 사업으로 출발하였으나, 2007년 4월 고용복지사업이 폐지되어 3대 사업으로 개편되었고, 현재는 [그림 2-2]에서 보는 바와 같이 실업등급부, 육아휴업급부, 고용보험2사업으로 이루어지고 있다. 이 중에 직업훈련은 실업등급부에 속한 교육훈련급부와 고용보험2사업에 속한 능력개발사업이다.

현재 운영 중인 고용보험요율은 〈표 2-9〉와 같다. 이 중 직업훈련은 실업등급부에 속한 교육훈련급부와 고용보험2사업에 속한 능력개발사업을 재원으로 하고, 고용보험2사업의 요율로는 우리나라와 마찬가지로 고용안정과 능력개발사업이 같이 묶여 있으며, 산업별로 3/5~4.5/1,000이다.

그러나 일본 후생노동성의 직업능력개발기본계획에서는 일본의 교육훈련비가 주요국과 비교해 낮은 수준이며, 민간기업의 현금급여를 제외한 노동비용에서 차지하는 교육훈련비의 비율은 1980년대에는 일관되게 상승하고 있었지만 1990년대 이후 정체 또는 저하하는 경향에 있다고 판단하고 있다(후생노동성, 2019). 또한, 비정규직 근로자는 정규직 근로자와 비교하면 능력개발 기회도 부족해지고 있어 비정규직 근로자의 능력개발 기회 확보를 위한 대응이 필요하다고 제시하고 있다.

(3) 스페인[4]

스페인에서도 모든 기업과 근로자가 사회 보장국('cuota de formación profe-

---

4) CEDEFOP의 다음 자료를 중심으로 정리하였음.
(https://www.cedefop.europa.eu/en/tools/financing-adult-learning-db/search/state-foundation-training-employment-fundae)

sional')에 매월 훈련관련 분담금을 납부하며, 임금 기준 사업주 0.6%, 근로자 0.1%이다. 이러한 분담금은 국가의 직업교육훈련시스템으로 전달되는데, 이 시스템에는 또한 국가의 일반예산과 유럽사회기금 등 다른 자금원도 있다. 매년 1월, 기업은 납부한 분담금에 기반하여 '연간 훈련 크레딧(할인된 훈련비용 지불 가능)'을 갖게 되고 훈련을 실시할 수 있다.

국가고용훈련재단인 Fundae가 지원하는 가장 중요한 훈련은 기업이 제공/계획하는 훈련과 개인훈련휴가(PIF)이며, 기업이 제공하는 훈련의 경우 훈련비(직접 비용, 간접 비용, 훈련 조직 비용, 임금)를 부분 지원하며, 개인훈련휴가의 경우 임금(근로자가 실질적으로 근무하지 않는 시간에 해당)만 지급 가능하다. 이외에 근로자 및 실업자를 위한 훈련도 있다.

스페인에서 일반적으로 사용 가능한 총 예산의 약 80~90%는 기업의 분담금에서 비롯하며, 나머지 20~10%는 중앙정부에서 나오는 것으로 제시되고 있다. 실업자훈련은 주로 공공고용서비스(PES)에 의해 관리되고 경우에 따라 유럽사회기금과 같은 다른 출처로부터 추가 자금을 받을 수 있는 자치 공동체에 의해 직접 관리되기도 한다. 기업과 근로자를 대상으로 한 훈련 활동은 주로 Fundae에서 관리한다.

2019년 기준 직업교육훈련 시스템에 할당된 총 예산은 EUR 2,414,494,180으로 나타났으며, 이 중 기업의 분담금은 EUR 2,101,938,990(87.1%)이며, 국가 분담금 EUR 312,555,190(12.9%)으로 나타났다. 한편, 2019년 기업 지원 예산은 EUR 661,368,300이었다. 2019년 실업자훈련 예산은 EUR 1,209,765,490이었고, 재직자 훈련 예산은 EUR 1,147,150,280이었다.

(4) 프랑스

프랑스에서는 2014년 5월 다음과 같은 분담금제도로 변경되었다. 분담금은 OPCA가 징수하여 노사직업안정화기금(FPSPP)과 노사개인훈련휴가관리재단(Opacif)에 배분하였다. 분담금은 10명 이하 기업의 경우 임금총액의 0.55%, 이외 기업은 1% 단일요율이다.

2018년 9월 계약직 근로자를 고용한 기업이 특별분담금(계약직 근로자 임금액의 1%)을 추가납부하도록 하였다. 또한 2018년 법률에 의해 2022년부터는 직업훈련 의무분담금을 사회보장분담금관리기구(Urssaf)가 담당하는 것으로 변경되었다.

표 2-10 프랑스의 분담금 요율

훈련 종류	종업원 1~10명	종업원 11~49명	종업원 50~299명	종업원 300인 이상
훈련계획(plan de formation)	0.40%	0.20%	0.10%	
개인훈련계좌(CPF)		0.20%	0.20%	0.20%
초기직업교육계약(contrat de professionnalisation)	0.15%	0.30%	0.30%	0.40%
개인훈련휴가(CIF)		0.15%	0.20%	0.20%
노사직업안정화기금(FPSPP)		0.15%	0.20%	0.20%
전체	0.55%	1%	1%	1%

출처: Fourcade et al.(2017)

징수된 분담금은 프랑스콩페탕스를 통해 예치·위탁기금(CDC), 진로경력상담 서비스 제공기관, 중앙정부 및 광역지자체, 그리고 지역 직능개발센터들(OPCOs)에 전달되고 있다.

참고문헌

고혜원 (2019). 한국의 직업교육훈련정책, 효율성(efficiency)인가? 형평성(equity)인가?. 한국행정연구, 28(4), 59–89.

남재욱·류기락·김영빈·변영환·최승훈·크리스티나 히슬(2019). 직업교육과 사회이동. 한국직업능력개발원.

옥우석(2021). 프랑스의 평생 직업교육 지원사례 연구. 인천대학교·고용노동부.

Busemeyer, M. R., & Thelen, K. (2015). Non–standard employment and systems of skill formation in European countries. in Eichhorst and Marx (eds.) Non–standard employment in post–industrial labour market. 401–430.

Iversen, T. & Stephens, J. D. (2008). Partisan politics, the welfare state, and three worlds of human capital formation. Comparative Political Studies. 41(4–5), 600–637.

UNESCO (2022). Global review of training funds: Spotlight on levy–schemes in 75 countries.

Ziderman, Adrian (2016). Funding Mechanisms for Financing Vocational Training: An Analytical Framework. IZA Policy Paper, No. 110.

일본 Hellowork 사이트

(https://www.hellowork.mhlw.go.jp/)

CEDEFOP 사이트

(https://www.cedefop.europa.eu/en/tools/financing–adult–learning–db/search/state–foundation–training–employment–fundae)

03

우리나라 직업능력개발훈련 정책의 변천과 특성

03

우리나라 직업능력개발훈련 정책의 변천과 특성[1]

고혜원(한국직업능력연구원)

　　우리나라의 직업훈련은 1967년 「직업훈련법」이 제정되면서 기본 틀이 마련되기 시작하였다. 이후 1974년 직업훈련의 획기적 확대 등을 위해 직업훈련 분담금제도를 도입한 「직업훈련에 관한 특별조치법」을 통하여 500인 이상 근로자를 고용한 사업주의 매년 일정비율 이상의 기능인력의 양성이 의무화되기 시작하였다. 1976년에는 이상의 2가지 법을 통합한 「직업훈련기본법」 및 「직업훈련촉진기금법」을 제정하여 직업훈련분담금제를 도입하였고, 사업주가 훈련을 실시하거나 또는 분담금을 납부하도록 했다. 이후 1980년대에 접어들면서 국가주도 공업화의 기조가 약화되면서 질적으로 우수한 인력의 양성과 재직근로자의 능력향상이 중시되기 시작했다. 이런 정책적 수요하에 1995년부터는 고용보험 직업능력개발사업으로 기존의 직업훈련이 변모하였다.

　　따라서 이 장에서는 직업훈련의 기초가 마련된 1967년 「직업훈련법」 제정부터 사업내직업훈련 의무제를 도입한 1974년 「직업훈련에 관한 특별조치법」 제정 전후 시기, 1995년 「고용보험법」 제정 이후의 직업능력개발사업 시기를 기준으로 정리하였다. 현재의 직업능력개발사업에 대해서는 제4장에서 논의될 것이다.

---

1) 이 절은 고혜원(2019) 및 최영렬 외(2009)에 기반하여 정리하였음.

1. 경제 발전 전략

1945년 광복 이후 1960년대 초까지 우리나라는 전형적인 후진 농업국가 상태에 머물렀다. 1953~1961년의 기간 중 연평균 GNP의 성장률은 3.9%였으며, 이에 따라 1인당 GNP도 1953년의 67달러에서 1961년에는 82달러로 증가하였다. 1950년대부터 60년대 초까지의 산업별 취업구조를 보면, 1차 산업 취업자 구성비가 1953년의 75.4%에서 1963년에는 62.4%로 하락하였고, 2차 산업 취업자 구성비가 1953년의 4.9%에서 1963년에는 11.0%로 증가하였으나 여전히 전형적인 후진적인 취업구조를 보이고 있었다.

1948년 정부 수립과 더불어 미국 원조를 바탕으로 경제성장과 안정을 위해 노력하였으나 1950~53년의 6·25전쟁으로 어려운 경제사정이 더욱 어렵게 되었다. 6·25전쟁 중에 UN은 미국의 용역회사인 네이산협회(Nathan Associations)에 의뢰하여 소위 '네이산 보고서'로 지칭된 '한국경제재건5개년계획(1953/54~1957/58)'을 수립하였다. 또한 우리나라에 대한 경제원조 사용지침으로 미국이 1953년에 우리 정부에 건의한 '타스카 3개년 원조계획'이 마련되었다. 이들 두 계획은 우리 정부에 의해 독자적으로 입안된 것이 아니라 당시 우리나라에 대한 원조정책의 일환으로 원조의 효율적 집행방향을 모색한 미국정부의 원조계획이었던 셈이다 (박진근, 2000).

정부는 경제부흥을 효율적으로 추진하기 위해 1955년에 부흥부를 신설하였다. 부흥부 자문위원회인 산업개발위원회는 한국정부 최초의 경제개발계획인 경제개발 7개년계획(1960~1966)의 전반부 계획으로 경제개발 3개년계획(1960~1962)을 입안하여 1959년에 발표하였으며, 이 계획은 1960년 4월 국무회의에서 통과되었다. 이 계획은 투자, 생산, 고용, 성장 및 국제수지 등 경제 각 분야별 개발목표와 정책방향을 제시하였는데, 농업과 공업 간의 균형발전, 중공업과 경공업 간의 조화, 국제수지의 균형 등 내수 위주 및 균형성장 중심의 자립경제 추구적인 경제발전 전략을 채택하였다. 그러나 이 계획은 제1공화국이 막을 내리면서 실행에 옮겨지지 못하였고, 이어 등장한 제2공화국은 사회적·경제적 혼란으로 말미암아 내실 있는 경제성장 정책의 추진에 한계가 존재하였다.

제3공화국은 경제개발을 국정의 최우선과제로 삼았으며, 1962년 1월 제1차 경제개발 5개년계획(1962~1966)을 확정하여 발표하였다. 1962년부터 추진된 제1차 경제개발 5개년계획은 해외시장에서 원료를 수입한 후 이를 가공하여 수출함으로써 성장의 기반을 조성한다는 수출주도형 성장전략을 채택하였다.

제1차 경제개발 5개년계획 기간 초기에는 시멘트, 정유 및 비료공업 등 국가기간산업 육성에 중점을 두었고, 계획 중반 이후에는 수출주도적 공업화 전략과 이를 달성하기 위한 SOC 및 제도정비에 중점을 두었다. 이러한 노력에 힘입어 1960년대 중반 이후 경공업제품을 중심으로 수출증대를 이루었다.

자원도 부족하고 자본축적도 미약한 우리나라가 유일하게 보유하고 있던 자원은 노동력이었다. 그러나 1960년대 초 연평균 2.9%에 이르는 인구증가율로 인한 과잉노동력은 큰 부담이었다. 증가하는 노동력에게 일자리를 제공하지 못하면 경제안정과 사회 안정을 기할 수 없었기 때문에 정부는 한편으로는 고도경제성장과 고용흡수율이 높은 노동집약적 산업 육성을 통해 일자리를 창출하고 다른 한편으로는 노동공급 증가를 억제하기 위해 강력한 인구증가 억제정책도 추진하였다.

제1차 경제개발 5개년계획 기간 중 한국은 연평균 7.8%의 고도성장을 이룩하였고, 이러한 성공을 바탕으로 제2차 경제개발 5개년계획(1967~1971)은 보다 면밀한 연구를 바탕으로 입안되었다. 제2차 경제개발 5개년계획은 경제 및 사회의 장기개발을 추진하는 한 과정으로 산업구조를 근대화하고 자립경제의 확립을 더욱 촉진시키는 데 그 기본목표가 두어졌다.

연평균 경제성장률 목표는 당초에는 7.0%로 설정되었으나 1965년 이후 월남특수(越南特需)를 반영하기 위해 후에 10.5%로 상향조정되었다. 인구의 도시집중 방지를 위하여 도시인구의 분산과 과도한 대도시 공장시설의 억제, 개간, 정착사업을 통한 농업부문 자체 내에서의 노동력 흡수, 지역적 투자배분의 균형을 꾀하였다.

또한 노동력의 공급원인 인구 증가 압력을 완화시키기 위하여 계획기간 중 인구의 자연증가율을 1965년의 2.7%에서 1971년에는 2.0%로 인하시키는 것을 목표로 하여 인구 증가 억제정책을 더욱 강력하게 추진하였다. 신규투자에 의한 노동 수요의 증가는 농림·수산부문이 연평균 2%, 광공업부문은 9%, 사회간접자본 및 기타 서비스부문은 5%로 하고, 실업률은 1965년의 7.4%에서 1971년에는 5%로 인하시키는 것을 목표로 하였다.

제2차 경제개발 5개년계획에서는 광공업부문의 생산 확대로 농림부문의 과잉노동력을 흡수하는 동시에 생산성이 낮은 부문으로부터 생산성이 높은 부문으로 노동력이 원활하게 이동해가는 것을 지원하는 데도 노력하기 시작하였다. 고용구조는 1965년의 농림·수산업 64%, 광공업 9%, 사회간접자본 기타 서비스업 27%에서 1971년에는 각각 58%, 12% 및 29%가 되도록 목표를 정하였다.

또한 대기업을 구심점으로 중소기업을 계열화시켜 가동률을 높이도록 지원하고, 농가 부업을 소규모로 기업화시키도록 하였다. 개간, 간척, 도로 및 치수사업 등을 촉진하여 농촌에서의 고용 증대를 도모하였다. 기술 인력의 해외진출이 날로 증대됨에 따라 해외에 진출하는 근로자들에 대한 기술훈련 실시도 계획하였다. 정부는 제2차 5개년계획에 따라 활발한 대외협력 활동을 벌여 외자도입을 촉진하였고, 기간산업 확충을 위한 재정투융자를 확대하며 내자동원체제의 보강 등에 노력하였다.

이러한 노력을 통해 제2차 경제개발 5개년계획 기간 중 연평균 경제성장률은 9.6%에 이르는 등 고도성장을 달성하였다. 1인당 소득은 1960년의 87달러에서 1971년에는 285달러로 증가하였고, 수출은 1960년의 0.3억 달러에서 1971년에는 11억 달러로 증가하였다.

2. 직업훈련정책

우리나라의 직업훈련 정책은 이상과 같이 경제발전계획을 추진하면서 필요한 인력을 양성하기 위하여 본격적으로 추진이 되기 시작하였다. 제1차 경제개발 5개년 계획이 실시되면서, 기술계 인력의 수요가 증가하게 되었던 것이다. 1962년 1월에는 「근로기준법」 제75조 제1항에서 기능습득을 이유로 근로자를 혹사하지 못하도록 규정한 것에 근거한 시행기준인 「기능자양성령」이 제정·공포되어 한국전력공사, 대한조선공사, 대한석탄공사 등 공기업과 금성사 등 일부 민간 기업이 각 기업이 필요한 기능 인력을 양성하기 시작하였으나, 훈련 직종이 전기, 화공, 기계, 조선, 용접, 배관 등 11개 직종에 국한되어 소규모로 이루어졌다(김성중·성제환, 2005). 또 정규학교에 진학하지 못하는 취업희망자에게 직업훈련을 실시하는 기술학교 등이 있었으나 배출인력이 소수에 지나지 않았다. 실제로 기업 일각에서는 기능공을 확보하지 못해 공장 가동도 제대로 못하고 있다는 말이 나돌 정도로 상황은 달라지고 있었다(정택수, 2008). 또한 무기능 인적자원도 많았다. 인문계열의 학교가 실업계보다 많았기 때문이다.

1966년에 수립된 「제2차 과학기술진흥 5개년계획」에서는 과학기술자 및 기술공과 기능공의 인력수급전망을 토대로 기술공과 기능공의 공급이 상당히 부족할 것으로 보고, 직업훈련을 실시할 필요가 있음이 지적되었다. 기능공의 원활한 공급을 위해 실업계 고교 교육과정을 개편하여 산업현장에서 필요한 기능 인력을 양성 공급하게 하는 한편, 노동청 산하에 중앙직업훈련소를 설치하도록 하여 훈련교사의 양성, 기능검정의 실시, 훈련교재의 편찬 및 제반 직업훈련에 관한 사항을 관장하게 하였다.

또한 공공직업훈련소를 주요 산업도시에 설치하게 하여 구직자와 중소기업 취업자의 훈련을 실시하도록 하며, 인정직업훈련소를 각 대기업체에 부설하도록 하여 생산 공정에 종사하는 기술공 및 기능공을 중점적으로 훈련하고, 기업 내 직업훈련과 아울러 중소기업 취업자에 대한 위탁훈련도 실시하도록 할 것도 명시하였다.

이상과 같은 수요에 대응한 직업훈련정책을 본격화하기 위하여 1966년 12월에는 노동청 직업안정국에 직업훈련과가 설치되었다. 또한 1967년 1월에는 근로자에게 직업훈련과 기능검정을 실시하여 공업 및 기타 산업에 필요한 기능공을 양성함으로써 근로자의 지위향상을 도모하고 국민경제 발전에 기여하게 하기 위하여 「직업훈련법」이 제정·공포되었다.

법안의 주요 골자는 기술계 인적자원수급계획을 감안하여 직업훈련 종합계획을 세우도록 한 것, 공공직업훈련과 사업내직업훈련을 구분한 것, 직업훈련공단의 설치와 공공직업훈련의 실시, 인정직업훈련의 임의적인 실시와 이에 대한 정부의 지원, 직업훈련교사의 면허제도, 기능검정 수검자격의 개방 등이었다.

「직업훈련법」의 제정에 따라 당시 여러 가지 형태로 실시되던 직업훈련사업은 법의 체제에 따라 정비되었다. 먼저 직업훈련은 공공직업훈련과 사업내직업훈련으로 구분되었다. 「직업훈련법」 제8조의 규정에 의하여 공공직업훈련은 직업훈련공단이 설치·운영하도록 하였다. 지방자치단체, 비영리법인 또는 노동조합이 보건사회부령이 정하는 바에 따라 노동청장의 인가를 받아 행하는 직업훈련은 공공직업훈련에 관한 규정을 준용하도록 하였다. 사업내직업훈련은 사업체의 경영상 그 종업원 또는 종업원이 될 수 있는 자를 대상으로 하는 모든 훈련을 지칭하였으며, 그 중에서 정부는 사업내직업훈련을 그 능력과 조건이 합당하다고 인정하는 경우에 '인정직업훈련'으로 승인하여 이들에게 수료생 자격을 공인하고 정부가 훈련비를 보조할 수 있도록 규정하였다.

한편, 직업훈련을 담당할 직업훈련교사 양성을 위해 ILO 및 UNDP와 협약을 체결하여 중앙직업훈련원을 1968년 6월에 설립하여 1970년 3월부터 2년 과정으로 주물, 목형공과 외 5개 직종의 직업훈련교사 정규훈련을 개시하였다. 또한 중등학교 교사와 1급기능사에게 직업훈련교사 면허를 주어 부족한 직업훈련 교사를 충족하였다. 중앙직업훈련원은 공무원이 원장과 직원이 되는 등 공무원 조직으로 설립·운영되었다.

공공직업훈련기관을 확충하기 위하여 한국과 독일정부 간의 기술협력에 관한 협정에 의해 서독으로부터 원조를 받아 1972년 9월에 한·독 부산직업훈련원이 개소되었다. 농촌 기계화 및 소득증대, 농촌 청소년의 대도시 취업에 필요한 훈련을 실시하기 위하여 UNICEF의 재정지원을 받아 농촌직업훈련소를 설치하였다. 1970년 10월에는 광주 및 논산 농촌직업훈련소를 개소하였고, 1971년에는 김포와 음성 농촌직업훈련소를 개소하였으며, 1972년에는 이리, 칠곡, 춘천 농촌직업훈련소가 문을 열었다.

정부는 훈련전용시설의 부족을 극복하기 위하여 정부기관, 공업 및 기술계 각급 학교, 각 군 산하 훈련기관, 국영기업체 및 민간기업체 등의 훈련시설을 활용하여 초등학교 졸업 이상 학력의 청소년 및 기술병과 제대예정자를 대상으로 위탁훈련을 실시하였다. 공업고등학교에 야간 특별과정을 설치·운영하여 재직 기능공들에게 고등학교 과정을 학습하게 하고 고등학교 졸업자격을 줌으로써 사회적 지위를 향상시키고 기능공의 사기를 향상시키고자 하였다. 또한 사업장에서 근무하는 기능공에게 독학의 길을 열어주고 그들의 자질과 기능수준을 향상시키기 위해 1968년 중앙직업훈련원에 통신훈련과정을 설치하였다.

이런 노력의 결과, 1967년에 사업내직업훈련소 16개소, 공공직업훈련소 20개소 등 모두 36개소이던 훈련기관이 1971년에는 사업내직업훈련소 59개소, 공공직업훈련소 105개소 등 합계 164개소로 증가하였다. 훈련인원도 1967년부터 1970년 사이에 사업내훈련은 3,890명에서 13,483명으로 3배 이상 증가하였고, 정부 각 부처와 지방자치단체가 주축이 된 공공직업훈련은 1,502명에서 11,840명으로 거의 8배 이상 증가하였다(노동청, 1971).

산업발전에 필요한 기능 인력의 육성과 이들의 사기진작을 위하여 1966년 1월에 국제기능올림픽대회 한국위원회를 구성하고 1966년부터 각 시·도 단위로 지방기능경진대회를 개최하였으며, 지방기능경진대회에 입상한 기능공에 대해서는 전국기능대회에 참가할 자격이 부여되었다. 전국기능경진대회의 각 직종별 우승자에게는 국제기능올림픽대회에 입상할 자격이 주어졌다.

그동안 국가기술자격에 관한 통일적인 법령이 없어 각 부처가 산발적으로 기술자격제도를 도입하기 시작하였으나 자격기준의 불일치, 중복·유사자격의 상호 불인정 및 교육훈련과 산업현장의 연계 미흡 등의 문제점이 발생함에 따라 1973년에는 각종 자격을 통·폐합하고 공신력 있는 검정을 시행하기 위하여 「국가기술자격법」도 제정하였다. 국가기술자격검정제도는 직무수행능력을 일정한 기준에 따라 검정하여 규정된 기준에 도달한 경우 공인된 국가기술자격증을 수여함으로써 기술자격의 국가적인 표준을 수립하고, 자격을 갖춘 기술 인력이 승진과 보수에서 우대를 받고 궁극적으로 산업발전에 기여하게 하기 위한 것이었다.

제2절 ▸ 1975년~1995년 사업내직업훈련 의무제 시기

1. 경제 발전 전략

1971년에 발표된 제3차 경제개발 5개년계획(1972~1976)은 제1차와 제2차 경제개발 5개년계획이 공업화 초기의 기반을 다지기 위해 경공업중심의 성장을 추진한데 반하여 중화학공업의 건설을 표방하였다. 또한, 경제발전의 성과가 국민 모두에게 혜택이 갈 수 있도록 국민복지의 향상에도 관심을 갖기 시작했다는 점에서 큰 의미가 있다.

수출주도적이고 대외지향적이며 불균형 성장전략을 바탕으로 경제발전을 최우선적으로 고려하는 경제발전전략은 1960년대부터 한국경제의 고도성장을 이룩하였으나 부존자원과 기술력이 부족한 한국경제의 특성상 수출을 위한 원자재와 부품, 소재 및 기계류의 수입을 크게 증가시켜 경제 전반에 걸쳐 수입의존도를 심화시켰다.

특히 1970년대 초에 한국 경제는 인플레이션, 국제수지 악화, 경제 불황이라는 3중고에 시달리면서 1962년 이래 최대의 경제위기를 맞이하였다. 이러한 어려움 속에 1973년 10월의 중동전 재발 이후 산유국들이 석유를 경제적 무기로 활용하기 위하여 회원국들 간의 결속을 강화하고 원유생산량을 감축함에 따라 원유가격이 급등하면서 제1차 석유파동이라는 전 세계적인 경제위기에 직면하였다.

이와 같은 경제위기를 극복하기 위하여 원유가 급등으로 유입된 막대한 달러화를 이용하여 경제개발에 박차를 가하고 있던 중동산유국에 적극적으로 진출하는 전략을 채택하였다. 건설업체들은 중동산유국에 진출하여 건설공사를 수주하고 미국과 일본에 편중되어 있던 수출을 다변화하는 기회로 활용하였다. 1976년부터 이른바 '중동특수'(中東特需)에 따른 호황으로 경제는 본격적인 회복국면으로 접어들었다. 중동 붐을 활용한 중동진출 확대 노력이 성공하면서 다른 선진국과는 달리 우리나라는 제1차 석유파동의 충격에서 비교적 용이하게 벗어날 수 있었다.

1976년 12월에 발표된 제4차 경제개발 5개년계획(1977~1981)은 성장, 형평, 능률의 세 가지 개발이념하에서 경제성장의 자립구조를 확립하고, 사회개발을 촉진하며, 기술을 혁신하고 능률을 향상시키는 것을 목표로 설정하였다. 이러한 경제개발목표를 달성하기 위하여 기술집약산업의 개발·육성, 대외지향형 성장, 균형성장의 전략을 채택하고, 연평균 9.2%의 경제성장을 달성하는 것을 목표로 설정하였다.

제4차 경제발전 5개년계획에서는 중화학공업건설과 해외건설 수출 등에 필요한 기술기능 인력의 공급은 물론 국산 대체산업의 육성을 위한 인력확보 차원에서 학교교육에서의 과학기술교육의 확충, 직업훈련을 통한 기능 인력의 양성과 직업훈련제도의 개선을 주요 정책으로 채택하였다.

제4차 경제발전 5개년계획 기간의 초기에는 중동특수의 영향으로 1977년에 10.3%의 높은 경제성장률을 기록하고 수출 1백억 달러를 달성했으나 세계경제 위기와 국내의 정치경제사회의 불안이 겹치면서 1980년에는 경제성장률이 −2.7%를 기록하였는데, 한국경제가 마이너스 성장을 한 것은 경제개발 5개년계획을 추진한 이래 처음 있는 일이었다.

1981년 3월에 출범한 제5공화국은 1981년 발표한 제5차 계획의 명칭부터 '경제사회발전 5개년계획'으로 변경함으로써 경제뿐만 아니라 사회부문도 발전시키겠다는 의지를 표명하였다.

제5차 경제사회발전 5개년계획은 다시 경제성장률을 초과달성하면서 수정된 계획이 발표되었고, 기술혁신 및 민간 설비투자를 촉진시켜 7~8%의 성장을 이룩함으로써 매년 45만 명 내외의 고용을 창출하려 하였다. 또한 기술 주도의 산업발전으로 선진국과의 기술 및 경쟁력 격차를 축소시켜 나갈 것임을 제시했다.

1970년대 후반부터 가시화되기 시작한 인력수급의 구조적 불균형 완화를 위해 종합적인 산업별·직종별 인력수급전망을 정기적으로 실시함으로써 노동시장의 변화를 지속적으로 예측하는 체제를 확립하며, 매년 고용전망조사의 내용을 충실히 할 것과 공단 등 특정지역에 대한 인력수급 상황을 정기적으로 파악하도록 할 것을 계획하였다.

1988년에 출범한 제6공화국은 새 정부의 정책의지를 담아 1988년에 제6차 경제사회발전 5개년계획을 수정하였고, 제6차 경제사회발전 5개년계획기간 동안 경제성장률은 목표치인 연평균 7.5%를 상회하여 10%를 달성하였으며, 실업률은 2.4%로 고용안정을 가져왔다. 그러나 1986년부터 1988년까지 3년간 지속되어온 '3저 현상'이 1989년부터 사라지면서 한국경제는 큰 어려움에 직면하였다.

1993년 김영삼 정부는 집권 5년 동안의 경제사회발전의 청사진을 담은 '新경제 5개년계획(1993~1997)'을 수립하였다. '新경제'의 개념은 과거 개발연대의 경제운용을 정부의 지시와 통제에 의한 것으로 규정하고, 과거와 같은 경제운용방식은 더 이상 바람직하지도 않고 효율적이지도 않다는 시각에서 경제운용방식에서 발상의 전환을 시도하고자 하는 의지가 담겨 있었다. 즉 민간의 참여와 창의를 원동력으로 하는 새로운 한국경제, 즉 신경제를 건설하고자 하였다. 1993년부터 1996년까지 연평균 성장률은 당초 계획목표인 6.9%보다 높은 7.7%를 기록하였고, 1인당 국민소득이 1995년에 11,432달러를 기록하여 처음으로 1만 달러 수준에 진입하는 성과를 거두었다. 그러나 1993년부터 1996년의 기간 중 소비자물가가 당초 목표였던 3.7%보다 크게 높은 5.1%를 기록하였고, 경상수지는 당초의 건실한 흑자 기조 유지를 크게 벗어나 1994년부터 1996년까지 358억 달러의 적자를 기록하였고, 특히 1996년에는 231억 달러의 사상 최대 적자를 기록하면서 1997년의 외환위기를 초래하였다.

1980년대 후반과 1990년대 초반은 한국 노동시장에서의 대전환이 이루어진 시기였다. 민주화와 더불어 노동운동의 대폭발이 있어났으며, 1987년 이후 높은 임금인상이 이루어졌다. 그동안 저임금을 바탕으로 가격경쟁력을 유지해오던 방식이 더 이상 가능하지 않은 상황에 처하게 되었다. 1987년 이후 임금의 지속적 상승으로 조립·가공 산업의 국제경쟁력이 약화되자 기업은 소사장제, 외주하청 등을 확대하고, 노동시장의 경직성을 회피하기 위한 수단으로 계약직근로자, 파견근로자 등의 고용을 증가시키고, 노동절약적인 기술개발에 박차를 가하거나 저임금을 찾아 중국이나 동남아시아 등으로 생산기지를 이전하는 현상이 가속화되면서 1990년대 후반부터 고용의 위기를 맞게 되는 요인이 되었다. 또한, 소득의 향상에 따라 학력수준이 높아지는 고학력화 현상이 본격화되었다. 이러한 학력수준의 급격한 상승은 그동안 중졸 비진학자를 주 대상으로 해왔던 직업훈련 대상자가 급격하게 감소하는 현상이었기 때문에 직업훈련의 패러다임적 전환을 요구하고 있었다. 생산직을 중심으로 인력부족 현상이 본격화되어 외국 인력의 도입을 통해 해결하는 추세도 본격화되었다. 1991년에 해외투자업체 연수생제도를 도입하고 1993년에는 외국인 산업연수 제도를 도입하였으나 연수생 인원이 제한되어 있었기 때문에 불법취업 외국인근로자가 급증하였다. 또한 제조업과 농림어업 취업 비중이 급격하게 감소하고 서비스업 취업자 비중이 급격하게 증가하는 경제의 서비스화 현상이 가속화되었다. 1988년에 실업률이 처음으로 2%대에 진입한 이후 1988년부터 1997년까지 10년간 실업률이 2% 수준에서 안정되어 거의 완전고용을 실현하였다. 그러나 이 기간 중에 15~29세 사이의 청년층 실업률은 상대적으로 높은 수준을 유지하였다. 출산율의 급격한 둔화와 여성의 경제활동참가율 증가 현상이 나타났다. 끝으로 임금근로자의 비중이 지속적으로 증가하였다.

2. 직업훈련정책

이 시기 정부는 공공직업훈련기관을 설립하여 정부가 직업훈련에 앞장을 서면 민간기업도 각 기업이 필요한 인력을 직업훈련을 통해 양성할 것으로 기대하였다. 그러나 직업훈련을 실시하는 기업은 일부 대기업 정도밖에 없었기 때문에 1974년 12월에는 「직업훈련에 관한 특별조치법」을 제정하여 1975년부터 사업내 직업훈련 의무제를 도입하였다. 이 법은 직업훈련 의무제의 시발로 500인 이상 근로자를 고용한 사업주는 매년 일정 비율 이상의 기능인력을 의무적으로 양성하도록 하였다. 1975년과 1976년의 실시비율은 상시근로자의 15%로 되어 있었다. 15%인 이유는, 동법의 훈련 의무대상 사업체의 규모가 처음에는 200인 이상으로 되어 있었고, 최소 훈련인원이 통상 30명 기준이기 때문에 의무대상 사업체가 직업훈련 의무를 이행하기 위해서는 한 학급 최소 훈련인원은 30명을 넘도록 맞추기 위한 것이 그 하나였다. 또 다른 하나는 장기전망에 따른 직업훈련 소요판단에 의한 연도별 훈련수요가 연 10만여 명인데, 이를 맞추기 위해서 15%로 정했다. 그러나 이러한 강제적인 사업내 직업훈련 제도 도입에도 불구하고 이에 대한 처벌이 없어 실효성이 담보되지 못하였다.

이에 따라 정부는 보다 강력하게 사업내직업훈련을 시행하게 하고 직업훈련에 관한 법률체계를 정비하기 위하여 1976년 12월에 「직업훈련법」과 「직업훈련에 관한 특별조치법」을 통폐합하여 「직업훈련기본법」으로 일원화하여 일정한 규모 이상의 근로자를 고용한 사업주는 의무적으로 직업훈련을 통해 일정 인원 이상의 인력을 양성할 것을 정하였고, 직업훈련분담금제를 신설하여 사업주로 하여금 직업훈련을 실시하거나 직업훈련분담금을 납부하는 방안 중에서 선택하도록 규정하였다. 기업이 내는 직업훈련분담금[2]은 「직업훈련촉진기금법」에 근거한 정부의 직업훈련사업 추진을 위한 기금이 되었다. 이 기금으로 위탁훈련비, 훈련수당, 재해위로금과 공공 직업훈련시설의 운영비, 공공훈련시설의 운영비와 사업내 직업훈련의 지원비, 직업훈련 교재개발, 조사연구사업, 교육·홍보사업 등을 할 수 있도록 하였다.

한편, 사업내직업훈련 의무대상 사업체 규모는 「직업훈련에 관한 특별조치법」이 처음 발효된 1975년에는 500인 이상의 규모였다가[3] 1976년 12월 「직업훈련기본법」이 제정되고, 동법 시행령이 1977년 4월에 제정·공포됨에 따라 300인 이상으로 변경되었다. 그 후 1989년 3월에 개정되어 1989년 7월에 발효되는 동법 시행령 개정에 의해 200인 이상으로 대상이 확대되었다. 그 후 직업훈련발전 장기계획에 의해 1991년 6월에 개정되고 1992년 1월에 발효되는 동법 시행령 개정에 의

---

2) 직업훈련분담금은 1976년 제정된 「직업훈련기본법」상의 의무대상 산업들인 광업, 제조업, 전기·가스 및 수도업, 건설업, 운수·창고업 및 통신업, 서비스업의 일정 규모 이상(1977년 「직업훈련기본법시행령」에 의하여 상시근로자 300인 이상)의 사업체가 기능사기준훈련에 관한 사업내직업훈련을 의무적으로 실시하지 못할 경우 납부하도록 한 것임.

3) 「직업훈련에 관한 특별조치법」의 본문에서는 200인 이상의 사업장으로 되어 있었으나 부칙의 경과조치에 의해 2년간 500인 이상의 사업장으로 변경되었음. 그러나 동법이 1976년 「직업훈련기본법」으로 대체되었기 때문에 동법에 의한 200인 이상은 한 번도 적용되지 못했음.

표 3-1 사업내직업훈련 실시 의무비율 및 실시 현황(단위: 개, %, 명)

구분 연도	의무대상 사업체 (개소)	실시 비율(평균) (1986년까지 %, 0.1%)1)	훈련실시 사업체 (개)	훈련인원 (명)
1977	1,012	5.7		58,739
1978	1,095	6.2		73,038
1979	1,223	6.7		90,992
1980	1,103	3.14	669	66,213
1981	1,103	4.13	485	48,406
1982	1,106	2.44	507	30,131
1983	1,185	1.78	382	20,960
1984	1,263	1.82	268	22,011
1985	1,341	1.73	519	23,876
1986	1,398	1.63	356	19,042
1987	1,537	1.73	239	14,774
1988	1,573	1.95	403	20,560
1989	1,612	1.76	392	17,570
1990	2,575	3.0	505	31,363
1991	2,675	4.79	507	52,602
1992	3,417	6.19	551	122,457
1993	3,577	6.73	686	122,151
1994	3,753	7.16	843	152,030
1995. 1~6	3,776	6.71	602	79,725
1995	390	8.31	273	160,413
1996	377	7.39	284	151,303

주: 1987년부터 훈련 의무비율 책정기준 변경 적용. 근로자 수 대비(백분율)→임금총액 대비 (천분율)

자료: 노동부. 직업훈련사업현황. 각년도.

해 150인 이하로 확대되었다. 이후 「고용보험법」의 도입으로 1995년 7월부터 1,000인 이상 사업장으로 축소되었다. 건설업의 경우에는 상시근로자의 개념이 없으므로 전년도 공사 실적액이 매년 노동부장관이 정하여 고시하는 금액 이상인 사업주(1991년 46억 8천만 원 이상, 1997년 736억 1,500만 원 이상)로 되어 있었다.

제3차 및 제4차 경제개발 5개년 계획의 근간인 중화학공업은 경공업의 국제경쟁력 약화와 같은 국제경제 환경, 그리고 제1차 및 제2차 경제개발 5개년 계획의 부작용, 즉 소득분배구조 악화, 산업간 불균형 심화와 같은 국내경제 환경으로 인해 그 중요성이 더욱 부각되었다(최규남, 2003). 중화학 공업화는 저학력자나 여성 근로자를 주로 고용했던 경공업 시대와는 달리 숙련기능공의 수요를 증가시켰고, 직업훈련 역시 이와 같은 변화에 대응하였다.

1976년의 「직업훈련기본법」 제정을 통하여 공공 및 사업 내 직업훈련시설의 획기적 확대 등이 이루어졌고, 선진국 및 ILO, IBRD 등의 국제기구 차관 등을 통해 훈련원이 설립되었다. 1977년에는 그간 노동부 소속기관으로 운영하여 오던 직업훈련원을 공법인 훈련원으로 개편하여 모두 24개의 공법인 훈련기관을 운영하게 되었다.

1981년 11월에 발표된 「기능인력 양성 및 직업안정활성화 방안」은 직업훈련체제의 비효율성을 제거하고 효율적인 인력개발관리체제를 확립하여 제5차 경제사회발전 5개년계획을 성공적으로 뒷받침하고 산업수요에 부응하는 인력의 양성과 합리적인 평가 및 양성 인력의 적재적소 배치·관리를 도모하고자 하였다. 이를 위해 첫 번째, 기능 수준을 고도·정예화하여 생산성을 향상시킴으로써 국내산업의 대외경쟁력을 강화하고, 두 번째, 민간부문의 인력양성 기능을 활성화하여 인력개발 체제를 민간 주도로 유도하며, 세 번째, 기능검정제도를 합리적으로 운영하여 기능 수준을 향상시킴과 동시에 검정과 직업훈련 기능을 통합하여 양자 간의 괴리에서 오는 문제점을 제거하고, 네 번째, 직업안정 기능을 활성화하여 양성 인력의 적재적소 배치와 인력수급의 원활화를 도모하는 것을 기본방향으로 설정하였다.

1981년 12월에는 「한국직업훈련관리공단법」을 제정·공포하고, 1982년 3월에 한국기술검정공단, 중앙직업훈련원, 24개 공법인훈련원, 창원기능대학, 직업훈련연구소를 통합하여 한국직업훈련관리공단을 설립하였다. 이는 직업훈련실시와 국가기술자격 검정, 직업훈련교사 양성과 직업훈련에 관한 연구기능을 하나의 조직이 관장하게 함으로써 관련기능의 시너지효과를 극대화하기 위한 시도였다.

1982년 11월에는 직업훈련관리공단훈련원 24개소에 기능개발센터를 설치하여 당해 지역 내의 사업내 직업훈련원, 공공훈련원, 인정훈련원은 물론 공업고등학교와 기업체를 대상으로 직업훈련에 대한 기술지원과 정보자료의 제공 등의 역할을 수행하게 함으로써 직업훈련의 질을 향상시키고자 노력하였다.

한편, 경제사회 발전에 따라 여성의 노동시장 참여가 증대하고, 여성 기능인력에 대한 수요가 증대함에 따라 여성 직업훈련이 확대되었다. 1982년에는 구미직업훈련원의 전자·제화공과에 여성을 위한 과정을 설치하였고, 점차 다른 훈련원에도 여성훈련을 확산시켜 나갔다. 또한 독립된 여성 전용 직업훈련원 설립을 위한 준비도 진행되었다.

1980년대 중반에는 경제발전에 따른 민간부문의 역량이 증대한 것을 고려하여 민간주도의 인력양성체제로 전환하는 것을 중장기 정책방향으로 설정하고 이를 위해 대기업체는 단독훈련원을 설치하고, 중소기업체는 업종별·전 지역별 공동훈련원 설치를 유도하며, 사업내 훈련에 대한 정부지원을 확대하는 한편 인정직업훈련원은 특성화시키는 것을 추진하였다. 특히 노동집약적 산업구조와 저학력자가 대부분인 상황에서 중졸 비진학자를 주 대상으로 하여 단능공을 양성하는 직업훈련체제가 1970년대 중반 이후 학력수준이 크게 향상되고 산업구조가 중화학공업 및 기술집약적 산업구조로 전환됨에 따라 단능공 대신 다능공에 대한 수요가 증가하였다. 이러한 시대적 흐름을 반영하여 1985년 4월에 수립된 노동부의 '직업훈련 강화방안'에서는 지금까지 중·고졸자 대상의 기능사 2급 1년 과정으로 운영해 오던 공단훈련원을 고졸 2년제 및 중졸 3년제의 기능사 1급 과정으로 연차적으로 개편하여 고급기능인력 양성체제로 전환하였다. 또한 공단훈련별로 특성공과를 설치하여 첨단기능의 보급에 주력하며, 산학협동훈련의 확대와 재직근로자의 기능수준 향상을 위한 향상훈련을 강화하도록 하였다.

1986년 5월에는 「직업훈련기본법」을 개정하여 사업내직업훈련 의무기준을 종전의 훈련인원 기준에서 그 사업에 종사하는 근로자에게 지급되는 임금총액을 기준으로 변경하여 임금총액의 1천분의 20을 초과하지 아니하는 범위 안에서 산업별·규모별로 산출되는 일정 비율의 금액을 직업훈련 및 직업훈련 관련 사업에 사용하면 되도록 변경하였다.

또한 농촌직업훈련소가 목공, 농기구 수리 등의 훈련 직종을 중심으로 농촌청소년들을 대상으로 직업훈련을 실시해 왔으나 이러한 훈련 직종이 농촌 청소년들의 취업에 실질적인 도움을 주지 못하였고, 시설과 장비가 노후화되어 훈련내용이 부실하다는 문제점이 지적되었다. 이에 따라 1987년 7월과 1988년 1월에 8개 농민교육원을 한국직업훈련관리공단에 통합하여 농촌지역 청소년들에게 양질의 직업훈련을 실시하도록 하였다.

1983년에는 독일의 듀얼 시스템(Dual System)을 시범적으로 도입하여 이론은 한국직업훈련관리공단 훈련원에서 습득하고, 실습은 산업체 생산시설을 활용하도록 하였다. 현장훈련에 참여하는 업체에 대하여는 사업내 훈련실시 의무인원을 감면받는 혜택이 주어지고 훈련생에게는 일정액의 수당을 지급하는 등 유인 제도를 시행하였으나 기업체의 비협조와 훈련기관의 적극성 부족으로 결국 정착되지 못하였다.

　한편, 직업훈련교사의 양성을 위해 1968년에 개원한 중앙직업훈련원의 훈련 수준으로는 산업구조의 고도화에 부응한 양질의 훈련교사를 양성하기에 부적합하다는 문제점이 제기되었다. 이에 따라 중앙직업훈련원은 그동안 실시해 오던 교사양성전문과정을 1982년에 폐지하고 1983년부터는 1급기능사 양성기관으로 개편하여 운영하는 한편, 1983년부터 노동부는 직업훈련교사를 양성하기 위한 4년제 대학을 설립하는 안을 추진하였으나 뜻을 이루지 못하였다.

　1990년에 발표된 「직업훈련발전 기본계획」에 따라 1990년대에는 양성훈련 위주의 훈련과정 운영을 통해 재직근로자의 기능향상을 촉진하고 근로자의 평생 직업훈련체제를 구축하는 것을 강조하였으나 실제로는 이에 부응할 훈련과정의 발전이 뒷받침되지는 못하였다. 또한 민간기업의 직업훈련 참여확대를 유도하고 기능인력의 현장훈련을 강화하며, 비진학청소년에게 직업능력을 부여하기 위한 산학협동훈련과 여성, 중고령자, 신체장애인 외 생활보호대상자와 비진학청소년에 대한 중요성이 강조되었다. 이에 따라 1991년에 안성여자직업훈련원(후에 기능 대학으로 개편), 강릉직업전문학교, 일산장애인직업전문학교를 개원하였다.

　한편, 노동부는 1990년 '직업훈련발전 기본계획'을 수립하고 이에 근거하여 서울, 부산, 대구, 광주, 대전, 인천(안산)의 대도시 지역 6개소와 홍천, 파주, 옥천, 공주의 중소도시 지역 4개소 등 총10개소에 공동직업훈련원 건립사업을 추진하였다. 이후 1993년에 출범한 김영삼 정부는 그동안 노동부가 건립해 오던 공동 직업훈련원을 대한상공회의소로 이관하여 독일 등 선진국에서와 같이 민간경제 단체가 중심이 되어 민간주도의 직업훈련을 발전시키도록 하였다. 이에 따라 대한상공회의소는 1994년 홍천·옥천·공주·부산·광주·인천·경기·군산 등 8개 공동직업훈련원을 일괄 인수하여 운영하게 되었다.

　1991년에는 한국직업훈련관리공단을 '한국산업인력관리공단'으로 개칭하면서 근거법의 명칭도 「한국산업인력관리공단법」으로 바꾸었고, 공단의 사업으로 양성 기능 인력의 취업지도 등 사후관리, 직업훈련 실시자에 대한 기술지원 및 기능 장려 등의 사업을 명시하고 기능인력 수급 등에 관한 조정·연구 사업을 추가하였다.

　직업훈련 활성화를 저해하는 불합리한 일부 규정을 정비·보완하기 위하여 「직업훈련기본법」 및 「기능대학법」을 1993년에 개정하였다. 「직업훈련기본법」의 개정내용은 향상·재훈련 또는 단기양성훈련과정의 경우 훈련실시기관이 자체 특성에 맞는 교재를 검정절차 없이 자율적으로 편찬·사용할 수 있게 하고, 신기술·신직종 훈련의 경우에는 직업훈련교사 면허가 없는 해당분야 전문가도 강사로 활용할 수 있도록 하였다.

1997년에 다시 「한국산업인력관리공단법」 및 「기능대학법」을 개정하여 한국산업인력공단이 학교법인을 설립하여 기능대학을 운영할 수 있도록 하였으며, 기능대학을 교육관계법이 적용되는 학교법인으로 전환하고, 교육법에 의한 전문대학으로서 학위과정인 다기능기술자과정과 직업훈련기본법에 의한 직업훈련과정 등을 병설 운영하는 대학으로 규정하여 다기능기술자과정 졸업자에게는 전문학사 학위를 수여하도록 하였다. 학교법인 한국능력개발학원은 산하에 18개 기능대학을 운영하며, 학위과정인 다기능기술자과정 외에 기능장과정 및 직업훈련과정을 운영하도록 하였다.

한편, 노동부는 1987년에 한국직업훈련대학 설립기본계획에 대한 대통령의 재가를 얻어 1992년에 직업훈련 교사의 양성과 향상교육을 위한 한국기술교육대학교를 개교하게 되었다. 1992년에는 한국산업인력관리공단 부설 직업훈련연구소를 한국기술교육대학교로 이관하여 한국기술교육대학교 부설 산업기술인력연구소를 설립하여 직업훈련분야의 연구와 교육과정 개발에 관한 연구를 활성화하도록 하였다.

제3절 ▶ **1995년~1998년 고용보험 직업능력개발사업 / 사업내직업훈련**
의무제 병존 및 1999년 이후 고용보험 직업능력개발사업 시기

1990년대 들어서 나타난 변화는 세계화의 본격적 진전과 우리 경제의 지식기반화가 고도로 진행된 점이다. 규제 철폐, 경쟁력 강화를 위한 기업부담의 완화 등이 추진되고 민간의 자율과 시장기능을 강조함에 따라 직업훈련제도에서도 경직적인 직업훈련 의무제를 고용보험으로 전환하는 변화가 일어났다. 기업이 직업훈련을 실시하여 정부 지원을 받을 수 있도록 훈련 실시자가 작성한 직업훈련과정을 중심으로 직업훈련사업을 지원하는 방안이 도입되었다(정택수, 2008). 즉 변화하는 경제환경에 맞추어 기존의 기능인력 양성훈련 위주의 공공직업훈련보다

는 계속훈련 위주의 직업훈련을 활성화하고자 1995년 「고용보험법」 시행과 더불어 직업훈련은 고용보험 3대사업4)의 하나인 직업능력개발사업으로 변모하게 되었다.

　1993년 12월에 「고용보험법」이 제정·공포되어 1995년 7월 1일부터 시행하게 되었는데, 우리나라의 고용보험제도는 근로자가 실직하였을 경우에 실직근로자의 생활안정을 위하여 일정기간 실업급여를 지급하는 전통적 의미의 실업보험사업과 더불어 적극적인 취업알선을 통한 재취업의 촉진과 근로자의 직업안정 및 고용구조 개선을 위한 고용안정사업, 그리고 직업생활의 전 기간에 걸쳐 근로자의 직무수행능력을 체계적으로 개발·향상시키기 위한 직업능력개발사업 등 적극적 노동시장정책을 하나의 체계 내에서 상호 연계하여 실시하는 사회보험제도임과 동시에 노동시장정책의 핵심 정책수단으로 설계되었다. 특히 고용보험제도 내에 직업능력개발사업을 포함하게 된 것은 한국의 직업훈련제도의 근본적인 변화를 가져오는 계기가 되었다.

　첫 번째, 사업내직업훈련 의무제와 「고용보험법」상의 직업능력개발사업의 일원화이다. 1995년 7월 고용보험제 도입 이후 1,000인 미만의 사업장의 경우 「고용보험법」상 직업능력개발사업의 적용을 받게 되고, 1,000인 이상 사업에 대해서는 종전처럼 사업내직업훈련 의무제의 적용을 받았으나 1999년 1월부터 사업내직업훈련 의무제의 법적 근거였던 「직업훈련기본법」을 폐지하고 이를 「근로자직업훈련촉진법」으로 대체하여 시행하기 시작하였다.

　「근로자직업훈련촉진법」은 기업의 의무적인 직업훈련제도를 폐지하여 민간이 자율적으로 훈련을 실시토록 하였으며, 공공직업훈련, 사업내직업훈련, 인정직업훈련의 구분을 폐지하고, 중점훈련대상도 비진학청소년 중심의 양성훈련에서 재직자, 실직자 등 모든 근로자가 직업능력개발훈련을 받을 수 있도록 개편하였다.

　실업자 재취업훈련은 고용보험 적용사업장에서 실직한 피보험자에게 재취업에 필요한 기능·기술의 습득을 위한 훈련기회를 제공하여 실업자의 재취직 촉진 및 생활안정을 도모하기 위해 실시하였다. 실업자 재취업훈련은 외환위기 직후에

---

4) 우리나라의 고용보험사업은 실업급여, 고용안정사업, 직업능력개발사업으로 이루어져 있음. 고용보험은 도입 당시부터 북유럽의 적극적 노동시장정책과 같은 기능을 수행하고자 도입된 것이며 따라서 서구의 실업보험제도인 실업급여와 더불어 기존의 직업훈련사업까지 같은 제도 내에 포함하게 되었음.

본격화되었는데, 1997년 4만여 명에 불과했던 실업자 재취직훈련 참여인원이 1998년에는 이보다 8배가량 증가한 32만 명, 1999년에는 33만 명으로 급증하였다. 고용보험기금을 이용한 실업자 재취업훈련은 2000년부터 노동시장 상황의 호전에 따라 감소하였으나 2002년까지 실업극복의 견인차 역할을 하였다.

2004년 12월에는 「근로자직업훈련촉진법」이 「근로자직업능력개발법」으로 법명이 변경되어 2005년 7월부터 시행되었다. 「근로자직업능력개발법」은 직업훈련의 기본원칙으로 노·사의 참여와 협력을 규정하고, 중소기업 및 비정규직 근로자(일용·단시간·파견·근로계약기간 1년 이하 근로자) 등 훈련의 취약계층에 대한 지원을 강화하기 위하여 중소기업 및 비정규직 근로자의 자율적 훈련, 중소기업 사업주가 실시하는 직업능력개발훈련 등에 대한 우대 지원을 할 수 있도록 규정하였다.

1998년 1월에는 '한국산업인력관리공단'의 명칭을 '한국산업인력공단'으로 변경하였고, 2006년 2월부터는 평생학습지원 전문기관으로 기능을 추가하였다. 또한 종전의 기능대학과 한국산업인력공단 소속의 직업전문학교를 통합하여 '한국폴리텍대학'으로 명칭을 변경 및 통합하고, 한국산업인력공단은 직접적인 훈련실시 대신 평생학습지원, 국가기술자격검정, 외국인 고용허가제 지원 업무 등에 집중하도록 하였다. 한국폴리텍대학은 2006년 3월부터 한국산업인력공단으로부터 직업전문학교를 이관 받아 기존의 기능대학과 통합하여 7개 지역별 캠퍼스체제로 운영방식을 전환하였다.

한편, 직업훈련 행정절차 효율화를 위해 직업훈련카드제를 도입하였다. 외환위기 이후 실업자 훈련의 확대 과정에서 일부 훈련기관의 부정문제가 발생하자 훈련기관의 부정예방 및 직업훈련 행정절차 간소화 등을 목적으로 직업훈련을 받고자 하는 실업자에게 카드를 발급하여 출·결석 관리 및 이에 근거하여 훈련비 및 훈련수당을 자동 지급하는 직업훈련카드제가 1998년 9월부터 시범 실시되다가 이를 단계적으로 확대하여 2001년 12월에 전국적으로 확대되었다.

직업훈련정보를 인터넷을 통해 제공하는 종합포털사이트도 구축되었다. 훈련기관, 훈련과정, 훈련생의 훈련이력, 자격정보 등 직업훈련정보를 관리하고 체계화하기 위하여 직업훈련에 관한 정보를 체계적으로 제공하기 위하여 1997년에 노동부 홈페이지에 훈련기관에 대한 훈련정보를 제공하기 시작하였고, 외환위기 이후 실업자 직업훈련의 급속한 확대와 재직근로자의 직업훈련 증대에 따라 보다

그림 3-1 직업능력개발사업 체계

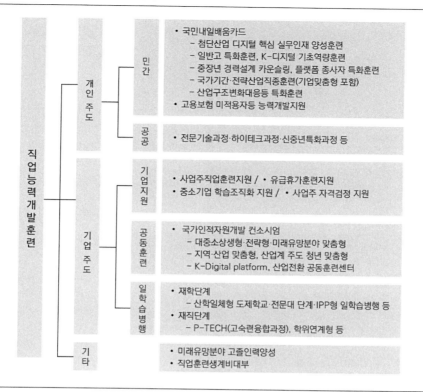

자료: 고용노동부(2023). 직업능력개발사업현황.

독립된 직업훈련정보망 구축의 필요성이 제기되었다(HRD-Net: www.hrd.go.kr).

　　2008년 9월부터는 직업능력개발계좌제(현재의 국민내일배움카드)를 시범적으로 도입하여 수요자 중심의 직업훈련을 지향하고자 하였다. 직업능력개발계좌제란 구직자에게 일정금액을 지원하고, 그 범위 내에서 직업능력개발훈련에 참여할 수 있도록 하며, 개인별 훈련이력 관리 등을 종합 지원하는 제도로서 구직자 중 고용지원센터의 상담을 거쳐 훈련의 필요성이 인정된 자가 노동부에서 공고하는 적합훈련과정 수강 시 직업능력개발계좌를 통하여 구직자가 원하는 훈련기관을 선택하여 훈련을 수강하게 함으로써 훈련기관 간의 경쟁을 통해 훈련의 질을 높이고 수요자의 선택권을 넓혀주기 위한 제도이다.

　　이러한 변천과정을 거쳐서 2023년 기준 직업능력개발사업은 다음과 같이 이루어지고 있다. 이 중 개인 지원 직업훈련은 국민내일배움카드를 기반으로 개인

표 3-2 2022년 직업능력개발사업사업 참여 인원 및 집행액(단위: 천명, 억 원)

훈련명	'22	
	인원	집행액
총계	3,958	16,898
재직자훈련	3,342	6,800
사업주직업능력개발(유급휴가훈련제외)	2,861	2,515
유급휴가훈련	29	354
국가인적자원개발 컨소시엄	64	1,317
일학습병행	32	1,417
국민내일배움카드(재직자)	353	1,194
고용보험 미적용자등 능력개발	3	3
실업자훈련	587	9,432
국민내일배움카드(실업자)	513	4,017
국가기간·전략산업직종훈련	74	5,415
공공훈련	29	666
다기능기술자 등 훈련	21	386
전문기술과정 양성훈련	3	131
직업훈련교원 및 HRD 담당자 양성훈련	5	149

※ 사업주직업능력개발은 일반훈련, 대중소상생형, 지역·산업맞춤형, 미래유망분야, 산업계주
도 청년맞춤형, K-디지털 플랫폼, 노동전환특화 포함
※ 국가인적자원개발컨소시엄 인원은 전략분야 인력양성만 포함하고, 예산은 시설·장비비, 프
로그램 개발비 등 포함
※ 일학습병행은 '20년부터 산업현장일학습병행지원으로 이관되어 별도 실적 관리
※ 국민내일배움카드(실업자)에는 일반직종훈련, 일반고 특화훈련, K-디지털 기초역량훈련,
중장년경력설계카운슬링, 산업구조변화대응 등 특화훈련 포함
※ 국가기간전략산업직종훈련에는 디지털 핵심 실무인재 양성훈련 등 포함
※ 다기능기술자 등 훈련(다기능기술자과정, 기능장과정, 소규모사업장훈련, 전공심화과정
('12), 베이비 부머훈련('13), 여성재취업훈련('14), 하이테크과정('18), 신중년특화과정('19)
합계), 전문기술과정 양성훈련, 직업훈련교원 및 HRD 담당자 양성훈련 예산은 순수 훈련
비임
※ 인원은 훈련시작일자 연인원 기준, 집행액은 일부 기타 운영비 제외임
자료: 고용노동부(2023). 직업능력개발사업현황.

이 스스로 직업훈련을 받는 경우 정부가 비용을 지원하는 것이다. 이외 공공훈련
으로서 폴리텍 대학이 운영하는 2년제 다기능기술자양성훈련과 기능사양성훈련
이 있다.

    기업의 재직자일반의 훈련에 대한 직접적인 지원은 다른 국가에서는 발견하
기 힘든 것이나, 기업에 대한 지원은 대기업과 중소기업의 훈련 격차를 줄이기 위
하여 중소기업에 대한 지원이 강화되어 있다.

제4절 ▸ 특성

앞서 살펴본 바와 같이 우리나라의 직업훈련 정책은 직업교육 정책과 마찬가지로 경제발전단계에서 필요한 인력을 양성하기 위하여 1967년 「직업훈련법」이 제정되면서 본격적으로 도입이 되었다. 이후 경제발전이 지속됨에 따라 인력 부족이 심화되고 기업의 인력 스카우트의 문제가 대두되자, 기업에게 인력 양성의 책임을 부과하는 직업훈련 의무제가 1974년 말 「직업훈련에 관한 특별조치법」에 의해 도입되었다. 이 제도는 1976년 「직업훈련기본법」을 통하여 직업훈련을 직접 이행하지 않으면 분담금을 납부하도록 하는 제도로 변모하였다.

이러한 기업의 분담금 납부라는 골격은 1995년부터 시작된 고용보험제도의 직업능력개발사업에도 보험료율의 형태로 유지되고 있다. 고용보험 직업능력개발사업은 이전과 달리 기능인력 양성이 아니라 모든 산업의 모든 근로자를 대상으로 하고, 기업이 직업훈련을 실시하면 훈련비용 등의 각종 지원금을 지원하는 방식으로 하되, 재원은 기업이 납부하는 고용보험 직업능력개발사업의 보험료로 충당하는 제도이다.

이상과 같이 과거 기능인력 양성을 중심으로 출발한 우리나라의 직업훈련 제도는 이제 모든 근로자의 직업능력을 개발하기 위한 제도로 변모하였다. 이러한 우리나라의 직업훈련제도는 여전히 국가의 개입이 강한 정부주도의 관료주의적 모델로 분류될 수 있다(김진영, 1999). 민간기업의 직업훈련에 대한 규제, 공공 직업훈련의 정부기관에 의한 직접 공급을 중심축으로 직업훈련이 이루어지고 있기 때문이다.

일반적으로 직업훈련정책은 국가가 필요로 하는 인력 제공을 정책 목표로 하는 경제정책의 하나이다. 1990년대 이후에는 사회정책과 연계한 근로복지(Workfare), 교육복지(Edufare)로도 이해된다. 따라서 유럽에서는 효율성(efficiency)과 형평성(equity)의 양 측면에서 직업훈련정책을 검토하고 평가한다.[5]

---

5) 유럽에서 논의하는 교육훈련정책의 효율성(efficiency)은 투입과 산출 간의 관계를 말함. 즉, 투입이 최대의 산출을 만들어냈을 때 효율적인 것이며, 교육훈련 시스템의 효율성은 시험 결과나 이익률로 점검이 되는 것임. 형평성(equity)은 교육훈련을 통해 개인이 가질 수 있는 기회, 접근, 대우, 성과의 정도를 말함.
(https://eur-lex.europa.eu/legal-content/EN/TXT/?uri=LEGISSUM%3Ac11095).

직업훈련의 성과는 참여자의 취업률이나 자격증 취득률[6]과 같이 경제적 차원의 '효율성'의 측면이 강조된다. 동시에 '형평성'제고를 목적으로 실업자나 장애인, 고령자 등과 같은 이른바 노동시장의 취약계층[7]의 참여를 강조한다.

1. 경제적 측면

생산요소 중 하나인 지식과 숙련을 제고하는 직업훈련은 경제성장을 가능하게 하는 인력의 양성과 유지 등과 같은 경제적 목적이 있다. 이러한 점에서 현재 선진국에서 직업훈련정책은 가장 중요한 공공정책이 되었다. 이러한 현상에 대해서는 '훈련복음(training gospel)'이라는 용어로 표현될(Swift, 1995) 만큼 각광받는 정책이 되었으며, 이러한 '훈련복음'의 확산은 훈련을 통하여 가치가 극대화되고 경제성장을 이루게 되면 개인의 임금도 올라가면서 생활수준도 나아질 것이라는 논리에서 비롯하였다. 즉, 기업의 성장과 번영은 곧 개인과 공동체의 복지(wellbeing)로 전환될 수 있다는 사고가 깔려있다(Jackson & Jordan, 2000).

우리나라도 직업훈련을 경제발전 전략과 연계하여 입안하고 추진해왔다. 정부가 주도적으로 경제발전을 위해 필요한 인력의 양성계획을 세워서 추진한 것이다. 1962년에 제1차 경제개발 5개년 계획을 추진하면서부터 매 5년마다 경제발전을 위한 인력수급 전망을 실시하기 시작하였다. 인력수급 전망에 기초하여 인력이 부족할 것으로 예상되는 부문과 규모를 추정하여 부족할 것으로 예상되는 분야에 대해 정부가 주도적으로 양성계획을 수립하여 경제발전을 위해 필요한 인력을 양성하고자 하였다. 양성계획을 수립한 결과 정규 학교교육만으로는 인력수요에 대응하는 것이 불가능함을 인식하였고, 이에 따라 1960년대 후반부터 정규 학교에서의 직업교육 이외에 단기적인 직업훈련을 통하여 무기능 인력을 산업인력으로 양성하기 시작하였다.

그러나 1980년대 이후 직업훈련은 이러한 노력이 구체적으로 체계화되지 못

---

6) 대학진학률이 높지 않은 국가들에서 이루어지는 직업훈련은 대부분 학위를 대신할 수 있는 자격증 취득을 지원하기 때문에 자격증 취득률을 성과로 보는 경향이 있음.

7) 노동시장의 취약계층은 명확하게 정의가 내려져있지는 않으나 일반적으로 주로 취업을 하는 데 어려움을 겪는 실업자, 장애인, 고령자, 취업역량이 미흡한 저학력/자격증 미보유/저소득 집단 등을 말함. 따라서 이들 집단에 대한 직업훈련이 강화되는 것이 일반적임.

표 3-3 '노동시장·비용' 분야의 한국의 세계경쟁력순위(2017~2021년)(단위: 순위)

항목	2017년	2018년	2019년	2020년	2021년
10) Apprenticeship	41	30	18	18	12
11) Employee training (is a high priority in companies)	46	35	33	15	32
12) Labor force (employed and registered unemployed, millions)	15	15	15	15	15
13) Labor force(percentage of population, %)	12	11	11	12	12
14) Labor force growth	23	25	43	25	39
18) Skilled labor(is readily available)	41	37	34	31	45
21) Brain drain	54	43	30	28	24

자료: IMD World Competitiveness Yearbook(각년도); IMD World Talent Ranking(각년도)

하여 국가의 인력수요나 숙련도 수준에 대응하지 못하고 있다. 이러한 현상은 스위스 국제경영개발원(IMD)[8]의 관련 지표조사결과에서도 확인이 된다. '노동시장·비용' 분야의 '즉시 활용가능한 숙련노동'은 2017년에 5.27점으로 63개 국 중 41위(1위: 노르웨이, 7.73점), 2018년에 5.57점으로 63개국 중 37위(1위: 노르웨이, 7.49점), 2021년 4.95점으로 64개국 중 45위(1위: 아랍에미레이트, 7.53점)로 나타났다. 또한 '기업 내에서 직원 교육훈련의 높은 우선순위'도 2021년도에 6.11점/10점으로 64개국 중 32위(1위: 오스트리아, 8.05점)에 불과하다.

제2장에서 살펴본 직업훈련체계 유형으로 볼 때 조정시장경제 국가인 노르웨이나 스위스의 순위가 최우등으로 나타나고 있다. 이러한 조사결과는 비록 정성데이터로서 전문가 의견조사로 작성된 것이라고는 하지만 우리나라 직업훈련이 노동시장의 수요나 국가경제의 수요에 미흡하다는 측면을 단적으로 보여주는 것이다.

다음으로 직업훈련의 직접적인 성과인 취업률을 구체적으로 보면 선진국의 성과와 같이 60~70% 이상의 취업률이나 임금인상과 같은 구체화된 성과가 보이지 않는 바, 직업훈련을 통한 경제적 차원의 성과가 분명하지 않은 상황[9]이다.

---

8) 스위스 국제경영개발원(IMD: Institute for Management Development)은 1989년부터 매해 국가별로 분야 및 항목에 따른 경쟁력보고서(IMD World Competitiveness Yearbook)를 발간하고 있음. 항목별 경쟁력 결과는 정량적 데이터와 전문가 의견조사에 의한 정성적 데이터에 근거함.

9) 직업훈련의 성과라고 볼 수 있는 취업률 통계는 직업훈련의 유형이 변화하거나 산출기준이

이런 상황에서 더욱이 우리나라 기업들 자체가 직업훈련을 이수한 또는 숙련된 노동력에 대한 의존이 낮은 편이고, 숙련된 노동력에 대한 사회경제적 인정도 높지 않은 저숙련 균형(low skill equilibrium)[10] 상태라는 점은 이를 더욱 악화시키는 요인이 된다. 특히 최근에 다원화되는 노동시장에서 과거와 같이 한 직장에서 종신고용이 이루어지는 것이 아니라 개인이 스스로 직업경로를 찾아야 하기 때문에 개인의 장기적 경력 개발이나 평생경력 개발과 연계되는 직업훈련 지원이 강화될 필요가 있다.

이상과 같이 우리나라의 직업훈련정책은 국가경제의 수요나 산업수요의 반영이나 숙련도 제고에는 미흡한 측면이 많다. 더욱이 최근에 와서는 개인의 장기적 경력 개발 시스템을 만들어내야 하는 과제를 안고 있다.

2. 사회적 측면

우리나라의 직업훈련은 앞서 살펴본 바와 같이 농업과잉인구와 실업인구의 해소를 목적으로 도입한 측면도 있기 때문에 초기부터 노동시장 취약계층이 참여해 온 것이 사실이다. 각종 관련 통계를 보면, 고학력·고소득 계층이 저학력·저소득 계층보다 학습에 더 많이 참여하고 직업훈련도 많이 받고 있음을 알 수 있다. 즉, 이러한 결과는 국가의 개입 없이 시장에만 맡겨 둘 경우 직업훈련에서도 부익부 빈익빈의 현상이 더욱 심화될 수밖에 없음을 방증하는 것이다(고혜원, 2019).

현재 직업훈련에서도 노동시장 취약계층이나 중소기업을 대상으로 한 프로그램이 많으며, 취약계층에 대한 정부의 지원비가 확대되는 추세에 있다. 그러나

달라져 왔기 때문에 정확하게 시기별로 산출하기가 어려움. 가장 최근의 정부 자료를 보면, 2018년 기준 취업률의 경우 구직자 내일배움카드제 50.6%, 국가기간·전략산업직종훈련 64.8%, 폴리텍의 다기능기술자 양성과정 79.7%, 기능사 양성과정 71%로 나타났음. 훈련 분야의 경우 내일배움카드제는 사무·조리·돌봄 분야에 42.2%, 국가기간·전략산업직종훈련은 소프트웨어·디자인·방송통신 분야에 39.3%가 참여하는 등 쏠림 현상이 지속되고 있음(관계부처 합동, 2019). 독일이나 미국 등에서 일반적으로 정부가 지원하는 실업자훈련의 경우 최소 60~70% 이상의 취업률이 예견될 때에 실시되는 것으로 나타나고 있기 때문에 우리나라의 실업자훈련의 성과는 크게 높은 편은 아님.

10) 파인골드(Finegold, D.)와 소스키스(Soskice, D.)가 처음 사용한 개념으로 근로자에 대한 낮은 교육훈련의 투자가 근로자 숙련 형성에 부정적 영향을 미치기 때문에 근로자의 낮은 생산성과 낮은 임금으로 이어지고 결국은 생산물의 낮은 품질, 그로 인한 저가격으로 귀결되는 고리가 사회적으로 장기간 지속되는 현상을 의미(HRD 용어사전).

실제로 직업훈련에 참여하고 싶어도 생계 등의 사유로 시간을 내기 어려운 취약계층은 직업훈련에 참여하기 어렵기 때문에 사회복지 차원의 지원과 연계한 취약계층 참여 지원 프로그램이 보다 구체적으로 마련될 필요가 있다.

참고문헌

고용노동부 (2023). 직업능력개발사업현황.

고혜원 (2019). 한국의 직업교육훈련정책, 효율성(efficiency)인가? 형평성(equity)인가?.
  한국행정연구, 28(4), 59−89.

김성중·성제환 (2005). 한국의 고용정책.

노동청(1971). 알기 쉬운 노동백서.

박진근 (2000). 세계경제 속의 한국경제 40년. 박영사.

정택수 (2008). 직업능력개발제도의 변천과 과제. 한국직업능력개발원.

최규남 (2003). 한국직업교육정책연구. 문음사.

최영렬·오호영·최영섭 (2009). 한국직업교육훈련의 해외진출을 위한 직업교육훈련협력
  연구 ①한국형 직업교육훈련 개발협력 모델 구축연구. 교육부·한국직업능력개발원.

IMD. IMD World Competitiveness Yearbook(각년도).

___. IMD World Talent Ranking(각년도).

Swift, Jamie (1995). Wheel of Fortune: Work and Life in the Age of Falling
  Expectations. Between the lines.

Jackson, Nancy and Jordan, Steve (2000). Learning for work: contested terrain?.
  Studies in the Education of Adults. 32(2), 195−256.

CEDEFOP 사이트
  (https://www.cedefop.europa.eu/en/)

European Union 사이트
  (https://eur−lex.europa.eu/legal−content/EN/TXT/?uri=LEGISSUM%3Ac11095)

04

우리나라 직업훈련 추진 체계 및 지원제도

04

우리나라 직업훈련 추진 체계 및 지원제도[1]

장신철(한국기술교육대학교)

제1절 ▸ 관련 법령

1. 개요

직업훈련 분야의 입법은 주로 1970~1980년대에 이루어졌는데, 우리나라가 1970년대 이후 급속한 산업화와 경제개발을 추진하면서 여기에 필요한 기능인력 양성을 뒷받침하기 위한 것이었다. 주요 직업훈련 관련법은 〈표 4-1〉과 같다. 직업훈련 분야의 母法은 국민평생직업능력개발법(舊 근로자직업능력개발법)이고, 분야별로 일학습병행과 직업교육, 자격, 숙련기술장려를 규정한 단행법들이 있다. 이하에서 직업훈련 관련법의 주요 내용에 대해 살펴보도록 하겠다.

2. 국민평생직업능력개발법

우리나라 직업훈련에 대한 기본적인 사항들을 규율하고 있는 직업훈련 분야의 母法이다. 2021년 8월 근로자직업능력개발법을 국민평생직업능력개발법으로 개정하여 2022년 2월부터 시행하였다. 법의 목적(제1조)은 "이 법은 모든 국민의 평생에 걸친 직업능력개발을 촉진·지원하고 산업현장에서 필요한 인력을 양성하며 산학협력 등에 관한 사업을 수행함으로써 국민의 고용창출, 고용촉진, 고용안정 및 사회·경제적 지위 향상과 기업의 생산성 향상을 도모하고 능력중심사회의

---

1) 본 장은 필자가 집필한 「직업능력개발훈련개관」(2024, 한기대 발간)를 참고하여 작성되었음

표 4-1 직업훈련 관련법의 개요

법 률	제정	주요 내용
국민평생직업능력개발법 (舊 근로자직업능력개발법)	'21.8	직업훈련의 모법으로서 계좌제훈련, 사업주훈련, 직업훈련 교사 등 규정
직업훈련에 관한 특별조치법→ 직업훈련기본법(1998년 폐지)	'74.12	6개 산업 150인 이상 기업에 대한 직업훈련의무제 시행
직업교육훈련촉진법 (노동부·교육부 공동)	'97.3	특성화고생의 현장실습에 대한 모법
산업현장 일학습병행 지원에 관한 법률('20.8 시행)	'19.8	일학습병행에 참여하는 근로자와 근로조건, 기업의 책무
국가기술자격법	'73.12	국가기술자격의 종류, 등급, 검정방법, 관리 등
한국산업인력공단법	'81.12	인력공단의 설치와 주요 사업
숙련기술장려법	'89.4.	대한민국명장, 숙련기술전수자, 이달의 기능한국인, 기능경 기대회
자격기본법(노동부·교육부 공동)	'97.3	NCS, 국가자격, 민간자격
고용보험법('95.7 시행)	'93.12	직업능력개발사업에 대한 지원 규정, 1974년부터 시행된 직업훈련의무제를 대체

구현 및 사회·경제의 발전에 이바지함을 목적으로 한다."고 규정하였다. 법 명칭에서 보듯이 동법은 근로자뿐만 아니라 특수고용형태종사자, 자영업자 등을 포함한 전체 국민으로 적용대상을 확대하였다. 근로자직업능력개발법은 지원대상을 근로자, 실업자 등으로 규정하고 있어 지원이 제한적이라는 오해가 있었기 때문에 법률상 지원대상을 '국민'으로 하여 고용형태와 관계없이 일하고자 하는 국민들에게 직업능력개발을 지원하도록 하였다. 2020년 1월 국민내일배움카드제가 시행이 되면서 전국민으로 발급 대상자를 목표로 한 것도 법률의 명칭을 개정하게 된 데 영향을 미쳤다. 그리고 직업능력개발훈련의 내용을 지능정보화 및 포괄적 직업·직무기초능력 등까지 확대하였고, 직업능력개발사업에 직업·진로상담, 경력개발 지원까지 포함하였다. 국민평생직업능력개발법에서 규정하고 있는 주요 사항은 국민의 자율적인 직업능력개발 지원(2장), 사업주 등의 직업능력개발 사업 지원(3장), 훈련법인, 훈련시설, 훈련교사(4장), 기능대학 및 기술교육대학(5장), 훈련사업의 평가 및 부정행위의 제재(6장) 등이다.

국민평생직업능력개발법의 연역을 거슬러 올라가면 1967년 1월 공표·시행된 「직업훈련법」이다. 직업훈련은 공공, 사업내, 인정 직업훈련으로 구분하였고, 기업에 대한 훈련의무는 규정하지 않았다. 대신 22개 주요 직종의 대기업을 선정하여 기능인력을 양성할 경우 정부가 훈련비를 보조하는 제도를 두었다. 그러나 사업주들의 자발적인 훈련실시는 저조하였고 1970년대 들어 급속한 중화학 공업화가 진행되었으나 기능·기술인력의 공급은 원활하지 못하였다. 이에 따라 1974년에는 「직업훈련에 관한 특별조치법」이 제정되어 제조업 등 6개 산업[1])에 대해 소속 근로자의 15% 이상을 훈련토록 하였다. 이를 위반할 경우 500만원 이하의 벌금에 처하였고, 훈련생은 훈련기간의 2배에 해당하는 근로를 하도록 의무화하였다. 1976년에는 직업훈련법과 「직업훈련에 관한 특별조치법」을 통합한 「직업훈련기본법」이 제정되었다. 훈련의무제는 지속되었지만, 훈련의무 위반시 벌금형 대신 분담금(levy)을 납부하도록 하였고, 훈련의무인원도 재직자수의 10% 범위 내에서 산업별로 차등화하였다. 기업의 의무 불이행으로 납부된 분담금은 직업훈련촉진기금으로 조성하여 각종 훈련사업에 투자함으로써 기능인력 양성과 훈련 인프라 확충에 크게 기여하였다(서상선, 2002; 김성중 외, 2005; 강순희, 2014). 1995년 고용보험제 시행으로 직업훈련의무제를 흡수·통합한 직업능력개발사업이 시행되었다. 1999년 「근로자직업훈련촉진법」을 통해 훈련시장이 개방되었고, 과거 노동부장관의 인가를 받은 비영리법인만 참여 가능했던 훈련시장에 영리법인, 학교, 학원 등도 직업훈련 시장에 참여할 수 있게 되었다.

3. 직업교육훈련촉진법

특성화고생들의 「현장실습」을 규정하고 있는 법으로서 교육부와 고용부가 공동으로 관장한다. 제7조(현장실습) ①항에서는 "직업교육훈련생은 직업교육훈련과정을 이수하는 중에 산업체에서 현장실습을 받아야 한다."고 규정하고 있고, 제7조의 2(현장실습 운영기준)에서는 현장실습의 내실화를 위하여 ⅰ) 현장실습 산업체 선정에 관한 사항, ⅱ) 현장실습 프로그램에 관한 사항 ⅲ) 현장실습의 지도·감독에 관한 사항 등을 규정하도록 하고 있다. 현장실습생은 학교 소속으로서 실무경험, 체험활동, 참관을 하는 것이기 때문에 근로자성은 원칙적으로 부정된다.[2]) 이러한 점에서 처음부터 근로자 신분을 부여하고 근로에 참여하는 일학습병

---

1) 광업, 제조업, 전기·가스·수도업, 건설업 및 운수 창고 및 통신업, 서비스업
2) 그러나 사업주가 현장실습생을 실습이 아니라 사실상 근로를 시킨 경우에는 근로기준법 등의 보호를 받을 수 있다. 근로자성의 판단은 계약 형식이 아니라 실질적으로 근로를 했는지의 여부를 따져 결정을 하기 때문이다.

행제와는 차이가 있다. 그러나 특성화고생 보호 차원에서 실습 중 재해를 입은 경우 산재보험법을 통해 보호하고 있다.

4. 산업현장 일학습병행 지원에 관한 법률(일학습병행법)

일학습병행훈련은 2013년부터 고용노동부 지침으로 시행되어 왔으나 2019년 8월 법이 제정되고 일학습병행자격이 발급됨에 따라 사업의 안정성이 확보되었다. 일학습병행법 제1조(목적)에서 "이 법은 사업주가 실시하는 직업교육훈련인 일학습병행의 내용과 방법 및 일학습병행에 참여하는 학습근로자의 근로조건의 보호 등에 관한 사항을 정하고, 일학습병행과 자격을 연계하여 학습근로자의 고용촉진 및 사회적·경제적 지위의 향상을 도모함으로써 국민경제의 발전에 이바지함을 목적으로 한다."고 규정하고 있다.

일학습병행법의 주요 내용을 살펴보면 다음과 같다. 학습기업 사업주와 학습근로자는 훈련 목표·방법·기간, 주요 근로조건 및 교육훈련조건에 관하여 2년 이내의 학습근로계약을 체결하여야 한다(제21조). 다만, 학위취득을 위한 과정에 대하여는 예외를 인정한다(2년 초과 가능). 학습기업 사업주는 학습근로자가 외부평가에 합격한 경우에는 '기간의 정함이 없는 근로자'로 전환하여야 한다(제24조).[3] 이 경우 해당 사업장에서 동등·유사한 수준의 자격 취득자 또는 경력자와 동등한 처우를 하여야 한다. 사업주는 동종 또는 유사업무에 종사하는 다른 근로자에 비하여 학습근로자를 합리적 이유 없이 차별해서는 안 된다. 차별적 처우에 대해서는 기간제법을 준용하여 학습근로자는 노동위원회에 시정 신청할 수 있고, 고용노동부장관은 사업주에 시정요구 할 수 있다(제28조). 고용노동부장관과 사업주 등은 학습근로자의 교육훈련 목표 달성 여부를 평가(내부평가 + 외부평가)하여야 한다(제30조). 일학습병행 과정 이수자가 내부평가 및 외부평가에 합격하면 일학습병행 자격(국가자격)을 취득한다(제31조). 일학습병행에 참여하는 사람은 근로기준법에 따른 근로자 신분을 부여 받기 때문에(제3조) 최저임금 이상을 지급받을 수 있고, 각종 노동법의 혜택을 받는다. 직업계고생이 참여하는 교육부의 「현장실습」

---

3) 사업주와 일학습병행 훈련생이 맺는 학습근로계약은 일학습병행 종료 시까지의 기간제 근로계약이기 때문에 외부평가에 합격한 학습근로자를 다시 기간제 근로자로 계약을 맺는 것은 2년 이상 기간제 사용을 금지하고 있는 기간제법에 위배된다고 판단된다.

은 근로자 신분이 아니며, 1~6개월 동안 일(근로)이 아닌 체험학습을 하는 것과 차이가 있다.

5. 국가기술자격법

1973년 제정되었으며 국가기술자격의 종류, 등급, 검정방법, 관리 등을 규정하고 있다. 자격이란 직무수행에 필요한 지식·기술·소양 등의 습득 정도가 일정한 기준과 절차에 따라 평가 또는 인정된 것이다(자격기본법 제2조). 국가자격은 국가기술자격과 국가전문자격으로 구분된다. 어떤 자격을 국가기술자격으로 만들 것인지, 국가전문자격으로 만들 것인지는 어떤 원칙이 있는 것이 아니고 주무부처의 판단, 이해 관계자들의 의견에 따라 결정된다. 국가기술자격의 종목은 고용노동부령으로 정하기 때문에[4] 국가기술자격법 시행규칙에 자격의 명칭을 반영하면 자격 신설이 이루어진다. 국가기술자격의 등급은 ⅰ) 기술·기능 분야: 기술사, 기능장, 기사, 산업기사 및 기능사 ⅱ) 서비스 분야: 국가기술자격의 종목별로 3등급의 범위에서 대통령령으로 정하는 등급으로 정한다. 2024년 기준으로 544개의 국가기술자격이 있다.

국가기술자격은 「국가기술자격 정책심의위원회(위원장: 고용노동부장관)」를 통해 고용노동부가 담당한다. 국가기술자격의 등급체계·분류체계 조정, 종목신설·통합·폐지, 관할영역 설정, 응시자격 조정, 과목면제 결정 등 제도설계와 검정의 기본방향 제시, 검정제도 개선, 수탁기관 평가·선정·위탁취소·권고 등 운영을 담당한다. 자격검정은 한국산업인력공단, 대한상의, 한국산업안전보건공단 등 검정수탁기관(10개)에서 담당한다.

6. 자격기본법

국가자격 및 민간자격을 규율하는 법으로서 1997년 제정되었으며, 교육부와 노동부가 공동으로 관장한다. 주요 내용으로는 국가직무능력표준(NCS) 개발·개선, 국가자격, 민간자격에 대한 사항과 자격관련 최고의 의사결정기구로 「자격

---

4) 국가기술자격법 8조의 2 제2항

정책심의회 설치」를 규정하고 있다. 자격정책심의회는 교육부에 두며 ⅰ) 자격정책의 기본방향 및 조정에 관한 사항 ⅱ) 국가자격의 신설·변경 또는 폐지에 관한 사항 ⅲ) 민간자격으로 운영하는 것이 적합하지 아니한 분야에 관한 사항 ⅳ) 민간자격의 공인에 관한 사항 등을 심의한다. 위원장은 교육부장관, 부위원장은 고용노동부차관이 된다(법8조).

국가직무능력표준에는 직무의 범위·내용·수준, 직무수행에 필요한 지식·기술·소양 및 평가의 기준과 방법, 그 밖에 직무수행에 필요한 사항이 규정되어야 한다. 정부는 정부가 정하는 교육훈련과정, 국가자격의 검정 및 출제기준, 민간자격의 공인기준 등이 국가직무능력표준에 따라 마련되도록 노력하여야 한다(법5조).

7. 고용보험법

우리나라 고용(서비스)정책은 고용보험법 제정 이전의 시기와 이후의 시기로 구분될 정도로 가장 큰 변화를 가져온 법이다. 고용보험법에 의해 실업급여가 도입되었고, 적극적 노동시장정책(active labor market policy)을 추진할 수 있는 다양한 정책 수단과 재원을 확보할 수 있게 되었다(정병석 외, 2022; 김영중, 2023). 직업훈련 분야에도 커다란 변화를 가져왔다. 1995년 7월 고용보험법에 의한 직업능력개발사업이 시행되면서 1974년부터 시행되어 왔던 직업훈련의무제는 1997년까지 단계적으로 폐지되었다. 직업능력개발사업 체계 하에서는 전 사업장이 기업 규모에 따라 직업능력개발사업 보험료를 선납하고 훈련실적에 따라 환급받아 가는 방식(levy－grant system)으로 전환되었다. 고용안정·직업능력개발사업 보험료율은 「고용보험 및 산업재해보상보험의 보험료징수 등에 관한 법률」에 의거, 기업 규모에 따라 0.25~0.85%까지 4개의 요율을 부과하고 있다.5) 동법 제14조(보험료율의 결정)에서 고용보험료율은 보험수지의 동향과 경제상황 등을 고려하여 3%의 범위에서 고용안정·직업능력개발사업의 보험료율 및 실업급여의 보험료율로 구분하여 대통령령으로 정하도록 하고 있고, 동법 시행령 제12조(고용보험료율)에서는 〈표 4－2〉와 같이 보험료율을 정하고 있다.

---

5) 전 세계 levy system을 가진 국가 중 한국의 levy는 가장 낮은 수준이다.

표 4-2 고용보험료율(%)

보험료율		근로자	사업주
실업급여		0.9(2022.7~)	0.9(2022.7~)
고용안정·직업능력개발사업	150인 미만 기업	-	0.25
	150인 이상 우선지원기업	-	0.45
	150인 이상~ 1,000인 미만 기업	-	0.65
	1,000인 이상 기업, 국가·자치단체	-	0.85

고용보험법의 주요 체계는 〈표 4−3〉과 같다. 고용보험법의 직업능력개발사업에서는 각종 훈련 및 훈련에 필요한 사업에 필요한 지원 규정을 담고 있다. 즉, 사업주에 대한 직업능력개발훈련의 지원(제27조), 피보험자 등에 대한 직업능력개발 지원(제29조), 자격검정 등 직업능력개발의 촉진(제31조) 등이다.

표 4-3 고용보험법의 주요 체계

구분	주요 내용
제1장 총칙	고용보험위원회(제7조), 적용범위(제8조), 적용제외(제10조),
제2장 피보험자 관리	피보험자격 취득일, 상실일, 피보험자격 신고 등(제13~제18조)
제3장 고용안정·직업능력개발사업	고용조정의 지원(제21조), 지역고용의 촉진(제22조), 고령자 등 고용촉진의 지원(제23조), 피보험자 등에 대한 직업능력개발 지원
제4장 실업급여	제2절 구직급여, 제3절 취업촉진수당, 제4절 자영업인 피보험자에 대한 실업급여 적용의 특례
제5장 육아휴직급여 등	제1절 육아휴직급여 및 육아기 근로시간 단축 급여, 제2절 출산전후휴가급여 등
제5장의 2. 예술인 피보험자에 대한 고용보험 특례	제77조의2(예술인 피보험자에 대한 적용), 제77조의3(예술인 피보험자에 대한 구직급여)
제5장의 3. 노무제공자인 피보험자에 대한 고용보험 특례	제77조(노무제공자인 피보험자에 대한 적용)
제6장 고용보험기금	제79조(기금의 관리·운용), 제82조(기금계정의 설치), 제84조(기금의 적립)
제7장 심사 및 청구	제87조(심사와 재심사)
제8장 보칙	제105조(불이익 처우의 금지)
제9장 벌칙	제116조(벌칙), 제118조(과태료)

제2절 ▸ 직업훈련의 공급자 vs. 수요자

1. 직업훈련의 공급자

국민평생직업능력개발법에서는 직업능력개발훈련의 질 관리를 위하여 직업능력 개발훈련과정을 실시할 수 있는 시설 또는 기관을 제한하여 규정하고 있다. 공공직업훈련시설은 당연히 직업훈련을 실시할 수 있는 기관에 포함된다. 그 외에는 평생직능법 시행령 제12조에서 직업능력개발훈련을 위탁받을 수 있는 기관으로 5개의 기관을 규정하고 있어 다음과 같은 6개 종류의 기관들이 직업훈련을 실시할 수 있다.

직업능력개발훈련을 실시할 수 있는 기관의 종류

- ▸ 공공직업훈련시설
- ▸ 직업능력개발훈련시설
- ▸「고등교육법」제2조에 따른 학교
- ▸「평생교육법」에 따라 인가·등록·신고 또는 보고된 평생교육시설
- ▸「학원의 설립·운영 및 과외교습에 관한 법률」제2조의2제1항제2호에 따른 평생직업교육학원
- ▸ 그 밖에 법 제12조 또는 법 제15조에 따른 직업능력개발훈련을 위탁하여 실시하려는 기관의 장이 그 직업능력개발훈련을 실시할 능력이 있다고 인정하는 시설 또는 기관

유형별 직업능력개발훈련 기관수는 다음과 같다.

표 4-4 직업능력개발훈련기관 수(공공직업훈련시설 제외)(단위: 개소)

	2020	2021	2022	2023
합 계	3,555	3,716	4,023	4,272
직업능력개발훈련시설(훈련법인 포함)	621	613	587	570
고등교육법 학교(대학)	65	59	37	33
평생교육시설	383	398	405	458
평생직업교육학원	1,787	1,858	1,991	2,075
사업주 또는 사업주단체	15	9	8	5
타법령에 따른 직업훈련시설(기관) 등	684	779	995	1,129

* 훈련기관 인증평가 결과, "1년 이상 인증등급"을 획득한 훈련기관 수

(1) 공공직업훈련시설

국가, 지자체 및 공공단체가 직업능력개발훈련을 위하여 설치한 시설로서 고용노동부장관과 협의하거나 승인을 받아 설치한 시설이다. 공공단체로는 한국산업인력공단, 한국기술교육대학교, 한국폴리텍대학, 한국장애인고용공단, 근로복지공단이 있다. 한국기술교육대학교와 한국폴리텍대학의 설립근거는 국민평생직업능력개발법 제5장이며, 한국폴리텍대학의 법상 명칭은 기능대학이다.

(2) 지정직업훈련시설

직업능력개발훈련을 실시하기 위하여 설립·설치된 직업전문학교, 실용전문학교 등의 시설로서 고용노동부장관이 지정한 시설을 말한다. 지정 직업훈련시설으로 인가를 받기 위해서는 평생직능법 제28조에 의한 다음과 같은 요건을 갖추어야 한다.

지정 직업훈련시설 인가 요건

· 해당 훈련시설을 적절하게 운영할 수 있는 인력·시설 및 장비 보유
  * 시설 연면적 180㎡ 이상, 주된 강의실(실습실) 60㎡ 이상, 훈련기준이 있는 직종의 경우 훈련기준에서 정한 시설 및 장비
· 대표자의 1년 이상 교육훈련 실시 경력(사업주나 사업주단체가 소속 근로자 등의 직업능력 개발을 위하여 직업능력개발훈련을 위한 전용시설을 운영하려는 경우에는 예외)
· 훈련직종별로 직업능력개발훈련교사 1명 이상
· 직업상담사 자격 소지자 또는 직업소개, 직업상담 또는 직업지도 업무에 2년 이상 종사한 경력이 있는 사람 또는 교원자격증 소지자로서 교사 근무경력이 2년 이상인 사람을 1명 이상 고용

(3) 고등교육법에 의한 학교

대학, 산업대학, 교육대학, 전문대학, 방송통신대학, 사이버대학, 기술대학 등 국가 외의 자가 학교를 설립하려는 경우에는 교육부장관의 인가를 받아야 한다.

(4) 평생교육법에 의한 평생교육시설

평생교육법에 의하여 인가, 등록, 신고된 시설과 학원 등 다른 법령에 의한 시설로서 평생교육을 주된 목적으로 하는 시설을 말한다. 대학 부설 평생교육시

설들이 다양한 분야의 훈련에 참여하고 있다.

(5) 평생직업교육학원

학원의 설립·운영 및 과외교습에 관한 법률에 따른 학원 시설로, 평생교육이나 직업교육을 목적으로 운영하는 학원이다.

(6) 다른 법률에 의하여 직업능력개발훈련을 실시할 수 있는 기관

건설기술교육원(건설기술관리법), 한국발명진흥회(발명진흥법), 한국전파진흥원(전파법), 한국표준협회(산업표준화법), 한국생산성본부(산업발전법) 등이 있다.

(7) 사업주 또는 사업주단체 시설

소속 근로자 등의 직업능력개발훈련을 위한 전용시설을 운영하는 사업주 또는 사업주단체 등이 설치한 시설이다. 대기업의 훈련원, 연수원, 대한상의 훈련원 등이 그 예이다.

2. 직업훈련의 수요자

국민평생직업능력개발법의 명칭에서 볼 수 있듯이 직업훈련의 수요자는 전 국민이다. 직업훈련의 필요성은 근로자뿐만 아니라 특수고용형태종사자, 자영업자 등 을 포함한 전체 국민이 된다. 국민평생직업능력개발법의 제1조(목적)에서는 "이 법은 모든 국민의 평생에 걸친 직업능력개발을 촉진·지원하고 산업현장에서 필요한 인력을 양성하며 산학협력 등에 관한 사업을 수행함으로써 국민의 고용창출, 고용촉진, 고용안정 및 사회·경제적 지위 향상과 기업의 생산성 향상을 도모하고 능력중심사회의 구현 및 사회·경제의 발전에 이바지함을 목적으로 한다."고 규정하고 있어 정책 대상을 「모든 국민」으로 명확히 하고 있다. 그리고 개별 조문에서 「근로자」라는 표현을 쓰는 경우도 있지만, 제2조(정의)에서 근로자를 "사업주에게 고용된 사람과 취업할 의사가 있는 사람"으로 규정하여 고용보험의 피보험자뿐만 아니라 취업할 의사가 있는 일반 구직자까지를 포괄하고 있다. 또한 고용보험법의 제3장 고용안정·직업능력개발 사업에 제19조(고용안정·직업능력개발 사업의 실시) ①항에서도 "고용노동부장관은 피보험자 및 피보험자였던 사람, 그 밖에 취업할 의사를 가진 사람(이하 "피보험자등"이라 한다)에 대한 실업의 예방, 취업의 촉진, 고용기회의 확대, 직업능력개발·향상의 기회 제공 및 지원, 그 밖에 고용안정과 사업주에 대한 인력 확보를 지원하기 위하여 고용안정·직업능력개발사업을 실시한다."고 규정하여 고용보험료를 납입한 적이 없는 일반 구직자까지 적용대상에 포함하고 있다. 따라서 직업훈련 분야의 주요 재원이 고용보험의 직업능력개발사업에 따른 보험료 수입이기 때문에 직업훈련의 수혜자(정책대상)도 보험원리를 적용하여 고용보험료를 납입한 피보험자에게만 적용해야 하는 것이 아닌가 하는 논란은 더 이상 불필요하다. 실제 직업훈련의 재원에는 고용안정·직업능력개발사업 재원뿐만 아니라 일반회계도 투입되고 있고, 직업훈련 분야를 실업급여처럼 보험원리로 접근하는 것도 사실상 불가능하기 때문이다.

2023년 훈련 참여자 통계를 보면, 실업자가 655천명, 재직자가 3,281천명이 훈련을 받았다. 실업자 훈련 통계를 보면, 20대가 30%를 차지하고 30대, 40대, 50대는 엇비슷한 분포를 보이고 있으나 60세 이상 훈련 참여자 비중도 13.1%에 달하여 퇴직 후 제2의 인생설계를 위한 훈련참여자가 적지 않음을 알 수 있다.

표 4-5 2023년 직업훈련 참여자 현황(천명)

구분		총계	(%)	실업자	(%)	재직자	(%)	공공훈련(폴리텍)	(%)
성별	합계	3,951	(100.0)	656	(100.0)	3,281	(100.0)	14	(100.0)
	남	1,953	(49.4)	199	(30.4)	1,743	(53.1)	10	(72.0)
	여	1,999	(50.6)	456	(69.6)	1,538	(46.9)	4	(28.0)
연령별	합계	3,951	(100.0)	656	(100.0)	3,281	(100.0)	14	(100.0)
	19세 이하	41	(1.0)	13	(2.0)	28	(0.8)	0.4	(3.1)
	20-29	949	(24.0)	199	(30.4)	746	(22.7)	4	(26.3)
	30-39	965	(24.4)	111	(16.9)	851	(25.9)	2	(15.5)
	40-49	911	(23.1)	120	(18.3)	788	(24.0)	3	(19.8)
	50-59	707	(17.9)	127	(19.3)	577	(17.6)	3	(21.8)
	60세 이상	378	(9.6)	86	(13.1)	291	(8.9)	2	(13.5)

* 노동부 통계자료

제3절 ▸ 직업훈련 정책 추진 기관

1. 고용노동부

(1) 본부

직업능력개발사업을 총괄하는 중앙부처로서 법령의 제정, 주요 훈련정책의 수립 등을 행한다. 본부 조직으로 직업능력정책국 소속으로 직업능력정책과(기획 및 법령 제개정, 예산, 산하기관 관리 등), 직업능력평가과(NCS, 국가기술자격 운영), 인적자원개발과(국민내일배움카드, 훈련기관관리, 훈련교사 등), 기업지원과(사업주훈련, 일학습병행 등)가 있다.

(2) 고용센터

직업훈련을 담당하는 고용노동부의 직속기관이다. 고용센터는 고용서비스 정책의 핵심 전달체계로서 취업상담·알선, 실업급여, 직업지도, 직업능력개발, 기업지원 등 종합적인 고용서비스를 국민들에게 제공한다. 법적근거는 고용정책기본법 제11조(직업안정기관의 설치 등) 및 동법 시행령 제21조(고용서비스 제공 시설의 설치·운영), 고용센터 및 고용관련 부서 운영 규정(고용노동부 훈령) 등이다. 2014년부터는 고용과 복지 서비스 전달체계의 분절화와 고객 이용의 불편함을 해소하기 위해 고용복지플러스센터라는 이름으로 원스톱 센터를 구축해 왔으며 2023년 현재까지 초 102개소가 개소하였다(장신철 외, 2022).

주요 업무는 실업급여, 모성보호, 직업능력개발 관련 각종 지원금 등이다. 직업능력 관련업무는 각 고용센터의 직업능력개발과 또는 직업능력개발팀에서 담당하는데, 재직자·실업자 등 각종 직업훈련 지원, 직업능력개발계좌제 상담 및 발급, 국가직무능력표준(NCS) 및 일학습병행제 확산·지원, 직업훈련 과정 및 시설 인정·지정, 훈련기관 지도·감독, 행정처분 부과 등을 행한다. 사업주 자체 훈련은 한국산업인력공단에서 관장한다.

2. 한국산업인력공단

「한국산업인력공단법」이 설립근거이며, 준정부기관이다. 주요 사업은 사업주 직업훈련 지원, 근로자의 평생학습 지원, 국가기술자격검정, 숙련기술 장려,

국가직무능력표준, 외국인고용지원, 해외취업, 국제인력 교류 등이다. 이 가운데 사업주 훈련 지원의 경우 사업주 직업능력개발훈련, 현장맞춤형 체계적 훈련 (S-OJT), 중소기업 학습조직화사업, 일학습병행사업, 국가인적자원개발컨소시엄, 중소기업 능력개발전담주치의[6] 사업 등을 담당하고 있다.

조직은 본부에 이사장, 감사, 3이사, 1본부, 13실·국(57부)가 있다. 소속(부설) 기관으로는 6개의 지역본부와 23개 지사, 16개의 고용허가제 담당 EPS센터, 2원 (국가직무능력표준원, 글로벌숙련기술진흥원)이 있다. 한국폴리텍대학, 한국기술교육 대학교는 인력공단의 재출연기관이다.

3. 한국기술교육대학교

(1) 직업능력심사평가원

고용노동부 직업능력개발훈련의 체계적인 관리 및 훈련성과 제고를 위한 통합 심사평가 전문기관으로서 한국기술교육대학교의 능력개발교육원, 온라인평생교육원과 함께 직업훈련 관련 국책사업을 행하고 있는 부속기관이다. 2015년 서울역 인근에 설립되었고, 주요 사업으로는 훈련기관인증, 집체·원격훈련과정 심사, 훈련이수자 평가, 훈련성과평가, 부정훈련관리 등이다. 훈련기관 인증평가는 훈련기관이 훈련을 제대로 수행할 수 있는지를 평가하여 부실훈련기관의 훈련시장 진입을 차단하는 역할이고, 훈련과정 심사는 훈련과정의 적정성, 훈련시설·장비 등 인프라의 적정성, 교·강사의 적정성, 지역·산업의 훈련수요 등을 반영하여 정부위탁 훈련과정으로 적합한 훈련과정을 선정하기 위한 절차이다. 훈련이수자 평가는 훈련기관이 훈련프로그램을 제대로 수행했는지를 평가하여 훈련의 성과를 검증하는 것으로, 국가기간·전략산업 직종은 훈련기관마다 의무적으로 1~2개 과정은 평가를 받아야 한다.

(2) 능력개발교육원

한국기술교육대학교 부설 전문 연수기관으로서 직업훈련교사가 되기 위한

---

6) 직업능력개발에 어려움이 있는 중소기업을 대상으로 기업에 필요한 훈련 상담부터 기업진단, 훈련과정개발, 기업의 훈련역량을 고도화하는 능력개발클리닉까지 능력개발 원스톱 서비스 제공이다(산업인력공단 홈페이지)

자격 교육과정, 훈련교사·훈련강사 보수교육과정, 일학습병행을 담당하는 기업현장교사와 HRD 담당자에 대한 역량강화 교육을 실시하고 있다. 2020. 10월부터는 직업훈련 교강사에 대한 보수교육이 의무화됨으로써 매년 노동부장관이 실시하는 보수교육을 능력개발교육원 등에서 이수하여야 한다. 대상자는 연간 6만명으로서, 훈련을 가르치려는 훈련교사·훈련강사는 연간 12시간의 기본교육을 강의를 하고자 하는 직전 연도의 12월 말까지 이수하여야 한다.

(3) 온라인평생교육원

온라인 직업훈련의 허브기관이다. 2019년 원격 스마트 혼합훈련을 위한 플랫폼 「STEP」(Smart Training Education Platform)을 개통함으로써 온라인 직업훈련의 새로운 지평을 열었다. STEP을 통해 온라인 교육을 실시하고 있고, 콘텐츠 개발자는 STEP에서 판매·유통이 가능하며, 민간집체훈련 기관에는 학습관리시스템(LMS)를 지원하고 있다. 훈련 콘텐츠는 민간기관에서 비용 등 문제로 개발이 어려운 기술·공학 분야 위주로 제작·보급하고 있다. 총, 2,323개의 콘텐츠를 보유하고 있으며 이 중 1,802개가 기술·공학 분야이다.

4. 폴리텍

고용노동부 소속 기타공공기관으로서, 설립근거는 「국민평생직업능력개발법」 제2조, 제39조(기능대학의 설립)이다. 주요사업은 신기술 및 국가기간 분야 기술·기능인력 양성, 근로자의 평생직업능력개발 지원 등이다. 전국에 8개 대학, 37개 캠퍼스가 있으며, 학위과정, 비학위 직업훈련과정, 실업자과정, 재직자과정을 운영 중이다. 학위과정은 2년제 산업학사학위과정이며, 비학위 직업훈련과정은 기능사과정(1년/6개월), 하이테크과정, 일반계고 위탁과정, 기능장과정(1년~2년), 신중년 특화과정이 있다. 실업자과정은 지역산업맞춤형일자리창출사업, 여성재취업과정, 중장년재취업과정이 있으며, 재직자과정으로는 사업주훈련(재직자향상훈련), 지역산업맞춤형인력양성사업, 일학습병행제 인력양성사업이 있다(폴리텍 홈페이지).

조직으로는 본부에 이사장, 2명의 이사, 3국, 1단, 2실, 직업교육연구원, 인재원, 신기술 교육원이 있다. 소속기관으로는 8개 대학(35개 캠퍼스, 3개의 교육원), 다문화 학생을 위한 다솜고교가 있다.

5. 직업능력연구원(KRIVET)

국무총리 산하 국책 연구기관으로서 1997년 설립되었으며, 고용노동부 및 교육부의 관련 연구사업을 행한다(이하 KRIVET 홈페이지 참조). 주요 연구사업으로는 직업교육훈련정책 및 자격제도, 교육·훈련프로그램의 개발, 직업훈련기관 및 훈련과정에 대한 평가, 국가공인 민간자격 관리 및 운영, 직업·진로정보 및 상담 서비스 제공 등이다. 조직으로는 전략기획본부, 미래인재·사회정책연구본부, 평생직업교육연구본부, 고용능력·자격연구본부, 지역인재연구본부, 경영지원본부, 글로벌협력센터를 운영하고 있다. 이 가운데 직업훈련 관련부서로는 고용능력·자격연구본부, 지역인재연구본부 그리고 글로벌협력센터이다. 고용능력·자격연구본부는 기업훈련연구센터에서 일학습병행 관련업무를 하고 있고, 자격센터에서는 NCS의 개발과 운영, 민간자격 업무 등을 담당하고 있다. 지역인재연구본부는 지역·산업 HRD연구센터를 통해 17개 지역인적자원위원회(RSC)와 19개 산업별인적자원위원회 관련 업무를 하고 있다. 글로벌협력센터에서는 국제공동연구 및 사업지원, 국제협력사업 자문 및 지원, ODA 연구 및 협력 사업 등을 담당하고 있다.

제4절 ▸ 직업훈련 지원 제도

1. 개요

고용보험법(직업능력개발사업)과 국민평생직업훈련능력개발법에서는 직업훈련에 대한 다양한 지원을 규정하고 있다. 두 법에 의하면 직업훈련에 대한 지원은 사업주훈련과 개인훈련 그리고 생계비 대부 등 기타 지원 내용으로 대별된다. [그림 4-1]은 3대 훈련지원 분야의 사업들을 보여준다.

직업훈련은 기업(사업주) 또는 개인들의 필요에 의해 이루어지게 되는데, 직업훈련이 가지는 속성 때문에 노동시장에 필요한 만큼의 훈련공급이 이루어지지 않음으로써 시장실패가 나타날 가능성이 상존한다. 즉, 기업들은 직업훈련의 외부성(externality) 때문에 타 기업의 근로자 빼가기(poaching)가 발생하고 이직률이 높을 경우 훈련투자를 기피하게 되고, 개인들은 훈련정보의 부족과 직업훈련에

그림 4-1 직업능력개발사업 지원 체계

사업주훈련	개인훈련 (국민내일배움카드 활용)
▪ 사업주직업훈련지원(환급과정훈련) ▪ 국가인적자원개발 컨소시엄 ▪ 지역·산업 맞춤형 훈련 ▪ 현장맞춤형 체계적 훈련 (S-OJT) ▪ 일학습병행훈련	▪ 일반직종 훈련 ▪ 국가기간·전략산업직종훈련 ▪ 일반고 특화훈련 ▪ K-Digital 트레이닝, K-Digital 크레딧 ▪ 산업구조변화 대응 특화훈련

⇕　　　　　⇕

기타
▪ 직업훈련생계비 대부 ▪ 중소기업 학습조직화 지원 ▪ K-Digital 플랫폼 사업 ▪ 사업내 자격검정 지원

따른 기회비용 발생 그리고 훈련에 따른 보상의 불확실성 때문에 훈련참여를 주저하게 된다(Booth & Snower, 1996; Brunello et al., 2004; Keep, 2006; Stem, 1991). 기업특수적인(firm-specific) 훈련인 경우 기업이 훈련비용을 부담할 유인이 있고, 범용(general) 훈련인 경우 비용을 부담할 유인이 약하다는 이론적 접근도 있지만, 모든 훈련은 양자가 혼재되어 있어 시장실패의 이유를 설명하는 데 충분한 것은 아니다. 결국, 이러한 시장실패의 치유와 취약계층을 위한 인적자본투자를 위해서는 정부의 역할이 필요하게 되는데, 역사적으로 각국 정부는 분담금(levy) 제도,[7] 환불조항(pay-back clause),[8] 훈련에 대한 세제혜택, 개인에 대한 훈련비 지급(계좌제훈련) 등의 정책수단을 활용해 왔다.

　우리나라의 경우 1974년 직업훈련의무제가 시행된 이후 2010년 계좌제훈련이 도입되기 전까지 직업훈련의 중심은 사업주훈련이었다. 그러나 고용보험 이전의 훈련은 급속한 산업화 과정에서 부족한 기능인력 확충을 위해 정부가 기업에게 훈련의무를 부과하고 의무 달성을 못하면 분담금을 징수하는 체제였기 때문에

---

7) 프랑스, 스페인의 훈련세, 한국과 일본의 고용보험료가 이에 해당한다. 프랑스는 훈련세로 10인 이상 사업주에게 임금의 1%, 10인 미만은 0.44%를 부과하고 있다. 이외에 1925년부터 모든 기업에 0.68%의 도제훈련세를 부과하고 있다. 분담금 제도는 세계적으로 70여 개국이 도입하고 있는 가장 보편적인 훈련재원 확보 방식이다(Palmer, 2015).

8) 유럽의 일부 국가에서 단체협약으로 규정된다. 사업주 비용으로 교육훈련을 받은 후 약정기간을 채우지 않고 이직하는 경우 교육훈련 비용을 변상하는 제도이다.

기업 스스로의 필요에 의한 인력 양성과는 거리가 멀었다. 20년간 지속된 훈련의 문제는 1995년 고용보험의 직업능력개발사업으로 흡수·통합되었다. 고용보험의 직업능력개발사업 하에서는 모든 기업이 보험료를 납부해야 하는 것이므로 훈련 대상이 모든 기업규모로 확대되었고, 훈련 참여도 기술·기능인력뿐만 아니라 사무서비스직, 관리직까지도 포괄하게 되었으며, 실업자 대상 양성훈련 중심이었던 직업훈련도 향상훈련·재훈련까지 확대되었다. 고용보험제 시행 이후에도 상당 기간 동안은 사업주훈련이 직업훈련의 중심이었지만, 2010년부터 도입된 계좌제훈련(내일배움카드)은 훈련의 중심을 사업주 주도 훈련에서 개인 주도 훈련9)으로 무게중심을 이전시키는 중요한 계기가 되었다. 이것은 2000년대 이후 노동시장의 변화와 관련이 있다. 과거에는 기업들이 대규모 공채를 통해 인력을 채용한 후 필요한 교육훈련을 제공하였고, 그 결과에 따라 각 사업부서에 인력을 배치하는 패턴을 보임에 따라 사업주 주도의 훈련량이 많았다. 그러나 2000년대 들어서는 비정규직의 증가와 고용형태의 다양화, 경력직 채용의 증가 등 노동시장의 변화에 따라 기업들이 스스로 인력을 양성해서 활용할 필요성이 차츰 줄어들게 되었다. 이로 인해 기업들이 전체 노동비용에서 교육훈련에 투자하는 비용은 지속적으로 감소하고 있는 것에서 보듯이10) 사업주훈련은 추세적으로 감소하는 흐름이 이어져 왔다. 또한 주로 고용계약관계를 맺고 있는 근로자에 대해 제공하는 사업주훈련은 비핵심인력과 비정규직에 대한 훈련기회의 불평등 문제와 훈련 소외를 가져오는 한계가 있고, 직장을 떠나면 훈련을 받을 수 없는 이동성의 제약도 발생한다.

이러한 문제의 시정을 위해 정부는 개인 주도 훈련의 필요성을 인식하고 2009년부터 계좌제 훈련을 도입하여 중소기업 근로자와 취약계층의 개인훈련을

---

9) 개인훈련 지원에 대한 효시는 1986년 '실업자 전업촉진훈련'이다. 생활보호대상자, 실업자, 비진학청소년, 영세농어민 등 취약계층을 대상으로 내무부, 보사부, 노동부 등 6개 부처가 훈련을 담당하였다. 훈련 일원화의 필요에 따라 1993년 동 훈련은 '고용촉진훈련'으로 변경되었고, 2009년 폐지 시까지 취약계층훈련에 큰 기여를 하였다. 1998년 외환위기 시에는 연간 11만명이 참여하기도 하였다.

10) 노동비용 총액 중 교육훈련비 비중(%)

	1993	2000	2003	2010	2016	2018	2019	2020
기업전체	1.8	1.4	1.5	0.6	0.4	0.4	0.42	0.30
대 기 업	1.9	1.5	1.6	0.9	0.7	0.7	0.65	0.46
중소기업	1.0	0.5	0.4	0.3	0.1	0.2	0.15	0.10

* 고용노동부, 기업체노동비용조사보고서('93년은 30인 이상, 그 이후는 10인 이상 사업체 기준)

그림 4-2 사업주 환급훈련 vs. 계좌제훈련 예산액 추이

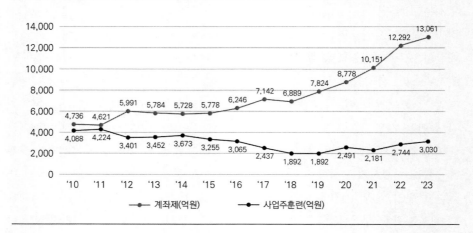

지원하는 체계를 갖춘 이후 적용대상을 확대해 왔고, 2020년 1월부터는 계좌제훈련을 혁신적으로 개편한 「국민내일배움카드제」를 도입하여 개인훈련에 대한 선진적인 시스템을 갖추게 되었다. 2023년 예산기준으로 사업주 환급과정 훈련은 약 3천억원인 반면, 개인훈련을 지원하는 국민내일배움카드제 예산은 1조 3천억원을 넘어섰다. 앞으로도 노동시장은 IT 기술의 발달과 고용형태의 다변화, 훈련이 필요없는 경력직 채용의 선호, 짧아지고 있는 근속기간 등 때문에 사업주훈련이 활성화되기는 쉽지 않은 상황이므로 국민내일배움카드제에 의한 개인훈련 지원의 필요성은 보다 높아질 것으로 보인다.

2. 사업주훈련 지원 사업

사업주훈련에는 고용보험 환급과정 훈련(협의의 사업주훈련)과 국가인적자원개발 컨소시엄훈련, 지역·산업 맞춤형 훈련, 일학습병행훈련이 있다. 일학습병행훈련은 사업주가 훈련생을 모집하여 실시하는 사업주훈련의 일환이지만, 일반적인 사업주 환급과정 훈련과는 지원 내용이 상이하고 따로 일학습병행법이 존재하므로 별도로 설명하고자 한다.

[1] 사업주 환급과정 훈련

사업주가 소속 근로자, 채용예정자, 구직자 등의 직무수행능력 향상을 위해

훈련을 실시하는 경우 비용의 일부를 고용보험기금에서 지원하는 훈련이다. 고용노동부 고시인 「사업주 직업능력개발훈련 지원규정」에 의해 지원한다. 재원은 고용보험기금(고용안정·직업능력개발사업의 보험료로 조성)이다. 환급을 받을 수 있는 지원금은 훈련량이 많은 대기업에 편중되지 않도록 기업 규모별로 한도를 차등화하고 있다. 우선지원대상기업은 납부한 고용안정·직업능력개발사업 고용보험료의 240%까지 지원하며, 그 외 기업은 100%가 한도이다.[11] 사업주 훈련으로 가능한 직종은 기계장비, 전기전자, 건설건축, 정보통신, 사무관리, 서비스, 의료, 금융, 화학섬유 등 총 24개 분야의 279개 직종이다. 2021년 하반기부터는 최근 3년간 훈련 관련 정부지원금을 받지 않은 중소기업(우선지원대상)에게 '기업직업훈련카드'를 발급하여 500만원 한도 내에서 지원하는 제도가 신설되었다.

① 사업주훈련으로 인정되는 과정

사업주 훈련과정은 직무능력향상과 연관성이 있어야 하므로 아래의 과정들은 사업주 훈련으로 인정받을 수 없다(한국산업인력공단, 2022). 다만, 2022년 2월 18일부터는 '직무와의 직접 관련성'을 요구하지 않는 것으로 지침을 개정함에 따라 그동안 사업주훈련으로 인정해오지 않았던 세미나, 심포지엄 등 정보교류활동도 직무훈련으로 인정함으로써 직무수행을 위해 직·간접적으로 필요한 다양한 역량을 폭넓게 지원하게 되었다.

사업주훈련으로 인정되지 않는 훈련

- 시사, 일반상식 등 교양 증진을 주된 목적으로 하는 과정
- 직무에 필요한 지식 및 기술·기능과 관련이 없는 취미활동, 오락, 스포츠, 부동산·주식 투자 등을 주된 목적으로 하는 과정
- 학위 취득을 위한 과정(社內대학, 기술대학, 계약학과 등은 제외)
- 외국어 능력평가 시험 등을 주된 목적으로 하는 과정
- 사업장에 필요한 물품을 제공할 목적으로 물품을 제작하거나 실습물을 제공하는 등 부정행위가 발생할 우려가 있는 훈련과정
- 다른 법령에 따라 중앙행정기관 등 공공기관에서 지원을 받는 과정
- 근로자의 직무와 관계없이 다른 법령에서 정한 바에 따라 사업주가 자신이 사용하는 모든 근로자를 대

---

11) 다만, 양성훈련, 채용예정자 훈련, 구직자 훈련, 유급휴가훈련 참여자 임금 및 대체인력 임금은 지원한도액에 포함되지 않는다.

상으로 실시하여야 하는 교육(성희롱·산업안전 예방 교육 등 공통법정의무교육)
‣ 그 밖에 훈련과정으로 부적합하다고 고용노동부 장관이 인정하는 과정

② 사업주훈련의 실시 방법

집체훈련, 현장훈련, 원격훈련(인터넷, 우편), 혼합훈련 등의 방법으로 훈련을 실시할 수 있다. 집체훈련은 직업능력개발훈련을 실시하기 위한 전용시설 또는 그 밖에 훈련에 적합한 시설에서 실시하는 훈련이다. 현장훈련은 산업체 생산시설 또는 근무장소에서 실시하는 OJT 방식의 훈련이다. 원격훈련[12])은 먼 곳에 있는 사람에게 정보통신 매체 등을 이용해 훈련을 실시하고 훈련생 관리 등은 웹에서 하는 훈련이다. 집체훈련, 현장훈련, 원격훈련 중 두 종류 이상의 훈련을 병행하여 실시하면 혼합훈련에 해당한다.

훈련은 자체적으로 실시하거나 외부기관에 위탁하여 실시할 수도 있다. 자체훈련을 실시하는 경우에도 외부 전문기관으로부터 훈련계획에 자문을 받거나, 훈련 프로그램 개발 또는 제공 등을 받을 수 있지만, HRD−Net 행정업무 처리 및 훈련생 관리 등은 직접 수행해야 한다. 위탁훈련을 실시하는 훈련기관은 훈련과정인정을 받은 주체가 직접 훈련을 운영하여야 하므로, 운영업무를 다른 훈련기관에 재위탁하는 것은 불가하다.

③ 사업주 훈련 지원 내용

집체훈련·현장훈련에 대한 지원

4시간 이상[13])의 훈련을 실시하는 경우 〈표 4−6〉과 같이 훈련비를 지원한다.

원격훈련에 대한 지원

훈련과정 분량이 4시간 이상인 훈련을 실시하는 경우 훈련시간, 훈련수료인

---

12) 여기에는 정보통신 매체를 활용해 훈련을 실시하는 인터넷 원격훈련, 인쇄 매체로 된 교재를 활용해 훈련을 실시하는 우편 원격훈련, 스마트 기기의 기술적 요소(가상현실 등) 또는 특성화된 교수 방법을 활용해 훈련을 실시하는 스마트 원격훈련이 있다.

13) 2021년까지는 훈련기간이 2일 16시간(우선지원대상기업은 1일 8시간) 이상의 과정만 지원했었으나, 주당 근로시간이 52시간을 초과할 수 없도록 근로기준법이 개정되었고, 단기훈련의 선호 등 추이를 반영하여 지원되는 훈련시간을 4시간 이상으로 한 것이다.

표 4-6 집체훈련, 현장훈련에 대한 사업주 지원 내용

지원내용	지원 요건	지원수준
훈련비	4시간 이상 훈련실시	(우선지원 대상기업) 90~100%, (1,000인 미만) 60%, (1,000인 이상) 40% * 외국어 과정은 산정된 지원금의 50% 지원
훈련수당	채용예정자 등을 대상으로 1개월 120시간 이상 훈련을 실시하면서 훈련수당 지급	1월 20만원 한도 내에서 사업주가 훈련생에게 지급한 금액
숙식비	훈련시간이 1일 5시간 이상인 훈련 과정 중 숙식 제공	숙식비 1일 14,000원, 월 330,000원 한도
인건비 (비정규직)	기간제, 단시간, 파견, 일용 근로자 등에 대한 훈련실시	소정훈련시간 × 시간급 최저임금액의 120%

원에 원격훈련 지원금 기준금액(기업규모별로 차등)을 곱하여 지원금을 지급한다.

혼합훈련에 대한 지원

혼합된 개별 훈련과정의 지원금 지급기준에 따라 각각 산정한 지원금을 합친 금액을 지원한다.

유급휴가훈련 지원

보다 장기간의 훈련을 필요로 하는 경우 업무공백과 인건비 부담으로 인해 사업주가 훈련을 시키기 어렵다. 이러한 어려움을 덜어주기 위해 소속 근로자에게 유급휴가를 부여하여 직업능력개발훈련을 실시하는 사업주에게는 〈표 4-7〉과 같은 지원을 하고 있다.

표 4-7 유급휴가훈련 지원 요건 및 수준

지원내용	지원 요건	지원수준
훈련비	중소기업: 5일 이상 유급휴가를 주어 20시간 이상 훈련기관에 위탁 실시 대기업: 1년 이상 고용한 근로자에게 60일 이상 유급휴가를 주어 180시간 이상 훈련기관에 위탁 실시	우선지원 대상기업: 90~100%, 1천인 미만: 60%, 1,000인 이상: 40% * 외국어 과정은 산정된 지원금의 50% 지원
인건비	유급휴가훈련 참여 근로자	소정훈련시간×시간급 최저임금액의 150% (대규모 기업 100%)
대체인력 인건비 (중소기업)	30일 이상 유급휴가를 부여하여 120시간 이상 훈련을 실시하고 빈자리에 새롭게 근로자를 채용	소정근로시간×시간급 최저임금액

(2) 국가인적자원개발 컨소시엄 사업

다수의 중소기업과 컨소시엄을 구성하고 자체 우수 훈련시설을 이용하여 중소기업 근로자들 등에게 맞춤형 공동훈련을 제공하는 기업 및 사업주단체 등에게 〈표 4-8〉과 같은 지원을 행하고 있다. 국가인적자원개발 컨소시엄 사업은 중소기업 재직근로자의 직업훈련 수혜 확대와 우수 인력공급, 신성장동력분야 등 전략산업의 인력육성, 지역·산업별 인력양성 기반 조성을 목적으로 훈련의무제 시절이었던 2000년대초부터 실시해오고 있는 사업이다. 사업주들은 연간 20억원까지 시설·장비비, 운영비, 훈련비 및 훈련수당을 지원받을 수 있기 때문에 사업주들의 활용이 꾸준히 지속되고 있다.

표 4-8 국가인적자원개발 컨소시엄 지원 내용

구분		지원내용	지원한도	지원조건
시설·장비비		훈련에 소요되는 시설 임차료, 증·개축 비용, 장비 구매·리스 비용 등	연간 15억원	대응투자 20%
프로그램개발비		직무분석, 교재 및 커리큘럼 개발 비용 등	연간 1억원	대응투자 없음
운영비	인건비	훈련수요 조사, 협약기업 관리 및 지원인력 인건비	연간 4억원	대응투자 20%
	일반 운영비	훈련수요 조사비용, 홍보비, 컨소시엄 운영위원회 운영비용 등		대응투자 없음
훈련비 및 훈련수당		- 사업주훈련 환급방식 - 전략분야 훈련과정운영비	수료인원에 따라 지급	훈련수당은 1개월(120시간) 이상의 채용예정자훈련 수강생만 지원

* 지원한도는 연간 20억원. 사업유형에 따라 지원내용이 상이할 수 있음

훈련은 공동훈련센터에서 하게 되는데 2023년 말 현재 유형별로 260개소가 있다. 대중소상생 공동훈련센터(포스코 등 67개소), 지역 공동훈련센터(한국해양대학교 등 65개소), K-Digital Platform(SK텔레콤 등 40개소), 산업전환 공동훈련센터(한국플랜트산업협회 등 20개소) 등이 있다.

(3) 지역·산업 맞춤형 훈련

지역별 기업의 인력수요에 기반하여 산업계 주도의 인력양성체계를 구축하는 것을 목표로 하는 사업이다. 이를 위해 지역상의·경총 등 지역을 대표하는 산

업계를 중심으로 자치단체·노동단체·지방고용노동관서·지방중소벤처기업청·교육청 등이 참여하는 지역인적자원개발위원회(RSC: Regional Skills Council)를 구성하고, 공동수급조사 → 공동훈련 → 채용에 이르는 인력양성체계 구축한 후 RSC의 지역 내 훈련 수요·공급조사를 토대로 지역 공동훈련센터에서 지역 내 구직자·재직자 대상으로 훈련을 실시하고 채용을 지원한다. 고용노동부는 지역인적자원개발위원회에게 국비 중 인건비는 65% 이내, 운영비는 35% 이상 지원을 하며, 자치단체는 총 운영비의 30% 이상 대응 투자를 하여야 한다.

3. 일학습병행 훈련

(1) 일학습병행 훈련의 개요

2013년부터 고용노동부 지침으로 시행되어 오던 일학습병행제는 2019년 8월 「산업현장 일학습병행 지원에 관한 법률」제정(2019년 8월) 및 시행(2020년 8월)에 따라 사업의 안정성이 확보되고 국가자격인 「일학습병행자격」이 발급됨으로써 새로운 전기가 마련되었다. 일학습병행은 학교에서의 이론교육과 기업현장에서의 OJT 훈련을 결합한 독일의 듀얼 시스템(dual system)을 벤치마킹 한 한국식 도제훈련이다. 독일은 초등학교 졸업단계에서 직업학교 진학자와 대학 진학자의 트랙을 구분하여 약 60%의 학생이 직업학교에 진학하며, 고등학교 때부터는 학교에서 2일의 이론교육과 기업에서 3일 정도의 현장훈련을 병행하는 독특한 시스템을 운영하고 있다. 졸업을 하면 훈련을 받은 기업에 2/3 정도가 취업을 한다. 이러한 이원화 제도는 독일 제조업의 경쟁력을 뒷받침하는 핵심 요소로 평가받아 왔으며, 많은 국가의 벤치마킹 대상이 되어 왔다(Funk, 2005; Brings, 2012; Dybowski, 2014; 유진영, 2015).[14]

1990년대 초부터 한국 정부도 독일식 도제훈련 제도를 벤치마킹하여 「공고생 산업협동훈련」 도입 등 일학습병행제의 도입을 위한 다양한 노력을 기울여 왔으나 번번이 실패해 왔다. 그러나 2013년 집권한 박근혜 정부가 학력 타파와 능력중심 채용에 드라이브를 걸면서 일학습병행과 「국가직무능력표준」(NCS:

---

14) 그러나 일부 학자들은 중학생 입학 단계에서 조기에 진로를 결정하며, 노동자 계층의 자녀들이 많이 참여함으로써 불평등을 재생산한다는 측면에서 독일식 제도에 대해 비판적인 목소리도 많다(Solga et al., 2014; Deissinger, 2014; Hanusheck, 2011).

National Competency Standards)을 본격 추진함으로써 강한 추동력을 얻게 되었다. 그리고 문재인 정부에서도 전 정부의 역점사업을 그대로 계승하여 「능력중심사회의 구현」을 위한 일학습병행과 NCS를 지속 추진하면서 일학습병행법 제정까지 이루어질 수 있었다(나영돈, 2013; 장신철, 2020b).

일학습병행에 참여하는 사람은 근로기준법에 의한 근로자 신분을 부여 받기 때문에 최저임금 이상을 지급받을 수 있고, 각종 노동법의 혜택도 받는다. 처음부터 근로자 신분을 부여한 것은 직업계고생이 참여하는 교육부의 「현장실습」에 대한 비판 때문이었다. 현장실습생은 1~6개월 동안 일(근로)이 아닌 체험학습을 하는 것이기 때문에 근로자 신분을 부여하기 어렵다. 그러나 일부 사업주들이 현장실습생들을 근로자처럼 사용하고 적정한 임금도 주지 않음으로 인해 많은 비판을 받아 왔다. 일학습병행법에서는 이를 차단하기 위해 근로기준법에 따른 근로자 신분을 부여한 것이다.

일학습병행자격은 같은 등급의 국가기술자격과 동등한 처우를 받으며, 외부평가에 합격한 학습근로자에 대해서는 사업주가 정규직으로 계속고용해야 하는 의무가 발생한다(장신철, 2020b; 장신철 외, 2021). 일학습병행훈련을 통해 청년들은 불필요한 스펙 쌓기 없이 조기 입직이 가능하고 필요에 따라 학위 취득도 가능한 장점이 있다. 산업기능요원, 취업맞춤특기병에 1순위 배정 혜택도 있다. 기업들은 일학습병행 훈련(1~4년) 기간 동안에 근로자의 이직 없이 기업맞춤형 프로그램 지원을 통한 인재 양성이 가능하고, 많은 정부 지원을 활용하여 비용부담을 줄일 수 있다.

(2) 일학습병행의 유형과 참여대상

훈련유형에 따라 단독기업형과 공동훈련센터형으로 구분하고, 훈련 참여 당시의 신분을 기준으로 재직자 단계와 재학생 단계로 구분하고 있다. 재직자 단계는 입직 1년 이내 재직자를 대상으로 개별 기업에서 현장훈련(OJT)과 공동훈련센터 등에서 현장외훈련(Off-JT)을 병행하여 실시한다. 재학생 단계는 고교(도제학교), 전문대, 4년제 대학 재학생 대상으로 「先취업 後학습」을 지원하는 훈련과정이며, 현장훈련과 학교 주도의 현장외 훈련을 실시한다.

표 4-9 일학습병행제의 유형

	명칭		주요 내용
훈련 유형	단독기업형 (상시근로자 50인 이상)		명장기업, 우수기술기업 등 개별 기업에서 도제식 현장 교육훈련(OJT)과 사업장 외 교육훈련(Off-JT) 실시
	공동훈련센터형 (상시근로자 20인 이상)		대기업·대학·산업별단체 등이 여러 중소기업을 대상으로 공동훈련센터에서 사업장 외 교육훈련(Off-JT) 실시·지원
학습 근로자 유형	재학생	<고교 단계> 산학일체형 도제학교	특성화고 2~3학년 학생들을 대상으로 학교와 기업을 오가며 직업교육+도제훈련 → 현장성 제고
		<전문대 단계> 전문대 단계 일학습병행	조기취업이 가능한 전문대학 2학년 재학생을 대상으로 하는 일학습병행
		<대학교 단계> 4년제大 IPP형 일학습병행	3~4학년 학생이 학기제(4~6월) 방식 장기현장실습 + 일학습병행 참여
	재직자	신규입직 재직자	입사 1년 미만 신규 입사자를 체계적인 훈련을 통해 산업에 필요한 인력으로 양성
		후학습 P-TECH	도제학교 및 직업계고 졸업생 등을 대상으로 지역폴리텍 등과 연계하여 융합·신기술 중심의 고숙련훈련과 학위취득을 지원 * P-TECH 이수 시 경력개발 고도화(재직자 학위연계형) 과정 추가 참여 가능

〔3〕 일학습병행 실시 기업에 대한 지원 내용

지원대상 기업은 상시근로자 수 20인 이상(단독기업형 : 50인)이면서 기술력을 갖추고 사업주의 자체 인력양성 의지가 높은 기술기업이다.[15] 채용자에 대한 양성훈련은 최대 2년까지, 학위취득을 위한 과정은 최대 4년까지 지원한다. 지원내용은 학습기업에서 도제식 현장 교육훈련이 가능하도록 교육훈련과정 개발, 학습도구 지원컨설팅 등 훈련인프라 구축 지원 및 훈련비, 전담인력 수당을 지원한다. 한국산업인력공단에서 사업계획서 심사와 모니터링 및 컨설팅 등 행·재정적 지원을 행한다.

---

15) 우수기술보유기업, 기업발굴 전담기관(지역인자위) 추천기업, 고용노동부가 인증한 기업군 (일학습병행 특화업종 지원센터)에 대해서는 상시근로자수 5명까지 예외 적용이 가능하다.

표 4-10 일학습병행사업의 기업 지원 내용

구분	지원내용	
인프라 구축 지원	• 훈련과정 개발 • 학습도구지원·컨설팅	
훈련 지원금	• 도제식 현장 교육훈련(OJT) 비용 • 사업장 외 교육훈련(Off-JT) 비용 • 일학습병행 훈련지원금(월 20만원 한도) 　* 외부평가 연계성과금(외부평가 합격자 1인 　당 '전체 훈련기간(월)×20만원') 지급	• OJT 및 Off-JT 비용은 1,000인 이상 기업은 차등 지원 • '일학습병행 훈련지원금'은 1,000인 이상 기업 지원 제외
기업 전담인력 지원	• 기업현장교사 수당 　(월33.3～133.3만원) • HRD 담당자 수당(월25만원) • 기업현장교사 및 HRD담당자 교육	• 기업현장교사 수당은 학습근로자 수에 따라 차등지원

[4] 일학습병행 추진 현황

2023년 말 기준 약 6,500개 기업에서 약 3만여 명이 훈련에 참여하고 있다. 학령인구 감소에 따라 2017년을 피크로 하여 학습기업 및 학습근로자수가 감소 추세에 있다. 따라서 훈련의 질을 유지하면서도 참여기관을 확보해 나가는 것이 중요한 과제가 되고 있다. 1차적으로는 일학습병행에 참여하고 있지 않은 특성화고와 전문대의 참여를 늘려나가는 우선순위가 될 것이다.

그리고 외부평가에 합격한 일학습병행 참여자에 대해서는 일학습병행자격을 부여하고, 일학습병행법 제24조에 의해 동등·유사한 수준의 자격 취득자 또는 경력자와 동등한 처우를 해야 함을 규정하고 있지만 국가기술자격을 규정하고 있는 각 부처의 자격관련 단행법령에 동등 처우를 반영하는 작업이 제 속도를 못내고 있다. 국가기술자격 취득자에게 부여하는 각종 혜택[16](공무원 시험시 가산점, 자격수

---

16) **국가기술자격법 제14조(국가기술자격 취득자에 대한 우대)** ① 국가 및 지방자치단체는 국가기술자격의 직무분야에 관한 영업의 허가·인가·등록 또는 면허를 하거나 그 밖의 이익을 부여하는 경우에는 다른 법령에 어긋나지 아니하는 범위에서 그 직무분야의 국가기술자격 취득자를 우대하여야 한다.
국가기술자격법 시행령 제27조(국가기술자격 취득자의 취업 등에 대한 우대) ① 국가·지방자치단체 및 「공공기관의 운영에 관한 법률」 제4조에 따라 공공기관으로 지정된 기관(이하 "공공기관"이라 한다)은 공무원이나 직원을 채용할 때에 해당 분야의 국가기술자격 취득자를 우대하여야 한다. ② 국가·지방자치단체 및 공공기관은 국가기술자격 취득자인 공무원이나 직원에 대해서는 관계 법령에 위배되지 아니하는 범위에서 보수·승진·전보·신분보장 등에서 우대하여야 한다. ③ 사업주는 법 제14조제2항에 따라 근로자의 채용·보

표 4-11 일학습병행 연도별 추진 현황(단위: 개소, 명, %)

구 분		'14년	'16년	'17년	'19년	'21년	'22년	'23년
학습기업	누적	1,897	8,492	11,688	15,369	17,936	19,165	20,412
	당해	752	5,778	7,358	7,512	6,601	6,474	6,466
	신규	1,897	3,280	3,196	1,259	1,333	1,229	1,247
학습근로자	누적	3,154	34,378	57,423	91,195	118,155	132,055	145,302
	당해	3,154	30,219	38,493	38,522	32,662	31,565	31,625
	신규	3,154	20,060	23,045	15,119	13,188	13,900	13,565

당, 병역 우대 등)이 일학습병행 자격 취득자에게도 부여되지 않는다면 자격취득에 시간이 훨씬 더 소요되는 일학습병행 자격을 취득할 유인이 크게 줄게 된다. 따라서 이 문제를 시급히 해결함으로써 과정평가형인 자격인 일학습병행자격이 검정형 자격 취득자에 비해 실무능력이 뛰어난 장점을 기초로 시장에서의 수요를 넓혀 나가는 것이 사업 활성화의 관건이 될 것이다.

다음으로 일학습병행에 참여하는 기업을 규모별로 보면 300인 미만의 중소기업이 대다수(96.2%)를 차지하고 있는데, 근로조건이 좋은 대기업의 참여 확대 역시 일학습병행 사업의 활성화에 중요한 과제가 될 것이다. 대기업들은 하청업체들과 수직 또는 수평적인 제품생산 관계를 맺고 있고 공동훈련센터를 운영하고 있는 대기업도 많으므로 이들 대기업들이 국가인적자원개발 컨소시엄 사업을 운영하듯이 대중소상생형 일학습병행 훈련을 실시할 경우 다양한 추가 혜택을 지원하는 방안도 검토해 볼 필요가 있다.

표 4-12 일학습병행 참여 기업 규모(단위-개소, %)

구 분	합계 (A+B)	300인 미만					300인 이상		
		소계 (A)	20인 미만	20~49	50~99	100~299	소계 (B)	300~999	1,000 이상
당해 연도	6,466	6,221	2,313	1,984	1,166	758	245	214	31
(비중)	(100.0)	(96.2)	(35.8)	(30.7)	(18.0)	(11.7)	(3.8)	(3.3)	(0.5)

수 및 승진 등에서 해당 직무분야의 국가기술자격 취득자를 우대하여야 한다.

4. 개인훈련에 대한 지원(국민내일배움카드제)

개인훈련은 국민내일배움카드를 이용하여 개인이 훈련기관 및 훈련과정을 선택하여 수강할 수 있는 계좌제 훈련이다. 사업주가 주도가 되어 재직근로자(일부 채용예정자 및 구직자 포함)를 대상으로 실시하는 사업주훈련(고용보험 환급과정훈련)과 대비된다.[17]

(1) 개인훈련의 대두 배경과 국민내일배움카드 시대의 개막

직업훈련은 전통적으로 사업주 주도로 시행되어 왔으나, 1980년대 이후 노동시장의 유연화 진행, 내부노동시장(internal labor market)의 축소, 장기고용관행의 쇠퇴, 비정규직의 증가, 경력직 채용 증가 등으로 인해 사업주들이 스스로 인력을 양성하려는 경향은 축소되어 왔다. 이에 대응하여 佛, 美, 英, 캐나다 등 주요국들은 사업주가 아닌 개인들에게 비용을 지급하여 훈련을 받게 하는「개인계좌제훈련」(Individual Learning Accounts)을 2000년 초부터 도입하기 시작하였다. 그 중에서도 프랑스의 개인계좌제훈련(CPF)은 현존하는 개인계좌제 훈련 중 가장 뛰어난 것으로 평가된다(CEDEFOP, 2009; OECD, 2019).

계좌제 훈련은 ⅰ) 훈련의 자기주도성 ⅱ) 훈련 보편성과 이동성 ⅲ) 훈련격차의 해소에 유리하다(옥우석, 2021). 계좌제훈련은 개인 스스로 훈련기관과 훈련직종을 선택할 수 있는 자기주도성이 있고, 결과적으로 훈련기관들은 훈련생 모집을 위한 質 경쟁을 하게 되며 훈련비용 상승이 억제되는 장점도 있다. 그리고 재원이 허락한다면 전 경제활동인구가 참여할 수 있기 때문에 훈련의 보편성이 확보되며, 직장 이동으로 사업주가 바뀌더라도 개인들에게 할당된 계좌금액을 사용할 수 있기 때문에 이동성이 보장되는 '포터블'(portable)한 훈련권이다. 따라서 근속기간이 길지 않은 기간제, 파견근로자, 플랫폼 종사자들이 사업장을 옮기더라도 계좌를 계속 사용할 수 있는 장점이 있다. 마지막으로 사업주가 제공하는 훈련은 기업규모, 고용형태, 노동조합, 내부노동시장 존재 여부 등 다양한 요인에 따라 훈련 참여에 차별이 발생하는 문제가 있지만, 계좌제훈련은 개인에게 주는 권리이므로 훈련 차별을 해소할 수 있는 장점도 있다.

---

17) 이하 내용은 일자리위원회(2019), 장신철(2020a)을 주로 참조.

표 4-13 주요국의 개인계좌제 훈련 사례

국가	개인계좌제의 내용
프랑스	▸ 16세 이상자에게 연간 500 유로 및 10년 동안 5,000 유로를 한도로 지급 (미숙련자는 연 8백 유로·10년 8천 유로) ▸ 계좌잔액이 부족한 경우 지자체, 고용주 또는 단체 협약을 통해 추가 지원 가능
미국	▸ 근로자가 정기적으로 자신의 계정에 금액을 적립하면 사업주가 매칭 금액을 지원하여 학업과 훈련에 사용. 401(K) 연금 계좌와 유사한 방식 ▸ 국가 차원의 프로그램은 없고, 많은 주정부에서 시행하고 있으며, 훈련뿐만 아니라 중단된 학업을 위해서도 사용 가능
싱가폴	▸ 2016년에 'Skills Future Credit' 도입. 25세 이상의 모든 싱가포르 시민에게 500 싱가포르 달러(약 50만원)를 지급하며 계정은 평생 유지됨. 취미활동에 사용해도 무방
캐나다	▸ 모든 근로자(25세에서 64세 사이)에게 매년 최소 1만 달러 이상의 수입이 있는 자(단, 15만 달러 미만자)에게 국세청(CRA)이 250 달러를 계정에 입금하며 평생 최대 5천 달러까지 지원(Canada Training Credit) ▸ 훈련수강 비용의 최대 50%를 계좌에서 사용 가능

한국도 2008년 9월부터 계좌제 훈련을 시범사업 형태로 처음 도입하였고 2009년 전국으로 확대하였다. 2015년에는 여러 개로 분산되어 있던 근로자 능력개발카드제, 근로자 수강지원금, 중소기업·비정규직 근로자 단기직무능력향상지원사업 등 개인지원 제도를 내일배움카드제로 통합하였다. 계좌발급 대상자는 기간제, 단시간, 일용, 파견근로자, 영세자영업자(연매출 8천만원 이하), 특수형태근로종사자 일부(학습지교사, 캐디, 보험설계사로서 연소득 4,800만원 이하) 등 취약계층과 중소기업 근로자부터 출발하여 2019년까지 단계적으로 확대되었다.

그러나 실업자 vs. 재직자 카드가 따로 존재함에 따라 경제활동상태가 바뀌면 카드를 다시 받아야 하는 불편이 있었고, 실업자들은 자부담을 하는 데 반해 재직자들은 자비부담을 하지 않는 문제 그리고 계좌발급대상자를 포지티브 방식에 의해 일일이 열거하는 것은 날로 다양해지고 있는 고용형태를 포괄하기 어려운 한계가 존재하였다. 이에 따라 고용노동부는 2019년 3월 TF를 조직하여 보다 선진국형의 개인계좌제 훈련을 설계하였고 2019년 11월 대통령직속 일자리위원회의 의결을 거쳐 2020년 1월부터 국민내일배움카드제를 시행하게 되었다(일자리위원회, 2019). 국민내일배움카드는 2009년부터 시행해 왔던 내일배움카드의 틀을 근본적으로 바꿈으로써 선진국 수준의 제도로 탈바꿈하게 되었다.

가장 큰 변화는 카드발급의 대상을 positive → negative 방식으로 전환하여 카드 발급 제외자에 해당하지 않는 국민 모두에게 카드를 발급하게 됨으로써 훈

표 4-14 국민내일배움카드제 도입으로 달라진 점

구분	도입 전(2009~2019)	도입 후(2020~)
지원대상	포지티브 방식으로 규정. 실업자, 재직자 (중소기업 · 비정규직 중심)	네거티브 방식으로 규정, 직업훈련 수강을 희망하는 국민 (공무원, 사학연금대상자, 일부 고소득자 등만 제외)
유효기간	실업자 1년, 재직자 3년	5년(상담을 거쳐 재발급 가능)
자비부담	실업자: 30% 내외, 재직자: 없음	실업자, 재직자의 자비부담률을 통일
지원 내용	개인당 200~300만원	300~500만원(취약계층 우대)

련의 보편성이 보다 확보된 것이다. 포지티브 방식일 때는 본인이 카드 발급 대상자에 해당한다는 각종 입증서류를 제출하게 하고 행정 담당자들이 이를 확인하는데 많은 행정력이 소모된 문제가 있었다. 그리고 실업자와 재직근로자의 자비부담률를 동일하게 통일하였으며, 카드의 유효기간도 5년으로 연장함으로써 개인들이 보다 장기적인 안목을 가지고 훈련에 투자를 할 수 있도록 하였다.

(2) 국민내일배움카드제로 수강 가능한 훈련의 종류

국민내일배움카드를 이용하여 〈표 4-15〉와 같은 훈련을 받을 수 있으며, 고용노동부 고시인 「국민내일배움카드 운영규정」에 의해 시행되고 있다.

표 4-15 국민내일배움카드를 이용한 참여 가능 훈련

	훈련유형	사업목적 및 지원내용
일반 훈련	일반계좌제 훈련	• 실업자의 취·창업을 위한 기술·기능 습득 등 직업훈련 지원 • 재직자의 이·전직 및 직무능력향상 지원 - 훈련비 및 훈련장려금(월 11.6만원 限) * 5년간 300~500만원 한도, 15~55% 자부담, 취약계층은 0~20% 자부담 • (K-디지털 기초역량훈련) 노동시장 참여자가 디지털 역량부족으로 노동시장 진입, 적응에 어려움 겪지 않도록 추가 훈련비 50만원 지원(개인 자부담 10%)
일반 훈련	국가기간· 전략 직종훈련	• 기계·금속 등 주요산업 분야에서 필요로 하는 직종에 대한 훈련지원 - 훈련비 전액 및 훈련장려금(월 20만원 限)
특화 훈련	기업 맞춤형 국기 훈련	• 국기훈련을 기업 맞춤형으로 설계하여 주문식 훈련실시 • 실무중심 훈련을 통해 현장 즉시 투입 가능한 인력양성 - 훈련비 전액 및 훈련장려금(월 20만원 限)
특화 훈련	일반고 특화훈련	• 노동시장 진입에 취약한 일반고 3학년생 대상 훈련지원 - 훈련비 전액 및 훈련장려금(월 11.6만원 限)

훈련유형	사업목적 및 지원내용
플랫폼 종사자훈련	• 배달기사 등 플랫폼 종사자의 직무능력 및 권익 향상을 위한 훈련 제공 • 계좌유효기간 내 3회 전액 지원, 4회 수강부터는 자부담 10% 적용
K-Digital Training	• 프로젝트 기반의 기업과제 해결중심 훈련실시 • 교강사 없는 교육 등 능동적인 학습환경 및 개인맞춤형 교육 - 훈련비 전액, 훈련장려금(월 11.6만원 限) 및 특별훈련수당(월 20만원 限)
산업구조 변화대응 등 특화훈련	• 산업구조 변화 등에 처한 국민 지원을 위해 지역인적자원개발위원회 중심의 현장 기반 훈련 지원 - 훈련비 전액(1회), 훈련장려금(월 11.6만원 限), 특별훈련수당(월 20만원 限)

(3) 연도별 국민내일배움카드를 통한 훈련 참여자 현황

2020년 제도 시행 이후 참여자수가 지속적으로 증가하여 2023년에는 연인원 107만명이 참여하였다. 국민내일배움카드는 계좌금액의 한도 내에서 1년에 2개 이상의 훈련과정을 수강하는 것도 가능하므로 참여인원의 20% 내외는 중복 참여 자이다.

표 4-16 국민내일배움카드를 통한 연도별 훈련참여자 수

구 분			'18	'20	'21	'22	'23
계		연인원	632,526	718,113	1,054,414	940,067	1,074,941
		순인원	455,389	555,551	801,961	739,097	818,452
실업자 일반직종		연인원	206,481	350,803	583,925	473,347	466,805
재직자 일반직종		연인원	355,417	286,660	377,856	319,171	281,836
국기훈련		연인원	61,397	70,731	75,453	48,781	38,184
일반고 특화		연인원	8,310	7,110	6,917	6,815	5,544
K-디지털 훈련		연인원	-	1,464	10,263	22,394	31,922
평생 크레딧	K-디지털 기초역량	연인원	-	-	-	56,512	86,071
	중장년 새출발 카운슬링	연인원	-	-	-	612	3,937
산업구조 변화대응등 특화훈련		연인원	-	-	-	12,435	18,111
플랫폼 종사자 특화훈련 등		연인원	921	1,345	-	-	142,531

(4) 국민내일배움카드제의 주요 골격

① 발급대상

국민내일배움카드 운영규정(제4조)에 발급 제외자로 열거된 다음 사람을 제외하고는 모두 발급하는 negative 방식을 채택하고 있다. 이들을 카드 발급 대상에서 제외한 것은 훈련의 필요성이 없기 때문이 아니라 재원의 한계 때문이므로 궁극적으로는 전국민 내일배움카드가 될 수 있도록 이들도 대부분 발급대상에 포함시킬 필요가 있다.

국민내일배움카드 발급 제외자

- 「공무원연금법」, 「사립학교교직원 연금법」, 「군인연금법」을 적용받고 현재 재직 중인 사람 (퇴직한 사람은 발급 가능)
- 만 75세 이상인 사람
- 「외국인근로자의 고용 등에 관한 법률」을 적용받는 외국인(단, 고용보험 피보험자는 발급 가능)
- 중앙행정기관 또는 지방자치단체로부터 훈련비를 지원받는 훈련(또는 사업)에 참여하는 사람
- 「국민기초생활보장법」 제9조에 따라 생계급여를 수급받는 사람(단, 조건부수급자는 발급 가능)
- 고1·2 학생, 4년제 대학 1·2학년생(고 3, 4년제 대학 3·4학년, 2년제 전문대학은 1·2학년생 발급 가능)
  * 단, 졸업까지 수업연한 2년 이내 대학생, 최종학년 재학생 중인 고등학생은 가능
- 만 45세 미만의 대규모기업 근로자로서 최근 3개월간 월평균 임금이 300만 원 이상인 사람(육아휴직 중인 사람은 발급 가능)
  * 단 기간제·단시간·파견·일용근로자, 경영상의 이유로 90일 이상 무급 휴직 중인 사람, 사업주가 실시하는 직업능력개발훈련을 수강하지 못한 기간이 3년 이상인 사람 등은 포함
- 특수고용형태종사자로서 최근 3개월간 월평균 소득이 300만 원 이상인 사람
- 자영자로서 사업 기간이 1년 미만(사업자등록증의 개업연월일 기준)이거나, 최근 1년간 매출과세표준(수입금액)이 1.5억 이상인 사람
- 기타 직업훈련의 필요성이 인정되지 않는 사람 (고용센터장이 판단)

② 국민내일배움카드 지원 금액

개인들에게 300만원을 우선 지원 후 상담결과 및 소득수준·고용형태 등에 따라 200만원을 추가 지원한다. 추가 지원 시에는 본인신청이 있어야 한다.

표 4-17 국민내일배움카드 계좌추가금액 대상자

구 분	추가액
기간제, 파견, 단시간, 일용근로자로 재직 중인 피보험자, 고용위기지역 및 특별고용지원업종 종사자, 출소예정자 기초생활수급자 및 차상위 계층, 장애인, 북한이탈주민, 한부모가족 해당자 아프칸 특별기여자, 청소년복지지원법에 따른 가정밖청소년, 아동복지법에 따른 34세 이하 자립준비청년	200만원

③ 자비 부담률 수준과 훈련장려금 지급

자비부담률의 수준은 과거 3년간의 직종별 취업률과 개인들의 경제적 어려움을 고려하여 결정된다. 자비부담률은 실업자·재직자 관계없이 동일하기 때문에 경제활동상태가 변동되더라도 발급받은 카드를 교환없이 계속 사용할 수 있다. 국기훈련, K-Digital 훈련, 일반고 특화훈련 참여자와 국민취업지원제 참여자 중 특정계층에게는 자비부담이 없다. 훈련 참여자들은 본인이 받은 계좌금액(300~500만원)에서 훈련비를 차감하게 되는데 훈련기간이 길고 훈련비용액이 큰 국기훈련, 일반고 특화 훈련은 실훈련비용에 관계없이 200만원만 차감하며, K-Digital 트레이닝은 300만원을 차감한다. 이것은 장기훈련과정 참여에 따른 금전적 부담을 덜어 주어 필요한 훈련을 받을 수 있게 함이 목적이다. 그러나 고용노동부가 매년 공급과잉으로 고시하는 직종의 경우에는 10%p의 자비부담을 더 하도록 하고 있다.[18]

표 4-18 국민내일배움카드 자비부담률

구분	과거 3년간 직종평균 취업률(%)					국기훈련, K-Digital 훈련, 일반고 특화
	70 이상	60~70	50~60	40~50	40 미만	
EITC	7.5	12.5	17.5	22.5	27.5	0
일반	15	25	35	45	55	
국취2 유형 중 청년 및 중장년			30	40	50	
국취1, 2 유형 중 특정 계층	0				20	

18) 2025년에는 일반사무, 회계, 임상지원(간호조무사 등), 디자인, 이미용, 음식조리, 식음료서비스(바리스타 등) 전기공사, 제과·제빵·떡 제조 등 9개 직종이다.

훈련장려금은 실업자 등 취약계층에 대하여 훈련참여에 따른 부담을 완화하기 위하여 훈련과정의 80% 이상 참여시 월 최대 11.6만원을 지급하고 있다. 실업자, 초단시간 근로자(1개월 소정근로시간 60시간 미만), 근로·자녀장려금 수급자, 국민취업지원제도 I유형 및 II유형 중 기초생활수급자, 여성가구주, 특수형태근로종사자 등 특정계층 참여자가 140시간 이상 훈련수강자가 훈련장려금을 받을 수 있다.

④ 국민내일배움카드 발급을 위한 상담

국민내일배움카드를 받기 위해서는 구직신청 후 카드 신청을 하게 되는데 훈련과정이 「140시간 이상」인 경우에는 실업자·재직자 구분 없이 고용센터에서 상담을 받아야 한다.

(5) 분야별 훈련의 종류

① 일반 계좌제 훈련

아래에서 설명하는 국기훈련, 일반고 특화훈련, 산업구조변화대응 특화 훈련, K-디지털 훈련 등을 제외한 나머지 훈련들로서 자비부담률, 훈련수당에 있어 특별한 우대가 없다. 평균훈련기간은 실업자가 약 2개월, 재직자가 1.2개월이다.

② 국가기간·전략산업직종훈련

금속, 동력, 전기, 전자 등 우리나라 중요 산업분야에서 부족하거나 새로운 수요가 예상되는 직종에 대한 직업능력개발훈련을 실시하여 기업에서 필요로 하는 기술·기능인력 양성·공급훈련과정이다. 인력수급 상황, 산업별 전문가 의견 등을 고려하여 선정·고시된 직종에 대한 훈련(3개월 이상 & 350시간 이상)으로서 직업능력심사평가원의 심사를 거쳐 고용센터가 위탁·실시하는 훈련이다. 국기훈련 직종수는 현재 86개로서 노동부장관이 고시한다. 훈련수강에 따른 자비부담이 전혀 없고 훈련장려금도 월 20만원으로 우대하고 있다. 참가자들의 평균훈련기간은 5.4개월이다.

③ 「기업맞춤형」 국가기간·전략산업직종훈련

역량 있는 훈련기관이 기업의 훈련 수요를 반영한 기업맞춤형 직업능력개발훈련을 실시할 수 있도록, 훈련과정 설계와 운영의 자율성을 부여하여 기업이 원하는 다양한 인력을 양성·공급하는 것이 목적이다. 관련규정은 「현장 실무인재 양성을 위한 직업능력개발훈련 운영 규정」이다. 가장 큰 특징은 기업이 필요로하는 직무 및 훈련수요를 고려하여 총 훈련시간의 20% 이상을 「프로젝트 학습」으로 편성해야 하는 것이다. 자비부담률과 훈련장려금에 있어서는 국기훈련과 동일하게 우대하고 있다.

④ 일반고 특화 직업능력개발훈련

취업을 희망하는 일반고 3학년생에게 맞춤형 직업능력개발훈련 기회를 부여하여 노동시장 조기 진입을 촉진하기 위한 훈련이다. 지원대상은 일반계고에 재학 중인 고3 학생으로서 자비부담은 없고 훈련장려금은 월 최대 11.6만원을 지원한다.

⑤ 산업구조변화대응 특화 훈련(2022년 신설 사업)

디지털·저탄소 등 산업구조 변화, 고용 위기 등에 따라 어려움이 있는 산업분야의 재직자, 실업자 등을 훈련시켜 필요한 산업분야로 이동시키기 위한 훈련이다. 현장의 고용상황, 인력수요 등을 파악하고 있는 거버넌스(지역인적자원개발위원회: RSC)를 사업수행기관으로 선정하여 훈련·인력수요를 기반으로 훈련과정을 발굴·공급한다. 참여 훈련기관에 대해서는 NCS 직종별 훈련단가의 130%까지를 심사 없이 인정하고, 추가훈련비를 희망하는 경우 심사를 거쳐 300%까지 지원(사후 정산)한다. 훈련비는 전액 무료이며 훈련장려금(월 11.6만원) 외에 특별훈련수당(최대 월 20만원)이 지급될 수 있다.

⑥ K-Digital Training

「한국판 뉴딜」(2020.7) 및 「민·관 협력 기반의 SW인재양성 대책」(2021.6)에 따라 K−Digital Training이 추진되고 있다. 민간의 혁신훈련기관과 삼성·KT·카카오 등 디지털 분야 선도기업, 민간 협·단체, 대학 등이 참여하여 AI, 빅데이터 등 디지털 신기술을 배우고 실전에서 활용할 수 있도록 다양한 훈련과정을 제공하는 직업훈련사업이다. 모든 K−디지털 트레이닝 훈련과정은 네이버·우아한형제들 등 디지털 분야 기업들과 훈련기관이 협약을 맺고 함께 설계한 과정이다.

2022~2026년 5년간 23만여 명 양성이 목표이다. 훈련생에게 훈련비를 전액 지원하며, 월 훈련장려금 11.6만원 외에 특별훈련수당 20만원도 지급한다.

K-Digital Training(KDT)의 특징은 실제 인력수요를 훈련과정에 반영할 수 있도록 훈련기관과 기업이 협약을 체결하고, 훈련과정을 함께 설계하거나, 기업이 직접 훈련과정을 설계·운영하는 것이다. 따라서 실제 프로젝트 과제를 전체 과정의 30% 이상 편성해야 한다. NCS 기반으로 훈련과정을 설계할 필요는 없다. 기업의 참여를 통해 기존의 강의식 지식 전달이 아닌 경험·문제해결 능력에 중점을 둔 훈련과정을 운영하기 위한 것이다. 훈련과정은 평균 6개월·주5일·8시간으로 운영되는 집중적인 장기 훈련과정이며, KDT 참여자의 80% 정도가 4년제 대학생 또는 졸업자다. 국가기간·전략산업직종훈련(이하 국기훈련)에 비해 시간표, 교·강사, 훈련내용, 훈련장소 변경 등 운영상 유연성을 부여한다. KDT 훈련은 다음과 같이 4가지 유형으로 시행하고 있다.

표 4-19 KDT 훈련 유형 분류

훈련유형	훈련 내용 및 특징
• 디지털 신기술 아카데미	기존 KDT 훈련유형으로, 참여기업의 훈련수요를 기반으로 기업-훈련기관 간 협약을 체결한 후 설계된 훈련과정, 전체 훈련과정의 30% 이상을 프로젝트 과제로 편성
• 디지털 선도기업 아카데미	디지털 분야를 선도하는 기업이 자체 운영하는 훈련과정(삼성의 SSAFY 등)을 KDT를 활용하여 지원하여 디지털 신기술 분야 인재를 양성하는 사업(기업과의 협약 체결은 불필요, 프로젝트 30% 이상)
• 벤처·스타트업 아카데미	벤처·스타트업 등 기업이 포함된 협·단체가 회원사의 인력수요를 조사하고 훈련기관과 협약을 맺어 함께 훈련운영(훈련생의 50%는 해당 협·단체 회원사에 채용되도록 채용이 연계되어 있음)
• 지역 주도형 아카데미	지역인적자원개발위원회(RSC)가 대학 등 훈련기관과 기업을 매칭, 훈련과정을 설계하여 지역 내 청년 구직자 등을 대상으로 훈련과정을 제공(프로젝트 30% 이상)

⑦ K-Digital 기초역량훈련 사업

노동시장 참여자가 디지털 역량 부족으로 노동시장 진입 및 적응에 어려움을 겪지 않도록 디지털 분야 기초역량 개발을 지원하는 훈련이다. 지원대상은 국민내일배움카드를 발급받은 전 국민이다. 개인이 받는 계좌 지원 한도(300~500만원)에 50만원(유효기간 1년)을 추가로 지원하는 것으로 추가 지원 50만원은 정해진 「디지털 기초역량훈련과정」 수강에만 사용해야 한다.

표 4-20 K-Digital 기초역량훈련 사업의 과정

구분	교육 목표
초급	• 디지털 경제 및 신기술, 메타버스 등에 대한 기본 이해 • 프로그래밍 언어에 대한 이해(기본개념, 기초실습 포함) • 데이터 분석 이해 및 활용 초급(SQL, R 등 기초이론)
중급	• 프로그래밍 언어 이해 및 활용(기본문법, 응용문제, 디버깅 포함) • 데이터 분석 이해 및 활용(실습포함) • 세부 프로그램 및 기술에 대한 이해(AI, 빅데이터, 클라우드 중) • 메타버스 게임 등 제작 및 활용 • 디지털·신기술을 비디지털 분야 직무(경영기획·마케팅 등)에 융합·활용

훈련방식은 100% 인터넷 원격훈련이며, 교육은 수준에 따라 초급·중급으로 구성되어 있다.

⑧ **플랫폼 종사자 훈련(2023년 신설사업)**

훈련과정은 산업안전·근로권익 보호와 직무전문성 향상 교과로 구성된다. 산업안전은 플랫폼 직종별 유해·위험요인 및 사고유형, 안전관련법령 등을 교육하고, 근로권익은 플랫폼 종사자의 4대 사회보험, 고객과의 관계, 플랫폼 기업과 계약 등을 교육한다.

5. 기타 사업

(1) 훈련생계비 대부

취약계층(비정규직, 전직실업자 등)이 직업훈련에 전념하여 더 나은 일자리로 이동할 수 있도록 훈련생계비를 지원하는 사업이다. 대부대상은 고용노동부에서 지원하는 총 140시간 이상 직업훈련(지방자치단체 설치 공공직업훈련시설에서 실시하는 취업목적 훈련 포함)에 참여하고 있는 실업자(고용보험 가입 이력이 있어야 함), 비정규직근로자, 무급휴직자, 자영업자인 피보험자로서 일정 소득요건을 충족하는 사람이어야 한다.[19] 지원한도는 월 최대 200만원 한도(1인당 1,000만 원 이내)이며,

---

19) 가구원 합산 연소득이 기준 중위소득 80% 이하인 사람. 단, 국기 및 첨단산업 디지털 핵심 실무인재 양성훈련 참여자는 100% 이하이다. 특별고용지원업종, 고용위기지역 및 특별재난지역 거주 훈련생은 소득수준과 상관없이 지원한다.

상환조건은 연 1.0% 금리이며 최대 3년 거치 최대 5년 매월 균등 분할 상환해야 한다. 훈련생계비 대부는 근로복지공단이 담당하고 있다.

(2) 중소기업 학습조직화 지원사업

중소기업이 업무 관련 지식, 경험, 노하우를 기업 내에서 체계적으로 축적·확산할 수 있도록 중소기업의 학습활동 및 이에 관련된 인프라 구축을 지원하는 사업이다. 기업이 학습조직화 실시에 대하여 근로자 대표와 협의를 거쳐 학습조직화 실시계획을 수립하고 학습조직화 사업을 실시하는 경우 학습조 활동 지원비, 학습 네트워크 지원, 외부전문가 지원비, 학습 인프라 구축비 등을 지원한다. 총 지원액 한도는 신규기업 900만원, 계속(일반)기업 2천만원, 계속(우수)기업 3천만원이다.

(3) 사업내 자격검정 지원사업

소속근로자를 대상으로 기업의 특성에 맞는 자격을 개발·운영하고 있는 사업주에게 비용을 지원한다. 지원 요건은 사업주가 단독 또는 공동으로 당해 사업 및 당해 사업과 관련된 사업의 근로자를 대상으로 실시하는 자격검정이어야 하며, 자격검정이 영리를 목적으로 하지 않아야 한다. 그리고 해당 자격을 취득하려고 하는 근로자에게 검정 사업과 관련하여 검정수수료 등 모든 비용을 받아서는 안 되며, 해당 자격에 대하여 2회 이상의 검정 실적이 있어야 한다. 지원내용으로는 종목별 검정개발비의 1/2 범위 내에서 1,200~1,500만원까지 지원(1회 한도)하며, 종목별 검정운영비의 1/2 범위 내에서 연간 1,000만원 한도로 3년간 지원(사업체별 3,000만원 한도로 지원)한다.

(4) 중소기업 능력개발 주치의 제도

직업능력개발에 어려움이 있는 중소기업을 대상으로 기업에 필요한 훈련 상담부터 기업진단, 훈련과정개발, 기업의 훈련역량을 고도화하는 능력개발클리닉까지 능력개발 원스톱 서비스 제공하는 제도이다. 사업주훈련을 담당하고 있는 한국산업인력공단에서 서비스를 제공한다.

참고문헌

강순희(2014), 「한국의 경제발전과 직업훈련정책의 변화」, 한국국제협력단.

일자리위원회(2019), 「국민내일배움카드 시행방안」, 13차 일자리위원회 안건, 2019.11.

김성중(2005), 『한국의 고용정책』, 한국노동연구원.

김영중(2023), 『고용정책론』, 박영사, 제4장.

김지운(2023), 「국민내일배움카드 사업의 개편 필요성 및 개편 방향」, 노동부 연구용역.

나영돈(2013). 「한국형 일·학습 듀얼시스템의 소개 및 정책 방향」, 『The HRD Review』, 16(6), pp.114-118.

서상선(2002), 『한국직업훈련제도의 발자취: 제도화 과정에 얽힌 뒷이야기들을 중심으로』, 대한상공회의소.

옥우석(2021), 「개인훈련계좌제도의 제도적 조건: 프랑스 경험으로부터의 교훈」, 『EU학연구』 제 26권 제3호, pp.87~124.

유진영(2015), 『독일의 직업교육과 마이스터 제도』, 학이시습.

장신철(2020a), 「보험원리인가 사회적 권리인가? : 우리나라 계좌제 훈련의 발전과정을 중심으로」, 『실천공학교육』, 12(1), pp. 197~202.

장신철(2020b), 「독일·스위스·프랑스와 비교한 우리나라 일학습병행의 특징과 향후 과제」, 『직업과자격연구』 제 9권 3호, pp.49-80.

장신철(2022), 「고용복지플러스센터의 도입과 확산」, 『한국 고용서비스의 발전과정, 최신 전달체계 및 발전방향』, 한국노동연구원, 제5장.

장신철·최 기성(2021), 「일학습병행법 시행 관련 쟁점과 향후 과제」, 산업관계연구 31권제 1호」, pp.53~82.

정병석·신영철·이재갑(2022), 『고용보험법 제정의 역사』, 한국기술대학교 출판부.

한국기술교육대학교(2024), 직업능력개발훈련개관, 능력개발교육원.

한국산업인력공단(2022), 『사업주 직업능력개발훈련 업무 매뉴얼』, 자체훈련 참여기업편.

Booth, A. and Snower, D.(1996). Acquiring Skills: Market Failures, their Symptoms and Policy Responses, Cambridge University Press, pp.19-25

Brings, C.(2012), "독일의 고등학교 단계 직업교육과 마이스터 양성, 어떻게 하고 있나", 세계의 교육, 겨울호, pp.41-51.

Brunello, G., Paola, M.(2004), "Market Failures and the under-provision of training", CESIFO WORKING PAPER NO. 1286 Category 4: Labour markets September.

CEDEFOP(2009), "Individual Learning Account", Office for Official Publications of the European Communities, Luxembourg, pp.20-26.

Deissinger, T. (2004). "Germany's system of vocational education and training: Challenges and modernisation issues", International Journal of Training Research, 2004.4.

Dybowski, G. (2014). "독일 직업훈련의 효율성과 특성", 국제노동브리브 2014.5월호, pp.4-17, KLI.

Funk, L. (2005). "독일의 직업교육훈련 제도의 실태와 전망", 국제노동브리프 Vol.3, No.6. 47-57.

Hanushek, E., Eric Hanushek, Woessmann, L., Zhang, L. (2011), 21 November 2011, https://voxeu.org/article/pros-and-cons-vocational-education-new-evidence

Keep, E.,(2006), "Market failure and public policy on training: some reasons for caution", Development and Learning in Organizations: An International Journal, Vol. 20 Iss 6, pp.7-9.

OECD(2019), Individual Learning Account, OECD Publishing, Paris, pp.135-137.

Palmer, R.(2015), "Sustainable Financing of TVET in the Pacific", Research into the Financing of Technical and Vocational Education and Training (TVET) in the Pacific

Solga, H., Protsch, P., Ebner, C., Brzinsky-Fay, C.(2014), "The German vocational education and training system: Its institutional configuration, strengths, and challenges", WZB Discussion Paper, No.SP: 2014-502.

Stem, M., Ritzen, J. edited(1991), Market Failure in Training? New Economic Analysis and Evidence on Training of Adult Employees, Springer-Verlag, pp.185-213.

05

직업능력개발훈련 품질관리

05

직업능력개발훈련 품질관리

이문수(한국기술교육대학교), 이수경(한국직업능력연구원)

제1절 ▸ 품질관리의 개념과 요소

우리나라 직업훈련 제도는 국가가 주도하는 공공훈련 중심으로부터 출발하여, 직업훈련 의무제를 통해 기업에 직업훈련을 강제(불이행 시 분담금을 부과하는 방식)하는 방식으로 진행하다가, 이후 고용보험 제도를 도입함으로써 기업이 자발적으로 훈련에 참여하도록 하는 방식으로 꾸준히 변화되어왔다. 특히, 기업의 훈련 실시가 자발적인 참여 방식으로 바뀌게 되면서, 국가 주도의 공공훈련 중심에서 민간 위탁훈련의 영역이 크게 확대됨에 따라 직업훈련의 질적 수준을 높이기 위해서는 훈련기관과 훈련과정(운영체계)에 대한 품질관리 체계가 절실하게 되었다. 이에 정부는 훈련기관 및 과정(운영)에 대한 실질적 평가 근거를 마련하여(고용노동부, 1997; 고용노동부, 2001), 1998년부터 직업훈련에 대한 품질관리가 시작되었다. 따라서 우리나라 직업훈련에 대한 품질관리는 주로 훈련을 실시할 기관의 역량과 성과를 평가하고, 그 기관에서 어떠한 과정을 실시하는 것이 적합한지에 대한 심사를 통하여 가장 적합한 기관과 과정을 선별하는 방식으로 진행되어왔다. 즉, 훈련기관의 시설과 장비, 훈련 교·강사 등과 훈련과정에 대한 높은 수준의 품질을 유지하도록 지원하는 방향으로 품질관리가 이루어져 오고 있는 것이다.

직업훈련을 위한 통합적인 직업훈련품질관리 시스템의 구축과 운영을 위해서는 전통적인 품질관리의 개념인 TQM(Total Quality Management) 측면에서의 고려가 필요하다. 1930년대에 시작된 TQM의 철학은 높은 품질표준(high quality standards)을 성취하고 유지하기 위하여 모든 근로자를 포함하는 전사적 측면에서 기관의 질관리 문화를 촉진하기 위한 목적으로 시작되었다. 이를 효과적으로 달성하기 위해서는 강력한 리더십뿐만 아니라 조직문화 및 효율적인 기능 및 거버넌스 구조를 가지고 있어야 한다. 이러한 측면에 볼 때, 우수한 직업훈련의 품질관리는 효율적이고 효과적인 거버넌스 체계와 매우 밀접한 관계를 갖고 있다고 볼 수 있다. 우리나라의 경우, 초기에는 기관과 과정단위의 심사평가와 함께 훈련집행 및 지도감독을 일원화하여 집행기관(지방고용노동관서의 고용센터)에서 모든 것을 전담하여 수행하는 방식으로 진행되었는데 이는 훈련규모가 상대적으로 적었기 때문에 가능한 일이었다. 하지만, 점차 기술 및 사회요구에 따라 다양한 훈련사업이 신설됨과 동시에 지속적으로 훈련수요가 증가하고, 다양한 지원 대상에 따라 훈련사업이 세분화 되는 등 전체 훈련규모가 확대됨에 따라, 직업훈련 품질관리의 공정성과 신뢰성을 확보하기 위해 집행기관으로부터 심사평가 기능을 분리하여 심사평가와 훈련집행을 이원화하여 운영하는 거버넌스 체계를 구축, 운영하게 되었다. 특히 우리나라는 호주의 직업훈련 심사평가 전문기관인 직업훈련품질관리원(Australia Skills Quality Authority, ASQA)을 벤치마킹하여 2015년 한국기술교육대학교(이하 '한기대') 산하에 직업능력심사평가원(Korean Skills Quality Authority, KSQA)을 설립하여 기존에 고용노동부 산하기관에서 분산되어 각기 운영되었던 심사평가 기능을 한 곳으로 통합으로써 훈련기관 단위, 훈련과정 단위, 훈련생 개인 단위 등의 심사평가체계를 구축하고 직업훈련의 품질관리를 수행하고 있다.

1. 직업훈련에서의 품질관리의 역사[1]

우리나라 직업훈련에서의 품질관리를 위한 흐름은 크게 3가지 단계(지방관서 중심의 일원화 시기-유관기관 중심의 분산화 시기-심평원 중심의 통합화 시기)로 나누어 볼 수 있다([그림 5-1] 참조). 그 중 첫 번째 1기(지방관서 중심의 일원화의 시기)는 각 지방노동청(現 지방고용노동청, 이하 '지방관서')을 중심으로 과정심사와 훈련집행 및 지도감독이 함께 수행되던 시기로 이 시기는 주로 실업자 훈련 중심으로 집중된 훈련사업의 원활한 추진을 위해 정부의 훈련사업 전달체계 및 정책이 지

---

1) 본 2절의 내용은 임경화, 이수경 외 5인의 2021년 수탁과제 연구보고서 "직업능력개발 심사평가 효과성 분석과 개선(발전)방안 연구"의 내용 중 일부를 발췌하여 재정리하였음.

그림 5-1 직업훈련 품질관리활동의 3가지 단계(시기)

1기 시대	2기 시대	3기 시대
지방노동관서 중심으로 물량배정제가 실시되었던 시기	**고용부 유관기관 중심의 심사평가사업이 실시되었던 시기**	**직업능력심사평가원 중심의 심사평가사업이 실시되는 시기**
• 실업자훈련 중심으로 집중된 훈련사업 물량의 원활한 추진을 위해 정부의 훈련사업전달체계 및 정책이 지방노동관서 중심으로 개편 • 물량 배정을 위한 훈련기관 및 훈련과정 선정심사를 지방노동관서(지청 별 훈련과정 선정 위원회 설치)에서 직접 수행 • 훈련과정에 대한 세부적인 평가(목적, 내용, 방법 등)는 실시되지 못하였고 실업자 훈련과정의 취업 분야를 중심으로 관할 기업들의 인력수급 전망을 토대로 훈련물량을 배정해주는 방식으로 진행	• 고용부 유관기관인 한국산업인력공단 및 한국직업능력개발원에서 직업훈련 사업 심사를 담당 • 계좌제 적합 훈련과정 심사 위원회의 구성 운영 등에 관한 업무는 한국직업능력개발원에서 담당하다 2014년에 한국산업인력공단으로 이관수행 • 국기훈련의 과정심사의 경우에는 한국산업인력공단이 수행 관할 지방노동관서에서 담당하였던 사업주 훈련 인정 업무(훈련과정 인정 신청 접수, 인정 요건에의 적합성 검토, 인정 결과의 통지 및 비용지급 업무 등)를 한국산업인력공단이 수행 • 원격훈련을 중심으로 이루어졌던 기관평가사업은 집체훈련으로 확대, 초기에는 직능연에서 수행하다 후에 산인공으로 이관	• 2014년 통합심사제도 출범과 함께 심평원의 사전심사 및 성과평가 중심의 훈련 품질관리체계 구축 • 한국직업능력개발원에서 수행하던 집체 및 원격훈련기관에 대한 평가가 2015년 직업능력심사평가원으로 이관 • 한국산업인력공단이 수행하였던 집체훈련과정에 대한 통합심사가 직업능력심사평가원으로 이관 • 한국기술교육대학교 원격훈련심사센터가 수행한 원격훈련과정에 대한 심사도 직업능력심사평가원으로 이관 • 신규사업으로 훈련운영 단계의 2가지 심사평가 기능(훈련이수자 평가, 부정훈련관리)을 도입하여 훈련에 대한 성과 측정과 함께 훈련시장에 대한 모니터링도 병행

방관서를 중심으로 추진되었다고 할 수 있다. 이 시기에는 중앙정부(고용노동부)에서 연간 훈련물량의 배정에 대한 확정이 이루어지면 지방관서로 전달되고 각 지방관서는 이러한 배정된 물량을 기준으로 관할지역 내 훈련기관의 훈련과정을 심사하고 훈련실시 후 훈련비 집행을 직접 수행하였으며, 이 과정에서 지도감독을 포함한 전반적인 훈련기관 관리를 실시하는 등 심사−집행−점검의 3가지 단계의 활동이 모두 지방관서를 중심으로 일원화되게 운영되었다.

2기(유관가관 중심의 분산화의 시기)는 고용노동부 유관기관(한국산업인력공단 및 한국직업능력개발원, 이하 '인력공단' 및 '직능연') 중심으로 심사평가 사업이 수행되는 시기로 직업능력개발계좌제 적합훈련과정 심사는 직능연(2014년에 인력공단으로 이관)에서 국기훈련의 과정심사는 인력공단에서 담당하였다. 이 시가에 원격훈련을 중심으로 이루어지던 기관평가사업은 집체훈련으로 확대되었고 초기에는 직능연에서 수행하다 후에 인력공단으로 이관되었다. 특히 이 시기에는 2006년 기능대학으로 공공훈련이 이관되면서 한국산업인력공단의 역할에 대한 재정립이 필요하게 되었고, 2008년 직업능력개발계좌제가 시행되면서 한국직업능력개발원의 역할과 지방관서의 역할에 대한 조정이 이루어지게 되었다.

3기(직업능력심사평가원 중심의 통합화 시기)는 2015년에 직업능력심사평가원

(Korean Skills Quality Authority, KSQA: 이하 '심사평가원')이 설립되고 심사평가원을 중심으로 심사평가 사업이 통합, 수행되는 시기로 정의할 수 있다. 이 시기의 가장 큰 특징은 훈련집행과 심사평가가 분리되어 이원화된 체계로 운영된다는 것이다. 즉, 지방관서는 실업자와 근로자 개인에 대한 훈련집행을, 한국산업인력공단은 기업지원 훈련을 포함한 다양한 사업의 집행을 수행하는 것으로 정리되어 기존의 심사평가기능이 모두 직업능력심사평가원으로 이관되게 되었다.

2. 1기: 지방노동관서 중심 일원화의 시기

1기는 지방관서 중심으로 물량배정제를 기반으로 한 심사-집행-점검의 3가지 단계의 활동이 일원화 되었던 시기 정의할 수 있으며, 이 시기의 심사·평가는 크게 실업자 훈련에 대한 심사평가와 재직자 훈련에 대한 심사평가로 나누어 볼 수 있다. 1997년 발생한 외환위기로 발생된 대량 실업사태로 인해 많은 실직자들이 발생하였고 이들을 대상으로 한 실업자 훈련을 중심으로 훈련물량이 할당되었는데, 이러한 상황에서 양질의 훈련기관을 선별해 내기 위해 실업자훈련에 대한 기관평가가 먼저 이루어졌다.

이 당시 지방관서는 관내의 실업자훈련을 제공하는 모든 훈련기관을 대상으로 1차 및 2차 평가의 2단계 평가체계를 운영하였다. 1차 평가에서는 평가를 위한 조사표를 작성하고 설문조사를 실시하였는데 평가결과 훈련기관을 우수기관, 중점관리기관 및 부적합기관 등으로 분류하였다. 2차 평가는 직능연이 지방관서의 평가결과를 가지고 약 5% 정도의 표본을 추출하여 추출된 기관을 대상으로 한 기관방문평가로 진행되었다. 이러한 평가수행 초기에는 지방관서에서 평가와 지도감독이 같이 수행됨에 따라 훈련의 질적 수준에 대한 실질적이고 객관적인 평가보다는 지도감독에 더 큰 비중을 두어, 훈련의 품질에 대한 공정하고 객관적인 평가를 통한 질적 제고라는 평가 자체의 본래 목적을 달성하지 못하였다는 비판에서 자유로울 수 없었으며, 지방관서에서 수행하는 평가의 객관성과 전문성이 미흡하다는 비판도 받았다. 또한 평가 시 평가기준이 현장의 특성 및 상황을 충분히 반영하지 못하고, 훈련기관과 직종별 특성 등에 따른 평가가 이루어지지 못했다는 점이 한계로 지적되었다. 더욱이, 이러한 평가결과에 따라 훈련기관에 대한 행정적, 재정적 지원이 연계되어 제공되지 못했다는 부분도 지적되었다(강종훈 외

3인, 2000; 정선정, 이문수, 2019).

　　이러한 1기는 앞서 기술한 바와 같이 물량배정제를 기반으로 하여 적합한 훈련기관을 선정하기 위한 본격적인 심사·평가가 지방관서를 중심으로 이루어지는 단계로 볼 수 있다. 각 지방관서 별로 학계 및 산업계의 전문가(훈련 및 내용)들로 구성된 '훈련과정 선정위원회'가 설치되어 매년 관내 훈련기관을 대상으로 훈련과정심사가 진행되었다. 이러한 과정에서 훈련과정의 효과적인 선정심사를 위하여, 관내 기업들의 인력수급 전망치와 훈련 분야별 훈련필요 물량 예측치, 관내 훈련기관들의 심사 이전년도의 훈련 성과(훈련과정별 모집율, 수료율, 취업률 등), 훈련기관 및 훈련과정별 훈련물량 배정 계획 등이 준비되고 활용되었다. 이 시기에 실시되었던 훈련과정에 대한 심사는 현재와 같이 훈련과정별 목적, 내용 및 구체적인 운영방법 등을 세부적으로 평가하는 방식으로 운영되지는 못하였고, 관내 기업들의 인력수급 전망을 토대로 실업자 훈련과정의 취업 분야별 훈련물량을 매칭(배정)해주는 방식으로 진행되었다.

3. 2기: 고용부 유관기관 중심 심사평가사업의 분산화 시기

(1) 직업능력개발계좌제 훈련심사

　　고용노동부 정부주도의 심사방식에 대한 훈련 현장의 불만이 증가하였으며 물량배정의 지역별 편차증가 등 그 한계가 부각되었고, 물량 통제방식에서 시장 중심의 훈련정책 기조 변화에 기반을 둔 직업능력개발계좌제(이하 '계좌제') 훈련정책이 2008년 출범되면서 다음과 같은 이슈가 등장하게 되었다. 우선, 심사물량 자체가 대폭 증가하면서 기존의 지방관서가 대응할 수 있는 수준을 넘어서는 한계에 직면하게 되었다. 둘째, 훈련생이 자신에게 부여된 지원범위 안에서 자기 주도적, 자율적으로 훈련기관과 과정을 선택하는 바우처 방식의 계좌제 훈련 정책 취지에 부합하는 심사 관점이 요구되었다. 2년간의 시범운영기간을 거쳐 2010년 본격적으로 제도시행이 된 계좌제는 과정 심사 측면에서도 중요한 변화를 가져왔다. 기존의 지방관서에서 실시하였던 훈련기관 단위의 심사에서 훈련과정 단위의 심사로 변화가 이루어졌으며, 이를 효과적으로 수행하기 위해 구체적이고 전문적인 훈련과정심사 체계가 제시되었다. 이러한 체계적인 훈련과정심사 과정을 통해 훈련기관은 자신들이 개발한 훈련과정 중 '적합 훈련과정'으로 승인받은 과정

만을 운영할 수 있게 되었다. 계좌제가 도입되면서 기존에 운영되던 물량배정 방식의 과정심사는 계좌제심사로 점차 대체되었으며, 이 과정에서 심사업무의 효율성 등을 감안하여 심사위원회의 구성·운영 등에 관한 업무를 직능연에 위탁하여 별도의 전문성이 요구되었던 계좌제 적합 훈련과정(Eligible Training Program List, ETPL) 선정심사를 진행하게 되었다. 이후 직업능력개발 훈련 종류별 과정심사 업무가 인력공단과 직능연에 분산되어 각각 수행됨에 따라 행정업무의 중첩, 일관성 확보의 어려움 등 다양한 문제를 해소하기 위하여, 2014년 10월에 실업자훈련 일반직종, 국가기간전략산업직종, 근로자개인지원훈련, 사업주위탁훈련 및 중소기업핵심직무향상훈련의 총 5개 훈련사업에 대한 통합이 이루어져 2014년 하반기부터 2015년 심평원이 출범하기 전까지 집체훈련과정에 대한 통합심사는 인력공단에서 수행하게 되었다.

이러한 계좌제 훈련 심사의 특성은 크게 3가지로 정리해 볼 수 있는데, 우선 첫째, 계좌제훈련 심사는 훈련생들이 훈련시장에서 자기 주도적으로 합리적인 판단을 한다는 것을 전제로 훈련품질에 대한 최소한의 기준을 설정하고 이러한 최소기준에 의한 질관리를 하고자 하는 사전심사 체계라고 볼 수 있다. 이에 따라, 과정심사는 훈련을 운영하는 데 필수적인 요소인 훈련내용, 방법, 훈련교강사 및 훈련시설/장비 등을 대상으로 적부 판정 방식으로 이루어졌으며, 이를 위해 해당 분야의 전문가가 심사위원으로 참여하였다. 둘째, 훈련물량에 대한 어느 정도의 일정한 통제는 유지함으로써 훈련시장에 생길 수 있는 혼란을 방지하기 위한 체계가 운영되었다는 것이다. 직능연에서는 고용부와 함께 분야 별 심의위원회를 구성하여 적합 훈련과정을 대상으로 추가적인 물량 확인 및 조절 단계를 거침으로써, 일시에 많은 훈련물량이 훈련시장에 풀리는 것을 방지하여 훈련시장의 혼선과 과도한 경쟁 구도를 막기 위해 노력하였다. 이는, 앞서 기술한 1기에서 2기로의 전환과정에서 훈련시장이 적응할 수 있도록 일정기간 과도기적인 병행의 형태를 유지하였다고 볼 수 있다. 셋째, 시장에 의한 훈련생의 자율적, 자기주도적 의사결정이 중요해진 만큼, 심사 과정에서 생성되는 훈련정보의 생성, 유지, 관리에 대한 관심이 높아지는 계기가 마련이 되었으며, 실제로 훈련정보의 집적화, 공유화 차원에서 직업훈련정보망인 HRD−Net의 고도화가 추진되었다.

[2] 국가기간·전략산업직종 훈련심사

앞서 기술한 실업자 훈련과 유사하게 국가기간·전략산업직종(이하 '국기') 훈련의 경우에도 지방관서에서 심사를 진행하였고, 2008년 이후에 인력공단에서 별도의 심사 체계와 절차를 마련하여 훈련과정 심사를 수행하였다. 2015년부터는 심사평가원에서 국기훈련과정 심사를 통합심사 방식으로 변경하여 현재까지 심사를 수행해오고 있다. 이러한 국기훈련 심사의 특성을 살펴보면 다음과 같이 6가지로 요약해 볼 수 있다.

첫째, 국기훈련심사는 계좌제와는 다르게 국가적 차원의 인력양성 필요성, 시급성 및 중요성 등을 고려하여 국기훈련직종이 선정되면 해당 직종에 대해서만 훈련기관 및 과정에 대한 심사가 이루어졌다. 따라서 고용노동부에서는 이러한 국기직종의 적절성을 확인하고 새로운 직종의 추가 및 기존 직종의 제외 등의 의사결정을 위해 정기적으로 연구용역을 실시하고 있다.

둘째, 새롭게 추가된 국기훈련 직종에 대해서는 해당 직종에 대한 훈련기관들의 접근성을 높이기 위해, 고용노동부에서 연구용역을 통해 신규직종대상 훈련과정 프로파일을 개발하여 훈련 현장에 배포하도록 하였다. 이러한 훈련과정 프로파일에는 기업의 인력 수요, 요구직무 등을 훈련 체계 내에 적극적으로 반영할 수 있도록 훈련내용, 방법 및 훈련평가 등에 대한 안내가 포함되었다.

셋째, 국기직종 훈련은 대부분 장기 양성훈련이기 때문에 이러한 장기훈련이 효과적으로 실행될 수 있도록 훈련과정뿐만 아니라 훈련기관 차원에서의 심사도 이루어졌다. 즉, 훈련기관 차원에서 훈련생의 선발부터, 훈련교사의 채용/배치, 역량향상, 성과관리, 상담, 취업 및 사후관리 전반에 걸친 인프라 및 투입 계획 등을 심사하여 장기과정의 운영에 적합한지를 확인하였다.

넷째, 국기 심사에서는 계획 단계에 대한 심사 점수뿐만 아니라, 이전 연도의 훈련성과가 매우 중요한 부분으로 고려되고 심사에 반영되었다. 국기훈련심사 시 훈련기관이 제출하는 훈련계획서에 대한 평가는 대체로 훈련기관 간 점수 차이가 크지 않았기 때문에 변별력이 없어 훈련성과 영역의 평가결과가 매우 큰 영향을 미치게 되었다. 따라서 국기훈련심사에 참여하는 많은 훈련기관들은 훈련성과를 효과적으로 관리하기 위해 지속적으로 노력하는 모습을 보였으며, 훈련성과 관리를 위해 훈련기관 자체적으로 훈련생 선발단계에서부터 엄격한 입과 심사를 통해 취업의지가 없거나 수준이 미달되어 성과달성이 어려운 훈련생 같은 경우에는 입과 인원에 여유가 있음에도 불구하고 훈련참여를 배제하는 경우가 많았다.

다섯째, 국기훈련심사는 직종 분야별로 내용전문가와 훈련전문가로 구성된 그룹으로 심사를 진행하였으며, 3단계의 심사체계를 가지고 운영되었다. 1단계인 서류심사에 적격으로 판정되면 2단계는 훈련기관을 대상으로 한 면접 심사의 형태로 진행되었고, 2단계를 성공적으로 통과하면 3단계에서는 고용부와 인력공단이 주관하는 심의위원회를 통해 전체 국기훈련물량을 확정하였는데 이때 2단계 통과한 훈련기관 및 과정계획서에 대한 심사위원 심사결과와 전년도 성과를 조합하고 지역 및 직종별 수요를 반영하여 최종 적합 기관 및 과정을 선정하였다.

마지막으로, 장기간 운영되는 국기 훈련과정의 특성 상 국기 훈련 진입에 어려움을 느끼는 신규 훈련기관들의 불만의 목소리가 높아지는 경향이 존재하였다. 장기 훈련으로 진행되는 국기 훈련 실시를 위해서는 기존 계좌제 훈련과는 다른 고도의 인프라 및 체계적 운영시스템 구축 등이 요구되었기 때문에, 국기훈련사업에 새롭게 진입하려는 신규 훈련기관들의 부담감이 커지기 시작하면서, 신규 훈련기관에 대한 국기훈련의 진입 장벽이 높다는 문제제기가 공론화되었다.

(3) 재직자 훈련심사

2011년까지 지방관서에서 수행하던 사업주 훈련 인정 업무는 직업능력개발사업의 추진체계를 혁신하여 효율화 및 효과성을 제고할 필요가 있다는 고용노동부의 판단에 따라 인력공단으로 이관되었다. 이에 따라 사업주 훈련과정의 인정 신청 접수, 인정심사, 인정 결과 통보 및 비용 지급에 대한 모든 업무를 인력공단이 수행하기 시작하였다. 2015년 심사평가원이 출범하면서 재직자 훈련 중 사업주 자체훈련을 제외한 위탁훈련의 경우에는 심사평가원에서 실업자훈련과 통합적으로 심사업무를 담당해오고 있다. 재직자 훈련 중, '원격훈련'의 경우는 집체훈련과의 훈련방법 차이에 의해 전문적인 심사가 필요하다는 요구에 따라, 별도의 중앙단위 훈련과정 심사가 이루어지고 있는데, 초기에는 직능연에서 심사를 담당하다 인력공단으로 이관되었으며, 그 이후 현재까지 심사평가원이 심사를 수행하고 있다.

〔4〕기관평가

직능연에서 원격훈련 실시 기관에 대한 기관평가가 최초로 실시되었는데, 훈련을 운영하는 기관의 유형에 따라, 사업주 훈련을 위탁으로 실시하는 훈련기관(사업주 위탁)과 자체적으로 실시하는 기업(사업주 자체)으로 나누어 실시되었으며, 훈련형태별로 인터넷 원격훈련 기관과 우편 원격훈련 기관으로 분류되었다. 평가 결과를 바탕으로 성과가 우수한 기관을 대상으로 최우수기관 등을 선정하여 인센티브를 제공하였으며, 성과가 미흡한 기관에 대해서는 사업진입 제한 등의 제재가 부여되었다. 이렇듯 원격훈련을 중심으로 직능연에서 수행하였던 기관평가사업은 집체훈련으로까지 확대되었으며, 초기에는 직능연에서 수행하다가 이후에는 인력공단으로 이관되었다.

4. 3기: 직업능력심사평가원 중심의 통합화 시기

앞서 기술한 대로, 2기의 직업훈련에 대한 심사평가는 고용노동부가 지원하는 훈련사업을 중심으로 훈련기관 단위의 평가와 훈련의 방법별로 훈련과정 단위의 심사가 고용부 산하의 여러 기관들에 의해 분산된 형태로 심사평가가 이루어졌다. 이렇게 개별 사업별로 분산된 심사평가 체계에서는 직업훈련의 전달체계를 효과적으로 관리하고 효율성 및 투명성을 제고하는데 한계가 따를 뿐만 아니라, 직업훈련의 품질을 종합적이고 체계적으로 관리하기도 어려운 것이 사실이었다. 이에 고용노동부는 2015년 4월 1일 심사평가원을 설립하고, 분절되어있던 심사평가 사업을 통합하여 심사평가원이 수행하게 되었다. 이에 따라 직업훈련에 대한 심사평가와 훈련집행이 호주의 ASQA처럼 분리되어 현재까지 이원화 체계로 운영되고 있다. 직업훈련의 체계적이고 효과적인 품질관리를 위해 심사평가원이 심사평가를 전담하도록 하고, 지방관서와 인력공단은 그 이전에 마련되어 일부 기능만 수행하였던 직업능력개발사업 추진체계(고용노동부, 2011)를 2015년 심사평가원의 출범과 함께 개편하여, 지방관서는 실업자와 근로자 개인지원에 대한 훈련을 집행하고, 인력공단은 기업에 지원하는 훈련과 다양한 사업을 집행하는 것으로 역할 정립을 확실히 하였다. 이에 따라 인력공단이 한시적으로 수행하였던 집체훈련과정에 대한 통합심사가 직업능력심사평가원으로 이관되었고, 한국기술교

그림 5-2 심사평가 사업의 통합 관계도

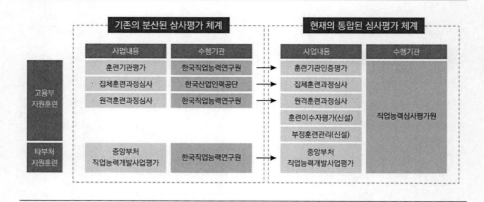

육대학교 원격훈련심사센터가 수행한 원격훈련과정에 대한 심사도 심사평가원으로 통합되는 등 업무 조정이 이루어졌다.

이렇게 하여 심사평가원은 그동안 분산되어 운영되었던 훈련 진입단계에서의 4가지 심사평가 기능인 훈련기관인증평가, 집체훈련과정심사, 원격훈련과정심사 및 중앙부처직업능력개발사업평가를 통합하여 수행하게 되었다([그림 5-2] 참조). 여기에 신규 사업으로 훈련운영 단계의 2가지 심사평가 기능인 훈련이수자평가와 부정훈련관리를 도입하여 훈련 성과에 대한 객관적인 측정뿐만 아니라 훈련운영에 대한 모니터링을 병행함으로써 직업훈련 환류체계를 구축하여 훈련 전반에 대한 품질관리를 전문적으로 담당하기 시작하였다(강순희 외, 2015; 고용노동부, 2015; 직업능력심사평가원, 2015). 현재 심사평가원이 수행하고 있는 세부적인 심사평가 기능과 이들의 연계성 확보에 대해서는 다음의 2장에서 구체적으로 기술하도록 하겠다.

1. 심사평가의 기능과 주요 국가의 사례

(1) 심사평가의 기능

앞서 기술한 바와 같이, 심사평가는 직업훈련의 품질관리를 위해서 필수적인 기능이라고 할 수 있다. 심사평가의 기본적인 기능은 국가직무능력표준(NCS)에 근거하여 직업훈련이 체계적으로 이루어졌는지를 확인, 관리하는 것이고, 궁극적으로는 실업자 또는 재직자가 양질의 직업훈련을 받을 수 있도록 지원하는 역할을 하는 것이다. 현재 한국의 직업훈련에 대한 심사평가는 호주의 직업훈련품질관리원(Australia Skills Quality Authority, ASQA)을 벤치마킹하여 2015년에 고용노동부 산하에 있는 한국기술교육대학교의 부설기관인 심사평가원이 설립되고 이곳에서 훈련기관 단위의 기관인증평가, 훈련과정단위의 과정심사, 훈련생 개인 단위 등의 이수자평가와 부정훈련관리 업무를 현재까지 수행해오고 있다. 이러한 직업훈련의 품질관리를 위한 심사평가의 법적 근거는 「근로자직업능력 개발법」 제7조의2(2016년 본조 신설)와 제53조(舊 근로자직업훈련촉진법 제29조, 2001년 본조 신설)에 마련되어 있고, 「직업능력개발훈련 품질관리에 관한 규정(2017년 제정)」에 의해 직업훈련의 품질관리 업무가 직업능력심사평가원에 대행되어 있다. 직업훈련 정책과 사업 등을 관할하는 고용노동부는 기존에 분산되어 각기 운영되었던 심사평가 기능을 한 곳으로 통합하여 2015년 직업능력심사평가원을 설립하고, 해당연도부터 심사평가 업무를 수행하도록 하였지만, 사업을 수행하는 법적 근거는 조금 늦게 신설된 면이 있다.

직업훈련에 대한 심사평가 사업은 심사평가 단위별로 단계적으로 수행되고 있다는데, 기관인증평가를 통과하여 등급을 부여받은 훈련기관만이 훈련과정 심사에 참여할 수 있고, 과정심사에 통과한 훈련과정에 한하여 국비과정으로 운영을 할 수 있다. 훈련실시 상황에서 훈련생 개인단위의 이수자평가가 이루어지고, 준수성 평가 및 모니터링의 일환으로 부정훈련관리가 수행되고 있다. 따라서 심사평가 단계는 훈련기관 단위의 인증평가를 가정 먼저 수행하고, 다음으로 훈련과정 단위의 심사가 이루어진 이후에(2022년부터 인증평가와 과정심사를 일원화하여 진행), 실제 훈련과정이 실시될 때 훈련생 이수자 평가와 부정훈련관리(사전분석 및 현지조사)가 수행되고 있다. 또한 이러한 일련의 단계별 심사평가 사업 이외에도 심사평가원을 중심으로 훈련 인프라가 지원되는 개별 훈련사업(일학습병행제, 국가인적자원개발 컨소시엄, 지역·산업맞춤형 훈련)에 대한 성과평가를 수행하고 있다. 심사평가 행정업무를 수행하는 내부 인력은 100여 명이며(2023년 기준), 심사평가 활동은 1,800여 명의 직종별 전문가 Pool을 구성하여 외부 심사평가위원을 위촉·활용하고 있다. 현장평가가 수행되는 훈련기관 인증평가와 이수자평가는 일반적으로 3명의 평가위원으로 구성된 평가단이 하루에 2개 기관에 대한 평가를 실시하지만, 훈련기관의 규모가 큰 경우에는 하루에 1개 기관을 평가하게 된다. 심사평가원의 심사평가를 모두 통과한 훈련기관의 훈련과정들은 고용노동부 소속기관(지방고용노동관서 고용센터)과 산하기관(인력공단)에서 훈련비집행과 사후관리가 이루어지는데, 고용센터는 실업자훈련과 근로자개인지원 훈련을 집행·관리하고, 인력공단은 기업지원훈련을 집행·관리하고 있다. 훈련을 운영하는 과정에서 문제나 규정 위반사항이 발생한 경우에는 지도감독 권한을 갖고 있는 고용센터가 문제가 발생한 훈련사업에 대한 행정처분을 부여하고 있다.

[2] 주요 국가의 사례[2]

① 호주의 심사평가

호주의 심사평가 모델을 통해 직업훈련의 품질관리 체계를 살펴보기 위해서는 호주 직업훈련의 품질관리를 위해 2011년에 설립된 ASQA(Australian Skill Quality Authority)를 빼놓을 수 없다. ASQA는 호주의 총 8개 주 중에서 2개 주(서호주, 빅토리아)를 제외한 6개 주의 규제기관으로부터 직업훈련시장에 대한 규제권한을 위임받아 구축된 통합적인 범국가적 직업훈련 품질관리기관으로서, 각 주의 주요 도시(멜버른, 브리즈번, 시드니, 아들레이드, 캔버라, 퍼스, 호바트, 다윈)에 직업훈련품질관리원을 설치, 운영하고 있다. 2011년 ASQA가 설립되기 이전에는 NARA(National Audit and Registration Authority)가 범국가적으로 훈련품질을 관리하는 규제기관이었으나, 호주 헌법에서는 각 주의 독립성을 보장하고 있어, NARA의 활동범위에 제약이 있어, 규제기관으로서 실질적인 기능을 수행하지 못하였다.

---

2) 정선정·이문수(2019), "직업훈련 심사평가 변천과 사례 및 효과에 관한 연구", 직업교육연구, 38(6), pp. 143-146 부분 재정리

따라서 실질적인 통합관리의 필요성이 제기되어 2011년 산업부(Department of Industry)가 ASQA에 대한 근거법령을 제정하면서 설립을 주도하였고, 이후 2014년 직업교육훈련(VET) 관련 기능이 산업과학부(Department of Industry and Science, 과거 산업부)에서 교육훈련부(Department of Education and Training)로 이관되어, ASQA는 직업교육훈련 관련 사안을 교육훈련부와 정책적인 소통을 하고 있다.

ASQA 설립 초기에 외부 정치적인 영향을 최소화하기 위한 독립적인 조직구조 및 체계를 갖추기 위한 노력의 결실로, 교육훈련부의 공식적인 요구사항은 장관을 통한 서면으로 이루어지는 등 상호 독립된 행정체계를 갖추게 되었다. 또한 ASQA의 의장(3명)은 연방정부 및 주정부에서 장 차관 등을 역임한 인사를 임명함으로써 조직 위상과 권한 확보의 기틀을 마련하였다. ASQA의 설립배경과 규제활동의 법적 근거는 국가직업교육훈련 규제기관법(National Vocational Education and Training Regulator(NVR)) Act, 2011과 유학생 교육서비스법(Education Services for Overseas Students(ESOS)) Act, 2000이다. 이 법령에 의해 ASQA는 훈련기관에 상시 수시 감사(Audit, 우리나라의 '심사평가'에 해당)를 할 수 있는 권한과 행정적 제재조치 및 벌금부여 등 행정처분 권한이 부여되어 있다. 심사평가체계(Audit System)는 크게 최초 등록감사와 등록감사 이후에 실시되는 준수성 감사로 구성되어 있다. 등록감사는 한국의 훈련기관 인증평과와 훈련과정 심사가 통합된 형태로 운영되고 있고, 준수성 감사는 훈련기관이 인증기준(SRTO: Standards for Registered Training Organization, 2015)을 준수하며 운영하고 있는지 점검을 통하여 등록감사 이후에 사후감사를 실시한다. ASQA는 별도의 이수자평가를 실시하지 않고, 훈련기관 교강사가 평가한 훈련생의 포트폴리오와 사진, 평가지 등 평가결과 등을 통해 이수자 평가가 적절히 이루어졌는지 감사를 실시한다. 다만, 훈련기관의 운영이 제대로 이루어졌는지, 수강신청 및 학습도중에 문제는 없었는지 등을 확인하는 차원에서 훈련생 인터뷰를 실시한다.

ASQA의 수행인력은 약 210여 명으로(2020년 기준), 내부직원이 감사행정과 실질적인 감사활동을 모두 담당하고 있다. 70여명이 우리나라의 심사평가위원에 해당되는 Auditor(내부 심사위원)로서 훈련기관 및 과정 인증과 감사업무 등을 직접 수행하고 있다. 대부분의 감사활동(심사평가활동)은 내부 Auditor 1~2명이 훈련기관에 방문하여 훈련생 중심과 증거 기반 감사를 실시하는데 하루 정도 시간이 소요되고, TAFE(Technical and Further Education)과 같은 큰 공공 기술전문대학은 3일 이상이 소요되기도 한다. 내부 직원을 통해 훈련기관에 대한 심사평가 등 제반 감사활동을 수행하기에 항공 분야 등 전문성이 요구되는 분야는 외부 내용 전문가(Technical Expert)를 위촉하여 함께 감사를 수행하지만, 대부분의 감사가 평가 전략이 잘 되어 있는지, 평가결과가 잘 수집되었는지, 훈련기관 시스템을 갖추고 있는지 등에 초점이 맞춰져 있기 때문에 내부 심사위원에 의해 수행되고 있다. 또한 특정 시기에 감사할 훈련기관이 몰려있을 경우 자격요건을 갖춘 외부 심사위원(External Auditor)을 위촉하여 활용하기도 하지만, 그 수가 매우 적다.

ASQA로부터 인증 받은 훈련기관은 각 주정부 내 설치된 훈련청(State Training Agency, STA)과 별도 계약을 체결하고, 훈련청으로부터 실질적인 재정 지원을 받는다. 훈련청은 우리나라의 실업자 및 근로자 개인지원 훈련을 담당하는 고용센터와 기업지원훈련을 담당하는 인력공단의 역할을 수행하는 집행기관에 속한다. 호주의 훈련기관은 훈련청과의 계약을 충실히 이행해야만 훈련비를 지속적으로 지원받을 수 있기 때문에, 매년 1회 이상의 주정부 감사를 받게 된다. 이때 훈련기관이 받는 감사는 크게 2가지로, 주정부 감사와 ASQA에 의한 품질감사이다. 주정부 감사는 주로 회계감사에 해당되는 것으로 훈련이 실제로 진행되었는지 등을 주로 확인하는 반면, ASQA의 품질감사는 훈련기관 및 훈련과정의 품질관리 및 보증 여부 등을 감사하는 것이다. 감사결과, 훈련기관은 비용지급 등의 적정성에 문제가 발생한 경우 훈련청으로부터 행정처분을 받게 되고, 훈련에 대한 품질보증의 위반 및 부적합 사항이 발생한 경우 ASQA로부터의 행정처분을 받게 된다(정선정, 이문수, 2019).

② 싱가포르의 심사평가

싱가포르의 직업교육훈련은 2003년 노동부(Ministry of Manpower)가 인력개발청(Workforce Development Agency, WDA)을 설립하고, WDA 소관으로 직업교육훈련에 대한 심사평가와 집행 등이 수행되었다. 하지만, 2016년 WDA와 교육훈련 관련 위원회 등을 구조 조정하여 직업교육훈련을 취업 전 교육훈련(Preemployment Education and Training, PET)과 이후 계속 교육훈련(Continuing Eduction and Training, CET)으로 구분하고 조직을 분리하였다. 교육부(Ministry of Education)는 SSG법(SkillsFuture Singapore Agency Act 2016)을 제정하고, 산하에 SSG(SkillsFuture Singapore)를 법정 위원회로 설립하여 취업 전 교육훈련(PET)을 담

당하도록 하였고, 노동부는 WSG법(Workforce Singapore Agency Act 2016)을 제정하고, 산하에 WSG(Workforce Singapore)를 법정 위원회로 설립하여 재직근로자를 대상으로 한 계속 교육훈련(CET)을 담당하도록 하였다. 취업 전 교육훈련(PET) 시스템은 어린이와 청소년 및 구직자를 대상으로 폭넓은 범위의 직업교육훈련을 제공하고, 생활에 필요한 필수적인 기술을 가르치는 한편, 개인으로서의 성장과 성인 및 직업인으로 발전하도록 하는 직업교육훈련으로 구성되어 있다. 그리고 계속 교육훈련(CET) 시스템은 근로자들이 직무수행에 필요한 역량을 갖추어, 궁극적으로 싱가포르 경제 성장을 촉진시키기 위한 것으로, 학습 근로자와 산업 현장의 구체적인 요구에 초점을 두고 있기에 제공되는 교육훈련 내용이 훨씬 다양하게 구성되어 있다.

    싱가포르의 직업교육훈련은 취업 전후를 기준으로 교육훈련 품질을 관리하는 기관이 분리되어 있는데, 우리나라의 실업자 및 구직자훈련과 채용예정자훈련에 해당되는 훈련사업이 교육부 산하 SSG에서 담당하고 있고, 재직근로자를 대상으로 하는 기업지원 및 근로자 개인지원훈련은 노동부 산하 WSG에서 담당한다고 볼 수 있다. 싱가포르의 직업교육훈련 품질보증 절차는 우리나라와 유사하게 훈련기관을 인증한 이후에, 훈련과정을 인증하고, 훈련이 진행될 때 훈련기관이 과정 인증 신청 시 제시한 과정 제안서에 따라 훈련과정을 평가한다. 그리고 훈련운영에 대한 종합적인 관리(계획－실행－점검－조치)를 통하여 계약조건의 위반 여부와 개선사항에 대한 조치 여부 등을 점검하고 관리한다. 훈련운영 단계에서 수행되는 훈련평가와 점검 조치 여부 등 종합적인 평가 결과에 따라서 훈련기관의 자격 갱신과 지속적인 자금 지원 여부를 결정한다. 우리나라와 호주는 인구 규모와 나라의 지리적인 여건 등을 고려하여 심사의 일관성을 유지하되, 지역이나 주(州)별로 훈련비용 집행과 훈련기관 관리 등을 지역사회에 맞게 원활히 수행하기 위해 심사평가와 훈련집행이 이원화되어 있다. 하지만, 싱가포르는 한국의 서울지역 크기에 인구가 절반밖에(530만명) 되지 않은 도시국가의 특징으로, 심사평가와 훈련집행 및 지도감독을 모두 훈련품질보증기관(SSG, WSG)에서 수행하고 있다.

    SSG와 WSG의 수행 인력은 각각 400여명이며, 특히 SSG에서 심사평가 업무를 수행하는 인력은 80여 명으로 구성되어 있다. 두 기관이 수행하는 업무가 취업 전후 교육훈련과 재직자 경력 개발 및 양질의 일자리 지원 등으로 서로 연관되어 있어, SSG의 기업지원 관련 부서는 WSG와 업무 협력을 위해 관련 조직과 인력을 공용하고 있다. 두 기관의 내부 수행 인력은 심사평가와 훈련집행 등 행정 업무뿐만 아니라, 호주처럼 내부 인력을 활용하여 심사평가를 직접 수행하고, 신기술 분야에 대하여 매우 제한적으로 심사평가위원을 고용하여 활용하고 있다(정선정, 이문수, 2019).

2. 한국의 심사평가제도

(1) 훈련기관 인증평가

인증평가는 훈련기관의 역량을 훈련성과 기반으로 종합적으로 평가하여, 정부의 지원을 받아 위탁훈련을 운영할 수 있는 자격을 인증해주는 훈련기관 단위의 평가이다. 인증평가의 대상이 되는 기관은 현재 정부지원 민간 위탁훈련을 실시하고 있거나 향후 훈련을 실시하고자 하는 신규 훈련기관이 해당된다. 기관 인증평가의 기본적인 절차는 크게 2단계로 이루어지는데 1단계는 기관건전성 평가, 2단계는 역량평가로 진행된다. 1단계인 기관건전성 평가에서는 인증평가대상 기관의 준법성과 재정건전성을 종합적으로 판단하여 평가를 진행하게 된다. 준법성에 대한 평가를 위해 행정처분(처분에 따라 1~20까지 감점)과 임금체불 및 최저임금 위반(1인당 5점 감점) 등 훈련기관이 관련 법률 등을 제대로 준수하고 있는지를, 재정건전성에 대한 평가를 위해서 기관의 국세 및 지방세 체납 여부(각 10점 감점)와 신용등급 수준(훈련기관의 신용수준에 따라 최대 15점 감점)을 확인하게 된다. 기관건전성 영역의 합산된 감점이 20점 미만인 경우에만 적합판정을 받아 2단계 역량평가로 넘어가게 되며, 감점이 20점 이상인 경우에는 1단계에서 부적합처리가 되어 인증유예 판정을 받게 된다.

인증평가 2단계인 역량평가에서는 훈련기관이 훈련을 실시할 역량이 충분한지에 대해 성과평가(정량적 지표로 구성 총 60점)과 현장평가(정성적 지표로 구성 총 40점)를 진행한다. 성과평가의 평가항목은 일반취업률, 고용유지기간, 수요자만족도, 수료율, 훈련이수자평가결과, 개설률 등 훈련실시의 성과를 객관적으로 측정할 수 있는 내용으로 구성되며, 직업능력개발훈련 정보망(HRD-Net)이 보유하고 있는 훈련기관별 행정데이터를 토대로 훈련기관이 실시한 사업별 훈련성과를 결과 지향적 관점으로 평가하게 된다. 실업자훈련은 재직자훈련과 공통으로 수료율, 수요자만족도, 훈련이수자평가결과, 개설률을 평가하나 실업자 훈련의 목적성(취업)을 고려하여 취업률과 고용유지기간을 추가적으로 평가한다. 재직자훈련은 실업자훈련과 동일하게 수요자만족도를 평가에 반영하고 있지만, 해당 훈련을 통해 직무능력이 얼마나 향상되었는지가 재직자훈련의 주요한 목적이므로, 훈련생이 인식하는 본인의 직무능력향상도와 훈련생이 속한 기업체 담당자가 인식하는 훈련생의 직무능력향상도까지 포함하여 평가하고 있다. 만족도와 직무능력향상도는 자가 및 타인 진단으로 이루어지는 설문조사 형식을 띠고 있으므로, 편의상 지표명을 만족도로 통칭하고 있고, 조사문항들을 합산하고 점수화하여 만족도 점수로 사용하고 있다.

현장평가 항목에는 훈련기관경영, 훈련과정관리, 훈련시설 및 장비, 훈련전담인력, 훈련생관리 등이 포함되는데, 직종별 내용전문가와 훈련전문가 등 총 3인 이상으로 구성된 평가단이 훈련기관에 직접 방문하여, 위의 지표 영역에 대해 상황–투입–과정의 관점으로 훈련기관의 역량을 정성적으로 평가한다. 신규기관의 경우에는 훈련실적을 보유하고 있지 않기 때문에 현장평가를 통하여 훈련실시 역량을 평가하되, 인증등급을 부여받은 신규진입 기관이 이후 훈련실적을 보유하게 되면 성과평가와 현장평가를 모두 적용하여 실적보유기관으로서 인증평가를 받게 된다. 각 실적보유 훈련기관은 2단계 역량평가의 평가결과 성과평가 및 현장평가 영역의 취득 점수와 총점을 고려하여 총점 60점 이상인 경우3) 3년 인증4)을, 60점 미만인 경우에는 인증유예를 판정받게 된다. 훈련 실적을 보유하지 않은 신규훈련 기관의 경우에는 현장평가 점수에 따라 1년 인증, 인증유예로 인증등급을 부여받게 된다. 기관인증평가 결과에 따라 우수훈련기관 선정요건을 충족한 기관을 '인증 우수훈련기관'으로 선정해 관리해오고 있는데, 연도별 우수훈련기관 선정 및 유지현황을 살펴보면 2016년 313기관이었던 우수훈련기관 수는 점차 증가하여 2022년 676기관으로 2배 넘게 증가되었음을 알 수 있다(〈표 5–1〉 참조).

인증 우수훈련기관에 더해, 훈련시장을 선도할 수 있는 베스트훈련기관 (BHA: Best HRD Academy)제도의 도입을 통해 BHA기관을 선정 운영함으로써 고성과 우수훈련기관을 중장기적인 관점에서 육성하고 다양한 우수사례를 훈련기

---

3) 역량평가 총점이 60점 이상이라 하더라도 훈련성과 평가 또는 현장평가 점수가 각 배점의 40% 미만일 경우, 과락으로 인증유예 판정됨.

4) 2018년까지는 훈련기관의 최소 인증기간이 1년이었으나, 기관의 안정적인 훈련운영을 보장하기 위하여 2019년 실적보유기관을 대상으로 최소 인증기간을 3년으로 상향함.

표 5-1 2016-2022 연도별 우수훈련기관 선정 및 유지현황(단위: 기관)

구분	2016년	2017년	2018년	2019년	2020년	2021년	2022년
계	313	444	500	585	543	522	676
집체	303	433	482	563	524	503	651
원격	10	11	18	22	19	19	25

* 2022 직업능력심사평가원 연차보고서, 직업능력심사평가원

관의 눈높이에서 제공할 수 있도록 해오고 있다. 인증평가 대상은 매년 조금씩 편차가 존재하기는 하지만 평균적으로 4,500개 기관 이상 이지만, 평가를 신청하지 않았거나 포기한 기관을 제외하고, 실제 평가에 참여한 기관은 평균 4,000개교 내외 정도(2022년 기준 총 4,207개 기관)라고 할 수 있다. 2015년 이전까지는 평가점수에 따라 A~E등급까지 평가등급을 부여하고, 평가시기가 훈련기관별로 격년제로 적용되다가, 2015년 심사평가원의 출범과 함께 훈련기관 인증제가 처음 도입되면서, 인증기간별로 인증등급을 부여하고, 인증기간이 만료된 시점에 인증평가를 받는 것으로 개편되었다. 이에 따라 2015년 실시된 인증평가는 당해 연도의 인증평가 지표를 적용한 평가결과뿐만 아니라, 그 이전 연도까지 적용된 격년제 평가에 따라 2014년 평가등급 획득기관은 평가를 실시하지 않고 인증등급을 부여하게 되어, 평가제도와 평가실적이 혼합되어 있다가 2016년부터 이러한 영향이 모두 정리되어 개편된 인증평가제도가 온전히 적용되었다고 할 수 있다.

　　평균적으로 전체 평가대상 훈련기관(4,500개 이상) 중 인증을 부여받은 훈련기관은 매년 62~73% 정도이고, 평가에 참여하였거나 평가에 포기한 기관까지 포함한 인증유예기관은 27~38% 정도이다. 최근 3년(2020－2022년)간의 인증평가 결과를 심사평가원의 데이터를 근거로 살펴보면(〈표 5－2〉, 〈표 5－3〉 참조), 실적보유 집체훈련기관의 평균 인증률은 88.79%이고 실적보유 원격훈련기관의 평균 인증률은 83.54%로 나타났다. 신규기관의 경우, 집체훈련기관의 평균 인증률은 76.86%이고 실적보유 원격훈련기관의 평균 인증률은 62.10%로 나타났다. 인증형태로 보면 실적보유 집체훈련기관의 경우에는 대부분 3년 인증을 받고 있으며(79~82%), 5년 인증을 받은 우수훈련기관, 5년 인증의 최우수훈련기관 순이었고, 원격훈련 기관의 경우에도 이러한 현상은 동일하게 나타나고 있다. 신규진입기관의 경우에는 집체훈련기관과 원격훈련기관의 인증율 차이가 최근 점차 커지고 있는 것으로 나타나고 있다.

표 5-2 2020-2022 연도별 실적보유기관(집체/원격) 인증평가 결과(단위: 기관)

구분		5년인증 (최우수)	5년인증 (우수)	3년인증 (우수)	3년인증	인증유예[5]	계	인증률
2022년	집체	5	646	← 합산	2,452	308	3,411	90.97%
	원격	-	25	← 합산	109	24	158	84.81%
2021년	집체	10	308	185	2,436	338	3,277	89.69%
	원격	-	9	10	117	20	156	87.18%
2020년	집체	38	90	396	2,257	467	3,248	85.62%
	원격	-	3	16	112	35	166	78.92%

* 2020, 2021, 2022 직업능력심사평가원 연차보고서, 직업능력심사평가원

표 5-3 2020-2022 연도별 신규기관(집체/원격) 인증평가 결과(단위: 기관)

구분		1년 인증	인증유예[6]	계	인증률
2022년	집체	757	182	939	80.60%
	원격	29	20	49	59.20%
2021년	집체	617	195	812	75.99%
	원격	24	14	38	63.16%
2020년	집체	619	223	842	73.52%
	원격	24	13	37	64.86%

* 2022 직업능력심사평가원 연차보고서, 직업능력심사평가원

[2] 훈련과정 심사

훈련과정심사는 훈련시장에 양질의 훈련과정을 적기에 공급할 수 있도록 정부가 지원하는 훈련과정으로서 집체와 원격 등 훈련방법에 따라 적합한 요건을 갖추고 있는지를 심사한다. 기관인증평가를 통해 인증등급을 보유한 훈련기관은 실업자훈련(국가기간·전략산업(국기)직종훈련, 일반계좌제 훈련), 재직자훈련(일반계좌제 훈련, 사업주위탁훈련) 및 기타 특화훈련(일반고 특화과정, 과정평가형 국가기술자격 훈련과정, 중앙부처 국기 과정, 플랫폼종사자 특화과정, 노사협력형 중장년 특화과정 등)에 대한 과정심사를 신청할 수 있고, 기관이 제공하는 훈련과정은 다시 훈련방법에 따라 집체훈련과 원격훈련으로 구분되어 과정심사가 진행된다. 기업지원훈련 영역에서 활발하게 실시되고 있는 원격훈련의 경우, 사업주 위탁 자체 원격훈련(인터넷, 우편, 스마트)과 국가인적자원개발 컨소시엄 및 기업대학 원격훈련에 대한 심

---

6) 평가 포기 기관이 포함된 수치임.

사가 수행되고 있고, 일부 훈련기관에 위탁하여 실시하고 있는 실업자 원격훈련과정에 대한 심사도 진행되고 있다.

실업자 및 재직자 대상 집체훈련과정에 대한 통합심사 절차는 기관인증평가를 통과한 훈련기관이 신청한 훈련과정에 대해 1단계 기본요건 심사를 실시하고, 통과된 훈련과정에 한하여 2단계 훈련과정 적합성 심사가 이루어지는 구조로 운영되었다. 이때 1단계 기본요건 심사는 과정심사에 신청한 훈련과정의 훈련목표 및 내용과 선택한 직종 간의 연관성 측면에서 적정한 직종으로 매칭되어 있는지를 검토(NCS직종분류가 맞지 않을 경우 직종 변경)한 이후, 훈련기관 신청자격과 과정편성 기본요건, NCS 필수기준 적용 심사가 수행된다. 훈련기관 신청자격심사는 실시가능 직종과 행정처분 동일과정 여부 등을 심사하는 것으로 신청한 훈련과정이 실시가능 직종으로 승인받았는지, 과거에 행정처분을 받은 과정과 동일한 과정인지, 훈련기관이 모든 훈련과정에 대한 위탁인정제한을 받은 이력이 있는지 등을 검토한다. 과정편성 기본요건 심사에서는 훈련기관이 신청한 훈련과정의 시간과 기간 및 강의실 최소 면적기준의 준수 여부를 확인하고, 국가가 고시한 NCS 기반 훈련기준을 적용하였는지를 심사한다. 마지막으로, NCS 필수기준 적용 심사는 사업별 특성 등에 따라 NCS 적용비율(40~70%)과 능력단위 편성을 적정하게 적용하였는지 형식 요건을 심사한다.

1단계 기본요건 심사에 통과한 훈련과정을 대상으로 2단계 훈련과정 적합성 심사가 이루어지게 되는데, 여기서는 해당과정이 신청제한분야[7])에 해당되지 않은지, 과정편성이 제대로 되었는지, 과거 동일 유사과정에서 좋은 훈련성과를 내었는지 등을 심사한다. 훈련과정의 내용편성이 적절한지를 확인하는 과정적정성 심사는 신청제한분야 심사에 통과한 훈련과정을 대상으로 커리큘럼 구성요소(내용, 방법, 교강사, 시설, 장비)를 항목에 따라 적부 또는 우수성으로 판단한다. 훈련과정이 과정적정성을 통과하면 성과적정성 심사가 진행되는데 이는 NCS 소분류 직종단위로 실업자훈련에 대한 훈련성과를 심사하는 과정이다. 이러한 성과적정성 심사의 심사영역은 성과지수와 성과창출 가능성으로 구분되어 있는데, 정량지표인 성과지수에서는 취업률, 고용유지율, 훈련생 만족도, 이수자평가 결과, 중도탈락률을 행정데이터를 토대로 정량적으로 심사하고, 정성지표 영역인 성과창출

---

7) 신청제한분야란 국가차원의 지원 필요성이 낮거나, 직업훈련의 실효성이 적거나, 기타의 제한요건으로 정부지원을 사전에 제한하는 분야를 말함.

그림 5-3 통합된 훈련과정심사 절차

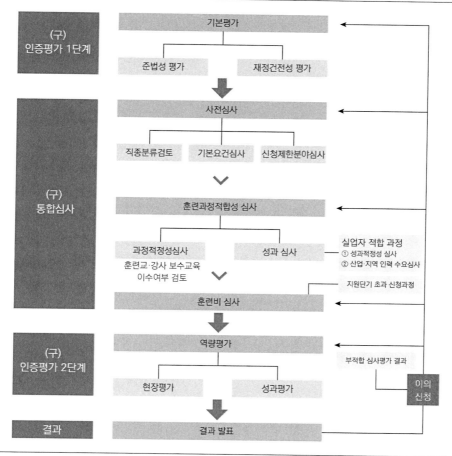

자료: 직업능력심사평가원 홈페이지(www.ksqa.or.kr)에서 인용

가능성은 전 단계 과정적정성 심사에서 우수성 항목(방법, 교강사, 장비) 심사결과를 가져와 환산 점수를 적용하여 심사한다. 이러한 과정으로 거쳐 NCS 소분류 단위로 직종별 상위 성과기준 이상 점수를 획득한 과정이 최종적으로 통합(과정심사)에 통과되어, 훈련과정 유효기간 내에 훈련을 개설하여 운영할 수 있다. 2022년부터는 실업자 직업능력개발훈련, 근로자 직업능력개발훈련 및 사업주 위탁훈련과정을 대상으로 과정심사를 [그림 5-3]과 같이 훈련기관인증평가와 통합(연 2회 진행하던 통합심사를 1회로 조정하여 기관인증평가와 통합)하여 진행하도록 추진되었다.

원격훈련과정에 대한 심사 절차는 1단계 형식요건 심사에 통과한 훈련과정을 대상으로 2단계 직무 및 원격훈련 적정성 심사와 3단계 과정 적정성 심사가 단계적으로 진행된다. 1단계 형식요건 심사는 훈련기관이 제출한 심사자료(과정개요서, 별첨자료, LMS 및 콘텐츠 등)가 제대로 구비되어 문제가 없는지 등을 확인하는 절차로 심사자료에 단순한 오류가 있을 경우 보완하여 다시 신청이 가능하지만, 치명적인 오류나 문제가 있는 경우에는 반려 처리된다. 2단계 직무 및 원격훈련 적정성 심사에서는 우선 직무 적성성을 확인하게 되는데, 기업지원훈련인 사업주 훈련에서 활발하게 실시되고 있는 원격훈련의 특성을 고려하여 해당 원격과정이 재직근로자의 직무능력 향상과정에 해당되는지 여부를 심사한다. 다음으로는 신청한 훈련과정이 훈련방식 등을 고려할 때 원격훈련으로서 적정한지를 심사하며, 마지막으로, 산업현장성과 학습지원, 교수학습설계, 평가 등을 고려하여 원격훈련 과정등급을 A~C등급까지 3단계로 구분하여 심사한다. 원격훈련과정 심사의 3단계 과정인 과정 적정성 심사에서는 내용적인 측면에서 학습계획과 분량, 활동 및 평가에 대한 적정성을 심사하고, 형식적인 측면에서도 NCS 능력단위요소를 과정 설계 시 제대로 적용하였는지를 심사한다. 이러한 3단계의 심사를 거쳐 최종 적합한 판정을 받은 훈련과정은 훈련집행기관(실업자 및 근로자 개인지원훈련은 고용센터, 기업지원훈련은 인력공단)으로부터 과정 인정을 받은 이후에 훈련과정을 개설하여 운영할 수 있고, 훈련비용은 2단계에서 부여받은 과정등급에 따라 정부 지원금을 지급받을 수 있다.

기관인증평가와 통합 시행된 2022년의 과정심사 결과를 살펴보면 〈표 5-4〉와 같다. 총 38,619개의 과정이 심사를 신청했으며, 각 단계별 심사를 거쳐 32,334(83.7%)개의 훈련과정이 최종 선정되었는데 우수기관과 일반기관의 적합률

표 5-4 2022년도 통합심사 결과(단위: 기관)

구분	신청			적합		
	계	우수기관	일반기관	계	우수기관	일반기관
합계	38,619	13,377	25,242	32,334	10,844	21,490
실업자 국기	6,312	4,685	1,627	2,987	2,487	500
실업자 계좌제	11,822	2,878	8,944	9,784	2,605	7,179
재직자 계좌제	17,582	4,894	12,688	16,753	4,840	11,913
사업주 위탁	2,903	920	1,983	2,810	912	1,898

자료: 2022 직업능력심사평가원 연차보고서, 직업능력심사평가원

표 5-5 2016-2022 연도별 상시심사 건수(단위: 건)

구분	2016년	2017년	2018년	2019년	2020년	2021년	2022년
계	1,228	520	490	1,035	5,549	3,082	5,110
변경	1,228	514	487	1,031	5,536	3,061	5,105
사업주훈련	-	6	3	4	13	21	5

자료: 2022 직업능력심사평가원 연차보고서, 직업능력심사평가원

은 각각 81.1%, 85.1%로 일반기관이 약간 높게 나타나고 있다.

승인된 훈련과정을 운영하는 과정에서 다양한 사유로 인해 과정변경의 필요성이 발생할 때, 훈련기관은 훈련과정(교·강사, 시설·장비 등) 변경신청을 제출하게 되고 지방노동관서는 이의 타당성 적합여부를 심사한다. 이때 국기훈련과정 등의 훈련교·강사변경 등의 타당성을 지방관서에서 심사평가원에 의뢰하여 심사가 진행된다. 또한 인력공단에서 수행하는 사업주훈련 중 NCS를 적용한 훈련과정에 대해 과정적정성 심사를 상시심사로 진행하고 있다. 〈표 5−5〉는 심평원에서 수행한 이러한 상시심사 건수를 보여주고 있는데 2019년을 기점으로 물량이 크게 늘어난 것을 확인할 수 있다.

(3) 훈련이수자 평가

훈련이수자평가는 NCS 기반 훈련과정의 평가체계 운영 적정성과 훈련생의 학업성취도 평가를 통해 훈련과정을 이수한 훈련생의 능력제고 및 훈련과정의 현장성 강화에 이바지할 목적으로 2015년에 처음 도입된 훈련생에 대한 평가 제도이다. 이러한 이수자평가는 훈련시간이 40시간 이상인 NCS 기반으로 설계된 훈련과정을 평가 대상으로 하며, 이수자평가를 통해 훈련기관이 NCS 기반 훈련과정의 성과를 달성하였는지를 평가하게 된다. 이수자평가 결과로 기관이 받는 평가등급은 A부터 D까지가 가능하다. 이수자평가를 처음 도입한 2015년에는 이수자 평가등급을 5개 등급(A~E등급)으로 부여하고, 인센티브 성격으로 훈련비를 추가로 지원(최하위 등급 제외)하였다. 2016년부터는 평가등급을 4개 등급(A~D등급)으로 조정하고, 신청제로 진행되는 이수자평가에 대한 훈련기관의 참여도를 높이기 위해 최하위 등급을 제외한 등급에 추가 인센티브를 지원할 뿐만 아니라, 훈련기관 인증평가에 가점(2점)으로 적용되었다. 2017년에는 훈련비 추가지원의 폭을 축소하여 A~B등급에 한하여 인센티브가 지원되었고, 가점도 기관인증평가와 과

표 5-6 최근 5년간(2018-2022년) 훈련이수자 평가 결과(현장/서면평가 기준)(단위: 건)

구분	A등급		B등급		C등급		D등급		계	
2022년	150	6.4%	1,223	52.0%	572	24.3%	407	17.3%	2,352	100%
2021년	280	9.3%	1,531	50.7%	759	25.1%	451	14.9%	3,021	100%
2020년	255	8.2%	1,188	38.3%	976	31.5%	680	21.9%	3,099	100%
2019년	1,337	44.5%	1,281	42.6%	287	9.6%	99	3.3%	3,004	100%
2018년	1,566	47.2%	1,308	39.4%	339	10.2%	107	3.2%	3,320	100%

자료: 2022 직업능력심사평가원 연차보고서, 직업능력심사평가원

정심사를 차등적용 해 훈련기관 인증평가에는 본 점수(10점)로, 훈련과정 심사에는 가점(5점)으로 적용되었다. 2018~2019년에는 A~B등급에 대한 인센티브는 그대로 유지되었으나, 가점은 훈련기관 인증평가와 훈련과정 심사에 동일하게 본 점수(10점)로 적용되었다. 이수자평가 결과가 기관과 과정단위 심사평가 지표에 확대 적용됨에 따라 2020년부터는 훈련비 추가 지원이 폐지되었으며, 2023년부터는 국기과정에 한해서만 이수자 평가가 의무적으로 진행되고 있다.

이수자평가는 기관과 과정단위 심사평가에 가점과 본 점수로 적용된 이후 지속적으로 증가하였는데, 이는 훈련기관이 훈련비 인센티브보다는 이수자평가결과가 기관인증평가 및 과정심사 점수에 반영되는 것을 더 선호한다는 것을 의미한다. 2015년 1,000여개 과정에서 2018년은 3.3배 이상이 증가한 3,300여 개 이상이 이수자평가에 참여하였다(2023년부터 국기과정에만 이수자평가가 제한됨에 따라 1,000여개로 축소). 평가등급은 이수자평가 실시 초기에는 A등급을 제외한 B등급 이하가 90% 이상을 차지하였다면, 지속적으로 A등급이 늘어 2018년에는 A등급이 47.2%로 가장 높고, 다음으로 B등급(39.4%) 순으로 나타나고 있다(〈표 5-6〉 참조). 훈련생 개인에 대한 평가체계가 처음 도입된 초기에는 적합한 평가방법 선택과 평가결과에 대한 훈련생 피드백 및 결과관리 등이 익숙하지 않아 낮은 등급이 많은 반면, 기관별로 이수자평가에 대한 평가위원 피드백과 우수사례를 다양한 방법으로 공유 확산하여 평가체계가 안착됨에 따라 높은 등급의 비중이 증가하였다고 볼 수 있다. 다만 이수자평가의 내실화를 위해 샘플평가 대상 및 배점을 확대한 2020년을 기점으로 A등급의 비율은 10% 이하를 유지해오고 있다.

제3절 ▶ 직업능력개발훈련 교·강사

1. 직업훈련 교·강사 제도의 이해

[1] 직업훈련 교·강사 제도

직업훈련 교·강사는 정부가 지원하는 국비직업훈련을 실시하는 다양한 직업훈련기관 및 시설에서 훈련생들을 가르치고 지도하는 교사 및 강사로 정의할수 있다. 직업훈련 교사와 강사는 기본적으로 자격을 보유하고 있는지 아닌지에따라 구분된다고 할 수 있는데 즉, 직업훈련교사는 고용노동부장관으로부터 직업능력개발훈련교사 자격을 발급받아 직업능력개발훈련에 참여하는 사람이며 직업훈련 강사는 이러한 자격증은 없으나 해당 분야의 전문지식 및 실무경험 등을 가지고 직업능력개발훈련에 참여하는 사람으로 정의할 수 있다(〈표 5−7〉 참조).

표 5-7 직업훈련 교·강사 관련 법적 정의

구분	정의
직업능력개발훈련교사	'국민평생직업능력개발법' 제33조에 의거 대통령령으로 정하는 기준을 갖추어 고용노동부 장관으로부터 직업능력개발훈련교사 자격증을 발급받은 사람
훈련 교·강사	'국민평생직업능력개발법' 제33조에 따라 직업능력개발훈련을 위하여 훈련생을 가르칠 수 있는 사람 중 시행령 제27조 각 호의 어느 하나에 해당하는 것으로 인정받은 사람(NCS확인강사, 훈련교사 및 훈련강사)

직업능력개발훈련교사는 '근로자직업능력개발법' 제33조에 의해 정의된 자격요건을 갖춘 후 고용노동부 장관으로부터 자격증을 발급받아 훈련기관에서 훈련과정을 가르치는 사람으로 정의할 수 있다. 1991년 1월부터 시행된 '근로자직업훈련촉진법'에 의해 직업훈련을 위해 훈련생을 가르칠 수 있는 사람을 직업능력개발훈련교사와 기타 해당분야 전문지식이 있는 자로 규정함으로써 직업능력개발훈련교사 자격증이 없는 훈련강사의 훈련참여도 가능하게 되었다. 직업능력개발훈련교사는 '근로자직업능력개발법시행령' 28조 별표2에 규정된 바와 같이 3급등(1급~3급) 체계를 가지고 있으며 이에 대한 세부 자격기준은 〈표 5−8〉과 같다.

'근로자직업훈련촉진법'에 의해 사실상 누구든지 직업능력개발교사 시장에진입이 가능하게 되었고 이는 직업능력개발훈련의 양적확대 및 다양화에 기여하는 바는 분명히 존재하겠지만 최소한의 역량만을 보유한 교·강사의 활용으로

표 5-8 직업능력개발훈련 교사 자격기준

	자격기준
1급	직업능력개발훈련교사 2급의 자격을 취득하고 3년 이상의 교육훈련 경력이 있는 사람으로서 향상훈련을 받은 사람
2급	1. 직업능력개발훈련교사 3급의 자격을 취득한 후 고용노동부장관이 정하여 고시하는 직종에서 3년 이상의 교육훈련 경력이 있는 사람으로서 향상훈련을 받은 사람 2. 고용노동부장관이 정하여 고시하는 직종에서 요구하는 기술사 또는 기능장 자격을 취득하고 고용노동부령으로 정하는 훈련을 받은 사람 3. 「고등교육법」 제14조제2항에 따른 교수·부교수·조교수로 재직 중 고용노동부장관이 정하여 고시하는 직종에서 2년 이상의 교육훈련 경력이 있는 사람
3급	1. 법 제52조의2에 따라 설립된 기술교육대학에서 고용노동부장관이 정하여 고시하는 직종에 관한 학사학위를 취득한 사람 2. 고용노동부장관이 정하여 고시하는 직종에 관한 학사 이상의 학위를 취득한 후 해당 직종에서 2년 이상의 교육훈련 경력 또는 실무경력이 있는 사람으로서 고용노동부령으로 정하는 훈련을 받은 사람 3. 고용노동부장관이 정하여 고시하는 직종에 관한 학사 이상의 학위를 취득한 후 해당 직종에서 요구하는 「초·중등교육법」 제21조제2항 및 같은 법 별표 2에 따른 중등학교 정교사 1급 또는 2급의 자격을 취득한 사람 4. 고용노동부장관이 정하여 고시하는 직종에서 요구하는 기술·기능 분야의 기사 자격증을 취득한 후 해당 직종에서 1년 이상의 교육훈련 경력 또는 실무경력이 있는 사람으로서 고용노동부령으로 정하는 훈련을 받은 사람 5. 고용노동부장관이 정하여 고시하는 직종에서 요구하는 기술·기능 분야의 산업기사·기능사 자격증, 서비스 분야의 국가기술자격증 또는 그 밖의 법령에 따라 국가가 신설하여 관리·운영하는 자격증을 취득한 후 해당 직종에서 2년 이상의 교육훈련 경력 또는 실무경력이 있는 사람으로서 고용노동부령으로 정하는 훈련을 받은 사람 6. 고용노동부장관이 정하여 고시하는 직종에서 5년 이상의 교육훈련 경력 또는 실무경력이 있는 사람으로서 고용노동부령으로 정하는 훈련을 받은 사람 7. 그 밖에 고용노동부장관이 정하여 고시하는 기준에 적합한 사람으로서 고용노동부령으로 정하는 훈련을 받은 사람
비고	직업능력개발훈련교사의 직종, 직종별 요구자격증과 경력인정기준, 교육훈련 경력 및 실무경력의 인정기준 등은 고용노동부장관이 정하여 고시한다.

직업능력개발훈련의 품질저하를 초래하고, 훈련 교·강사 공급과잉으로 처우 하락이라는 부작용 상당부분 존재하는 것이 사실이다. 이러한 부분의 개선을 위하여 심사평가원의 기관인증평가 시 현장평가 지표항목에 훈련교·강사 확보, 근로조건 및 처우개선과 관련한 부분을 포함하여 평가에 반영하고 있으며(양정승, 2022), 한기대 능력개발교육원에서는 2017년부터 훈련교·강사를 대상으로 역량강화를 위한 보수교육을 실시해오다가 2020년에 법제화를 통해 보수교육 의무화가 진행되었다.

2. 직업훈련 교·강사 보수교육 의무화 도입

[1] 직업훈련 교·강사 교육 체계

직업훈련 교·강사 대상 교육은 단기양성을 통해 직업훈련교사를 배출하기 위한 자격교육과 훈련교·강사의 지속적인 역량강화를 위해 실시하는 보수교육으로 크게 구분된다(〈표 5-9〉 참조).

표 5-9 직업훈련 교·강사 대상 교육

구분	정의
자격교육	직업훈련교사의 단기양성을 위한 훈련과정으로 여기에는 자격의 신규취득과 자격승급을 위한 교육들이 포함된다.
보수교육	직업훈련 교·강사의 자질 및 역량을 지속적으로 강화하기 위해 주기적이고 지속적으로 실시하는 교육으로 정의된다.

① 자격교육

직업훈련교사의 자격교육은 자격신규 취득을 위한 교육과 자격 승급을 위한 교육의 2가지로 크게 나누어진다. 훈련교사 자격 신규취득(2급 및 3급)을 위한 과정에는 '교직훈련과정'과 '신중년 교직 훈련과정'이 있으며, 자격 승급(3급→2급 또는 2급→1급)을 위한 과정은 '향상훈련과정'이 있다. 현재 한국기술교육대학교 능력개발교육원에서 관계 법령에 따라 훈련교사 자격기준을 갖춘 사람들을 대상으로 실시하고 있으며 연간 교육인원은 1,900명(신규자격취득 1,700명, 승급 200명), 교육시간은 신규자격취득의 경우 150시간 이상, 자격승급의 경우 70시간으로 편성해서 운영하고 있다.

② 보수교육

직업훈련교·강사 대상 보수교육 의무화는 2020년에 '직업능력개발법 제33조 및 제37조'가 개정되고, '직업능력개발훈련 교·강사의 보수교육에 관한 운영규정'이 고시되면서 법제화되었다. 이에 따라 모든 직업능력개발 훈련교사와 강사는 연 2시간의 기초교육을 필수로 이수해야 하며, 집체(통합)훈련 심사에 등록하고자 하는 훈련교사 및 강사는 1년에 12시간 이상의 기본교육을 이수해야 한다. 직업훈련 교·강사 대상 보수교육은 교·강사의 기능 및 자질 등 역량향상을 도모하기 위하여 주기적이고 지속적으로 실시하는 교육으로 기초교육, 기본교육, 전문교육 및 융합교육으로 구분되고 [그림 5-4]와 같은 보수교육 체계로 설계되고 운영된다.

기초교육

기초교육은 연간 2시간 이상 필수 이수하여야 하는 교육으로 국가기간·전략산업직종훈련, 일반계좌제훈련, 일반고특화훈련, 사업주 위탁훈련 등에서 강의하려는 모든 교·강사는 반드시 이수하여야 한다.

그림 5-4 직업훈련 교강사 보수교육 체계도

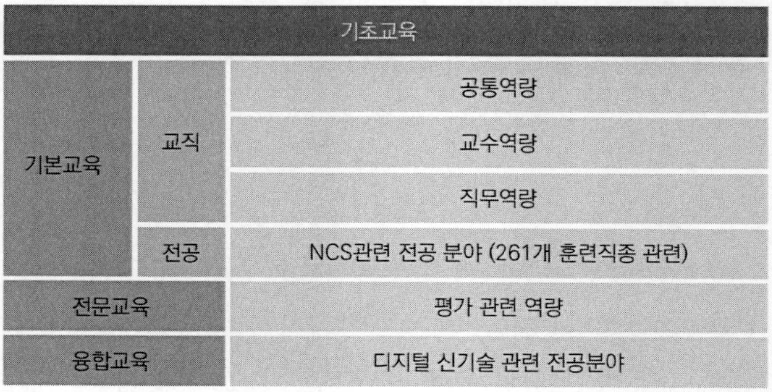

기초교육		
기본교육	교직	공통역량
		교수역량
		직무역량
	전공	NCS관련 전공 분야 (261개 훈련직종 관련)
전문교육		평가 관련 역량
융합교육		디지털 신기술 관련 전공분야

자료: 한기대 능력개발교육원 홈페이지

기본교육

기본교육은 교직과정(공통/교수/직무역량)과 전공과정(NCS관련 전공분야)으로 나누어지며(고용노동부, 2020) 연간 12시간 이상 필수 이수하여야 하는 교육으로 국가기간·전략산업직종훈련, 일반계좌제훈련, 일반고특화훈련, 사업주 위탁훈련 등에서 연간 15일 및 140시간을 초과하여 강의하려는 교·강사는 반드시 이수하여야 한다.

- 교직분야 과정의 구성: 직업훈련 교·강사 교직분야 보수교육은 직업훈련의 품질 향상을 위해 직업훈련 교·강사에게 요구되는 기본 소양 및 교수능력을 향상하는 교육과정으로 공통, 교수, 직무역량 기반으로 구성

‒ 전공분야 과정의 구성: 직업훈련 교·강사의 전공분야 전문성 유지 및 개발을 위한 교육과정으로 직업훈련교사 자격직종별 NCS기반 교육과정과 4차 산업혁명 관련 등 첨단 신산업분야 교육과정으로 구성

전문교육

전문교육은 연간 8시간 이상 필요시 선택 이수할 수 있도록 제공되는 교육으로, 직업훈련교·강사 중에서 강의 외 다양한 전문 업무(예: 훈련생평가관련) 등을 수행하고자 하는 자가 대상이다.

융합교육

융합교육은 필요시 선택 이수할 수 있는 교육과정으로 훈련교·강사 중에서 본인이 가르치는 직종 외에 타 직종(예: 디지털 신기술관련 전공분야 등)에 대해 학습하고자 하는 자를 대상으로 운영되는 과정이다.

한기대 능력개발교육원의 보수교육 연간교육 목표인원은 60,000명이고, 교육시간은 앞서 기술한 대로 기초교육 2시간 이상 또는 기본교육 등 12시간 이상으로 진행된다. 이러한 보수교육 의무관련 주요 사항들에 대해 살펴보면 우선, 기본교육, 전문교육, 융합교육 이수 시 기초교육을 이수한 것으로 인정되며, 전문교육과 융합교육은 NCS확인강사 배점의 가점부여 교육으로 기본교육 이수시간으로도 인정된다. 또한, 훈련교·강사 보수교육의 산정기간은 매년 1월 1일부터 12월 31일로 하게 된다.

전공분야 보수교육 운영형태

전공분야의 보수교육 운영형태는 [그림 5‒5]과 같이 기본적으로 연수분야별 특성에 맞게 직업훈련교사 자격직종별 과정운영을 기본으로 진행되며, 교육내용과 관련해서도 4차 산업혁명 관련 기본과정 등은 직종공통 과정으로 운영하게 된다. 또한 한기대 능력개발교육원에서는 교육훈련에 필요한 시설장비의 경우, 필요에 따라 외부기관과 연계하여 제공하며, 급변하는 산업환경 및 정책의 변화, 선진 우수사례, 신기술관련 새로운 정보의 제공이 필요한 경우, 교육훈련의 형태를 유연하고 탄력적으로 운영(50명 이상 대단위 워크샵 등)하도록 진행하고 있다. 이를 세부적으로 정리하면 〈표 5‒10〉과 같다.

그림 5-5 전공분야 보수교육 운영형태 결정의 4가지 요소

자료: 한기대 능력개발교육원 홈페이지

표 5-10 전공분야 보수교육 세부 운영형태

구분	교육형태			
	자체운영		위탁운영	워크숍형
	내부	외부		
교육시간	12시간	12시간	12시간	12시간
교육방법	집체, 블렌디드, 온라인	집체, 블렌디드	집체	집체
교육인원	20명 내외	20명 내외	20명 내외	50명 이상
교육시기	연중	연중	연중	연중
교육장소	교육원 내부	외부	외부	내부 또는 외부

자료: 한기대 능력개발교육원 홈페이지(https://hrdi.koreatech.ac.kr/?m1=page&menu_id=52)

3. 직업훈련 교·강사 현황

직업훈련교사의 2023년 5월 기준 자격발급현황[9]을 살펴보면(⟨표 5−11⟩ 참조) 누적 총 161,205건의 자격이 발급(순인원 71,010명)되었으며 자격 등급별 건수는 3급이 119.436건으로 가장 많고, 2급이 33,411건, 1급이 6,623건의 순으로 3급 자격

표 5-11 직업훈련교사 자격발급현황(2023년 5월 기준)

구분	훈련교사 자격등급				
	1급	2급	3급	기타[8]	합계
건수	6,623건	33.411건	119,436건	1,735건	161,205건
비율	4.1%	20.7%	74.1%	1.1%	100%

자료: 한국기술교육대학교 직업능력개발 정책포럼자료(2023.8.18.), 한국기술교육대학교

---

8) 1999년 이전 발급자 중 자격 미갱신자(현재 9급으로 관리 중)
9) 한국기술교육대학교 능력개발교육원 통계 자료

표 5-12 직업훈련 교·강사 현황(2023년 5월 기준)

구분	승인받은 직종 수							
	1개	2개	3개	4개	5개	6개	7개 이상	합계
인원	54,294명	16,901명	6,926명	3,511명	2,050명	1,239명	2,361명	87,282명
비율	62.2%	194%	7.9%	4.0%	2.3%	1.4%	2.7%	100%

자료: 한국기술교육대학교 직업능력개발 정책포럼자료(2023.8.18.), 한국기술교육대학교

표 5-13 직업훈련 교·강사 중 훈련교사와 훈련강사의 비율(2023년 5월 기준)

구분	훈련교사(자격 보유)				훈련강사 (자격 미보유)	합계
	1급	2급	3급	소계		
인원	997명	4,681명	16,264명	18,100명	69,182명	87,282명
비율	1.1%	5.4%	18.6%	20.7%	79.3%	100%

한국기술교육대학교 직업능력개발 정책포럼자료(2023.8.18.), 한국기술교육대학교

이 전체의 74.1%를 차자하고 있어 발급자격의 대부분이 3급 자격임을 알 수 있다. 최근 5년간의 누적 자격발급 건수를 살펴보면, 총 41,000건으로 연평균 8,200건 수준으로 자격 발급이 되고 있는 것으로 나타나고 있으며 상위 급수의 자격으로 승급되는 승급자격 발급건수는 최근 5년간 1,260건으로 연평균 252건 정도 되는 것으로 나타나고 있다.

　2023년 5월 기준 직업훈련교사 및 강사 현황을 살펴보면 총 순인원 87,282명 중 1개 직종만을 승인받은 교·강사의 비율은 전체의 62.2%로 가장 많고 6개 직종을 승인 받은 교·강사의 비율이 가장 작은 1.4%였다. 7개 이상의 직종을 승인받은 교·강사의 비율은 2.7%로 나타났다(〈표 5-12〉 참조).

　NCS확인강사에 등록하여 직업훈련에 참여하는 훈련교사와 강사의 비율을 살펴보면 훈련교사는 교·강사 전체 인원 중 약 20.7%, 훈련강사는 79.3%로 훈련교사 대비 훈련강사의 비율이 거의 4배로 압도적으로 높음을 알 수 있다. 훈련교사 자격 등급 비율은 3급이 가장 많고 2급, 1급 순으로 나타나 훈련에 참여하는 훈련교사 중 3급의 비중이 거의 90%에 달하는 것으로 확인되었다(〈표 5-13〉 참조).

　정부지원 훈련과정에 참여하는 훈련 교·강사는 매년 약 22,000여 명이며, 2021년부터 2022년까지 연속으로 활동한 교·강사는 17,052명으로 전체의 약 19.5% 정도로 나타나고 있다(〈표 5-14〉 참조). 이를 나이와 학력으로 나누어보면, 40~50대(약 60%), 4년제 대졸 이상(약 66%)이 특히 활발하게 활동하는 것으로 확인된다. 활동 교·강사 중 훈련교사와 훈련강사의 비중은 약 33:67로 실제

표 5-14 정부지원 훈련과정 직업훈련 교·강사 활동인원 현황

구분	연도별 정부지원 훈련과정 활동 교·강사(순인원 기준)			
	2021년	2022년	2021년~2022년	2021년~2022년
인원	22,640명	21,822명	27,236명	17,052명
비율	25.9%	25.0%	31.2%	19.5%

자료: 한국기술교육대학교 직업능력개발 정책포럼자료(2023.8.18.), 한국기술교육대학교

활동하는 비율은 위의 〈표 5-14〉의 비율(21:79)과는 약간 다른 차이를 보이고 있다.

제4절 ▸ 직업능력개발훈련 모니터링

1. 모니터링 개요

1995년 고용보험제도 도입 후, 직업훈련의무제 폐지와 민간의 자발적 직업 훈련 참여를 골자로 하는 「근로자직업훈련촉진법」이 1999년에 시행되면서 직업 훈련은 고용보험 기반의 직업능력개발사업(직업능력개발훈련)으로 일원화되었다. 특히 1997년 11월에 닥친 외환위기로 인해 실업자직업훈련이 크게 늘면서 정부 주도의 직업훈련을 민간직업훈련 지원제도로 전환하는 내용의 새로운 직업능력 개발체제 구축이 더욱 앞당겨지게 되었다. 이 시기에 정부는 기존 직업훈련을 기 준훈련과 기준 외 훈련으로 단순화하고, 훈련실시 요건, 훈련교사 자격요건 등의 규제를 완화하면서 민간부문의 직업훈련 활성화에 주력했고, 이를 통해 다양한 민간직업훈련기관의 참여와 직업훈련 실적의 양적 증가가 급속히 이루어졌다.

그러나 정부의 민간직업훈련 지원 확대로 훈련기관과 단체 등의 재정 의존 도는 높아지는 반면, 직업훈련의 엄격한 질 관리 체제가 마련되지 않은 상황에서 지방고용노동관서와 한국산업인력공단의 대부분 인력이 훈련비 지급과 같은 민 원행정 업무에 투입되면서 직업훈련의 질이 지속적으로 하향 평준화하는 경향도 나타났다(장혜정 등, 2012).[10]

---

10) 장혜정, 김영생, 나현미, 심지현(2012). 직업능력개발 훈련기관 대상 통합적 질 관리 체제 연구. 한국직업능력개발원.

그림 5-6 직업능력개발훈련 모니터링 기관 간 협력체제

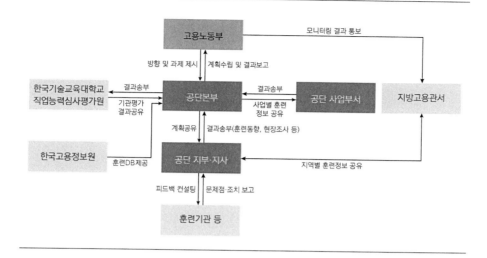

2011년 고용노동부는 정부지원 민간직업훈련의 운영·관리 개선과 훈련과정의 품질 제고를 위하여 한국산업인력공단을 직업능력개발훈련 모니터링 전담기관으로 지정하고, 공단 내에 전담조직으로 훈련품질향상센터(現 훈련품질관리국)를 설치하였다.

직업능력개발훈련 모니터링은 모니터링의 대상이 되는 훈련사업 전반을 조사하여 관련 제도 및 전달체계(프로세스) 개선, 민간직업훈련기관의 훈련품질 제고 유도, 훈련사업별 현장 동향 파악 및 훈련신호등 제공, 원격훈련의 부정·부실 운영 예방과 사후관리 등을 통해 정부지원 직업훈련의 체계적 품질관리에 기여하는 것을 목적으로 하며, 「고용보험법」제11조(보험관련 조사연구), 「국민 평생 직업능력 개발법」제6조(직업능력개발정보망의 구축)와 제7조(평생 직업능력개발에 관한 조사연구), 고용노동부훈령인 「직업능력개발훈련 모니터링에 관한 규정」 등에 추진 근거를 둔다.

직업능력개발훈련 모니터링은 훈련정책·제도 시행부터 훈련종료 후 관리에 이르기까지 전 영역에서 훈련사업을 집행·관리하는 여러 기관 간에 긴밀한 협력이 중요하다. 이를 위해 [그림 5-6], 〈표 5-15〉와 같이 지방고용노동관서, 한국기술교육대학교 직업능력심사평가원, 한국고용정보원 등의 유관기관이 한국산업인력공단의 모니터링 수행에 필요한 자료 수집 및 정보 공유 등에 협조하고 있으

표 5-15 직업능력개발훈련 모니터링 기관별 주요 기능 및 역할

구 분	내 용
고용노동부	▪ 직업능력개발훈련 모니터링 총괄
지방고용노동관서	▪ 관할지역 훈련기관 모니터링 및 지도점검 ▪ 한국산업인력공단과 직업훈련 동향 정보 공유 ▪ 집체훈련 부정·부실운영 예방 및 지도·감독 실시 ▪ 원격훈련 과정인정요건 점검 등 부정훈련 예방 및 지도·감독 실시
한국산업인력공단 (훈련품질관리국)	▪ 연간 모니터링 기본계획 및 세부계획 수립 ▪ 훈련동향 등 사전 자료 분석 및 실증적 현장조사·분석방안 설계 ▪ 집체·원격훈련 통계분석, 실태조사, 만족도조사, 심층연구 등 추진 ▪ 원격훈련 부정·부실운영 예방 및 사후관리(지도·감독 현장지원 등) ▪ 훈련기관·기업 등에 모니터링 결과 현장 피드백 및 컨설팅
소속기관(지역본부·지사)	▪ 관할지역 훈련동향, 실태조사, 현장 피드백 및 컨설팅 지원
한국기술교육대학교 직업능력 심사평가원	▪ 훈련기관 인증평가, 훈련과정 심사 결과 등에 관한 자료 제공 ▪ 집체훈련 부정·부실운영 예방 및 사후관리(지도감독 현장지원 등)
한국고용정보원	▪ HRD-Net 훈련행정DB, EIS 고용보험DB 등의 자료 제공

며, 공단은 모니터링 결과를 민간훈련기관, 공동훈련센터, 기업 등에게도 제공하여 훈련을 실시하는 주체 스스로도 훈련품질 관리에 주목하고 필요한 여건을 갖추도록 안내하고 있다. 다만 부정·부실훈련 예방 및 사후관리 목적의 모니터링 업무는 훈련 형태에 따라 원격훈련은 한국산업인력공단, 집체훈련은 직업능력심사평가원이 담당하고 있으며, 양 기관 모두 지방고용노동관서의 지도·감독 현장점검 등을 지원한다.

직업능력개발훈련 모니터링은 수요자 중심의 훈련정책 및 제도 구현을 위한 핵심적 품질관리 활동의 하나로, 조사·분석의 영역이 정책·제도적 사항부터 훈련기관의 과정 운영·관리, 훈련종료 후 성과 등에 이르기까지 광범위하다. 또한 직업능력개발과 관련한 각종 데이터에 근거해 훈련수요자, 훈련공급자, 훈련관리자 등 여러 이해관계자의 의견을 전문적으로 살펴본다는 점에서도 법 규정 위반 점검과 단속을 목적으로 하는 일반 관리적 성격의 모니터링과는 차별화된 특성을 갖는다.

2. 모니터링 체계

직업능력개발훈련 모니터링의 유형에는 〈표 5-16〉과 같이 모니터링 시기에 따라 기본 모니터링과 수시 모니터링, 직업훈련 방식에 따라 집체훈련 모니터링

표 5-16 직업능력개발훈련 모니터링 유형

기 준	유 형		내 용
모니터링 시기	기본 모니터링		• 당해연도 모니터링 기본계획에 따라 훈련사업별로 해당 주제를 조사하여 관련 제도와 사업 프로세스의 개선을 제안하고, 국내외 여러 HRD 주제에 관한 심층 연구 등을 실시하는 모니터링
	수시 모니터링		• 모니터링 기본계획에 반영하지는 않았으나, 연중 발생하는 직업훈련 이슈(issue)에 관해 단기적으로 실시하는 모니터링
직업훈련 방식	집체훈련 모니터링		• 직업훈련을 실시하고자 설치한 전용시설이나 그 밖에 직업훈련에 적합한 시설에서 실시하는 집체훈련에 관한 모니터링
		조사·분석	• 기본 또는 수시 모니터링 주제에 따라 직업능력개발정보망(HRD-Net)·고용보험시스템(EIS) DB 자료 기반의 행정통계 분석, 실태조사, 훈련사업별 만족도 조사, 심층연구 등을 시행
		훈련동향 조사	• 전국의 훈련동향을 조사해 '훈련신호등'이라는 보고서로 제공
		현장 피드백	• 훈련에 참여한 개인이나 기업(사업장)의 만족도, 현업적용도, 직무향상도, 기타의견에 관한 조사·분석 결과를 해당 훈련기관 등에게 제공하고 자체적 훈련품질 개선을 유도
	원격훈련 모니터링 (부정·부실 예방 및 사후관리)		• 직업훈련 중 각종 정보통신매체 등을 이용하여 온라인·비대면 방식으로 실시하는 원격훈련에 관한 모니터링 • 원격훈련 실시기관이 전산 관리하는 각 훈련과정별 훈련생 학습기록 등을 한국산업인력공단의 '원격훈련 모니터링시스템'으로 수집해 훈련의 부정·부실 운영 여부 등을 분석하고, 결과에 따라 훈련기관 소명, 지방고용노동관서 지도·감독 등을 연계 추진

과 원격훈련 모니터링이 있다.

집체훈련 모니터링은 국민내일배움카드 훈련, 사업주 직업능력개발훈련 등 6개 사업[11]의 집합식 면대면 훈련과정을 대상으로 하며, HRD–Net과 EIS DB 등에서 수집한 실적 자료와 현장방문·면담·전화·설문 등의 조사 결과를 종합적으로 분석하여 전국의 직업훈련 동향, 현장실태, 문제점을 파악하고, 관련 제도나 사업(업무) 개선 등을 지원한다. 집체훈련 모니터링의 프로세스는 [그림 5–7]과 같이 계획수립, 자료수집, 사전분석 및 현장조사, 결과보고 및 피드백으로 이루어진다.

'계획수립' 단계에서 한국산업인력공단은 연간 모니터링 기본계획을 수립하여 고용노동부에 보고하는데, 기본계획에는 당해연도의 모니터링 대상 훈련사업과 기본 모니터링 과제, 모니터링 운영체계, 모니터링 결과 피드백, 모니터링 사

---

11) 집체훈련 모니터링은 국민내일배움카드 훈련의 구직자(실업자)훈련과 재직자훈련, 사업주 직업능력개발훈련, 국가인적자원개발 컨소시엄 훈련, 지역산업맞춤형 인력양성 훈련, 중소기업 학습조직화 지원사업을 대상으로 실시함(2023년 기준).

그림 5-7 직업능력개발훈련 모니터링 사업 세부 프로세스

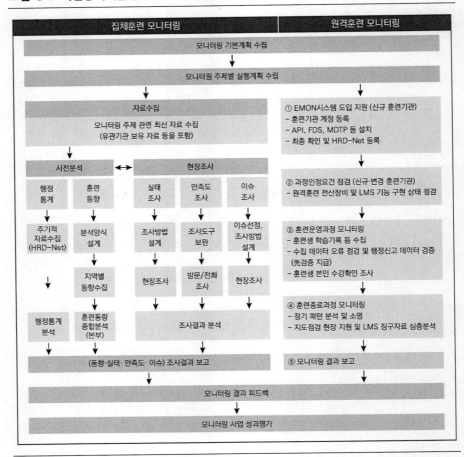

업 성과평가에 관한 사항 및 그 밖의 모니터링에 필요한 사항 등이 포함된다. 기본계획이 확정되면 공단은 모니터링 과제별로 실행계획을 마련하는데, 기본계획 수립 이전에 파악한 공단 내·외부 의견과 기초자료 분석 결과 등을 토대로 고용노동부 및 공단 내 사업 담당 부서와 협의를 거쳐 조사내용을 구체화한다.

'자료수집' 단계는 모니터링 과제별로 조사에 필요한 최신화된 자료를 수집하는 절차로, 해당 훈련사업과 관련한 정책자료, 사업계획서, HRD-Net 훈련실적 및 EIS 자료, 전국 훈련동향 정보, 각종 선행연구 결과 등을 포괄적으로 수집하며, 과제 특성이나 자료 유형에 따라서는 사업 담당 부서, 유관기관 등에도 협조를 요청한다.

'사전분석 및 현장조사' 단계에서는 앞서 수집한 자료를 종합 분석해[12] 해당 모니터링 과제 추진 시 중요사항을 도출하고, 목적에 적합한 조사방식을 채택하여 현장조사에 착수한다.

현장조사는 목적과 내용에 따라 훈련동향 조사,[13] 실태조사, 훈련 만족도 조사,[14] 수시 모니터링 형식의 이슈조사 등으로 구분하고, 훈련에 참여한 재직자·구직자 등 개인과 기업, 훈련기관, 일반 국민 등으로 표본(sample)을 설계한다. 또한 조사방법은 주로 온·오프라인 설문조사, 개별·집단 인터뷰 또는 집단 심층인터뷰(FGI) 등을 적용하며, 본조사 시기는 모니터링 과제의 시급성, 중요성 등을 고려하여 결정한다. 그리고 조사문항은 목적에 맞게 설문지나 면담지 등의 형식으로 개발하는데, 내·외부 전문가 검토나 예비조사(pilot test)를 거쳐 내용, 형태, 배열순서 등의 전반적 구성을 다듬게 되며, 이러한 과정이 마무리되면 공단 본부(훈련품질관리국) 단독으로 또는 본부와 소속기관(지역본부·지사)이 협력하여 본조사를 실시한다.

마지막으로 '모니터링 결과 보고 및 피드백' 단계에서 공단은 기본 모니터링 결과를 매년 11월 말까지, 수시 모니터링 결과는 해당 과제 종료 후 15일 이내에 고용노동부에 보고하며, 조사 결과에 따라 후속 조치가 시급한 것으로 판단되는 사항은 수시 보고와 실무적 논의를 함께 진행한다. 모니터링 결과는 공단 본부 사업 담당 부서와 소속기관 등에게 제공해 제도나 업무개선을 지원하고, 훈련기관이나 기업 등에게는 개별 피드백하여 훈련품질 개선을 유도한다. 또한 모니터링 결과 중에서 직업훈련 이해관계자들이 공통적으로 참고할 사항은 언론매체, 홍보매체, 온라인 사이트, 워크숍, 간담회 등을 활용해 안내한다.

---

12) 사전분석 단계에서 연도별 직업훈련 제도 및 훈련사업 실적 변화, 훈련공급자 및 수요자 (참여자) 특성 변화 등에 관한 포괄적 내용의 행정통계 분석이 함께 이루어짐.

13) 훈련동향 조사는 지역별 조사와 훈련신호등 분석으로 구분함. 매월 실시하는 지역별 조사에서는 매월 훈련실적 통계, 지역별 특이사항 및 관내 직업훈련 관계자 의견 등을 파악하며, 격월로 실시하는 훈련신호등 분석은 지역별 조사 결과와 관련 자료 등을 종합적으로 분석해 전국의 직업훈련 관계자들이 참고하면 유용할 정보를 제공함.

14) 직업훈련 사업별로 실시하는 훈련 만족도 조사는 구조화된 설문문항을 활용해 당해연도 훈련 참여 개인과 기업(사업장)이 체감한 훈련 운영·관리 만족도, 수료 후 훈련내용의 현업적용도, 직무향상도 등을 조사함. 조사 결과는 훈련을 실시한 기관과 기업(자체훈련기업)에게 피드백하고 자체적인 훈련시설·장비 개선, 교육홍보 강화, 맞춤형 과정 개설, 훈련교사 역량 강화, 사후 현업적용도 평가 실시 등을 유도함. 또한 공동훈련 만족도 조사 결과는 사업별 공동훈련센터 성과평가 지표의 실적값으로도 적용함.

제5절 ▸ 직업능력개발훈련 지도감독

1. 집체훈련 모니터링

(1) 직업능력개발훈련 품질관리[15] 모니터링 체계

　　정부는 2016년 7월 「근로자직업능력 개발법」을 개정[16]하여 직업능력개발훈련을 실시하는 과정에서 불필요하거나 과도한 규제를 폐지 또는 완화하여 근로자 입장에서는 양질의 직업능력개발훈련을 쉽게 받을 수 있도록 하고 직업능력개발훈련시설 등을 설치·경영하는 자의 입장에서는 불필요한 행정적 절차에서 벗어나 산업수요에 적합한 직업능력개발훈련을 적시에 제공하는 데 전념할 수 있도록 하는 '직업능력개발훈련의 관리'조문을 별도로 신설하였다. 주된 내용은 직업능력개발훈련이 보다 높은 성과를 달성하기 위해 직종별·수준별 직업능력개발훈련 지원기준 마련, 직업능력개발훈련시설 등에 대한 인증, 직업능력개발훈련시설 등이 국가 또는 지방자치단체로부터 받은 지원금·융자금 등의 운용실태에 대한 감사, 직업능력개발훈련과정에 대한 심사 등 성과관리를 위한 업무, 직업능력개발훈련과정에 대한 부정행위 조사 및 분석 및 그 밖에 직업능력개발훈련의 성과를 높이기 위하여 필요한 사항이다.

　　이와 관련하여 고용노동부는 2017년 2월 「직업능력개발 훈련품질에 관한 규정」을 제정하여 심사평가원을 통해 훈련기관을 심사 및 관리업무를 수행하고 있다. 심사평가원은 정부에서 위탁한 사업을 수행하기 위하여 심사평가원이 수행하는 모든 사업에 대한 훈련모니터링을 실시하고 있다. 고용노동부는 부정·부실훈련을 방지하기 위하여 국가기간·전략산업직종훈련, 직업능력개발계좌제훈련, 근로자직업능력개발훈련, 사업주직업능력개발훈련, 국가인적자원개발컨소시엄지원훈련, 신기술 핵심 실무인재 양성사업 및 기타 고용노동부장관이 훈련품질관리가 필요하다고 인정한 훈련의 지원을 받거나 받으려고 하는 훈련과정에 대하여 부정훈련 조사 및 분석을 수행하도록 할 수 있도록 심사평가원에 위탁하

---

15) 직업능력개발훈련 품질관리는 「국민평생 직업능력개발법」 제7조의2 제목이며, 직업능력개발훈련 전반적인 관리를 정의하고 있다. 직업훈련 모니터링은 직업능력개발훈련 관리를 위한 매우 중요한 절차 중의 하나이다.

16) 법제처 국가법령정보센터, 「근로자직업능력개발법」 법령 제정·개정 이유

고 있다.[17]

직업능력개발훈련의 품질관리에 있어서 모니터링은 현장의 직업훈련 데이터를 수집, 분석하고 이를 바탕으로 훈련기관이 우수한 훈련과정을 올바르게 운영할 수 있도록 돕고, 훈련시장의 부정·부실을 사전에 예방함으로써 품질비용을 최소화 할 수 있다는 측면에서 매우 중요한 의미를 가진다. 기본적으로 모니터링의 목적은 정부지원 훈련이 훈련시장에 올바르게 제공, 운영될 수 있도록, 훈련의 효과적인 품질관리에 기여할 수 있도록 운영하는 것이라고 할 수 있다. 훈련기관이 우수한 훈련과정을 운영할 수 있게 다양한 지원을 하는 동시에 훈련과정을 운영하는 과정에서 다양하게 발생할 수 있는 부정·부실훈련에 대한 모니터링 및 관리는 체계적이고 예방적 측면에서 진행되어야 한다. 이러한 측면에서 부정·부실훈련 관리의 기본적인 목표는 과학적인 분석기법을 활용하여 부정이 의심되는 훈련기관을 탐지해 유관기관과 함께 합동 지도감독을 수행하고, 다양한 부정훈련 사례를 수집하여 부정이 발생하는 원인을 고찰하여 직업훈련과 심사평가 제도를 개선할 뿐만 아니라, 부정훈련을 예방하기 위한 교육과 홍보활동을 통하여 올바른 훈련문화를 조성하는 것이다. 현재 집체훈련의 품질관리 모니터링은 심사평가원을 중심으로 자료수집부터 사전분석, 현지조사, 후속분석 및 개선활동과 훈련기관 지원까지 유기적으로 연계되어 수행되고 있다(〈표 5-17〉 참조).

표 5-17 심사평가원 훈련품질 모니터링 주요 운영 사업

운영사업	사업내용
직업훈련 조사·분석 모니터링	• 부정 이상 징후 및 이슈파악을 위한 직업훈련시장 동향분석 • 빅데이터 기반의 부정조사 대상기관 선정(정기·수시·특별조사) • 비대면 훈련과정 출결관리 모니터링 • 온톨로지 기반 수강평 분석을 통한 부정부실기관 모니터링
현지조사 및 명단공표	• 부정의심기관 합동지도감독 실시, 행정처분 연계 및 심사평가 환류 • 고의·상습적 부정훈련기관의 명단 공표, 위험군 관리
유관기관 거버넌스 강화	• 고용센터 등 훈련품질점검 지원 강화 및 현지조사 기법 체계화·전문화 • 지방고용노동관서 등 유관기관의 훈련기관 관리업무 지원 • 지도감독 총괄 관리지원 및 고용노동연수원 교육과정 개발·관리지원
훈련품질관리	• 훈련기관 품질관리 맞춤형 리포트 및 가이드 개발 등 사후 훈련품질관리 체계 구축 • 부정훈련 예방 및 홍보 활동, 매주 메일링 서비스 운영 • 기관별 맞춤 코칭, 스마트훈련 전환지원 컨설팅 등 품질관리 지원

---

17) 법제처 국가법령정보센터, 「직업능력개발훈련 품질관리에 관한 규정」 제33조

그림 5-8 심사평가원 직업훈련 품질관리 빅데이터 DB 및 관리시스템

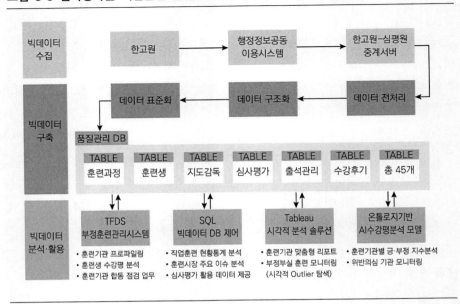

이러한 활동을 효과적으로 수행하기 위해 심사평가원에서는 직업훈련 품질 관리를 위한 빅데이터 DB 및 관리시스템(한고원－심사평가원 중계서버를 통한 실시 간 데이터 연계, 수집)을 구축, 운영하고 있다([그림 5－8] 참조). 이를 통해 심사평가 원은 최신의 자료를 면밀하게 분석할 수 있게 빅데이터를 구축하여 데이터에 기 반한 모니터링을 실시하고 있다. 또한 온톨로지 기반 AI 수강평분석 모델을 개발 하여 훈련생들이 평가한 수강평을 전수 모니터링하며, 부정·부실 위반의심 기관 자동분류 시스템 관리 및 훈련기관별 긍·부정 지수 분석을 통해 현장점검이 필 요한 기관을 관리하여 사전에 부정·부실을 예방하고 있다.

집체훈련 품질관리 모니터링의 단계별 수행활동 들을 좀 더 세부적으로 살 펴보면 다음과 같다.

첫째, 모니터링을 위한 자료의 수집은 중계서버를 통해 매일 수집되고 있는 HRD－Net 훈련자료(훈련실시 현황, 훈련성과, 훈련생 수강평 등)와 부정훈련 신고 제 보 및 민원 자료, 언론동향, 심사평가 결과 자료 등을 포괄적으로 수집하게 된다.

둘째, 이렇게 수집된 자료를 바탕으로 사전분석을 실시하는데 훈련 빅데이터 패턴분석 및 훈련생 수강평 분석을 통해 부정이 의심되는 훈련기관 을 추출하게 된다. 이때 활용되는 패턴의 개발을 위해 수집된 자료의 형태에 따라서 오피니언 마이닝 및 온톨로지 기반의 부정 수강평을 분석하거나, 사업별 기관별 분기별 훈련 실시 현황을 분석하고 최근 신고 제보 민원 및 부정사례 등을 연계하여 시나리오 기반의 부정 이슈를 분석하게 된다. 이와 함께 부정훈련의 양상을 효과적으로 확인할 수 있도록 데이터 마이닝 기법도 활용된다. 이렇게 개발된 부정 이슈패턴과 참조패턴을 통해 지도감독이 필요한 훈련기관을 추출하고, 추출된 훈련기관은 착안패턴 분석을 통하여 지도감독의 착안사항을 도출하게 된다. 심사평가원은 데이터에 기반한 모니터링 관리를 위해 매일 중계서버를 통해 수집되는 직업훈련 HRD−Net, 심사평가, 훈련생 수강평, 행정처분 등 종합적인 데이터를 기반으로 한 별도 시스템을 구축하여 운영하고 있다.

특히, 온톨로지 기반의 AI 수강평 분석모델을 개발하여 훈련생이 텍스트로 작성한 수강후기를 전수 모니터링하고 있다는 것이 이전 모니터링 체계와 차별화된 점이다. 인공지능으로 분석한 수강평으로 현지조사가 필요한 기관을 선별하고 있으며 이는 이전에 정해진 규칙에 따라서만 모니터링하는 방식을 탈피해 예상하지 못한 세부 상황까지 모니터링 할 수 있다는 특징이 있다. 또한 훈련기관별로 수강평을 기반으로 긍·부정 지수를 분석하며 자동화된 보고서를 추출하는 등 미래 지향적 품질관리를 위한 모니터링 체계구축을 지향하고 있다.

셋째, 현지조사 단계에서는 지도감독 권한이 있는 고용센터 등과 추출된 훈련기관을 대상으로 지도감독 착안사항을 중심으로 합동 점검을 수행하고, 점검 결과를 보고/공유하고 사후관리를 하게 된다. 합동 점검을 수행 시 심평원의 역할은 훈련내용 및 방법, 교·강사, 시설 장비 등 훈련품질과 관련된 현장 점검을 수행하는 것이고, 고용센터는 출결상태와 행정서류 등 운영관련 사항에 대한 점검을 수행한다. 점검 결과 위반사항이 적발되면 고용센터는 해당 훈련기관에 대해 적절한 행정처분을 부과하게 된다.

넷째, 후속분석이란 현지조사를 통해 추가적으로 분석이 요구되는 사항에 대해 점검 상황과 연계하여 실시되는 분석을 말하는데 주로 행정처분과 관련된 법령 검토를 수행하고, 새롭게 발견된 훈련현안에 대한 분석 등을 수행한다. 마지막으로, 개선활동은 현지조사를 통해 적발된 부정사례와 위반사항 등을 토대로 부정훈련을 사전에 예방하기 위해 필요한 심사평가제도와의 연계(보완), 부정훈련 예방 홍보활동 및 예방교육 등을 실시하는 것을 말한다. 문제가 있거나 현실과 맞지 않은 훈련제도 및 심사평가로 인해 훈련시장의 부정이 발생하지 않도록 부정

그림 5-9 집체훈련 모니터링 체계

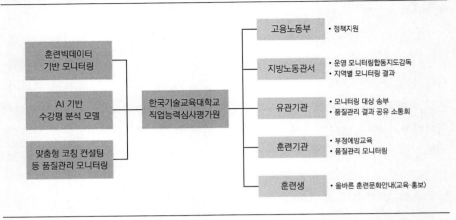

훈련관리 관점의 제도개선을 추진하고, 부실·부정이 심각한 훈련기관에 대해서는 부정관리와 심사평가를 연계하여 훈련시장 진입을 차단한다.

부정훈련을 효과적으로 예방하여 품질비용을 최소화하기 위해 심평원은 다양한 부정훈련 예방활동(사례/포스터/웹툰/숏폼/공모전 등)을 실시하고, 빈번하게 발생하거나 간과하기 쉬운 부정사례에 대해서는 지역별 부정훈련 예방교육을 실시하거나 이러닝 콘텐츠를 온라인으로 제공하며 있으며 매주 훈련분야별로 웹툰형식의 올바른 훈련문화 정착을 위한 메일링 서비스를 통해 하고 있다. 또한 부정훈련관리 유관기관 네트워크를 구성하여 지역별 유관기관들과 소통회(고용센터-인력공단-심사평가원)를 통해 직업훈련 이슈와 최근 부정 양상 등을 지속적으로 논의하고, 유관기관 정례 협의회(고용부 본부-고용센터-인력공단-심사평가원-한고원)를 통해 부정훈련 현안과 개선방안 등을 정기적으로 협의하고 있다([그림 5-9] 참조). 특히 2020년 이후 디지털 핵심 실무인재 양성이라는 정책목표 달성을 위해 도입한 K-디지털 트레이닝은 훈련방식의 제약이 없게 온·오프라인 방법을 자유롭게 운영할 수 있으며 사업목적에 맞게 별도 모니터링을 실시하고 있다. K-디지털 트레이닝 모니터링은 훈련의 양적 팽창에 따라 훈련과정 부정훈련 사례 및 언론보도 등 외부 지적사항 대두되어 부정·부실 훈련주의 등 안내 및 훈련현장 점검을 통해 관련 규정 준수 등 점검하기 위한 모니터링으로 실시하고 있는데 훈련기관을 1차 및 2차 현장을 방문하는 방법으로 운영한다. 2023년에 심사평가원은 K-디지털 트레이닝 온라인 과정 운영기관(18개소)을 대상으로 현장의 운영

현황, LMS 등 현장 모니터링을 실시하였고, 지속적으로 훈련 모니터링을 대폭 확대할 계획이다.

또한 심사평가원은 훈련기관 스스로 품질관리를 할 수 있도록 다방면으로 지원하고 있는데 대표적인 것이 BHA제도이다. BHA 기관을 선정하여 우수훈련의 모델이 될 수 있게 지원할 뿐만 아니라 BHA 혁신사례 확산 및 신규기관 역량 강화를 위한 온라인콘텐츠도 제공하고 있다. 또한 훈련기관의 비대면 훈련역량을 강화하고 다양한 훈련방식 도입 및 확산을 위해 훈련진입 단계부터 훈련운영까지 혼합훈련 단계별 맞춤형 컨설팅 및 찾아가는 지역 중심의 그룹 컨설팅도 실시하고 있다. 또한 훈련이수자평가라는 심사평가 측면의 품질관리 외에도 훈련기관이 자생적으로 양질의 평가체계를 갖출 수 있도록 평가가이드와 평가도구를 제작하여 배포하고 있다. 2023년부터는 '훈련과정 평가체계 맞춤형 코칭'사업을 신규로 도입하여 신규기관이나 전년도 훈련이수자평가 등급이 미흡한 기관 등을 대상으로 훈련과정 평가계획, 평가실행, 평가결과 및 훈련생 관리 등의 부족한 점을 진단하고 개선사항을 피드백하고 있다. 특히, 코칭 내용의 훈련기관 현장 적용성을 높이기 위해 BHA(베스트직업훈련기관) 및 우수훈련기관, 스타훈련교사 등의 전문가가 코칭단으로 참여하고 있다.

이와 더불어, 심사평가원은 부정·부실 훈련을 사전에 예방하기 위한 다양한 활동도 하고 있다. 직업훈련기관과 훈련수요자를 대상으로 부정훈련 사례소개 및 콘텐츠 등을 개발하여 배포하고 있다. 훈련품질을 보다 향상시키고 올바른 훈련 문화를 안착하는데 기여하고자 전달효과, 콘텐츠 선호도 등을 고려하여 핵심정보를 간결하고 속도감 있게 전달할 수 있는 다양한 시각화 콘텐츠 개발을 하고 있으며 다양한 훈련방식으로 유연한 훈련의 운영이 이루어지는 K-디지털 트레이닝과 디지털 분야 훈련의 특성을 고려하여 맞춤형 부정예방 교육과 부정훈련 사례 메일링 서비스를 제공하고 있다. 특히, 지방고용관서와 협업하여 훈련기관 간담회, 설명회 개최 및 부정예방교육을 지원하고 있으며 매주 1가지 부정훈련 사례를 웹툰형 콘텐츠로 개발하여 주1회 정기형 메일링 서비스로 제공하고 있다. 이러한 여러 가지 모니터링 활동을 통해 직업훈련의 품질을 관리하는 반면 일부 직업훈련기관 및 사업장에서 발생하고 있는 고의적·상습적 부정훈련 및 부정수급을 근절하기 위해 20년 10월부터 고용노동부가 심사평가원에 위탁하여 부정훈련기관 명단 공표제도도 시행되고 있다.

(2) 훈련기관 모니터링 분석결과

심사평가원은 최신의 자료를 면밀하게 분석할 수 있게 한국고용정보원과 훈련DB를 연계하여 데이터에 기반한 모니터링을 실시하고 있다. 심사평가원에서 실시한 모니터링 추진실적은 우선, 점검 대상 훈련기관 추출의 핵심이 되는 부정패턴의 경우 매년 10여 개 이상의 새로운 패턴이 개발되어 2022년까지 총 108개의 부정패턴을 개발 관리하고 있고, 합동 점검 초기에는 100개 훈련기관을 조금 넘게 실시하였으나 점차 증가하여 2019년부터 200여 개 이상의 점검을 수행하였고 2022년에는 242개 기관에 대해 합동 점검을 실시하였다. 심사평가원 훈련품질관리센터의 연도별 주요 모니터링 관련사업(부정패턴 개발 및 합동 지도·감독)의 실적은 〈표 5−18〉과 같다.

표 5-18 심사평가원 훈련품질관리센터의 연도별 모니터링 관련사업 실적

구분	2017년	2018년	2019년	2020년	2021년	2022년
부정패턴개발(누적)	13(50)	10(60)	13(73)	13(86)	14(100)	8(108)
합동 지도·감독 등	187	199	203	230*	212*	242*

주: 코로나19 이후, 비대면 품질관리 포함
자료: 2020, 2021, 2022년 직업훈련심사평가원 연차보고서, 직업능력심사평가원

합동 지도·감독의 결과 훈련기관의 주요 위반사항을 살펴보면 훈련 내용 임의 변경, 취업률 조작, 훈련생 평가자료 허위 작성, 훈련과정 임의 합반 운영, 승인받지 않은 훈련실시 등이 있는데 최근 2년간(2021−2022)의 부정·부실 훈련 유형을 살펴보면 〈표 5−19〉와 같은데, 훈련내용과 교재, 훈련시간 및 장비관련 위반사항이 가장 많이 발생하는 유형으로 파악되고 있다. 이와 관련하여 2016~2021년까지 연도별 합동 지도감독 행정처분율 추이를 살펴보면([그림 5−10] 참조), 인정취소는 뚜렷하게 감소하는 추세이며 모니터링 및 사전관리를 통

표 5-19 최근 2년간(2021-2022) 부정부실훈련 유형(단위: 건)

구분 (년)	훈련 내용	훈련 교재	훈련 장비	시간 단축	교·강사	출결 관리	훈련 장소	허위 광고	훈련 비용	임의 합반	기타	계
2022	33	18	17	14	9	11	12	2	1	2	42	161
2021	35	14	14	14	13	8	4	4	3	3	45	157

* 2021, 2022 직업능력심사평가원 연차보고서, 직업능력심사평가원

그림 5-10 연도별(2016-2022년) 합동 지도·감독 행정처분율 추이

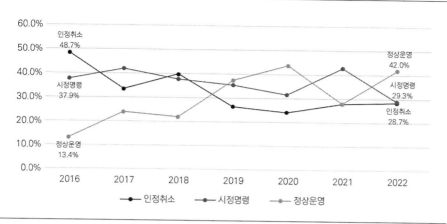

자료: 2022 직업능력심사평가원 연차보고서, 직업능력심사평가원

해 정상운영이 증가하는 추세인 것으로 나타나고 있다.

　사업주 훈련의 경우에도, 심사평가원은 사업주 훈련의 훈련실시 빅데이터 분석을 통해 부정훈련 징후를 포착하고 부정의심군은 한국산업인력공단 ACS(Auto calling system)와 연계하여 부정훈련을 모니터링하고 있다.

2. 원격훈련 모니터링

(1) 원격훈련 모니터링 체계[18]

　원격훈련 모니터링은 사업주 직업능력개발훈련, 국민내일배움카드 훈련 등 6개 훈련사업에서 인터넷·우편 등의 온라인 원격 방식 또는 일부 온·오프라인 혼합 방식으로 운영하는 훈련과정을 대상으로 실시한다. 원격훈련은 시간과 공간의 제약을 줄여주기 때문에 훈련생이 자신의 여건에 맞춰 여러 번의 반복 학습을 진행할 수 있고, 코로나19와 같은 비상 상황에서도 안전하고 지속적인 학습이 가능하지만, 훈련생의 참여동기와 의지, 훈련기관이나 교·강사의 훈련운영 능력 등이 부족한 경우는 훈련품질이 전반적으로 크게 저하될 우려도 있다. 또한, 온라인상에서 훈련생 출결 및 학습관리가 이루어지기 때문에 정부지원 원격

---

18) 한국산업인력공단 내부 보고서(2021) 및 업무자료에서 발췌 및 재정리

훈련의 경우는 훈련생이나 훈련기관이 거짓이나 부정한 방법으로 훈련비 등을 지급받지 않도록 하는 상시적 모니터링이 중요하다. 이를 위해 한국산업인력공단은 원격훈련의 부정·부실운영 예방과 사후관리를 목적으로 훈련생 학습기록 등을 주기적으로 모니터링하고 전국 지방고용노동관서의 지도·감독 현장조사 업무 등을 지원함으로써, 원격훈련 예산의 누수를 막고 성실한 훈련생과 훈련기관의 권익을 보호하고 있다.

원격훈련 모니터링은 전산 기반의 '원격훈련 모니터링시스템'(EMON시스템)을 활용하여 진행한다. 2012년 1월에 본격 도입된 EMON시스템은 원격훈련기관의 학습관리시스템(LMS)에 '에이전트'(agent)라고 하는 프로그램을 설치해 LMS에 기록되는 훈련생 학습기록 등의 훈련데이터를 주기적으로 수집하고 해당 정보의 임의 수정 여부 등을 확인하는 방식으로 운용되었다. 그러나 2020년 이후 새롭게 진입한 원격훈련기관의 LMS 서버(server) 환경이 클라우드(cloud) 등으로 다양해지면서 기존의 에이전트를 즉시 설치하기 곤란한 사례가 나타나, 2021년에 비설치형 방식의 'API'[19]를 개발해 2022년부터 EMON시스템에 전면 적용하고 있다.

또한 EMON시스템에는 훈련생 본인의 직접 수강을 인증하는 수단인 OTP (One Time Password)와 훈련생의 단말기 정보를 수집하는 FDS(Fraud Detection System) 등이 설치되어 있어 원격훈련의 부정·부실운영 예방을 강화하는 동시에 훈련기관 스스로의 자체적인 관리 노력을 촉진하고 있다([그림 5-11] 참조).

원격훈련 모니터링의 주요 업무로는 과정인정요건 점검 및 인증 지원, 수집 훈련데이터 정기분석, 행정신고 데이터 확인, 지방고용노동관서 지도·감독 지원 등이 있다. 과정인정요건 점검 및 인증 지원'은 신규로 기관인증을 받은 원격훈련기관 등이 훈련을 실시하기 전에 훈련시설, 운영인력, LMS, 전산시스템에 관한 사항을 점검 및 인증을 받는 과정[20]에서 훈련기관의 LMS와 전산시스템에 EMON 시스템의 API와 OTP 등을 적용하도록 안내하고, 한국산업인력공단 본부(훈련품질

---

19) API(Application Programming Interface) 개발로 원격훈련기관은 에이전트 설치 없이 EMON시스템의 API를 호출함으로써 훈련데이터를 능동적으로 전송하게 됨. 또한 API는 서버 운영체계 등의 제약이 크지 않아 대부분의 원격훈련과정에 적용 가능함.

20) 원격훈련을 실시하고자 하는 훈련기관은, 「사업주 직업능력개발 지원규정」 제6조(훈련과정의 인정요건 등), 「국민내일배움카드 운영규정」 제19조(내일배움카드 훈련과정의 요건) 및 「지정직업훈련시설의 인력, 시설·장비 요건 등에 관한 규정」 제5조(훈련시설의 장비기준)에 따라 과정인정요건 점검 및 인증 절차를 거쳐야 함.

그림 5-11 EMON시스템 데이터 수집 및 분석개요

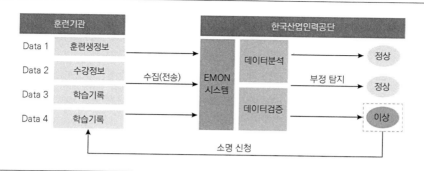

관리국)가 훈련기관으로부터 최초 수집한 훈련데이터의 이상 유무 등을 확인하는 업무이다. 훈련기관에 EMON시스템 적용이 정상 완료되면 공단 본부는 최종 결과를 해당 훈련기관, 공단 소속기관(지부 · 지사), 지방고용노동관서와 한국고용정보원에 알리고, 직업능력개발정보망인 HRD-Net에도 결과가 반영되도록 조치한다.

'수집 훈련데이터 정기분석'은 EMON시스템으로 수집하는 월 9,300만 건 이상 훈련데이터의 무결성(integrity)을 점검하고, 공단 본부가 보유한 부정패턴을 활용해 훈련과정의 허위 · 대리수강 여부 등을 일 단위 또는 월 단위로 파악하는 업무이다. 일별 분석은 훈련실시 및 수료보고 자료의 정상 여부를 확인하여 자료가 불일치하거나 부적정한 경우는 해당 훈련기관에 오류사항을 통보하고 수정하도록 조치한다. 월별 분석은 훈련과정의 부정 · 부실운영 가능성을 세부적으로 진단하고, 사안에 따라 해당 훈련기관의 소명을 요구하거나 관할 지방고용노동관서에 지도감독 등을 요청한다.

'행정신고 데이터 확인'은 훈련기관이 사업주 직업능력개발훈련으로 운영한 원격훈련과정을 종료하고 수료보고를 진행할 때 훈련기관이 제출하는 수료보고 데이터와 공단 본부의 원격훈련 모니터링 데이터 간에 상호 정합성을 확인함으로써, 행정신고의 정확성을 높이고 정부가 지원하는 훈련비 등이 잘못 지급되지 않도록 사전에 방지하는 업무이다. '지방고용노동관서 지도 · 감독 지원'은 공단 본부의 원격훈련 모니터링 결과나 원격훈련 부정 · 부실사례 신고센터인 '원격훈련 헬프라인' 등으로 접수된 외부 제보 등을 근거로 지방고용노동관서에서 해당 훈련기관과 사업장을 대상으로 특별 · 수시 지도 · 감독을 진행할 때, 훈련기관 LMS의 훈련데이터 원본을 징구해 규정위반, 허위 · 대리수강 발생여부를 분석하고, 이에 관한 훈련기관의 소명자료를 확인해 지방고용노동관서의 조사를 지원하는 업무이다.

　　원격훈련은 시간과 장소의 제약을 줄여주어 훈련생의 학습 편의성과 접근성을 높여준다. 특히 4차 산업과 신기술의 발전에 따른 고용 환경의 변화로 국민 모두가 평생에 걸친 직업능력개발이 요구되고, 코로나 팬데믹과 같은 사회적 거리두기가 필요한 상황에서 원격훈련은 안전하고 효율적인 학습 방법이다. 또한, 원격훈련은 집체훈련이라 일컫는 집합식 훈련 또는 면대면 훈련에 비해 훈련비용을 절감하면서 소정의 훈련목적을 달성할 수 있다. 이러한 장점 때문에 직업훈련 수요자인 개인과 기업, 구직자와 재직자 등은 각자의 요구와 여건에 따라 비교적 단기에 편리한 방식으로 직업능력을 개발하고자 할 때 원격훈련을 선택한다. 그러나 일부 원격훈련 공급자와 수요자의 도덕적 해이와 잘못된 행태로 인한 부정·부실 훈련 논란은 정부지원 원격훈련의 품질을 저하시키고 건전한 성장을 가로막을 뿐만 아니라 직업훈련 전반의 발전을 위축시키는 고질적 병폐이다. 따라서 정부는 원격훈련에 대한 기술적 모니터링을 더욱 강화해 부정·부실운영 사례 발생을 예방하는 동시에, 훈련공급자와 수요자 스스로 성실한 직업훈련 실시주체로서의 책임과 의무를 다할 수 있도록 자율적 규율 준수와 자정 노력을 유도하고 있다.

참고문헌

강순희·이영민·정동열·홍은선·장혜정·류지은(2015), 직업능력심사평가원 중장기 발전전략 연구. 2015 수탁과제 연구보고서, 한국노동경제학회

강종훈·김미숙·김수원·민선영(2000), 직업교육훈련 평가의 추수효과 분석, 한국직업능력개발원

고용노동부(1997), 근로자직업훈련촉진법[법률 제5474호, 1997. 12.24. 제정]

고용노동부(2001), 근로자직업훈련촉진법[법률 제6455호, 2001. 3.28. 일부개정], 고용노동부

고용노동부(2011), 직업능력개발사업 추진체계 개편방안, 고용노동부

고용노동부(2015), 직업훈련 심사평가 기능통합 및 체계화 방안, 고용노동부

고용노동부(2020), 고용노동부 고시 제2020 − 137호 직업능력개발훈련 교·강사의 보수교육에 관한 운영규정, 고용노동부

법제처 국가법령정보센터, 「직업능력개발훈련 품질관리에 관한 규정」 제33조

직업능력심사평가원(2015), 직업능력심사평가원 개원 및 주요사업 보고서

직업능력심사평가원(2020), 2020년도 직업능력심사평가원 연차보고서

직업능력심사평가원(2021), 2021년도 직업능력심사평가원 연차보고서, 직업능력심사평가원

직업능력심사평가원(2022), 2022년도 직업능력심사평가원 연차보고서, 직업능력심사평가원

정선정·이문수(2019), "직업훈련 심사평가 변천과 사례 및 효과에 관한 연구", 직업교육연구, 38(6), 137 − 187

임경화·이수경·이지은·이진구 외 3인(2021), "직업능력개발 심사평가 효과성 분석과 개선(발전)방안 연구", 2021 수탁과제 연구보고서, 실천공학교육학회

양정승(2022), "직업훈련 교·강사의 특성이 훈련성과에 미치는 영향", 직업과 자격연구, 11(1), 127 − 146

한국기술교육대학교(2023), 직업능력개발 정책포럼 자료, 한국기술교육대학교 능력개발교육원

한국산업인력공단(2021), 원격·비대면 훈련 개편방안, 내부 보고서

06

역량중심 직업능력개발체계 구축

06

역량중심 직업능력개발체계 구축

정동열(한국공학대학교)

제1절 ▶ 역량중심 직업능력개발 개념

1. 역량의 개념

(1) 역량의 정의

역량의 개념은 다양하게 정의되고 활용되고 있는데 일반적으로 특정한 직무를 수행할 수 있는 능력으로 정의할 수 있다. 역량과 관련하여 다양한 학자나 정책자료에서 역량을 〈표 6−1〉과 같이 다양하게 정의하고 있다.

표 6-1 선행연구의 역량에 대한 정의

선행연구	용어	정의
McClelland (1973)	Competency	• 우수 직무 수행자가 보통 직무 수행자보다 차이가 나도록 드러내 보이는 행동들을 설명하는 내적 특성 (내적 특성: 개인의 지식, 스킬, 태도, 가치, 동기와 같이 외적으로는 관찰되지 않으나 행동의 강도나 지속성 등에 결정적인 영향을 미치는 것으로 추론되는 가설적인 개념들의 총체)
Boyatzis (1982)	Competency	• 성공적인 직무수행에 필요한 동기, 기술, 자아상, 사회적 역할의 한 부분 또는 지식체계로 직무수행과 관련된 능력
Jacobs (1989)	Competency	• 직무수행을 성공적으로 완수하는데 필요한 관찰 가능한 기술이나 능력
McLagan (1989)	Competency	• 특정한 분야에서 결과물을 산출하는데 결정적인 영향을 주는 지식과 기술의 영역
Hamel & Prahalad (1990)	Core Competence	• 시장에서 기업을 구별하는 다양한 자원과 기술의 조화로운 결합

선행연구	용어	정의
Spencer & Spencer (1993)	Competence	• 일터에서 행동과 개인의 성과를 예측하는 데 사용할 수 있는 본질적인 속성
OECD (2005)	Competency	• 단순한 지식과 기능 이상으로, 특정 맥락에서 (기능과 태도를 포함한) 심리사회적 자원들을 끌어내고 동원하여 여러 복잡한 요구들을 충족 시킬 수 있는 능력
NCS	Competency	• 산업현장에서 직무를 수행하기 위하여 요구되는 지식·기술·소양 등의 내용

역량에 대한 접근 중 가장 대표적인 설명은 McClelland(1973)의 Competency, Hamel과 Prahalad(1990)의 Core Competency, Spencer와 Spencer(1993)의 Competency, EQF(2008)의 Competence와 국가직무능력표준(자격기본법, 2023)의 Competency의 5가지로 요약할 수 있다.

McClelland(1973)는 역량(Competency) 좋은 성과를 예측하기 위해 사용되는 내재된 특성으로 전통적 지능에 대한 대안으로 제안하였다. 이때 역량에는 지식, 스킬과 함께 성공적으로 과업(task)이나 직무(job)를 수행하는 데 요구되는 행동이나, 직업적 성과와 리더십, 대인관계 스킬 등 사회적 성과 등을 포함하는 개념으로 설명하였다.

Hamel과 Prahalad(1990)은 핵심 역량(Core Competency)을 다양한 생산(Production)기술을 조정하고, 복합적인 일련의 기술을 통합하는 집단 학습(Collective learning)으로 정의하며 다른 조직과 차별성을 보이는 쉽게 모방하기 어려운 근본적인 기술들의 조합으로 정의하였다.

Spencer와 Spencer(1993)는 역량(Competency)을 직무나 상황에서 효과적이거나 우수한 성과와 인과 관계를 가지는 개인의 내재된 특성으로 정의하였다. 이에 따라 역량을 5가지 요소인 지식(knowledge), 기술(skill), 자아개념(self-concept), 특질(trait), 동기(motive)를 제시하였으며, 다음 그림과 같이 비교적 관찰가능한 역량(지식, 기술)과 관찰하기 어려운 역량(동기, 특성, 자아개념)으로 구분하였다. 또한, 역량을 직무성과의 기준을 어디에 두는지에 따라 역량을 "직무를 최소한으로 수행하기 위해 필수적인 한계 역량(Threshold competencies)"과 "고성과자를 평균 성과자와 구분하는 차별 역량(Differentiating Competencies)"으로 나누는 개념을 제시하였다.

그림 6-1 Central and Surface Competencies

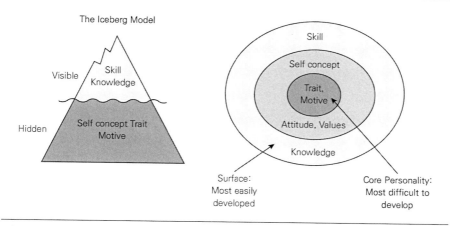

자료: Spencer & Spencer, 1993, p.11

　　정책적인 측면에서 역량을 정의한 EQF(European Qualification Framework) (2008)를 보면 국가 간 자격의 통용성을 위하여 모든 유형의 자격(Qualification)을 숙련도에 따라 8수준으로 나눈 것으로, 각 수준별로 자격과 관련된 학습 결과를 나타내는 세 가지 지표(descriptor)를 제시하였다. 여기서 Competence는 세 가지 지표(Knowledge, Skills, Competence) 중 하나로 책임(responsibility)과 자율성 (autonomy)을 의미하였는데, 2017년 개정된 EQF에서는 Competence 대신 책임과 자율성을 직접 표기하고 있다.

표 6-2 EQF에서 제시한 8수준에 해당하는 지표

	Knowledge	Skill	Competence (responsibility, autonomy)
Level 1	basic general knowledge	basic skills required to carry out simple tasks	work or study under direct supervision in a structured context
...			
Level 7		...	
Level 8			

　　마지막으로 우리나라의 국가직무능력표준(NCS)에서는 자격기본법(2023)에서 역량에 해당하는 직무능력(Competency)은 "직무를 수행하기 위하여 요구되는 지

식·기술·소양 등의 내용"으로 정의하고 있다.

다양한 학자나 정책 등에서 제시하고 있는 역량의 5가지 개념을 종합하면 다음과 같다.

첫째, Competency와 Competence는 국내에서 모두 '역량'으로 번역되지만, 원문에서는 두 단어를 혼용하고 있으며 두 용어의 차이를 명확하게 구분하고 있지 않음.

둘째, 역량의 개념은 McClelland(1973), Spencer와 Spencer(1993)와 국가직무능력표준(자격기본법, 2023)이 개인의 직무를 수행하기 위해 요구된다는 것으로 정의했다는 점에서 유사하며, Hamel과 Prahalad(1990)은 역량을 조직 차원에서 가지고 있는 특성으로 보았다는 점에서 차이가 있다.

셋째, 역량의 요소로는 McClelland(1973), Spencer와 Spencer(1993)와 국가직무능력표준(자격기본법, 2023)가 지식과 기술을 포함한다는 점에서 공통적이나, 이외에 McClelland(1973)는 행동 및 성과에 초점을 두었다면, Spencer와 Spencer(1993)는 관찰하기 어려운 내적 특성(특질, 동기, 자아개념)에 초점을 두었다. 한편, EQF(2008)는 역량을 지식, 기술과 구분되는 정의적 영역으로 정의했다는 점에서 차이가 있다.

(2) 역량의 포함관계와 가시화 정도

능력은 직무를 수행할 수 있는 최소한의 지식, 기술인 직무수행자격요건, 이를 가공하여 업무를 수행하는 보유능력, 조직이나 업무의 목적에 따라 성공적으로 업무를 수행할 수 있는 역량으로 구분할 수 있다. 즉, 개인이 교육, 훈련, 경험 등을 통해 습득한 지식, 기술, 태도 등을 종합하여 특정한 직무에 대입하여 일을 할 수 있는 능력을 보유능력이라고 하며, 보유능력을 바탕으로 실제 현장에서 해당 직무를 성공적으로 수행할 수 있는 것을 발휘역량이라고 한다.

표 6-3

구분		보유능력 (Capability)	발휘역량 (Competency)
지식 (Knowledge)	개념	• 역량을 발휘하기 위해 필요한 data 개념 • Doing이라기보다는 Knowing	• 품질관리에 대한 지식을 이용하여 ISO 인증을 받음 • 시장의 가격유동성에 대한 지식을 이용하여 Pricing model 개발함
	예	회사규정, 무역실무처리지식, 품질개선지식, 서비스 향상 지식, 원가절감지식	

구분		보유능력 (Capability)	발휘역량 (Competency)
기능/기술 (Skill)	개념	• Knowing이라기보다 Doing	• 뛰어난 설계 기술을 발휘하여 공사 수주에 Technical 접수를 높여 Project 수주에 공헌 • 뛰어난 홍보와 상담기술을 발휘하여 우수학생을 유치함
	예	문제해결, 프리젠테이션, MS Word 조작스킬 설계기술, 홍보 및 진로상담기술	
태도 (Attitude)	개념	능력발휘에 필요한 특질 내지 특성	• 적극적인 자세로 발주처의 Needs을 파악하여 이에 입각한 전략으로 발주처와 계약을 성사시킴 • 현 이용고객의 의견을 적극적으로 경청하여 고객불만사항 해결함
	예	적극성, 원칙준수, 세밀함, 상냥함, 도전적	

그림 6-2 능력관련 개념 구분: 직무자격요건, 보유능력, 발휘역량의 상관관계

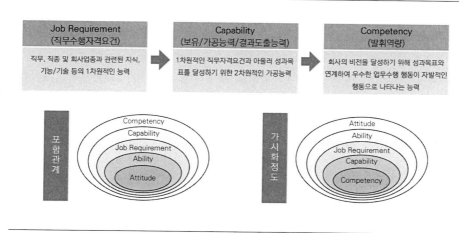

이들의 포함관계를 보면 역량, 보유능력, 직무수행자격요건 순으로 포함되어 있어 직무수행자격요건을 갖추어야 보유능력이 발휘되고, 보유능력이 발휘되어야 역량이 제대로 발휘되는 구조를 가지고 있다. 그러나 현실적으로 이들 개념을 눈으로 확인할 수 있는 가시화 정도는 포함관계와는 반대로 직무수행자격요건이 가장 확인이 쉽고, 보유능력, 역량 순으로 확인이 어렵다.

가시화 정도의 어려움으로 인해 과거 교육훈련, 자격 등의 영역에서는 가시화가 용이한 직무수행자격요건을 중심으로 가르치거나 평가하였다. 이 당시에는 지식이나 기술 중심으로 단편적인 내용을 교육훈련을 통해 전달하였으며, 지식을 확인하는 시험 형태의 평가나 기술을 확인하는 단순 실기시험 중심으로 평가가 이루어졌다. 그러나 실제 현장에서는 이를 종합하여 발휘하는 역량이 필요하기 때문에 지식·기술·태도를 가르치고 이를 종합하여 실무에 접목시킬 수 있도록 지도하는 방식인 역량기반으로 직업능력개발이 발전해 가고 있다.

2. 역량중심 직업능력개발 현황

역량중심 직업능력개발은 역량을 중심으로 개인의 능력을 향상시키기 위한 교육 및 훈련 접근 방식으로, 특정 직업 또는 업무에 필요한 역량을 정의하고, 개별화된 학습 경로를 제공하여 개인의 역량을 개발하고 평가하는 프로세스를 포함하는 교육 방법이다. 특히 역량중심 직업능력개발에는 정의된 역량을 바탕으로 학습자 개인의 특성이나 습득 정도 등을 반영하여 개별 맞춤식 학습을 제공한다는 점, 단순 지식이나 기술을 평가하는 것이 아닌 실제 현장의 직무에 적용할 수 있는 능력인 역량 기반 평가가 이루어진다는 점 등에서 전통적 훈련과 차이가 있다. 이러한 특징을 통해 역량기반 훈련은 학습자와 기업에게 역량 중심의 학습 경험을 제공하고, 능력을 향상시키며 직무 수행에 대한 성공 및 개인의 자신감 향상 등에 영향을 미칠 수 있다.

표 6-4 역량중심 직업능력개발의 특징

특징	내용
역량 중심	• 역량기반 훈련은 필요한 역량을 학습의 중심에 두고, 지식, 기술, 소프트 스킬, 태도 등을 모두 고려하여 개인의 직무 능력을 향상시키는 것을 강조
역량 정의와 프레임워크	• 해당 직무나 업무에 필요한 역량을 명확하게 정의하고, 역량 프레임워크를 사용하여 역량을 분류하고 설명하는 구조를 활용
개인화된 학습 경로	• 개인의 현재 역량 수준과 목표를 고려하여 맞춤형 학습 계획을 개발하며, 역량을 개발하기 위한 개인별 접근을 촉진
역량 기반 평가	• 학습자의 역량을 정량화하고 평가하기 위해 역량 기반 평가 도구를 활용하며, 결과를 개선하기 위한 피드백을 제공
결과 중심	• 역량기반 훈련은 지식과 능력의 실제 적용을 강조하며, 학습자가 실제 업무에서 성과를 내도록 지원
지속적인 개발	• 역량기반 훈련은 지속적인 개발을 촉진하며, 역량 유지와 향상을 위한 교육 및 훈련을 제공

1. 영국의 역량중심 직업능력개발 사례

(1) 자격제도 개요

1996년 영국은 국가자격체도인 NQF를 개발하여 역량중심의 직업능력개발을 추진하고 있다. 영국은 1995년 자격의 활용도를 높이기 위해 잉글랜드, 웨일스, 북아일랜드에서 활용되고 있는 수백 가지 자격을 비교한 후 활용빈도가 높은 16~19가지의 자격을 통합하는 사업을 시행하였다. 이를 근거로 다음 해인 1996년 국가자격 수준의 자격제도(NQF)가 개발되었으며, 최초 NQF의 자격체계는 5단계였으나, 2004년 FHEQ와의 연계를 위해 8단계로 개편하였다.

2008년 영국은 NQF와 다른 자격을 연계하기 위해 자격설계규정인 QCF를 도입하였다. QCF는 기존 NQF를 대체하는 것이 아니라 NQF를 지원하는 체계로, 자격 설계 규정을 통합 위한 프레임 워크였다. QCF는 잉글랜드, 북아일랜드, 웨일스에서 취득한 자격을 학습단위(units of learning)별로 인정한 후 인증된 학습단위를 NQF와 연계하는 가교 역할을 하고 있다. 특히 2010년 NQF와 EQF가 연계되었기 때문에 직업자격체계 활성화에 큰 역할을 할 것으로 기대되었다. 하지만 QCF 도입으로 자격설계규정이 개정되면서 기개발된 자격 또한 QCF에 맞게 변경해야 했으며, 이러한 개편과정에서 현장의 반발이 심해져 QCF 실효성이 대두되었다.

2010년 Ofqual은 QCF의 효과성을 검토한 후 NQF와 QCF를 통합하여 단순하면서도 포괄적인 자격체계인 RQF로 대체하였다. 2015년 10월 RQF는 자격검정기관(AOs)이 더 많은 권한을 갖고 자격을 설계할 수 있도록 하였으며, 자격검정기관이 고용주, 노동시장의 요구를 적극적으로 반영하여 실용성 높고 혁신적으로 자격을 운영하도록 하고 있다.

(2) 거버넌스

영국의 자격관리는 교육부(Department for Education), 자격검정청(Ofqual) 등에 의해 이루어지고 있다(Ofqual, 2022). 교육부(Department for Education)는 유아교육, 초등교육, 중등교육, 도제훈련, 계속교육 및 고등교육에 대한 계획 및 관리 역할을 수행하며 자격관리의 총괄 역할을 수행하고 있다. 단, 북아일랜드 지역의 경우 경제부(Department for Economy)에서 계속교육 및 고등교육 담당하고 있다.

자격검정청(Office of Qualifications and Examinations Regulation (Ofqual))은 자격관련 규정을 제정하고, 검정기관을 관리·규제하는 역할을 수행한다. 세부적인 역할로는 regulated qualification 등록, 검정기관의 시험 및 평가 관리, 도제훈련에 대한 외부평가(EPS: end−point assessment) 관리, 행정부에서 독립적으로 업무를 수행하며 의회에 운영결과 등을 직접 보고하고 있다.

이 밖에 학생청(Office for Students(OfS))은 고등교육 지원, 학습자의 학습경험 지원 등의 역할을 수행하며, 품질보증국(The Quality Assurance Agency)은 고등교육 기관 품질관리 역할을 수행한다. 마지막으로 2017년에 설립된 비정부기관인 도제 훈련 및 기술교육연구소(Institute for Apprenticeships and Technical Education)는 도 제훈련을 위한 기준설정, 평가계획 수립, 고용주 단체(trailblazer)와 협업하여 산업 계 의견 반영, T level 자격 개발 및 운영 등의 역할을 수행하고 있다.

(3) NOS 개발 및 활용

영국은 1980년대 초, 영국에서는 산업과 기술의 급속한 변화에 대응할 수 있는 체계적인 직업교육훈련체제와 자격체계 구축에 대한 필요성이 지속적으로 제기되어, 1986년부터 산업훈련이사회(Industrial Training Board, ITB)에서 NOS를 개발하였다. 영국의 NOS(National Occupational Standards)는 작업현장에서 개인이 달성해야 하는 성과의 기준, 해당 역할 수행에 필요한 지식 및 이해를 규정하는 것으로, 개인이 작업장에서 관련된 기반 지식과 이해를 갖고 어떤 작업을 수행할 때 성취해야 하는 수행 기준을 구체화 한 것을 의미한다.

영국의 NOS는 Sector Skills Councils(SSCs)가 개발하여 일기반 자격을 개발하는데 광범위하게 활용되었다(Ofqual, 2019). 2016년 이후 도제훈련 표준을 개발하여 NOS를 대체하여 적용하고 있다. 도제훈련 기준은 고용주 협의체인 trail−blazers가 개발하는데 도제훈련 종료 후 직무역할에 따른 지식, 스킬, 행동특성 등을 표준화한 것으로 그 구성내용은 NOS와 큰 차이는 없다.

한편, 2016년 10월, NOS는 잉글랜드에서 의무 적용을 중단하였고 기업 및 기존 교육·훈련, 자격에서 자율 적용하고 있다. 그러나 아일랜드, 웨일즈, 스코틀랜드 지역에서는 여전히 NOS가 자격을 개발하는데 기준 자료로 여전히 폭넓게

그림 6-3 영국 직무능력표준 개발·활용 체제

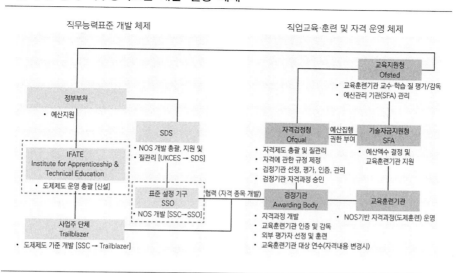

활용되고 있다.

(4) 역량중심 직업능력개발 관련 주요 이슈

① 자격프레임워크의 변화(NQF → QCF → RQF)

영국에서 가장 최근 등장한 자격 프레임워크인 RQF는 새로운 자격체계가 아닌 NQF와 QCF의 수준체계를 통합한 형태로(Ofqual, 2019) General Conditions of Recognition, specific supplementary Conditions 등의 요건 충족 여부를 판단한 후 등록하게 된다. RQF의 level descriptor(해당 수준에서 요구하는 지식기술의 복잡성 및 난이도)를 활용하여 기존 자격을 승인하거나 신규 자격을 등록한다.

② T Level 자격 도입

영국은 최근 16~19세에 노동시장에 진입하는 청년층의 평생경력개발을 위한 T Level 자격을 도입하였다(Department for Education, 2021). 이는 미래 산업현장에서 요구하는 STEM(Science, Technology, Engineering, Maths) 역량 제고, 청소년에게 평생경력개발이 가능하도록 다양한 학습경로 제공을 목적으로 도입한 것이다. 즉, 기존 도제훈련은 특정직무 수행에 필요한 협의 지식과 스킬을 가르쳐 고등교육으로의 전이에 한계가 있었다. 따라서 T level자격 드입을 통해 직무와 관련된 보다 폭넓은 지식과 스킬을 가르치고 이후 고등교육으로 진학까지 유도하고 있다.

T level 자격은 RQF의 3수준의 등록자격으로 2년 과정(학교교육 80%, 현장훈련 20%)으로 정규대학 진학을 위한 A level과 등가성을 가지고 있다. 이 자격은 과정 이수 후 취업, 고등교육 진학, 고등직업훈련과정(도제훈련 포함) 중 선택할 수 있게 되었다. 또한, T level 자격 취득 후 직업지도(occupation map)에 기초하여 개발된 도제훈련 및 기술훈련을 통해 7수준의 직업자격을 취득할 수 있도록 경력개발을 지원하고 있다.

2. 호주의 역량중심 직업능력개발 사례

(1) 자격제도 개요

호주의 자격은 교육훈련자격, 전문자격, 기타자격으로 구분되며, 교육훈련자격 중 중등교육부문, 직업교육훈련부문, 고등교육부문의 자격이 국가역량체계(AQF, Australian Qualifications Framework)를 통해 상호 연계되고 있다. 호주는 기존에 복잡하게 운영되던 자격체계의 문제점을 보완하고, 학교교육과 직업교육·훈련을 아우르는 체계를 마련하기 위해 AQF를 도입하였다.

AQF는 자격유형과 수준으로 구성된 구조를 가지며, 각 자격유형은 학습성과(learning outcome)를 기반으로 정의되며, 이 학습성과는 각 수준에서 적용 가능

표 6-5 호주의 자격유형별 구분

자격유형	구분		예시
교육훈련자격	국가역량체계 AQF	중등교육부문	상급 중등교육자격(SSCE)
		직업교육훈련 부문	Certificate I ~IV 등
		고등교육부문	학사, 석사 등
	기타 자격		영어능력자격 등
전문자격	법률규제 자격		건축사, 변호사 등
	자율규제 자격		회계사, 엔지니어 등
기타자격	제품공급자 자격 서비스업체 자격 기타자격		Cisco, Microsoft 등 McDonalds 등 청소년프로그램, 취미교양자격 등

자료: 김상진·이동임(2005) 호주의 자격제도 연구, 한국직업능력개발원

그림 6-4 호주의 자격 유형별 경로

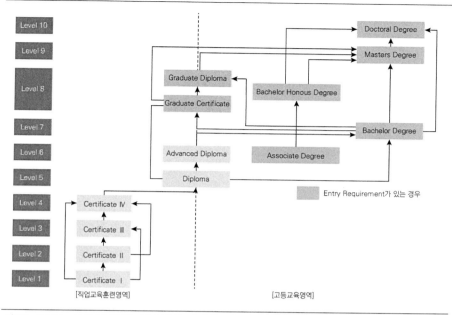

자료: 이동임, 서유정(2017). 주요국의 자격제도와 자격간 연계에 관한 연구(영국·호주독일을 중심으로)

한 역량(지식, 기술 및 적용) 측면에서 서술된다. AQF에 포함된 자격들은 부문별로 교육적 목적과 내용은 다르더라도 같은 수준에 해당됨을 보여주며, 전체 자격을 취득하지 못하더라도 학습성과를 부분적으로 증명해주는 AQF 이수증명서(AQF Statement of Attainment)를 발급한다(AQFC, 2013). AQF 이수증명서는 자격과정을 부분적으로 이수했거나 훈련패키지에 포함된 특정 능력단위(unit)를 이수한 경우, 그리고 선행학습을 인정받을 수 있는 공인된 단기과정을 이수했을 때 발급된다.

　　AQF에 등록되는 자격의 내용적 요건은 훈련패키지(Training Package)를 통해 규정된다. 이때 훈련패키지는 능력단위(Units of Competency), 평가 요구사항(Assessment Requirements), 자격(Qualifications)으로 구성되며 보증사항(Credit Arrangements)이 함께 제공되며(Australia Department of Education and Training, 2012), 이들은 국가적 승인이 필요한 요소이다.

⑵ 자격제도 운영 체계

AQF의 관리는 교육기술고용부(Department of Education, Skills and Employment)가 담당하며, AQF 관련 정책 사안이 발생할 경우 전문가협의체가 구성된다. 과거에는 AQF Council이 AQF 관리 및 모니터링 전반에 대한 업무를 담당하였으나, 소기의 설립목적 달성 후 2014년 해체되어 그 역할을 교육기술고용부가 담당하고 있다(이동임, 서유정, 2017). 그 외에 고등교육품질 및 기준 감사기구(TEQSA, Teritary Education Quality and Standards Agency), 호주기술품질감사당국(ASQA, Australian Skills Quality Authority) 등이 품질기준에 부합하도록 관리한다(이동임 외, 2014).

훈련패키지의 경우 초창기에는 ITAB(Industry Training Advisory Bodies)를 중심으로 개발되었으나, 2004년부터 2015년까지는 12개 분야의 ISC(Industry Skills Councils)가 개발을 담당하고 있다. 2016년 1월 이후 ISC는 산업계 요구 파악 및 훈련패키지 검토를 담당하는 산업참조위원회(IRC, Industry Reference Committees)로 변경되고, 훈련패키지의 개발·개선은 6개의 SSO(Skills Services Organisation)이 담당하고 있다(강순희 외, 2019). 이는 산업계 요구분석에서 접점의 세분화, 대표성 강화를 꾀하며, 훈련패키지 개발개선에서 통합을 통한 전문성 강화를 위한 것이다.

⑶ 훈련패키지 개발 및 활용

호주의 훈련패키지는 업무 현장에서 효과적인 업무 수행을 위해 필요한 지

표 6-6 훈련패키지 구성요소

구성요소		내용
승인 요소	능력단위 (Unit of Competency)	• 코드, 타이틀, 적용, 능력단위요소, 수행준거 등
	평가요건 (Assessment requirements)	• 수행 증거, 지식 증거, 평가 조건 등
	자격정보 (Qualifications)	• 자격 타이틀 및 코드, 기술, 능력단위 조합 자격 연계 정보 등
	학점배치 (Credit Arrangement)	• 변경이력, 학점배치 내역, 관련 링크
비승인 요소	안내편 (Companion Volume)	• 훈련패키지 활용에 도움이 될 정보, 실행 정보 등
	기술 모음(Skill Set)	• 정의, 기술명, 능력단위 구성 규칙 등

표 6-7 훈련패키지 운영체계 모식도

구분	ISC (2002~2015년)	SSO (2016~2022년)	JSC(2023년~)
개수	12개	6개	10개
소관 분야	여러 산업분야를 포괄	담당 산업분야 확대	여러 산업분야를 포괄
자문 방식	하위 조직으로 산업별 자문단·위원회 운영	AISC가 구성한 IRC와 MoU 체결	JSC 내부에 전략적 TF 및 기술 소위원회 운영
자금 지원	연초 일시 지급	개시 자금(1회), 지속 자금(1년), 활동 기반 자금(상시)으로 지급	※ 현재 미공개
특징	ISC가 기술 수요 예측과 훈련패키지 개발을 모두 수행	기술 수요 예측(IRC)과 훈련패키지 개발(SSO) 분리	JSC간 주기적인 회의 개최 및 소통
변화 사유	다양한 산업분야를 통합하고 산업계의 역할 강화	외부 전문가 자문 기능 및 정부의 통제 강화	산업체 참여 및 산업간 네트워킹 기능 강화

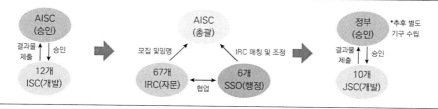

식과 기술을 능력단위로 구성하고, 이를 평가하는 방법과 능력단위를 종합하여 AQF에 맞는 자격으로 구성하는 방법을 규정한 문서이다.

호주의 표준은 훈련패키지 형태로 개발 및 활용하고 있으며, 2023년을 기준으로 훈련패키지 56개, 능력단위 36,215개, 자격 3,418개로 구성되어 있다.

호주의 훈련패키지 개발·개선과 관련하여 대표기관 통합을 통한 ① 산업계 대표성·영향력 확보, ② 외부 자문 기능 강화, ③ 산업간 융합 활성화를 위한 통합을 목적으로 2차례 운영체계를 개편하였다.

[4] 역량중심 직업능력개발 관련 주요 이슈

① 훈련패키지 개발기간

자격의 주요 내용을 구성하는 훈련패키지의 개발과 관련하여 개발기간이 지연(delay)된다는 점이 주요 이슈사항으로 대두되었다(Wibrow & Waugh, 2021). 훈련패키지 개발절차의 개요를 살펴보면, 단계별로 훈련패키지 개발기간이 짧게는 10.5개월에서 길게는 36개월 소요되었다. 또한, 훈련패키지가 개발된 이후에도

RTO(Registered Training Organisation)가 새로운 훈련패키지를 적용하기까지 몇 가지 단계를 더 거쳐야 하며, 약 1~3년 소요된다. 훈련패키지 개발 기간이 길어짐으로 1) 급격하게 변화하는 기술변화에 대응하는 데 한계가 있을 수 있으며, 2) 개발의 효율성(경제성)이 낮아지는 문제 야기되었다.

이러한 문제를 해결하기 위한 하나의 방안으로 호주의 경우 훈련패키지와 더불어 공인된 훈련과정(Accredited Course)을 통해 급변하는 기술 분야의 훈련을 공급하고 있었다(ASQA, 2021). 승인된 훈련패키지에 포함되지 않은 산업, 기업 등이 요구하는 skill을 훈련과정에 반영하고, 산업의 역동적인 변화에 부응하기 위해 융합, 신생 산업의 훈련요구를 신속하게 반영하기 위해 Accredited Course를 개발하여 훈련에 적용하고 있다. Accreditation는 관련법에 따라 국가훈련관리기관에서 공식적으로 승인된 것을 의미하며, 적합한 기준에 의해 승인되었다.

이 밖에도 훈련패키지 개발은 해당산업의 특성에 따라 개발기간을 탄력적으로 적용하게 되었다(Australian Industry and Skills Committee, 2020). Fast-track(6~8개월)은 산업안전 등의 이유로 개정이 시급한 경우, 급격한 기술변화 및 인력수요 급증 등의 노동시장이 급변하는 경우에 해당하며, Routine(12개월)은 훈련패키지 개정이 필요하나 시급하지 않은 경우, Complex(18개월)는 Cross-industry 분야, 중요한 입법 필요, 노사관계 문제 등의 이유로 훈련패키지 개정이 상대적으로 어려운 경우에 해당한다.

② 자격 종목 개편 이슈

지나치게 많은 자격종목이 운영됨에 따라 유사자격의 남발(노동시장에서 신호의 혼란), 훈련공급이 이루어지지 않는 자격종목 다수(재정 낭비) 등의 문제점이 야기되었다. 이는 기술변화에 따라 직무변화가 심하고, 개인의 경력개발이 개인화되는 문제를 현재의 자격종목으로 대응하는데 한계가 있었다. 또한, 개인 혹은 고용주에게 효용가치가 적은 상당수의 자격이 개발된다는 문제가 있었다.

이와 더불어 자격 설계 방식을 개편하기 위해 2020년에 3개 산업(광업, 디지털, 휴먼서비스)에서 자격 재설계에 대한 파일럿 프로젝트를 시행하고 있다. 세부적으로 노동이동성을 제고하기 위해 보다 광의의 학습결과 정의(공통스킬 강조), 비슷한 training product 제거 및 단순화, training product와 산업계의 훈련요구 관계성 강화 등이 주요 내용이다.

제3절 ▸ 역량중심 직업능력개발 관련 제도

1. 역량중심 직업능력개발 운영을 위한 기제

(1) 국가직무능력표준(NCS)

① NCS 개념 및 추진 경과

NCS란 산업현장에서 직무를 수행하기 위해 요구되는 지식·기술·소양 등의 내용을 국가가 산업부문별·수준별로 체계화한 것을 의미한다(자격기본법 제2조). NCS의 개발 및 활용에 관한 추진 근거는 자격기본법 제5조, 동법시행령 제3조~제8조에 제시되어 있다.

정부는 국제기준 및 산업기술의 변화 등을 고려하여 NCS를 개발·개선하여야 함을 명시하고 있다(자격기본법 제5조). 이러한 NCS는 산업현장-교육-훈련-자격의 연계를 위해 직업교육, 직업훈련, 자격제도, 기업 인사관리 등의 다양한 분야에 활용되고 있다(자격기본법시행령 제8조).

NCS는 2002년 최초 개발이 이루어졌으며, 2013년부터 산업계 주도로 본격적으로 개발되어 이후 다양한 분야로의 활용·확산을 추진 중에 있다. 세부적으로 1999년 국무조정실 자격제도 규제개혁 과제로 '국가직무능력표준의 조기 개발·

표 6-8 NCS의 활용근거 관련 법령

구분	주요 내용
자격기본법시행령 제8조 (국가직무능력표준의 활용)	제8조(국가직무능력표준의 활용) ① 관계 중앙행정기관의 장이 「산업교육진흥 및 산학연협력촉진에 관한 법률」이나 「국민 평생 직업능력 개발법」 등 관계 법령에 따라 교육훈련과정을 운영하는 경우에는 그 교육훈련과정이 국가직무능력표준에 부합되도록 하여야 한다. ② 관계 중앙행정기관의 장은 국가직무능력표준에 의한 교육훈련과정을 운영하는 교육훈련기관을 지도·점검 또는 평가함으로써 교육훈련의 질을 확보하도록 노력하여야 한다. ③ 관계 중앙행정기관의 장은 국가자격의 신설·변경 및 폐지 기준, 국가자격의 검정, 자격시험의 출제 기준 및 민간자격 공인 기준 등이 국가직무능력표준에 따라 마련되도록 하여야 한다. ④ 관계 중앙행정기관의 장은 기업 등이 근로자의 채용 기준, 직무 기준, 경력개발 기준 등 근로자의 인사관리에 국가직무능력표준이 적극 활용되도록 노력하여야 한다. <후략>

자료: 법제처 국가법령정보센터(2022). 자격기본법시행령.

그림 6-5 NCS 주요 추진 경과

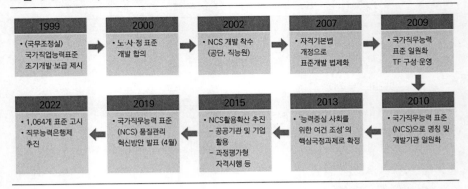

1999	2000	2002	2007	2009
• (국무조정실) 국가직업능력표준 조기개발·보급 제시	• 노·사·정 표준 개발 합의	• NCS 개발 착수 (공단, 직능원)	• 자격기본법 개정으로 표준개발 법제화	• 국가직무능력 표준 일원화 TF 구성·운영

2022	2019	2015	2013	2010
• 1,064개 표준 고시 • 직무능력은행제 추진	• 국가직무능력 표준 (NCS) 품질관리 혁신방안 발표 (4월)	• NCS활용확산 추진 - 공공기관 및 기업 활용 - 과정평가형 자격시행 등	• '능력중심 사회를 위한 여건 조성'의 핵심국정과제로 확정	• 국가직무능력 표준 (NCS)으로 명칭 및 개발기관 일원화

보급'이 제시되었으며, 이를 바탕으로 2002년 표준개발을 착수하였다.

이후 2010년 5월국가정책조정회의에서 고용부 NOS와 교육과학기술부의 KSS가 상이한 형태로 운영된 것을 통일하여 명칭은 국가직무능력표준(NCS)으로, 개발 사업은 고용부가 담당하도록 되었다. 이를 바탕으로 개발이 이루어졌으며 2016년 7월에는 24개 대분류의 847개 NCS를 담은 '국가직무능력표준 고시'를 제정하였으며, 2019년 4월에는 'NCS 품질관리 혁신방안'을 발표하여 개발·개선의 고도화, 유연한 활용, 국가기술자격과의 연계 강화, 품질관리 체계 구축 등을 과제로 제시하고 추진 중에 있다.

② NCS 개발 및 개선 현황

NCS의 개발 현황을 보면 2022년 2월 기준으로 대분류 24개, 세분류 1,064개, 능력단위 12,965개가 개발되어 고시 중에 있다. 특히, 2013년부터 2018년까지 전 산업분야의 NCS개발 확대에 집중하여 양적확대가 이루어졌다. 또한, 2019년 부터는 신기술 직종 중심으로 매년 10개 내외 분야 위주로 개발이 이루어지고 있어 양적·질적 확대 및 최신 산업 반영을 동시에 추구하고 있다.

NCS의 개선은 기술 발전과 산업 변화에 따라 신직무 발굴 및 산업현장 요구 등을 반영해 매년 110~140개 내외로 기존 개발된 NCS를 개선하거나 통합, 분할하는 작업을 추진하고 있다.

최근의 NCS는 산업별 인적자원개발위원회(ISC)를 구성하여 분야별 NCS 개발 기관으로 선정하고 있으며, 현재 기계, 화학, 경영, 금융, 환경, 자동차 등 19개 분야를 선정하여 운영하고 있다. ISC 미구성 분야는 한국산업인력공단이나 산업

표 6-9 연도별 NCS 개발·개선 현황

연도		계	2013	2014	2015	2016	2017	2018	2019	2020	2021	2022 (계획)
개발	직무수 (신규개발)	1,064* (1,037)	240 (240)	797 (557)	847 (50)	897 (50)	948 (50)	1,001 (50)	1,022 (20)	1,039 (10)	1,064 (10)	1,075 (11)
	능력단위	-	-	-	10,599	11,198	11,841	12,405	12,675	12,848	12,965	-
개선	직무수 (누적)	-	-	-	79 (79)	403 (482)	191 (673)	103 (776)	138 (914)	137 (1,051)	114 (1,165)	111 (1,276)

자료: 한국산업인력공단(2022). 내부자료.
*1,064개 = 개발 1,037개와 개선 과정에서 NCS가 분할되거나 신설(공통직무 등)된 직무수 포함

별 협회·단체에서 개발하고 있다. NCS 개발과정에서는 분야별 산업현장, 교육훈련, 자격 전문가가 개발 과정에 참여한다. 특히, 산업현장의 전문성을 확보하기 위하여 1차 산업체 검증(대표기업 20개), 2차 산업체 거증(대표기업 50개 이상) 후 자격정책심의회를 거쳐 최종 확정하고 있다.

③ 주요 분야별 NCS 활용 현황

중등직업교육에서의 활용 현황

산업사회가 필요로 하는 기초역량과 직무능력을 함양한 인재를 양성할 수 있도록 '2015개정 교육과정'을 통해 직업계고 교육과정을 NCS 기반으로 전면 개편하였다. 세부적으로 교육과정 편성기준 고시('15.9월 교육부 고시)에서 NCS 능력단위를 교과목으로 편성하는 기준을 제하였다. 2015개정 교육과정에서는 교과는 보통교과와 전문교과로 나뉘며, 이 중 전문교과는 과학, 체육, 예술, 외국어, 국제계열에 관한 전문교과 Ⅰ과 NCS가 적용되는 전문교과 Ⅱ로 구분하여, 전문교과 Ⅱ는 다시 전문공통과목, 기초과목, 실무과목으로 분류되고, 여기서 직접적으로 NCS가 적용되는 교과는 실무과목에 해당된다.

이 밖에 특성화고에서 NCS 학습모듈은 주교재로 사용되고 있으며, NCS 학습모듈은 학습내용, 교수학습방법, 평가 등으로 구성되어 있다. 특히, 전문대학이나 훈련기관에서는 NCS 학습모듈 활용이 자율인 것에 비해 특성화고에서의 활용은 보다 강화되어 있다.

일부 연구를 중심으로 중등직업교육 측면에서의 NCS 활용성과를 밝히고 있으나, 전체 대상이 아닌 일부를 대상으로 특정 영역에 대한 성과를 구명한 것으

표 6-10 2015개정 교육과정 직업계고 편제

구분		주요 내용
보통교과	기초	국어, 수학, 영어, 한국사
	탐구	사회, 과학
	체육·예술	체육, 예술
	생활·교양	기술, 가정, 제2외국어, 한문, 교양
전문교과 II	전문공통과목	성공적인 직업생활
	기초과목	실무과목의 선행 내용
	실무과목	NCS에 따라 과목의 내용 영역(능력단위) 구성
창의적 체험활동		자율활동, 동아리활동, 봉사활동, 진로활동

자료: 교육부(2015)에서 내용 재구성.

표 6-11 중등직업교육 측면에서의 NCS 활용성과 관련 주요 선행연구

구분	연구대상	연구방법	주요내용
김인곤 (2018)	충남지역 10개 특성화고 졸업예정자(400명)	설문조사, 구조방정식	• NCS기반 교육과정이 특성화고 졸업예정자의 고용가능성에 정(+)의 효과
박수한 외 (2020)	직업계고 기계·금속 전공 교사 350명	설문조사	• 실무과목 도입으로 인해 학생들의 실무능력이 향상(45.1%) • 실무과목 내용과 학생의 수준 차이(29.1%), 실무과목과 학교현장의 장비 차이(20.9%) 등의 문제도 지적

로 향후 중등직업교육 전반에 대한 NCS 활용 성과에 대한 논의는 지속될 필요가 있다.

고등직업교육에서의 활용 현황

고등교육기관에서는 2014년부터 2018년까지 추진된 특성화 전문대학 육성사업(SCK/교육부)을 통해 NCS기반 교육과정 편성을 유도하였다. 이 사업은 NCS에 기반한 현장 중심 교육과정 운영을 통해 전문대학을 고등직업교육의 중심 기관으로 육성하기 위한 사업으로 2018년 기준 전국 전문대학의 절반 이상에 해당하는 82개 대학이 사업에 참여하였다. SCK사업 종료 이후 2019년부터는 NCS에 대한 자율적 적용이 이루어지고 있다. 이때부터는 전문대학혁신지원사업의 역량기반 교육운영 체계로 변화하면서 NCS 활용에 대한 대학의 자율성을 강조하고 있다.
2022년부터는 「NCS기반 교과 인정사업」을 통해 전문대학이 운영하는 교과목이 NCS기반인지 검토 심사 이후 직무능력은행에 저축 가능한 교과로 인정하고 교과를 이수한 학생의 직무능력은행에 NCS를 저축하는 사업을 추진하고 있다.

그림 6-6 NCS 활용빈도가 높은 학과 순위(전문대학)

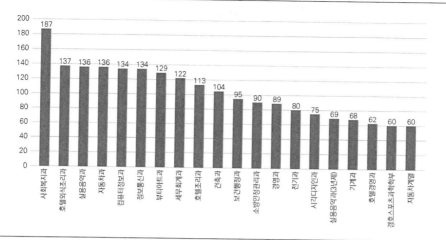

자료: 한국산업인력공단(2021). 특성화 전문대학 육성사업(SCK) 종료에 따른 NCS 활용변화 및 확산방안 연구.

그림 6-7 NCS기반 교과 인정사업 추진 절차

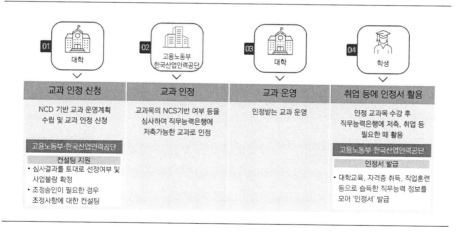

　　주요 추진 과정을 보면, 대학에서는 NCS 기반으로 교과의 내용이나 평가방법 등을 개편하고 이를 인정받을 수 있도록 교과 인정을 신청한다. 이 과정에서 고용노동부에서는 희망하는 대학을 대상으로 NCS 기반 교과 운영이 가능하도록 컨설팅을 지원한다. 교과 인정단계에서는 해당 분야 전문가로 구성된 인정위원회에서 교과 내용이나 운영 방식 등이 NCS에 부합한지 여부를 판단하여 직무능력

표 6-12 고등직업교육 측면에서의 NCS 활용성과 관련 주요 선행연구

구분	연구대상	연구방법	주요내용
이하진 외 (2018)	대전 및 대구지역 회계 및 세무 분야 전문대학생 118명	설문조사	• NCS기반 교육과정의 교육내용, 자료, 교수태도는 교육성과에 통계적으로 유의미한 정(+)의 효과
강미라 (2019)	항공관련 학과 전문대학생 220명	설문조사	• NCS기반 교육과정의 교수역량, 교육내용, 교육방법 모두 교육만족에 통계적으로 유의한 정(+)의 효과
김국현 외 (2020)	SCK 사업 참여 전문대학과 비참여 전문대학	기술통계, 성향점수 매칭	• SCK사업에 참여한 대학과 참여하지 않은 대학 간 비교 분석 • 연도별 기술통계분석을 통해 SCK사업이 신입생 경쟁률, 창업자 수, 취업률 등의 측면에서 개선되었음을 제시 • 성향점수매칭을 통해 여건이 유사한 선정/비선정 대학을 비교하여 SCK사업의 성과를 제시

은행 저축 가능 교과로 인정한다. 인정받은 교과는 실제 수업을 운영한 후 이수한 학생의 직무능력은행에 해당되는 NCS를 저출하고 인정서를 발급하게 된다.

고등직업교육 측면에서의 NCS 활용성과는 다음과 같다. 성과를 분석한 연구를 보면 NCS를 기반으로 설계된 교육과정을 운영한 결과 교육성과가 높게 나타나고 학생의 학습만족도도 높은 것으로 나타났다. 단, 특정 학과 혹은 전공에 집중하여 제한적으로 논의를 진행한 경우가 대부분으로 연구결과를 일반화하여 논의하기에는 다소 한계가 있다.

직업훈련에서의 활용 현황

정부 재정지원 훈련의 경우 과정편성시 NCS를 40% 이상 사용하도록 의무화하였으며(공공 '15년, 민간 '16년부터), 최근에는 신기술분야 훈련을 중심으로 NCS 비활용 훈련도 운영 중에 있다. 특히, 훈련기관 및 훈련과정 심사·평가시에도 NCS 적용비율, 훈련장비 및 시설 기준 등을 통해 NCS를 활용하고 있다. NCS 비활용 훈련은 주로 신기술분야 훈련으로 K-디지털 트레이닝 등 기업이 훈련과정 설계·운영에 참여하거나 새로운 평가방식(프로젝트 등)을 활용하는 방식으로 훈련이 이루어지고 있다. 2016년 NCS 의무 적용 이후 NCS 적용 비율 및 방식 등의 측면에서 여러 차례 변화가 있었으며, 대체적으로 NCS 적용 방식의 유연화를 지향하고 있다.

직업훈련 측면에서 NCS 활용성과를 검토한 주요 선행연구는 주로 NCS기반

표 6-13 직업훈련에서 NCS 활용 제도 변화

구분	2014년	2015년	2016년	2017년	2018년	2019년	2020년	2021년
활용범위	시범 적용	자율 적용	전면적용					
활용직종	315개	315개	797개	897개	948개	1,001개		1,022
활용의무	자율 적용	자율 적용	의무적용				의무적용 (일부자율적용)	
활용비율	능력 단위 70% 이상	능력 단위 70% 이상	국기훈련 70% 실업·재직 40%	국기훈련 70% 실업·재직 40%	국기훈련 70% 실업·재직 40%	국기훈련 70% 실업·재직 40%	국기훈련 60% 실업·재직 40%	
활용완화	-	-	-	(재직자) 능력단위 요소 편성	(재직자) 수행준거 편성	최소시간 완화 (-50% → 1시간) 하위능력 단위 자율 편성	(재직자)법정 직무교육, 40시간 미만단기과정 자율 편성	

자료: 직업능력심사평가원(2021). NCS 개발·개선위원회 발제자료. 미발간 자료.

표 6-14 직업훈련 측면에서의 NCS 활용성과 관련 주요 선행연구

구분	연구대상	연구방법	주요내용
정선정, 우미혜, 강석주(2016)	실업자훈련	메타분석	• 전반적으로 NCS기반 훈련과정이 NCS미기반 훈련과정에 비해 취업성과(취업률, 취업 효과크기 등)가 높음 • NCS 대분류별로는 상이한 결과를 보임
김주섭(2017)	실업자훈련	성향점수 매칭, 로짓분석	• NCS기반 훈련과정은 미기반 훈련과정에 비해 고용보험이 적용되는 양질의 일자리에 대한 취업확률을 높이나, 고용보험이 미적용되는 일자리에는 취업감소 효과를 가짐 • 총 효과는 통계적으로 유의한 효과가 없음
임상호 외(2017)	재직자훈련	기술통계, 성향점수 매칭	• NCS기반 재직자훈련은 집체교육의 경우 직무지식에 통계적으로 유의한 정(+)의 영향을 미치나, 직무기술, 직무태도에 대한 효과는 불분명

훈련과정과 미기반 훈련과정을 상호 비교분석하여 NCS기반 훈련과정의 효과를 검증하는 방식으로 수행되어 왔다. 성과 연구 결과를 보면 NCS 기반 훈련과정이 비적용과정에 비하여 취업률, 취업 효과 등 취업 성과 측면에서 상대적으로 높은 것으로 나타났다.

표 6-15 산업별 역량체계(SQF) 개발 및 활용 현황(2015~2021)

연도	SQF 개발	SQF 활용
2021	용접(뿌리ISC), 식품가공(음식서비스·식품가공ISC), 전시(관광·레저ISC), 직업상담서비스(상담ISC), 의료장비제조(전자ISC), 수질관리(환경ISC), 선박생산(조선ISC), 고무·플라스틱(화학ISC), 경영관리(경영ISC)	IT(정보기술ISC)
2020	정밀화학제품제조·석유화학제품제조(화학ISC),선체조립(조선·해양ISC), 컨벤션(관광·레저ISC)	IT(정보기술ISC), 금형(뿌리ISC)
2019	전자기기(전자ISC), 숙박서비스(관광·레저ISC), 바이오화학·바이오의약품(화학ISC), 절삭가공(기계ISC)	IT(정보기술ISC), 의약품(화학ISC)
2018	전기철도(전기·에너지·자원ISC), 제품디자인(디자인·문화콘텐츠ISC), 음식조리(음식서비스ISC)	IT(정보기술ISC), 제품디자인(디자인·문화콘텐츠ISC)
2017	건축시공(건설ISC), 금형(뿌리ISC), 디자인(디자인ISC), 의약품(화학ISC)	IT(정보기술ISC), 화학(화학ISC)
2016	기계설계(기계ISC), 금속엔지니어링(재료ISC), 화학(화학ISC), 전기공사(전기·에너지·자원ISC), 통신기술(방송·통신기술ISC)	-
2015	국가역량체계 구축을 위한 SW분야 산업별역량체계(SQF) 구축방안 연구(정보기술ISC)	-

자료: 한국산업인력공단(2021). 2022년도 산업별역량체계(SQF) 개발 및 활용 사업 운영기관 공개모집('21.11.17.).

[2] 산업별 역량체계(SQF)

① SQF의 개념 및 추진 경과

SQF(Sectoral Qualification Framework)란 산업분야별로 현장에서 통용되는 직무를 도출하여 표준화하고, 직무수행에 필요한 능력을 구조화한 것으로, 국가직무능력표준(NCS) 등을 토대로 교육훈련－학위－자격－경력을 연계하여 활용하는 체계를 의미한다(한국산업인력공단, 2021). 우리나라의 경우 KQF(Korean Qualification Framework) 도입을 논의하는 과정에서 사전과제로 SQF의 필요성이 제기되었고, 다양한 산업분야에 개발됨으로써 독자적인 사업영역이 확보되었다. 이에 따라 2014년 이후부터 시범사업을 시작으로 다양한 산업분야에 SQF 도입이 이루어지고 있다.

② SQF 개발 절차

SQF는 ① 직무맵 개발, ② 직무역량체계, ③ 역량인정방안 등 3단계의 절차에 의하여 개발되고 있다. 1단계는 직무맵 개발 단계로 해당 산업에 통용되는 직

그림 6-8 산업별 역량체계(SQF) 구축 단계

사업 단계	〈산업별 직무분석 및 구조화 단계〉		〈직무역량체계 활용 단계〉
	① 직무맵 구축	② 직무역량체계 구축	③ 역량인정방안마련 및 등록

① 직무맵 구축

수준	직무A	직무 B	직무 C
8			
7			
6			
5			
4			
3			
2			
1			

섹터　A섹터

② 직무역량체계 구축

수준	직무A	직무 B	직무 C
8			
7			
6	능력단위1 / 능력단위2 / 능력단위3 / 능력단위4		
5	능력단위5 / 능력단위6 / 능력단위7		
4	능력단위8		
3			
2			
1			

섹터　A섹터

③ 역량인정방안마련 및 등록

수준	직무A	직무 B	직무 C	…
8				
7	Z대 A전공석사			
6	인증기준	X대 A과 박사		
5	인증기준	Y대 A과 박사		
4	인증기준	A산업기사		
3	인증기준	X A과		
2				
1				

섹터　A섹터　…

무를 도출하여 표준화하고 수준범위를 설정한다. 2단계는 직무역량체계 개발 단계로 해당 산업의 직무별/수준별 요구역량이 정의된 체계를 개발한다. 마지막 3단계는 역량인정방안 개발 단계로 직무역량체계를 토대로 학위, 자격, 직업훈련 이수결과, 현장경력 등을 연계한다.

③ 직무능력은행제(NCS Bank)

직무능력은행제는 개인의 다양한 직무능력을 저축·통합 관리하여 취업·인사배치 등에 활용할 수 있는 '개인별 직무능력 인정·관리체계'를 의미한다. 직무능력은행제를 통해 개인은 학습이력(교육·훈련, 자격 등)을 능력은행에 저축해 체

그림 6-9 직무능력은행제의 개념적 모형

그림 6-10 직무능력은행 구축 개념도

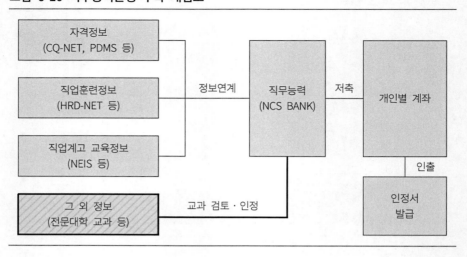

계적으로 통합 관리하고, 필요에 따라 취업 등에 손쉽게 활용할 수 있도록 인정서
를 발급할 수 있게 된다.

　　직무능력은행제의 구축을 보면 저축 대상 정보 중 NCS에 기반한 것이 명확
한 것과 그렇지 않은 것으로 구분하여 직무능력은행제 저축한다. NCS에 기반한
것이 명확한 정보(NCS 기반 자격·교육·훈련)는 정보망 연계를 통해 저축하며, NCS
에 기반한 것이 명확지 않은 학습이력은 NCS 기반 교과 인정 등을 통해 직무능
력은행에 저축하게 된다.

　　이러한 직무능력은행제는 개인 차원, 기업 차원, 고용서비스 차원 등에서 활
용될 것으로 예상된다. 첫째, 개인 차원에서는 본인의 경력개발경로 설정 및 취업
등에 직접적으로 활용이 가능할 것으로 기대된다. 즉, 개인의 경력개발을 위하여
필요·보유 직무능력(계좌)을 진단하고, 교육훈련, 자격 취득 및 취업 등에 활용이
가능할 것으로 예상된다.

　　둘째, 기업 차원에서는 채용, 승진 등 기업내 인사관리시스템에 적용 및 활
용이 가능할 것으로 기대된다. 근로자(구직자)의 직무능력정보를 구체적으로 확인
하여 직무능력중심 채용 및 배치 등 인사관리에 활용할 수 있게 된다.

　　셋째, 워크넷 등 공공부문의 고용서비스 연계를 통한 취업 지원도 가능할 것
으로 예상된다. 예를 들어 워크넷의 구직이력서 등록시 개인별 직무능력정보(NCS
BANK)를 연계하여 기업이 요구하는 분야의 직무능력 보유자에 대한 채용 지원이

그림 6-11 개인별 직무능력 계좌 예시

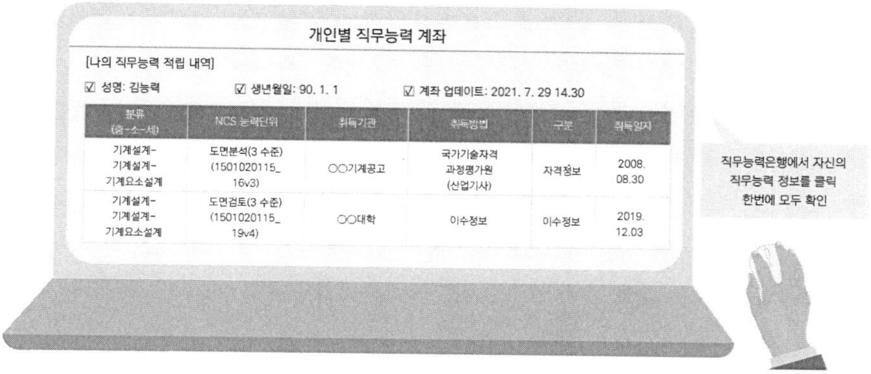

가능하다. 또한 공공서비스뿐만 아니라 잡코리아 등 민간취업플랫폼과도 협업을 통해 직무능력은행(NCS BANK) 활용 확대를 검토할 수 있으며, 이외에도 산업별 역량체계(SQF)에서 요구하는 직무능력의 보유여부를 직무능력은행제에서 진단, 인증서를 제출하여 산업내 이직 및 승진 등에 활용할 수 있다.

2. 역량중심 직업능력개발을 위한 제도

[1] 선행학습인정(RPL)

① 선행학습인정의 개념

선행학습인정(RPL: Recognition of Prior Learning)은 형식교육(foraml education) 또는 훈련기관의 표준에 의한 형식학습 외에 비형식(informal), 무형식(non-formal) 학습을 식별하고, 문서화하는 과정을 거쳐 이에 대해서 평가하고 승인하는 과정을 의미한다(UNESCO, 2012: 8). 따라서 ILO에서는 학습결과에 초점을 맞추어 RPL은 형식교육 및 훈련 프로그램을 거치지 않고도 자격(qualification)을 취득하게 하거나, 자격에 필요한 학점(credit)을 취득하게 하거나, 또는 자격취득을 위한 학습의 일부를 면제하는 기회를 제공한다(ILO, 2018:9).

ILO는 informal economy에서 formal economy의 전이와 인구이동의 성장을 촉진하는데 있어서 선도적 역할수행 측면에서 전 세계로부터 RPL 지원에 대한 큰 요구를 받고 있다. 반면, 국내의 경우 비형식 학습과 무형식 학습이 명확히 구분되지 않는 경향이 있으며, 정규학력과 학위 인정여부를 중심으로 정규학습(formal learning)과 비정규 학습(non-formal and informal learning)으로 구분되어 활용되고 있다(최상덕 외, 2006).

RPL이라는 용어 외에도 각국에서 다양한 용어로 표현하고 있다. 예를 들어 EU에서는 VNFIL(Validation of non-formal and informal learning), ILO에서는 RPL (Recognition of prior learning), 영국에서는 APEL(Assessment of Prior (Experiential) Learning) 등의 용어가 혼용되어 사용되고 있다.

세계 여러 국가들은 비형식·무 형식 학습 인정체제가 가질 수 있는 가능성을 확대할 수 있는 방향으로 관련 제도를 구축 및 실현하고자 노력을 기울이고 있다. 예를 들어 미국의 RPL은 2차 세계대전 참전군인의 군사훈련 경험을 대학의 학점으로 인정하기 위한 역사적 근거를 갖고 있다. 최근 각 주정부는 RPL의 활성화를 위해서 주정부차원의 인센티브를 제공하고 있다. 테네시 주정부는 RPL 시행에 대한 인센티브를 제공하여 대학졸업률을 높이려 노력하였다(OECD, 2014: 81).

② 선행학습인정 시행 절차

선행경험인정 시행절차는 연구의 관점에 따라 다양하나 기본적으로 학습자에 대한 정보확인, 상담, 평가, 자격인정 등의 절차에 따라 이루어진다(ILO, 2018). ILO에서 제안하고 있는 RPL 절차흐름도는 1) 인식 및 정보(awareness and information), 2) 상담 및 시행(counselling and facilitation), 3) 평가 및 자격취득(assessment and certification) 3단계로 구성되어 있으며 특히 두 번째 단계인 지도 및 시행에서 갭훈련(GAP training)이 실시되는 개념으로 구성되어 있다.

각 단계는 세부적인 절차로 나뉘어져 검증(validation)이 어떤 구체적인 절차에 의해서 수행되는지 제시하고 있으며, 각 세부단계별 요건에 부족한 경우 GAP training의 실시가 제시되어 있다. 아울러 각 검증단계에 대해서 RPL 신청자가 이의신청을 할 수 있도록 전체 프레임워크가 마련되어 있다.

CEDEFOP이 제시하고 있는 형식학습과 비형식/무형식 학습에 따른 RPL 절차는 다음과 같이 구성할 수 있다(CEDEFOP, 2009). 이에 따르면 공식적인 교육기관을 통한 형식학습의 학습성과에 대한 인정은 비형식 또는 무형식 학습을 통한 학습성과에 비해 상대적으로 인정의 절차가 간소화될 수 있다는 점과 더불어 형

그림 6-12 RPL 절차 흐름도

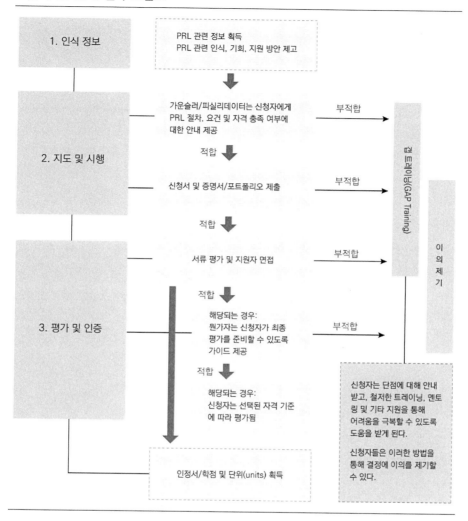

식학습과 비형식/무형식 학습 모두 공통적으로 학습의 성과를 표준(standards) 또는 준거(referential)에 의거하여 등가성을 확인할 수 있다는 점을 확인할 수 있다. 이때, 표준(standards) 또는 준거(referential)는 국가 수준에서 설정한 표준 또는 역량체계가 활용될 수 있으며, 이를 활용하여 교육 − 자격 − 경험(직무, 일상)의 비교 가능성을 검토하고, 국가 간 상호인정을 위한 정당성(legitimacy)을 확보할 수 있다.

CEDEFOP에서 개발한 무형식과 비형식 학습의 검증을 위한 유럽 가이드라

그림 6-13 형식학습과 비형식/무형식 학습에 따른 RPL 절차

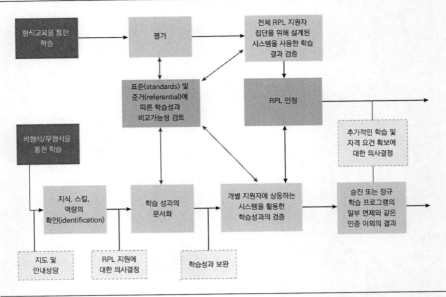

자료: CEDEFOP. (2009, p.18). European guidelines for validating non-formal and informal learning.

인(European Guideline for validating non−formal and informal learning)에 따르면 RPL 세부 검증(validation) 절차의 개발과 시행시 첫째, 학습결과(learning outcome)을 명확하게 하여 RPL의 가치가 학습결과로부터 기인됨을 분명하게 하고 둘째, 각 단계별 상호관계를 중시하는 관점에서 10단계로 나누어진 접근의 필요성을 제기하고 있다.

③ 선행학습인정 관련 국내외 동향

전 세계적으로 일터에서 습득한 경험학습을 학점이나 자격으로 평가인정하는 정책이 각국 정부 차원에서 추진되고 있으며 비형식·무형식 학습 인정체제가 가질 수 있는 가능성을 확대할 수 있는 방향으로 관련 제도를 구축 및 실현하고자 노력을 기울이고 있다.

첫째, ILO와 같은 국제기구는 물론 EU, ASEAN 등은 지역별로 국가 간 협력을 강조하고 있다. EU의 경우 다양한 학습에 대한 가치평가(valuing learning)를 강조하면서 유럽 공동체라는 다양한 학습 환경에서 발생하는 학습경험을 인정하기

그림 6-14 RPL 세부 검증절차의 개발과 시행단계: 각 단계별 상호관계

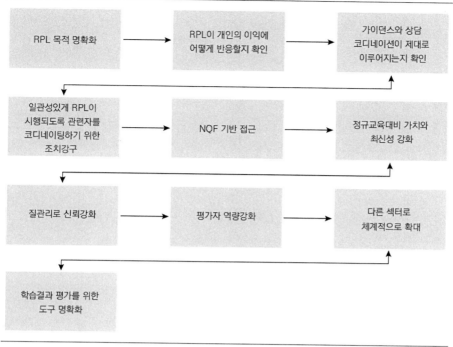

자료: CEDEFOP(2015:52)

위한 EQF(European Qualifications Framework for lifelong learning), ECVET(the European Credit System for VET) 등 역량체계의 활용을 강조하고 있다 (COMMISSION OF THE EUROPEAN COMMUNITIES, 2008). 2012년 초까지 유럽연합에 속한 27개국을 포함하여 NQF를 도입하거나 도입을 추진하고 있는 국가는 138개국에 이르고 있으며(Raffe, 2013), RPL은 NQF의 핵심적 운영기반으로 강조하고 있다(Armsby, 2012: 147; 이정표, 2014에서 재인용).

둘째, EU에 속하지 않은 세계 여러국가들은 NQF 구축을 통하여 학습의 기간이나 장소에 제한하지 않고 학습의 결과를 기반으로 선행학습을 인정하고, 국가 간 교육 및 훈련의 장벽을 낮춰 이동을 촉진시키기 위하여 노력을 기울이고 있다(CEDEFOP, 2009). 이러한 배경하에 NQF 운영의 목적은 1) 학습결과(역량)에 대한 국가 표준 설정의 용이성 확보, 2) 자격의 연계, 3) 학습에 대한 접근성 확대 및 학습결과의 상호인정(transfer) 촉진, 4) 교육 및 훈련 제공의 질을 증진으로

구분할 수 있다.

　한편, 국내에서는 RPL에 동조하는 학점은행제, 평생학습계좌제, 독학학위제 등 관련 정책과 제도는 오래전부터 있어 왔으며, 최근에는 제도의 필요성을 인식하여 선행경험 인정을 위한 여건 조성 정책들이 진행되고 있다. 먼저, 교육부는 고등교육법 개정을 통해 RPL을 적극 도입하기 위한 정책적 노력을 추진해왔다. 2010년도부터 평생학습 중심 대학사업과 전문대학 학사제도 개선 시범사업의 일환으로 대학에서의 RPL 시범사업을 추진하고 있다(이정표, 2014). 2013년 「고등교육법(제23조)」산업체에서 근무한 사실이 인정되는 경우에는 졸업에 필요한 학점의 4분의 1 이내에서 학점을 취득할 수 있다.

　고용노동부도 근로자의 기업경력이나 훈련경험을 대학 학점으로 인정할 수 있는 방안을 함께 도입하였다. 한국산업인력공단에서 산학일체형도제학교와 IPP 대학 사업 등 재학생 단계 일학습병행제 중심으로 제한적으로 수행해오고 있다. 또한 최근 추진되고 있는 직무능력은행제 역시 선행학습을 인정하여 국가가 관리하는 시스템으로 볼 수 있다.

김기용 (2022). 플러스자격 및 모듈형자격 제도화 방안. 국가기술자격포럼 발표자료.

김상진, 이동임 (2005). 호주의 자격제도 연구, 한국직업능력개발원

김주섭, 조세형, 전승환, 정동열 (2022). 제5차 국가기술자격 제도발전 기본계획 수립방안 연구. 고용노동부.

나승일, 조정윤, 정동열 (2023). 국가기술자격 역량기반평가 개선방안 연구. 한국산업인력공단.

대우경영컨설팅주식회사 (2022). 산업별 역량체계(SQF)의 역량인정 구체화 방안 연구.

법제처 국가법령정보센터 (2022). 자격기본법시행령.

이동임, 서유정(2017). 주요국의 자격제도와 자격간 연계에 관한 연구(영국·호주·독일을 중심으로), 직업과 자격연구 제6권 제1호, 1-38.

전승환(2022). 국가직무능력표준(NCS) 및 산업별 역량체계(SQF) 관련 주요 이슈 및 추진 방향. 직능포럼 발표자료.

정동열, 이승, 전승환, 오춘식, 김윤아 (2022). 국가기술자격(검정형, 과정평가형) 출제기준 일원화 방안 연구. 한국산업인력공단.

조정윤, 정동열, 오춘식 (2022). 태국, 네팔 근로자 선행경험인정 추진전략 및 활성화 방안 연구. 한국산업인력공단.

직업능력심사평가원 (2021). NCS 개발·개선위원회 발제자료. 미발간 자료.

한국산업인력공단 국가직무능력표준원(2022). 영국 NCS 동향 조사. 해외NCS 최신동향 공유 포럼 발표자료.

한국산업인력공단 국가직무능력표준원(2022). 호주 NCS 동향 조사. 해외NCS 최신동향 공유 포럼 발표자료.

한국산업인력공단(2021). 2022년도 산업별역량체계(SQF) 개발 및 활용 사업 운영기관 공개모집('21.11.17.).

한국산업인력공단(2021). 특성화 전문대학 육성사업(SCK) 종료에 따른 NCS 활용변화 및 확산방안 연구.

한국산업인력공단(2022). 내부자료.

CEDEFOP. (2009, p.18). European guidelines for validating non-formal and informal learning.

07

자격제도 및
숙련기술장려시책

07

자격제도 및 숙련기술장려시책

전승환(한국직업능력연구원)

제1절 ▸ 자격의 개념 및 기능

1. 자격의 개념

자격이란 특정 직무에서 근로자가 특정한 수준의 숙련이나 자질을 갖추었음을 공식적으로 인정하는 것으로서, 대표적으로 OECD(1996)에서는 자격(qualification)을 모든 학습결과에 대한 인정으로 정의하여 자격 인정이 될 수 있는 것들의 범위가 일반적 시험뿐만 아니라 다양한 것일 수 있음을 제시하고 있다. 이와 같이 일반적으로 자격이란 통상의 기술기능계 자격증뿐만 아니라 각종 면허, 학위를 포함한 교육훈련 이수증 등을 포괄하는 개념으로 볼 수 있다.

그러나 각국의 사회경제적 환경, 교육훈련제도, 자격제도 등에 차이가 있어 실제 자격의 정의는 국가마다 다양하게 사용되고 있다. 대체로 교육과 훈련이 연계·통합 운영되는 상당수 유럽 국가에서는 직업교육훈련(vocational education and training: VET) 개념이 일반화되어 있어 직업교육과 직업훈련을 분리하기 어렵고, 직업교육훈련과 일반교육의 연계가 강조된다. 이처럼 자격이 학위를 포괄하는 넓은 의미로 사용되면 직업자격과 학위를 포함한 인문자격간의 등가화가 중요한 문제로 부각된다. 반면에 교육과 훈련이 분리·운영되어온 우리나라, 미국, 일본 등에서는 대체적으로 자격은 학위와 구분되어 사용되며, 대체로 자격은 관계기관에 의하여 별도의 검정을 통하여 인정된 것, 즉 직업자격(vocational qualification)으로 좁게 사용하는 경향이 강하다. 즉 관련분야의 학위소지자도 그 분야의 자격증이 필요하다면 별도의 자격검정을 통과하여야 자격증을 얻을 수 있다.

한편, 법률적으로 자격의 개념은 「자격기본법」에서 규정하고 있다. 「자격기본법」 제2조에서는 자격의 정의를 "직무수행에 필요한 지식·기술·소양 등의 습득 정도를 일정한 기준과 절차에 따라 평가 또는 인정된 것"으로 규정하고 있으며, 여기서 의미하는 자격은 자격증, 면허증 등과 같은 직업적인 측면에서의 자격을 의미한다고 볼 수 있다. 또한, 직업적인 측면에서의 자격은 자격 자체가 자격 소지자의 법적인 지위를 보장하고 자격 비소지자의 진입을 규제하는 성격이 강한 면허형 자격이 있는가 하면 개인의 능력인정에 초점을 두는 능력인정형 자격이 있다. 면허형 자격은 대체로 전문직과 연계된 변호사, 의사 면허증 등을 의미하며, 능력인정형 자격은 일반적인 자격증을 의미한다.

2. 자격의 기능

자격의 기능은 개인의 능력 정도를 나타내는 기본적 기능인 ① 신호(signal)기능을 중심으로 이후 파생되어 나타나는 기능으로서 ② 능력개발 선도(guide)기능, 기업의 인재 선발을 위한 ③ 선별(screening)기능, 소지자의 지위나 직업적 이익을 보호하는 ④ 면허적(licence) 기능 등으로 종합할 수 있다.

첫째, 신호(signal)로서의 기능으로 근로자 또는 근로자가 되려는 자가 가지고 있는 능력의 정도를 나타내 주는 역할이다. 신호기능이 제대로 작동하기 위해서는 개인이 가지고 있는 해당 분야의 능력의 식별(identification), 평가(evaluation) 및 지표화(indication) 등이 필요하다. 신호기능이 활성화되는 것은 일례로 구인－구직의 합치 및 인적자원의 적재적소 배치를 가능하게 함으로써 인적자원의 효율적 배분을 가능하게 하는 데 기여할 수 있다.

둘째, 현재와 미래에 필요한 직업능력을 자격화하고, 자격에 대해 사회에서 평가와 보상이 적정하게 이루어지도록 함으로써 사회가 필요로 하는 능력의 형성 및 향상을 선도(guide)하는 기능이다. 선도기능을 강화하기 위해서는 자격을 대하는 기업을 포함한 사회의 평가와 보상이 적정하게 이루어져 사회 구성원들이 능력개발을 통하여 취득한 자격을 통한 인센티브가 잘 작동하여야 한다. 이를 위해서는 자격이 산업현장에서 요구하는 능력을 적절하게 반영하여 시장으로부터 정당한 가치를 구현하는 것이 우선되어야 한다.

셋째, 기업이 인재 채용 시 자격을 통해 능력을 판단하는 선별장치(screening

device)로서 활용되는 자격의 선별기능이다. 사업주는 근로자 채용 시 기업에서 요구하는 능력을 갖춘 사람을 선택하기 위하여 서류전형, 시험, 면접 등 여러 가지 선별장치를 마련하는데, 이때 자격은 학력 등과 함께 직업능력의 중요한 증거로 작동할 수 있다.

넷째, 자격 소지자에게 지적재산권 또는 그 독점적 지위를 보장하거나 자격 소지자를 취업 및 승진 등에서 우대함으로써 그들의 직업적 이익을 보호 및 개선하는 면허적(licence) 기능이다. 면허는 일정한 요건을 갖추고 규정화된 절차에 따라 공인을 받은 자만이 관련된 분야의 업무를 할 수 있도록 하는 일종의 진입장벽으로, 면허적 기능이 지나칠 경우 경쟁을 제한하여 질 좋은 상품이 공급되기가 어려우며 그 기능이 지나치게 약화되면 창의적 상품 개발이나 능력개발에 대한 인센티브가 약해질 수 있다. 완전한 진입장벽으로서의 면허는 아니더라도 자격 소지가 취업, 승진 및 배치전환 등에서 우대받을 수 있도록 자격은 일정한 진입규제 장치로 기능함으로써 자격 소지자에게 이익을 가져다주는 역할을 한다.

제2절 ▸ 자격의 유형(국가자격 vs 민간자격)

자격은 운영 및 관리 주체에 따라 국가자격과 민간자격으로 구분된다. 국가자격은 법령에 따라 국가가 신설하여 관리·운영하는 자격(「자격기본법」 제2조 제4항)으로 '개별법 국가자격', '국가기술자격', '일학습병행 자격' 등으로 구분된다. 민간자격은 국가 외의 자가 신설하여 관리·운영하는 자격(「자격기본법」 제2조 제5항)으로 주무부 장관에게 등록한 '등록민간자격'과 등록민간자격 중 주무부 장관이 공인한 '공인민간자격', 그리고 사업주가 단독 또는 공동으로 근로자의 직업능력개발을 위해 운영하는 '사업내자격' 등으로 구분된다.

표 7-1 자격의 유형 및 현황

구분		종목 수	관련 법률	자격 예시
국가 자격	개별법 국가자격[1]	207	개별법령 (의료법 등 관련법)	의사(의료법) 변호사(변호사법), 공인중개사(공인중개사법), 청소년상담사(청소년기본법) 등

구분		종목 수	관련 법률	자격 예시
	국가 기술자격	544	국가기술자격법 (고용노동부)	기술·기능 분야(기술사, 기능장, 기사, 산업기사, 기능사), 서비스 분야(직업상담사, 전산회계운용사, 컨벤션기획사 등)
	일학습병행 자격	434	산업현장 일학습병행 지원에 관한 법률 (고용노동부)	요양보호_L2, 소믈리에_L3, 바리스타_L3, 의료코디네이터_L3, 카지노기획개발_L4, 헬스케어운동지도_L5 등
민간 자격	등록 민간자격 (23년 9월 기준)[2]	51,373	자격기본법 (주무부장관)	학교폭력상담사, 동화구연지도사, 심리상담사, 독서지도사 등
	공인 민간자격	95	자격기본법 (교육부 등 17개 부처)	TEPS, 리눅스마스터, 실내디자이너 등
	사(업)내자격	295	고용보험법	NNOVATOR(삼성SDS), 환경시설관리사(부산환경공단), 뷰티컨설턴트(화진화장품), 커피매스터(스타벅스코리아) 등

주: 1) 개별법 국가자격의 종목 수는 207개이나, 등급 또는 분야로 구분할 경우 약 580여 개 종목이 있음(국가기술자격 제외)
　　2) 자격기본법에 따라 민간자격은 반드시 등록을 하여야 하므로 등록민간자격 수는 공인민간자격 수를 포함

1. 국가자격

　　개별법 국가자격은 소관 주무부처가 직접 또는 위임·위탁을 통해 전문기관(시행기관)에서 관리·운영하는 자격이다. 일례로 보건복지부 소관 자격 중 의사, 간호사, 약사 등 의료 분야 자격은 '한국보건의료인국가시험원'에서 관리·운영하고 있다. 개별법 국가자격은 ○○사(士) 또는 ○○사(師), ○○자, ○○면허, ○○자격 등으로 명명되고 있으며, 2023년 기준 207개 자격, 580여개 종목이 운영되고 있다. 개별법 국가자격을 활용하는 유형은 법률에서 규정하고 있는 자격의 활용 내용을 근거로 사업면허형, 의무배치형, 직무허가형, 행위허가형 등으로 분류할 수 있다.

　　국가기술자격은 「국가기술자격법」에 따라 관리·운영되고 있으며, 자격 분야별로 소관부처가 있으나, 고용노동부에서 총괄 관리하고 있다. 국가기술자격은 2023년 기준 총 544개 종목이 있으며, 기술·기능 분야 5등급(기술사, 기능장, 기사, 산업기사, 기능사), 서비스 분야 4등급(1급, 2급, 3급, 단일등급)으로 구분된다. 국가기

술자격의 검정 시행은 총 10개 기관이 담당하고 있으며, 이 중 대부분은 한국산업인력공단이 직접 관리하고 있다. 특히 국가기술자격은 검정형과 과정평가형으로 구분되며, 과거에는 검정형으로만 운영되다가 2015년부터는 과정평가형 자격이 함께 운영되고 있는 특징이 있다. 과정평가형 자격이란 「국가기술자격법」 제10조 제1항에 근거하며, NCS(국가직무능력표준) 기반으로 설계된 교육훈련과정을 체계적으로 이수하고 내부 및 외부 평가를 거친 일정 수준 이상의 이수자가 취득하는 국가기술자격을 의미한다.

일학습병행 자격은 「산업현장 일학습병행 지원에 관한 법률」이 2020년 8월 시행됨에 따라 「일학습병행 직종 및 직종별 교육훈련기준」 제정으로 318직종 415종목이 마련되었으며, 2022년 1월 336직종 434종목으로 개편되었다.

2. 민간자격

민간자격은 1997년 산업사회의 발전에 따른 다양한 자격수요에 부응하기 위한 필요성에 따라 마련되었으며, 국민의 직업능력개발 촉진 등을 도모하기 위해 제정된 「자격기본법」에 근거하여 운영되고 있다. 「자격기본법」이 제정될 당시 누구든지 민간자격을 신설하여 관리·운영하고, 민간자격에 대해 국가의 공인을 받을 수 있도록 함으로써 민간자격의 활성화와 함께 그에 대한 공신력을 높일 수 있도록 하였다. 특히, 민간자격 중 공인민간자격을 취득한 자는 다른 법령으로 정하는 바에 따라 이에 상응하는 국가자격을 취득한 자와 동등한 대우를 받을 수 있음〔「자격기본법」 제23조(공인자격의 취득 등) 제3항〕을 규정하고 있다.

이와 같이 민간자격은 등록민간자격과 공인민간자격으로 구분된다. 등록민간자격은 2013년 사전등록제도 실시 이후 급격하게 증가하고 있으며, 공인민간자격은 법적으로 국가자격과 동등한 대우를 받기 때문에 심사기준이 엄격하여 등록민간자격 중 일부 종목만이 공인민간자격으로 지정되어 운영 중이다.

등록민간자격은 개별 주무부처에서 관리하고 있으며, 2023년 9월 기준 IoT가전/스마트홈전문가, 드론정비사, 곤충관리사, 커뮤니케이션전문가 등 51,373개 종목이 운영되고 있다. 또한, 공인민간자격은 교육부 등 17개 부처, 50개 담당 부서에서 관리하고 있으며, 2023년 9월 기준 인터넷정보관리사, 정보시스템감리사, 자동차진단평가사, TEPS 등 95개 명칭의 254개 등급(분야)으로 운영되고 있다.

제3절 ▶ 국가기술자격 운영 개요

　국가기술자격의 정의는 「국가기술자격법」 제2조에 명시되어 있으며, 「자격기본법」에 따른 국가자격 중 산업과 관련이 있는 기술·기능 및 서비스 분야의 자격을 의미한다. 국가기술자격제도의 일반적인 운영체계는 다음과 같다.

그림 7-1 국가기술자격제도 운영체계

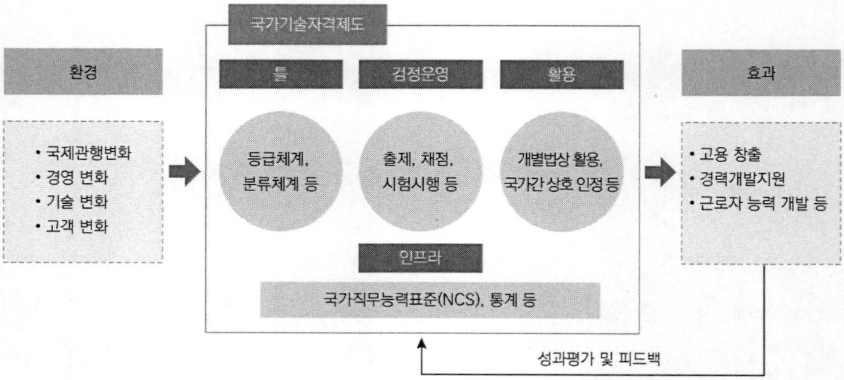

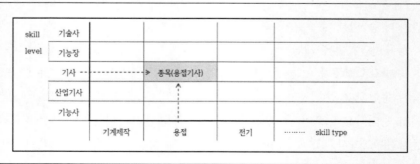

　국가기술자격제도의 구성을 이해하기 위해서는 자격의 틀(framework)을 이해할 필요가 있다. 자격의 틀(framework)이란 직무수행능력을 평가하기 위해 어떤 분야에 어느 수준의 능력을 평가하고자 정하는 것으로서 등급체계(skill level)와 분류체계(skill type)로 구분된다. 여기서 등급체계(skill level)는 직무수행능력의 수

그림 7-2 국가기술자격의 틀 예시

그림 7-3 국가기술자격의 등급체계(2022년 10월 기준)

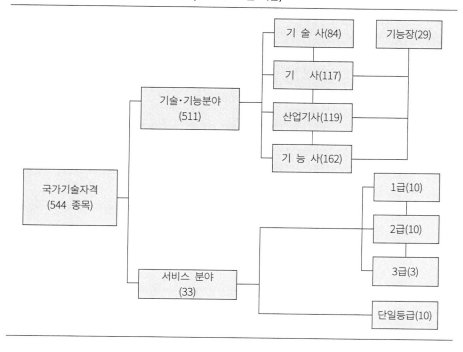

직적 위계를 의미하며, 분류체계(skill type)는 직무분류를 의미한다.

국가기술자격의 등급체계는 분야별로 상이하다. 기술·기능 분야는 기능사 → 산업기사 → 기사 → 기술사 또는 기능장으로 이어지는 체계로 구성되어 있으며, 서비스 분야는 1~3등급 혹은 단일등급으로 구성된다.

국가기술자격 제도 설계 및 운영 총괄은 「국가기술자격법」 및 「국가기술자격 정책심의위원회(위원장: 고용노동부장관)를 통해 고용노동부가 담당하고 있다. 고용노동부에서는 제도설계와 관련하여 등급체계·분류체계 조정, 종목신설·통합·폐지, 관할영역설정, 응시자격 조정, 과목면제 결정 등의 역할을 담당하고 있으며, 제도운영과 관련하여 검정의 기본방향 제시, 검정제도 개선, 수탁기관 평가·선정·위탁취소·권고 등을 수행하고 있다. 또한, 국가기술자격 활용과 관련하여 국가 간 상호인정 조치, 불법대여 단속 총괄의 역할을 담당하고 있으며, 이외에 국가직무능력표준 개발 총괄, 자격의 성과(효용성) 평가 및 피드백 등도 수행하고 있다.

국가기술자격의 소관종목별 운영은 개별 주무부처에서 담당하고 있다. 소관종목의 신설, 통합, 폐지, 세분화 등을 고용노동부와 협의하여 진행하며, 소관종

표 7-2 국가기술자격 검정 수탁기관 현황

검정 수탁기관	종목 수	수탁 자격 종목
1. 한국산업인력공단	493	기술·기능분야 481종목 + 서비스 분야 14종목
2. 대한상공회의소	15	워드프로세스, 컴퓨터활용능력/전자상거래관리사1·2급, 비서/한글속기/전산회계운용사1·2·3급, 전자상거래운용사(서비스 분야)
3. 한국원자력안전기술원	3	원자력발전·방사선관리기술사, 원자력기사
4. 영화진흥위원회	2	영사산업기사·기능사
5. 한국콘텐츠진흥원	3	게임기획전문가, 게임그래픽전문가, 게임프로그래밍전문가
6. 한국방송통신전파진흥원	18	전파전자통신/무선설비/방송통신기사·산업기사·기능사, 정보통신기술사·기사·산업기사, 통신설비기능장, 통신선로산업기사·기능사, 통신기기기능사, 정보보안기사·산업기사
7. 한국광해관리공단	7	자원관리기술사, 광해방지기술사·기사, 시추기능사, 광산보안기사·산업기사·기능사
8. 한국데이터산업진흥원	1	빅데이터분석기사
9. 한국디자인진흥원	1	서비스·경험디자인기사
10. 한국산업안전보건공단	1	타워크레인설치·해체기능사

목 검정위탁요청, 수탁기관에 대한 시정명령, 위탁취소 등의 역할을 담당한다. 실질적인 국가기술자격 검정은 한국산업인력공단 등 검정수탁기관(10개)에서 담당하고 있다. 검정수탁기관에서는 문제출제, 시행, 채점, 자격증 교부 등의 역할을 수행하고 있다.

국가기술자격의 활용 지원은 국토교통부 등 19개 주무부처에서 담당하고 있다. 개별 주무부처에서는 영업면허, 의무고용, 특별전형, 임용시험 가산점 부여 등을 통해 국가기술자격의 활용을 지원하고 있으며, 소관종목 불법대여 단속 및 행정처분(자격취소·정지 등)도 수행하고 있다.

표 7-3 부처별 국가기술자격 종목 현황

부 처 \ 등 급	총계	기술사	기능장	기사	산업기사	기능사	서비스분야			
							1급	2급	3급	단일
총 계	544(13)	84(2)	28	117(4)	122(3)	161(3)	10	10	3	9(1)
1. 식품의약품안전처	22(4)	1(1)	2	1(2)	8	10(1)	-	-	-	-
2. 통계청	3	-	-	1	-	-	1	1	-	-
3. 과학기술정보통신부	65(1)	21	1	15(1)	14	13	-	-	-	1
4. 국방부	3	-	-	1	1	1	-	-	-	-
5. 행정안전부	4	-	-	2	1	1	-	-	-	-
6. 경찰청	6	1	-	2	2	1	-	-	-	-

부처 \ 등급	총계	기술사	기능장	기사	산업기사	기능사	서비스분야 1급	2급	3급	단일
7. 소방청	10	1	1	3	4	1	-	-	-	-
8. 문화체육관광부	12	-	-	-	2	3	1	1	-	5
9. 농림축산식품부	15	2	-	5	4	4	-	-	-	-
10. 농촌진흥청	17	3	-	5	4	5	-	-	-	-
11. 산림청	10	1	-	3	2	4	-	-	-	-
12. 산업통상자원부	97(4)	12	5	29	23(3)	25(1)	1	1	-	-
13. 보건복지부	13(1)	-	2	1	1	7	1	1	-	(1)
14. 환경부	23(2)	7(1)	-	9(1)	-	6	1	-	-	-
15. 기상청	3	1	-	2	-	-	-	-	-	-
16. 고용노동부	101	6	11	11	21	36	5	5	3	3
17. 국토교통부	116	23	5	20	23	45	-	-	-	-
18. 해양수산부	22(1)	5	1	7	5	4(1)	-	-	-	-
19. 공정거래위원회	2	-	-	-	-	-	1	1	-	-

* ( )는 공동소관 종목

제4절 ▶ 국가기술자격 취득 방법

국가기술자격은 1973년 「국가기술자격법」 제정과 함께 시험에 합격한 자에게 자격을 부여하는 검정형으로 운영되었다. 그러나 산업현장－교육훈련－자격의 미스매치가 심화되고 있다는 문제가 지속적으로 제기되자 산업현장의 '일'을 중심으로 직업교육훈련과 자격이 유기적으로 연계될 수 있도록 2015년 과정평가형 자격을 도입하였다. 이후 국가기술자격은 검정형 자격과 과정평가형 자격으로 이원화하여 운영되고 있다. 최근에는 정책적으로 과정평가형 자격의 확대를 추진하고 있으며, 국가기술자격 546개 종목 중 178개 종목이 과정평가형 자격으로 운영되고 있다.

그림 7-4 국가기술자격 취득방법별 구분

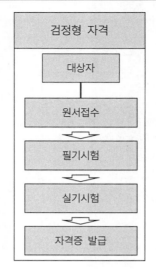
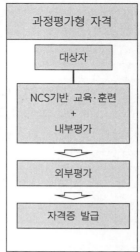

1. 검정형 국가기술자격

　　검정형 국가기술자격은 「국가기술자격법 시행령」 제20조(검정의 합격 결정 기준)에 따라 필기시험(지필) 및 실기시험(작업 및 면접)의 합격기준을 충족한 자에게 부여하는 자격을 의미한다. 검정형 국가기술자격의 검정은 ① 정기검정(연 1~4회 시행), ② 상시검정(인력공단 12종목, 대한상의 6종목 등), ③ 수시검정(정기검정 외에 예측할 수 없거나 긴급한 경우 등의 검정 수요에 대응하여 실시) 등으로 구분된다.

표 7-4 검정형 국가기술자격 합격기준

직무분야	등급	필기시험	실기시험
기술·기능 분야	기술사	단답형 또는 주관식 논문형 (100점 만점에 60점 이상)	구술형 면접시험 (100점 만점에 60점 이상)
	기능장	객관식 4지택일형(60문항) (100점 만점에 60점 이상)	작업형 실기시험 (100점 만점에 60점 이상)
	기사, 산업기사	객관식 4지택일형(과목당 20문항) (매과목 40점 이상, 전과목 평균 60점 이상)	작업형 실기시험 (100점 만점에 60점 이상)
	기능사	객관식 4지택일형(60문항) (100점 만점에 60점 이상)	작업형 실기시험 (100점 만점에 60점 이상)

직무분야	등급	필기시험	실기시험
서비스 분야	1, 2, 3급	객관식 4지택일형(과목당 20문항) (매과목 40점 이상, 전과목 평균 60점 이상)	작업형 실기시험 (100점 만점에 60점 이상) ※컴활, 전산회계운용사는 70점 이상

표 7-5 검정형 국가기술자격 응시요건

등급	응시요건		
	기술자격 소지자	관련학과 졸업자	순수 경력자
기술사	• 동일 및 유사 직무분야 - 기술사 - 기사+4년 - 산업기사+5년 - 기능사+7년 • 동일종목의 외국자격취득자	• 대졸+6년 • 3년제 전문대졸+7년 • 2년제 전문대졸+8년 • 기사(산업기사) 수준의 훈련과정 이수자+6년(8년)	9년
기능장	• 동일 및 유사 직무분야 - 기능장 - 산업기사+5년 - 기능사+7년 • 동일종목의 외국자격취득자	• 해당 직무분야 산업기사 또는 기능사 자격 취득 후 기능대학 기능장과정 이수자(예정자)	9년
기사	• 동일 및 유사 직무분야 - 기사 - 산업기사+1년 - 기능사+3년 • 동일종목의 외국자격취득자	• 대졸(졸업예정자) • 3년제 전문대졸+1년 • 2년제 전문대졸+2년 • 기사 수준 훈련과정 이수자 • 산업기사 수준 훈련과정 이수+2년	4년
산업기사	• 동일 및 유사 직무분야 - 산업기사 - 기능사+1년 • 동일종목의 외국자격취득자 • 기능경기대회 입상	• 전문대졸(졸업예정자) • 산업기사 수준의 훈련과정 이수자	2년
기능사	• 제한 없음		
서비스	• 대학졸업자, 해당 종목의 2급 자격취득 후 해당 실무경력을 가진자 등 종목에 따라 다름		

* 이수예정자 : 훈련과정의 2분의 1을 초과하여 교육훈련을 받고 있는 사람
* 졸업예정자 : 필기시험일 현재 「초·중등교육법」 및 「고등교육법」에 따라 정해진 학년 중 최종학년에 재학중인 사람
  (단, 학점인정 등에 관한 법률에 의거 106학점은 4년제, 81학점은 3년제 전문대학, 41학점은 2년제 전문대학 졸업예정자로 봄)
* 비관련학과 관련 응시자격 폐지(2013.1.1.부터)

한편, 검정형 국가기술자격은 자격등급별로 별도의 응시요건을 규정하고 있다. 자격등급별 응시요건은「국가기술자격법 시행령」별표 4의2에서 규정하고 있으며, 국가기술자격 등급별로 기술자격 소지자, 관련학과 졸업자, 순수 경력자 등으로 구분하여 응시요건을 설정하고 있다.

2. 과정평가형 국가기술자격

과정평가형 국가기술자격은 국가직무능력표준(NCS) 기반으로 설계된 교육·훈련과정을 충실히 이수한 후, 내·외부평가를 거쳐 일정 합격기준을 충족하는 교육·훈련생에게 국가기술자격을 부여하는 제도이다. 과정평가형 자격의 법적 근거는 국가기술자격법 제10조에 명시되어 있으며, 교육훈련과정 이수 및 합격기준 충족을 통해 해당 국가기술자격 취득이 가능하도록 규정하고 있다. 이를 통해 기존 검정형 자격뿐만 아니라 NCS에 기반한 교육훈련과정 이수를 통해 자격 취득이 가능한 과정평가형 자격제도가 도입·운영되고 있다.

과정평가형 자격제도는 산업 현장의 '직무'를 중심으로 하여 직업교육훈련과 자격 간 유기적 연계를 강화하고, 현장 맞춤형 우수 기술인재 배출을 위해 도입되었다. 특히 기존 검정형 국가기술자격은 일회성 검정을 통해 자격 합격 여부를 결정하는 방식으로 운영되고 있으며, 검정형 국가기술자격 중심의 자격 체제에서는 국가기술자격 취득을 위한 교육훈련 비용을 기존에 이수한 직업교육훈련과 별도로 투입하여야 하는 문제가 지적되어 왔다. 이러한 상황에서 과정평가형 자격제도는 기존 검정형 자격제도의 한계점을 해소하는 동시에 교육훈련과 자격 간의 연계성을 제고하기 위한 목적으로 도입되었다.

과정평가형 자격제도의 주요 업무 흐름은 대상종목 선정 단계에서 자격증 발급 단계까지의 절차로 운영되며, 한국산업인력공단은 매년 다음 연도 시행계획을 수립한다. 과정평가형 자격제도의 주요 업무 흐름은 ① 대상종목 선정, ② 자격종목별 교육·훈련과정 편성기준 마련, ③ 공고 및 모집, ④ NCS 기반 교육·훈련과정 개편, ⑤ 과정 지정 심사, ⑥ 교육·훈련 실시 및 내부 평가, ⑦ 교육·훈련과정 운영 모니터링, ⑧ 외부평가 문제 출제, ⑨ 외부평가, ⑩ 합격자 결정 및 자격증 발급 등의 절차로 구성된다. 한국산업인력공단은 교육훈련과정 수, 평가의 난이도, 평가일정 등 다음 연도 시행계획을 수립 및 공고하며, 교육훈련과정

그림 7-5 과정평가형 자격제도 운영절차

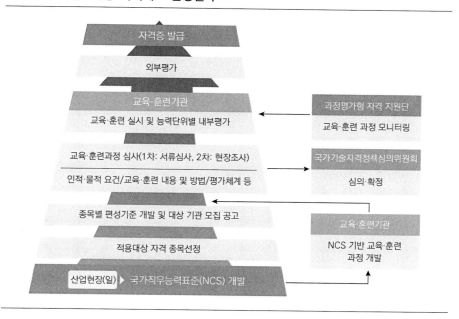

지원단을 구성 및 운영한다.

2022년도 기준 과정평가형 자격으로 178개 종목이 선정되었으며, 이 중 116개 종목이 운영 종목이다. 2015년 15개 종목이 최초로 선정된 이후 연차별로 신규 종목을 선정하여 운영하고 있으며, 2020년 이후에는 매년 10개 종목 내외를 신규 선정하여 운영함에 따라 운영 종목도 함께 증가하는 추세이다.

과정평가형 자격의 합격 기준은 내부평가와 외부평가 점수를 1:1 비중으로 합산하여 평균 80점 이상인 교육훈련생을 합격자로 결정한다.

2015년부터 2021년까지 과정평가형을 통해 국가기술자격을 취득한 자는 총 24,729명이다. 검정형 자격에 비해 아직 상대적으로 과정평가형 자격 취득자의 비중은 높지 않은 편이며, 2021년의 경우 전체 국가기술자격 취득자 중 과정평가

표 7-6 과정평가형 자격 종목 현황

구분	'15년	'16년	'17년	'18년	'19년	'20년	'21년	'22년
종목(누적) 선정 (증가율)	15 (-)	30 (100%)	61 (103.3%)	111 (62.0%)	143 (28.8%)	159 (11.2%)	167 (5.0%)	178 (6.6%)
운영 종목 (증가율)	8 (-)	25 (212.5%)	47 (88%)	70 (50.0%)	85 (27.0%)	102 (21.3%)	112 (6.2%)	116 (12.6%)

표 7-7 과정평가형 국가기술자격 합격기준

내부평가	외부평가
• NCS능력단위별 출석율 75% 이상 + 모든 내부 평가에 참여 여부를 확인하여 이수자 결정 • NCS능력단위별로 평가된 결과를 각각 100점 만점으로 환산 • 회차별 40점 미만 취득자를 미이수자로 결정	• 외부평가는 전체 교육 훈련시간 종료 후 2회 평가 • 1차 평가와 2차 평가를 각각 100점 만점으로 환산
• 내부 및 외부평가 결과를 1:1의 비율로 합산하여 80점 이상인 교육훈련생을 합격자로 결정	

표 7-8 연도별 국가기술자격 취득자 수(검정형 vs 과정평가형)

구분			국가기술자격 유형			자격취득자 총합 (a+b)
구분	연도	성별	검정형(a)	과정평가형 (b)	비율 [b/(a+b)]	자격취득자 총합 (a+b)
합계	소계	전체	31,919,997	24,729	0.08%	31,944,726
연도별	'75~'16	전체	28,247,200	722	0.00%	28,247,922
	'17	전체	676,121	1,640	0.24%	677,761
		여	242,855	757	0.31%	243,612
	'18	전체	686,429	3,238	0.47%	689,667
		여	249,359	1,642	0.65%	251,001
	'19	전체	769,444	4,280	0.55%	773,724
		여	284,874	1,998	0.70%	286,872
	'20	전체	709,727	6,174	0.86%	715,901
		여	267,755	2,647	0.98%	270,402
	'21	전체	831,076	8,675	1.03%	839,751
		여	318,146	3,680	1.14%	321,826

형 자격이 차지하는 비중은 1.0% 정도 수준이다.

과정평가형 자격 취득자를 운영기관 유형별로 분류 시 직업훈련 기관이 가장 많으며, 그 다음으로 직업계고, 전문대 순이다.

과정평가형 취득자를 자격 등급별로 분류시 직업훈련기관은 기능사, 정규교육기관은 산업기사 취득자가 상대적으로 많다.

표 7-9 연도별·기관유형별 과정평가형 자격 취득자 현황

구분	계	정규교육기관					직훈기관	군	기타
		계	4년제	전문대	폴리텍	직업계고			
계	26,611	8,517	486	1,730	1,051	5,250	17,802	207	85
'15년	51	44	0	3	41	0	0	0	7
'16년	671	269	0	80	103	86	395	0	7
'17년	1,640	408	32	152	137	87	1,223	0	9
'18년	3,238	828	19	329	151	329	2,390	7	13
'19년	4,280	1,232	59	356	123	694	2,985	59	4
'20년	6,174	1,640	78	305	200	1,057	4,483	18	33
'21년	8,675	3,135	212	430	296	2,197	5,410	118	12
'22년 3월	1,882	961	86	75	0	800	916	5	0

표 7-10 등급별 과정평가형 자격 취득자 현황

구분	계	정규교육기관					직훈기관	군	기타
		계	4년제	전문대	폴리텍	직업계고			
계	26,611	8,517	486	1,730	1,051	5,250	17,802	207	85
기사	938	138	115	3	20	0	800	0	0
산업기사	11,599	5,994	67	1,153	851	3,923	5,481	56	68
기능사	12,360	2,138	109	574	180	1,275	10,114	91	17
서비스	1,714	247	195	0	0	52	1,407	60	0

제5절 ▸ 숙련기술장려정책 현황

1. 기능경기대회

기능경기대회는 숙련기술수준의 향상과 숙련기술인력의 사기진작을 위하여 지방·전국기능경기대회 개최 및 국제기능올림픽대회 참가 등을 지원하고 있다. 지방대회는 4월, 전국대회는 9~10월경 개최하며, 국제대회는 격년제로 참가하고 있다.

국제기능올림픽대회와 전국 및 지방기능경기대회 입상자에게는 순위에 따른

그림 7-6 기능경기대회 참가절차

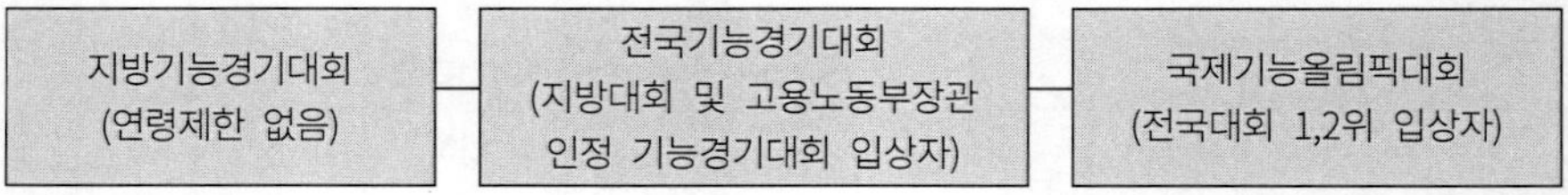

지방기능경기대회 (연령제한 없음)	→	전국기능경기대회 (지방대회 및 고용노동부장관 인정 기능경기대회 입상자)	→	국제기능올림픽대회 (전국대회 1,2위 입상자)

혜택을 부여하고 있다. 특히 국제기능올림픽대회 입상자에게는 표창, 상금 및 계속종사장려금 등의 혜택과 함께 산업기사 자격시험 면제, 산업기능요원 편입 등의 특전이 부여된다. 가장 최근 개최된 제46회 국제기능올림픽대회(2022.9.3.~11.28, 15개국 분산 개최)에서는 중국에 이어 종합 2위를 차지하였다.

표 7-11 국제기능올림픽대회 입상자 혜택(단위: 천원)

구분	표창	상금	계속종사장려금 (매년 1회)	특전
금	동탑산업훈장	67,200	9,500~12,000	• 산업기사 자격시험 면제
은	철탑산업훈장	56,000	7,160~9,000	• 산업기능요원 편입
동	석탑산업훈장	39,200	5,050~6,300	• 계속종사장려금 지급(동일분야 종사시)
우수상	산업포장	10,000	-	-

전국 및 지방기능경기대회 입상자에게는 순위에 따른 상금과 함께 산업기사 실기시험 면제(지방대회는 기능사 자격시험 면제), 국제기능올림픽대회 출전기회 부여 등의 특전을 부여하고 있다.

2. 대한민국명장·우수숙련기술자 선정

대한민국 명장의 선정 대상은 산업현장의 선정대상 직종에서 15년 이상 종사하고, 동일 직종에서 최고의 숙련기술을 보유한 사람으로 숙련기술의 발전이나 숙련기술자의 지위 향상에 크게 기여하였다고 인정되는 사람이다. 우수숙련기술자의 선정 대상은 산업현장의 선정대상 직종에서 생산업무에 7년 이상 종사한 사람으로서 우수 숙련기술을 보유한 사람이다. 대한민국 명장과 우수 숙련기술자에게는 증서 수여 등과 함께 장려금 지급 등의 혜택을 부여한다.

표 7-12 전국기능경기대회 입상자 혜택(단위: 천원)

구 분	상 금	특 전
금 은 동	12,000(300) 8,000(200) 4,000(100)	• 산업기사 실기시험 면제(지방대회는 기능사 자격시험 면제) • 국제기능올림픽대회 개최 당시를 기준으로 참가연령을 초과하지 않은 자 중 최근 2년간 전국기능경기대회 상위 입상자(1위,2위)를 대상으로 소정의 선발 과정을 거쳐 국제기능올림픽대회 출전기회 부여
4위 5위 6위	1,000 700 500	-

* ( )는 지방기능경기대회

3. 숙련기술전수자 · 숙련기술장려 모범사업체 선정

숙련기술전수자의 선정 대상은 제조업의 기반 분야(주조, 금형, 용접, 열처리, 표면처리, 소성가공), 산업현장에 적합하게 창의적으로 응용·발전시킬 필요가 있는 분야, 세대 간에 단절될 우려가 있어 전수가 필요한 분야 등에거 15년 이상 종사한 숙련기술자로서 숙련기술을 전수하려는 사람이다. 숙련기술전수자 선정은 서류검토와 현장실사, 면접을 거쳐 선정되며, 선정자에게는 숙련기술전수지원금(2~5년), 숙련기술전수자(월 80만원), 전수대상자(월 20만원), 숙련기술전수자 증서

표 7-13 대한민국 명장 및 우수숙련기술자 선정대상·방법·우대사항

구 분	대한민국명장	우수숙련기술자
선정대상	• 산업현장의 선정대상 직종에서 15년 이상 종사하고, 동일 직종에서 최고의 숙련기술을 보유한 사람으로, - 숙련기술의 발전이나 숙련기술자의 지위 향상에 크게 기여하였다고 인정되는 사람	• 산업현장의 선정대상 직종에서 생산업무에 7년 이상 종사한 사람으로서 우수 숙련기술을 보유한 사람
선정방법	• 서류검토와 현장실사, 면접을 거쳐 선정	• 서류심사와 면접을 거쳐 선정
우대사항	• 대한민국명장증서 및 휘장수여 • 명패 제작 수여 • 일시장려금 2,000만원 지급 • 선정 후 동일직종 계속 종사 시 계속 종사 장려금 지급(연 1회) • 해외산업시찰 • 1명 이상 선정된 중소기업 3년간 정기근로 감독 면제	• 일시장려금 200만원 지급 • 우수숙련기술자증서 수여 • 2명 이상 선정된 중소기업 3년간 정기근로 감독 면제

표 7-14 숙련기술전수자 및 숙련기술장려 모범사업체 선정대상·방법·우대사항

구 분	숙련기술전수자	숙련기술장려 모범사업체
선정대상	• 다음 분야에서 15년 이상 종사한 숙련기술자로서 숙련기술을 전수하려는 사람 1. 제조업의 기반 분야(주조, 금형, 용접, 열처리, 표면처리, 소성가공) 2. 산업현장에 적합하게 창의적으로 응용·발전시킬 필요가 있는 분야 3. 세대 간에 단절될 우려가 있어 전수가 필요한 분야	• 숙련기술의 향상을 위하여 다음 각 호의사업을 하는 사업체 중에서 선정 - 임금체계 개편 및 직무재설계 - 인사제도 개선, 학습조직 구축 - 그 밖에 제안제도 개선, 현장발명촉진 등
선정방법	• 서류검토와 현장실사, 면접을 거쳐 선정	• 서류심사와 현장실사를 거쳐 선정
우대사항	• 숙련기술전수지원금(2~5년) - 숙련기술전수자 : 월 80만원 - 전수대상자 : 월 20만원 • 숙련기술전수자 증서, 휘장, 명패 수여	• 숙련기술장려 모범사업체 명판 수여 • 정기근로감독 면제(3년) • 중소기업 학습조직화 지원 신청시 우대 • 중소기업의 체계적 현장훈련 지원신청시 우대 • 산업현장교수단 활용한 HRD종합서비스 우선지원 • 언론홍보

수여 등의 혜택이 부여된다.

숙련기술장려 모범사업체의 선정대상은 숙련기술 장려를 위하여 임금체계 개편 및 직무 재설계, 인사제도 개선, 학습조직 구축, 그 밖에 제안제도 개선 현장발명 촉진 등의 사업을 하는 사업체이다. 숙련기술장려 모범사업체의 선정은 서류심사와 현장실사를 거쳐 선정되며, 선정된 사업체에는 숙련기술장려 모범사업체 명판 수여, 정기근로감독 면제(3년), 중소기업 학습조직화 지원 신청시 가점 부여, 중소기업의 체계적 현장훈련 지원 신청시 가점 부여, 산업현장교수단 활용한 HRD종합 서비스 우선지원, 언론홍보(기획보도) 등의 혜택이 부여된다.

4. 이달의 기능한국인

이달의 기능한국인 신청대상은 산업체에 10년 이상 종사한 성공한 기업체 CEO로서 숙련기술 향상에 기여한 자 중 특성화고교를 졸업하고 중소기업 또는 중견기업을 운영하는 자이며, 선정자에게는 장관 증서, 휘장 및 흉상패 수여(100만원 상당), 이달의 기능한국인 현판 수여 등의 혜택을 부여하고 있다.

이달의 기능한국인 제도는 숙련기술장려법 제13조의2(이달의 기능한국인 선정

및 지원 등)에 근거하여 운영하고 있으며, 2006년 9월부터 매월 1명씩 선정하여 2023년 9월까지 총 199명을 선정한 바 있다. 이달이 기능한국인 선정은 ① 신청서 접수(한국산업인력공단 지부지사), ② 서류 취합(한국산업인력공단 본부), ③ 서류 심사(전문위원), ④ 현장실사(전문위원 및 기능한국인 심사위원회), ⑤ 심의·선정(기능한국인 심사위원회), ⑥ 최종확정 및 시상(고용노동부) 등의 절차에 의거하여 이루어지고 있다.

참고문헌

강순희 · 김안국 · 박성재 · 김주섭 · 김승택 · 김덕호 · 정주연 · 박충렬(2003). 자격제도의 비전과 발전 방안. 한국노동연구원.

고용노동부(2021). 직업능력개발 사업 현황.

전승환 · 김윤아 · 이미란 · 김수원 · 조정윤 · 정동열(2022). 자격제도 체제 진단 및 중장기 로드맵 연구. 한국직업능력연구원.

조정윤 · 전승환 · 정동열 · 임정연(2022). 과정평가형 국가기술자격 운영 개선방안 연구. 한국산업인력공단.

08

직업능력개발훈련 기본 정책 방향
: 기본능력 정책 계획을 중심으로

직업능력개발훈련 기본 정책 방향
: 기본능력 정책 계획을 중심으로

김봄이(한국직업능력연구원)

제8장에서는 우리나라의 직업능력개발훈련 관련 정책변화를 살펴보기 위하여 '직업능력개발 기본계획'의 기본 개념과 변천 과정를 살펴보고, 최근 정책 환경 변화를 바탕으로 직업능력개발 기본계획 수립을 위한 정책과제를 예측해 본다.

제1절 ▶ 직업능력개발훈련 정책 추진 성과와 한계

1. 직업능력개발 기본계획 연혁

국가 직업능력개발 정책 추진의 근간인 직업능력개발 기본계획'은 「국민 평생 직업능력 개발법」에 근거하여 5년 주기로 수립·운영되고 있다. 동 기본계획은 단기간의 현안 해결을 위한 일회적인 계획이 아니다. 앞으로의 국가발전을 책임지게 될 산업인력의 양성·공급 및 활용을 5년이라는 중기 단위로 지속적으로 연동하여 후속계획을 연이어 마련하게 되는 장기적이고 포괄적인 국가발전계획이다(신익현 외, 1999).

그간 직업능력개발 관련 우리나라의 정책을 살펴보면, 먼저 평생직업능력개발체제 수립을 위해 범정부 차원의 중·장기 비전과 정책과제를 종합한 제1차 평생직업능력개발 기본계획(2007~2011)이 추진되었다. "함께 가는 고숙련사회"라는 비전과 "학습하고 혁신하는 기업, 경쟁력 높은 지식근로자, 활력 있는 직업능력개발 시장"을 목표로, "근로생애를 아우르는 직업능력개발", "보편적 권리로서 직업능력개발", "시장 친화적 전달체계 혁신", "능력중심 제도·문화 확산", "추진체계 정비" 등의 과제를 추진하였다(관계부처 합동, 2007. 3.).

　　구체적으로 ① 양적 확대와 함께 창의적이고 모방할 수 없는 전문인력을 육성하기 위해 직업능력개발 서비스의 질적 제고 노력, ② 취약계층의 숙련 제고를 위해 대상(중소기업, 비정규직, 여성, 고령자 등)별로 직업능력개발의 장애요인을 해소하고 접근 기회를 높이는 차별화된 지원에 정책적 노력 집중, ③ 직업능력개발 수요자의 자율과 공급자의 경쟁에 입각한 시장친화적인 지원방식을 통해 수요와 공급이 선순환을 이루는 직업능력개발 시장 체제 구축, ④ 중앙정부에 의한 하향식 정책 전달체계에서 탈피하여 지역·산업의 현장수요 반영을 위해 분권화·다양화, ⑤ 정부 주도의 직접 공급과 민간부문에 대한 규제적 기능에서 기업의 투자 확대와 근로자의 자율적 능력개발을 지원하고 전략 수립, 정보 제공, 인프라 구축 등으로 중심 역할을 전환, ⑥ 각 부처의 유사·중복 지원을 방지하고, 직업능력개발 재정투자의 효과성을 높이기 위한 종합적 조정·협의 체제 마련 등을 추진하였다(관계부처 합동, 2007. 3.).

표 8-1 평생직업능력개발정책으로 패러다임 전환

구 분	기존 정책	평생직업능력개발정책
① 정책목표	양적 확대	양적 확대 + 질적 제고
② 지원대상	대기업·정규직 지원 편중	취약계층 특성별 특화 지원
③ 지원방식	보호와 규제	자율과 경쟁
④ 전달체계	중앙정부 중심 하향식	지역·산업 단위 분권화·다양화
⑤ 정부역할	규제자·공급자	전략적 촉진자
⑥ 정책조정	개별적·분산적 추진	종합적 조정·협의

자료: 관계부처 합동(2007. 3.). p. 20.

표 8-2 제1차 평생직업능력개발 기본계획('07~'11) 주요 내용

비전	• 함께 가는 고숙련 사회	
목표	• 학습하고 혁신하는 기업 • 경쟁력 높은 지식근로자 • 활력 있는 직업능력개발시장	
추진 전략	1. 근로생애를 아우르는 직업능력개발	• (입직기) 청년층: 학교에서 직장으로 원활한 이행 • (경제활동기) 재직자: 일터에서 평생학습, 실업자: 재도약 기회

		• (제2의 근로생애) 고령자: 활동적 고령화
2. 보편적 권리로서 직업능력개발		• (근로빈곤) 비정규직: 더 나은 일자리로 상향 이동 지원, 영세자영업자: 임금근로자화/경쟁력 강화 • (경력단절) 여성: 노동시장으로 원활한 재진입 • (근로소외) 장애인: 함께 일하는 고용기회 확대
3. 시장친화적 전달체계 혁신		• 훈련비 지원방식 혁신 • 공급기관의 다양화·질 제고 • 훈련정보 제공 확대
4. 능력중심 제도·문화 확산		• 자격제도의 현장성 제고 • 기능장려 활성화 • 고성과 작업장 혁신
5. 직업능력개발 추진체제 정비		• 범정부적 추진체계 구축 • 노사단체의 참여 확대 • 연구·성과평가 인프라 확충

자료: 관계부처 합동(2007. 3.). p. 21을 바탕으로 재작성.

「제1차 기본계획('07.~'11.)」의 수립·시행을 통해 국가인적자원개발 컨소시엄 확대, 내일배움카드제 도입 등으로 중소기업·실업자의 직업능력개발 참여 확대 등 소기의 성과를 거두었지만, 여전히 선진국 대비 낮은 훈련참여율(중소기업 및 성인학습) 등은 우리 사회의 지속성장과 통합을 위해 여전히 해결해야 할 과제로 남아 있다. 또한 최근에는 고령화 심화, 산업구조 변화(첨단산업·탄소중립·뿌리산업 등), 노동시장 내 분절과 격차 확대 등이 또 다른 정책과제로 부상하였다. 이에 기업과 산업이 필요로 하는 수요맞춤형 인력을 양성하여 '혁신과 성장'을 견인하고, 베이비부머 은퇴에 따른 핵심노동인구 감소, 숙련기술 단절 등에 대비하면서, 노동시장 내 격차 완화를 위한 사회통합 실현 등 인적자원개발 고도화를 위한 전략적 대응이 필요해졌다.

이에 제2차 기본계획은 취약계층 투자와 기업·산업 주도 고숙련 직업능력개발에 방점을 두고, 통합과 성장의 '능력중심 사회'로의 변화를 모색하였다(관계부처 합동, 2012. 9. 25.). 특히 계획기간 중 발생되는 정책 환경변화에 신속히 대처할 수 있는 롤링(Rolling)계획[1]으로 설계하였다. 제2차 직업능력개발 기본계획은 "더불어 성장하고 함께하는 능력중심 사회"라는 비전을 중심으로, "녹색·첨단·뿌리 분야 기업 맞춤 숙련인력 20만 명 양성", "직업 관련 학습참여율 20% 달성", "취

---

1) 매년 훈련기관·대학·기업 등 전문가 및 이해관계자 의견을 수렴하고, 정책 환경변화에 대응이 요구될 경우 '수정계획'을 수립·추진

표 8-3 제2차 직업능력개발 기본계획('12~'16)

비전	• 더불어 성장하고 함께하는 능력중심 사회	
목표	• 녹색·첨단·뿌리분야 기업 맞춤 숙련인력 20만 명 양성 • 직업 관련 학습참여율 20% 달성 • 취약계층 직업능력개발 직원 강화(150만 명)	
정책 과제	1. 산업과 기업의 성장과 혁신을 뒷받침	• 적극적인 인력양성·공급으로 산업발전을 견인 • 기업의 숙련 수준 고도화로 혁신과 성장 지원 • 대·중소기업 동반성장형 직업능력개발 강화 • 산업과 기업 중심의 직업능력개발 전달체계 구축
	2. '열린 고용'과 평생학습시대를 촉진	• 직업교육·직업훈련 융복합으로 경쟁력 있는 인재 양성 • 양성된 인재의 조기 노동시장 진입을 촉진 • 일-학습 병행으로 노동시장 內 경쟁력 지속 • 숙련장려와 자격제도로 능력 중심 문화 구축
	3. 숙련형성과 내일을 통한 사회 통합	• 고령자·여성 등 잠재인력 개발 극대화 • 취약계층 대상별 특성화 지원으로 숙련 형성 촉진 • 직업능력개발 강화로 구직자의 다시 일하기 촉진 • 취약계층 지원 전달체계 효율성 제고
	4. 공공과 민간의 조화를 통한 건전한 훈련시장 육성	• 직업능력개발 혁신 네트워크 구축 • 공공 직업능력개발 기관의 중장기 위상 정립 • 민간 직업훈련의 육성 • 부처 간 협력을 통한 재정지원의 효율성 확보

자료: 관계부처 합동(2012. 9. 25.). p. 21을 바탕으로 재작성.

약계층 직업능력개발 지원 강화(150만 명)" 달성을 위한 세부 정책과제를 추진하였다(관계부처 합동, 2012. 9. 25.).

이상 두 차례의 직업능력개발 기본계획을 통하여 능력 중심의 고숙련사회를 목표로 대상별 지원을 실시하고, 직업능력개발 기본권 설정과 전달체계·거버넌스 등의 개선을 통한 사회통합과 평생학습 촉진 등을 유도하였다. 특히 제2차 기본계획에서는 양성 및 지원 인력 규모와 학습참여율 등 지표에 대한 비중을 제시하여 목표를 명확히 하였다(김철희 외, 2017).

가장 근래에 발표한 '제3차 직업능력개발 기본계획'에서는 고령화·저출산에 따른 인구구조 변화, AI·디지털 등 기술변화에 따른 산업과 고용, 일자리의 변화, 노동시장 이중구조, 고용관계 변화(임금근로 상태 변화), 양극화 등 사회구조적 문제 진단, 인력수급 동향 및 전망, 평생직업능력개발 체계 확대 등이 정책 과제로 대두되었다. 또 정책방안으로 첨단기술 분야 핵심인재 양성, 소외·취약 계층에 대한 특화 지원, 직업안전망의 중심축으로 격차 해소의 핵심수단, 미래 산업선도 등에 대한 고려가 필요하였다(김철희 외, 2017). 이에 직업능력개발 체계 혁신을 통

표 8-4 제3차 직업능력개발 기본계획('17~'22)

비전	• 미래를 선도하는 인력양성을 통한 사람·노동중심 사회 구현	
목표	• 4차 산업혁명에 대비한 직업능력개발 시스템 혁신 • 포용과 통합을 위한 전국민 평생직업능력개발 활성화	
정책 과제	1. 4차 산업혁명 직업훈련 생태계 조성	• 스마트 직업훈련 생태계 구축 • 신산업·신기술분야 훈련 확대 • 미래사회 변화 적응 능력 제고 • 숙련과 자격체계 최신화
	2. 포용과 사회통합의 직업능력개발	• 중소기업 노동자 훈련참여 활성화 • 직업훈련의 사회안전망 기능 강화 • 실력중시·기술우대 사회기반 조성 • 글로벌화와 인력이동 대응
	3. 평생 직업능력개발 활성화 기반 구축	• 개인 주도형 HRD서비스 구현 • 직업교육-직업훈련 연계 강화 • 청년층 숙련강화 기회 확대 • 전국민 평생직업능력 개발 체제
	4. 직업능력개발 인프라·거버넌스 혁신	• 공공직업훈련 전달체계 위상 정립 • 건실한 민간훈련시장 육성 • 훈련 교·강사 역량 향상 • 직업훈련 거버넌스 강화·확충

자료: 관계부처 합동(2017. 12. 20.). p. 12를 바탕으로 재작성.

해 인적자원 주도의 혁신성장을 지원하고 미래 노동시장 변화에 발맞추어 국민의 적응력과 고용가능성을 제고하는 것을 목표로 하였으며, 2대 정책목표 아래 4개 분야의 정책과제를 추진해 왔다(김봄이 외, 2023).

2. 그간의 성과 및 한계

[1] 개인 평생 직업능력개발 활성화

'근로자'에서 '국민 평생' 직업능력 개발법으로 개정·시행(2022. 2. 18), 국민 내일배움카드 지원 확대[2](2020~), 직무능력은행제[3] 도입 추진 등을 실시하여 개인의 평생직업능력 개발 활성화를 위한 기반을 구축하였다. 이를 통해 훈련 연인원이 2018년 63.2만 명에서 2022년 94만 명으로 증가하였으며, 카드발급 인원도

---

2) 카드 유효기간 확대(1~3년→5년), 지원금액 상향(200~300만 원 → 300~500만 원) 등
3) 개인의 직무능력정보(훈련·교육·경력·자격)를 통합관리·활용하는 시스템

2018년 62만 명에서 2022년 112만 명으로 증가하는 등 개인의 직업훈련 참여가 지속적으로 확대되었다.

그러나 2020~2022년 국민내일배움카드 누적 발급인원(312만 명)은 전체 경제활동인구(15세 이상 2,867만 명, 2022년 12월)의 약 11% 수준에 그치며, 자영업자, 특수형태근로종사자 등은 여전히 국민내일배움카드 발급에 제한[4]이 있어 실제 개인의 직업능력 개발 수혜 범위를 대폭 확대하는 데 한계가 있다.

(2) 중소기업 훈련 확대

2018년 중소기업 훈련지원센터를 통한 체계적 현장훈련(S-OJT) 도입, 2022년 능력개발전담주치의 시범 도입, 대중소상생형 공동훈련센터 확충(2018년 64개소 → 2022년 70개소) 등 중소기업에 적합한 혁신적 훈련제도 도입, 지원체계 구축 등을 통해 중소기업의 훈련 확대를 추진하였다.

그러나 직업훈련제도를 인지하고 있는 중소기업은 47.3%에 불과하였으며, 이 중 15.1%만 활용하는 것으로 나타났다. 또한 직업훈련지원제도 미활용 사유는 제도 필요성을 체감할 수 없음(38.8%), 담당 행정인력 부족(20.5%), 절차 복잡(16.7%) 등으로 나타났다(2021년 기업직업훈련실태조사). 이러한 훈련에 대한 인식 부족, 행정 부담 등으로 훈련 참여는 저조하여 확산 속도는 더딘 상황이다.

(3) 신산업·신기술 분야 훈련 확대

4차 산업혁명 대비 새로운 훈련제도 도입 등 신산업·신기술 분야의 훈련을 확대하였다. 특히 디지털 분야 인력양성을 위한 K-디지털 트레이닝(KDT)[5] 훈련 신설, 폴리텍의 신산업 분야 학과 및 하이테크 과정 확대[6] 추진 등을 통해 신기술 분야 실무인재의 양성·공급 확대에 주력하였다. KDT는 2021년 1만 1천 명, 2022년 2만 2천 명의 실무인재를 양성하였으며, 폴리텍 하이테크는 2018년 403

---

4) 지원제외 대상: 연매출 1억 5천만 원 이상의 자영업자, 월 임금(소득) 300만 원 이상의 대규모 기업 근로자(만 45세 미만)·특수형태근로종사자, 공무원·사립학교 교직원 등(국민내일배움카드 운영규정 제4조 제2항)

5) 혁신적인 훈련기관·선도기업·대학 등이 훈련기관으로 참여하여 실제 기업에서 활용하는 프로젝트 중심의 훈련을 통해 실무인재 양성(2020년 7월~)

6) ▲신산업 분야 학과 비중: (2018) 7.4% → (2022) 27.5%,
   ▲하이테크 과정: (2018) 545명 → (2022) 1,230명

명에서 2022년 1,036명으로 확대되었다.

다만 새로운 훈련제도는 초기 안착과정에 있고, 2023~2027년 기준 5개 신기술 분야에서 약 34.5만 명의 산업인력 부족이 예상되나, 운영기간이 짧아 현장의 인력부족 문제를 해소하는 데 한계가 있었다. 또한 신기술 분야별 각 부처에서 실태조사 등을 통해 수요조사를 추진 중이나, 조사방식, 각 부처에서 공급하는 인력에 대한 체계적인 추계의 부재 등 인력수요 분석도 다소 미흡하여 집중 인력양성 분야 및 인원 설정 등에 어려움이 나타났다.

(4) 새로운 훈련방식·기법·콘텐츠의 활용·확산

온라인 훈련 콘텐츠 개발·보급(2018~2022년 1,071건), 평생직업능력개발 플랫폼(STEP) 신설(2019년 10월~) 등 온라인 기반 직업훈련 확산에 노력하였다. 또한 혼합훈련 방식을 권장하고, 사전승인 없이 훈련과정을 자유롭게 운영하는 자체훈련 탄력운영제, 기업훈련 여건 및 수요에 맞게 훈련과정을 자유롭게 수강하는 기업직업훈련카드, 근로자가 필요한 훈련콘텐츠를 자유롭게 선택하는 패키지 구독형 원격훈련 등 3대 규제혁신사업 시범운영 등을 통해 직업훈련 방식의 다양화 및 기업 자율에 기반한 훈련을 유도하였다.

그러나 현장에서는 AR, VR 등 신기술 콘텐츠 개발·보급이 초보적이고, 사전훈련규제가 많아 창의적인 훈련이 어렵다는 지적이 있었다.

제2절 ▶ 직업능력개발훈련 정책 추진 방향

1. 직업능력개발 기본계획 수립을 위한 원칙[7]

직업능력개발 기본계획은 직업교육훈련에 대한 사회적 인식을 제고하고, 교육훈련정책의 추진에 있어서의 효율성을 높여나가는 제반 절차와 책임을 천명하고 적정한 방법을 통하여 실천하고자 하는 것으로, 거시적인 차원에서 작성되는 직업능력개발 기본계획의 원칙은 다음과 같다(신익현 외, 1999).

---

7) 본 항의 내용은 신익현 외(1999)의 연구내용을 기반으로 작성되었음.

첫째, 직업능력개발 기본계획은 이전부터 강조되어 온 기능인력 위주의 산업인력 육성에 치중한 인력양성계획만을 지향하는 것이 아니다. 기본계획에서는 지식기반 사회로의 변화를 위한 산업 인력구조 고도화를 추구하고, 이에 필연적으로 수반되는 인력양성정책에 정부부처가 모두 참여하는 종합계획이다. 또한 각 부처별로 인력양성을 직접 추진하기 위한 계획이 아니라, 각 부처가 개별적으로 수립·실천하는 인력양성 세부실천계획의 기본방향을 설정해 주는 유도계획이다.

둘째, 직업능력개발 기본계획은 직업훈련과 직업교육이 상호 연계된 계획이다. 우리나라 인력 양성은 국가가 1967년 직업훈련을 주도한 이래 지금까지 직업훈련과 직업교육이 분리되어 국가 인력양성을 수행해 왔다. 과거에는 직업훈련과 직업교육 각각의 고유한 영역과 상황을 강조하여 왔으나, 이제는 양질의 노동과 직업 세계의 요구라는 시대적 요청에 따라 두 영역의 협조 또는 보조 관계를 강조하고 있다. 독일, 영국, 프랑스, 호주 등의 선진국에서는 훈련(training)과 교육(education)이 통합되고 있다. 이러한 추세에 맞춰 직업능력개발 기본계획은 인력양성과 관련된 직업훈련과 직업교육을 유기적으로 연결하여, 국가 발전과 경제성장의 근간이 되는 인력양성을 보다 효과적으로 추진하기 위한 계획이다.

셋째, 직업능력개발 기본계획은 국가인적자원 개발과 관련된 당사자들이 모두 동참하도록 하기 위한 계획이다. 정부부처뿐만 아니라 직업교육훈련계, 산업계, 노동계가 공동으로 참여하는 국가계획으로, 노동시장에서 산업인력 공급을 책임지는 직업교육훈련계, 인력 수요를 담당하는 산업계, 그리고 훈련당사자인 근로자들의 의견을 다각적으로 반영한 계획이다. 다양한 집단의 참여를 위해서는 협력과 협조가 필수적이다. 본 기본계획은 지식기반 사회로의 변화에 있어서 근간이 되는 인력양성에 관련된 이해관계자의 공동 노력을 중시한다.

넷째, 직업능력개발 기본계획은 산업계나 경제계 등에서 인적자원개발(HRD)에 대해 가질 수 있는 단편적인 해석, 즉 관리 위주나 단기적 차원의 인력양성에서 벗어나 국민 전체의 인적자원개발을 위한 장기간의 종합계획이다. 단기간의 현안 해결을 위한 일회적인 계획이 아니라, 향후 국가발전을 책임질 산업인력의 양성 및 활용계획을 5년 단위로 마련하고, 이를 지속적으로 연계하는 포괄적이고 장기적인 국가발전계획이다.

2. 정책 환경 변화

직업능력개발과 관련된 국가거시정책 수립에는 기본적인 원칙 설정과 함께 거시계획 기간동안 예상되는 환경 변화를 정확히 예측해야 할 필요가 있다. 특히 '제4차 직업능력개발 기본계획(2023~2027)' 해당 시기의 경우, 코로나19로 인해 노동시장을 포함한 경제사회의 급격한 재편이 이루어졌다는 점을 고려하면 정책 환경 변화 예측의 중요성은 더욱 커졌다(김봄이·류기락, 2023).

현재 노동시장은 디지털·신산업 등 산업구조 재편에 따라 노동수요가 급변하고, 인구감소로 노동 공급이 위축되는 등 새로운 도전에 직면하고 있다. 그간 여러 정책 노력에도 불구하고 생산가능인구 감소로 전환[8])되는 등 인구축소 시대가 도래하였다. 또한 대학 자율성에 대한 제약으로 인해 대학 진학률은 높지만 교육경쟁력이 낮고, 교육과 산업현장 수요 간 미스매치는 심화되고 있다. 청소년기에 교육투자와 교육열의가 집중됨으로써 고등교육기관 진학 후, 특히 노동시장 진입 후 학습의욕과 학습참여가 대단히 낮아지는 문제 역시 발생하고 있다(안병영·하연섭, 2015).

IMD가 2023년에 발표한 교육경쟁력 순위를 살펴보면 64개국 중 26위, 대학

그림 8-1 연령별 역량 수준

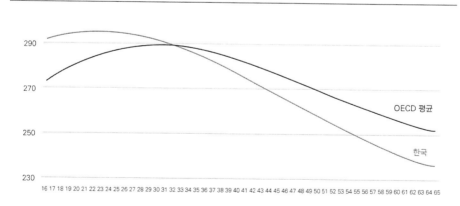

자료: 반가운 외(2019. p. 186.), 원자료: PIAAC

---

8) 생산가능인구 증감(만 명): ('00) 28.2 → ('10) 30.7 → ('20) △24.9 → ('22) △35.5(관계부처 합동, 2022. 6. 16.)

교육 경쟁력은 49위로 나타났다(기획재정부 보도참고자료. 2023. 6. 20.). 특히 연령별 역량 수준이 30대 초반까지는 OECD 평균을 상회하나, 이후로는 평균보다 낮은 상황이다(OECD, 2013). 이는 입시 중심의 획일적 교육, 새로운 변화에 대응이 부족한 대학, 수요를 반영한 인재공급 부족 등 미래형 인재육성 기반 미흡 등이 원인으로 지적되고 있다.

또한, 수시·경력직 채용 양상이 지속되어 구직을 포기하는 청년이 늘어나고, 여성의 경우 경력 단절로까지 이어지고 있다. 기업 역시 유능한 인재를 구하지 못해 인력난을 토로하고 있다. 최근의 고용은 60대 이상 고령층 위주로 증가하고 있어 긍정적으로 보기 어려우며, 물가·경제성장 관련 대내외 불확실성 증가 등 고용 하방요인 또한 상존하고 있다.

이뿐만 아니라 디지털·신기술의 급속한 진전과 짧은 기술 교체 주기, 이에 따른 산업구조 전환으로 인력수급의 적시성과 숙련·융합인력의 필요성이 높아지고 있다. 5대 유망신산업 인력수요의 경우 2020년 24만 명에서 2030년 38만 명까지 증가할 것으로 예상되며, 특히 SW 분야 인력수급 차는 5년간 약 2.9만 명 이상으로 예상되고 있다(관계부처 합동, 2021. 6. 9.).

반면 국가 사회 전반의 디지털·AI 전환에 따라 새로운 직업이 창출되는 동시에, 온라인 대체와 자동화가 용이한 직무 중심의 일자리가 감소할 것이란 전망 역시 제시되고 있다. 맥킨지(2017)는 2030년까지 전 세계 근로자의 14~30%(3.7억~8억 명)가 전직·실직할 것으로 예측하였다. 우리나라도 2025년까지 코로나19에 따른 기술변화로 단순 노무·서비스직 노동자가 21만 명 감소할 것이란 전망도 발표되었다(KDI 보도자료, 2021. 11. 10.). 이에 따라 디지털·저탄소 산업구조로의 재편이 본격화되고 있지만, 숙련도 차이 및 부문 간 노동이동에 따른 일자리 미스매치 심화 가능성[9]도 예견되고 있다. 이러한 노동수요의 재편, 저출생·고령화로 인한 노동공급 위축 등 노동시장의 환경변화는 국민 개개인의 평생 고용가능성과 경제성장을 위협하는 요인으로 작용한다.

이와 동시에 고용형태도 빠르게 다변화되고 있다. 한국고용정보원에 따르면 플랫폼 종사자 수는 2020년 10월 179만 명(취업자의 7.4%)에서 2021년 7월 218만

---

9) 중숙련 일자리(제조업 등), 자영업자 감소 ↔ 디지털·신기술, 低숙련·단시간 일자리 증가. 향후 5년간 SW분야 신규 인력수요는 35.3만 명+α (중소벤처기업부 보도자료, 2022. 2. 24.)

명(8.4%)으로 증가한 것으로 나타났다. 일하는 방식의 변화도 가속화되고 있다. 통계청에서 조사한 원격·재택근무 활용자 수도 2017년 5만 9천 명에서 2020년 50만 3천 명으로 10배가량 증가하였다. 반면 고용형태 및 일하는 방식이 다양해지면서 기존의 실업자·근로자 중심으로 수립되어 온 직업능력개발의 사각지대 역시 확대되고 있다. 특히 코로나19 기간 동안 저임금 근로자의 근로시간 28% 이상 감소, 고임금 근로자 대비 저학력 근로자의 근로시간 3배 이상 감소, 청년층 근로시간 26% 이상 감소 등 저임금·저학력·청년층 집단에 피해가 집중된 경향이 관찰되었다(OECD Employment Outlook 2021). 디지털·신기술로의 변화가 지속될 것이기에 취업 취약계층은 기술적 실업과 적응 지체 등의 시련이 예상된다.

이렇듯 기술이 급변하는 시기에는 모든 생애 주기에서 고용가능성을 계속 유지할 수 있는 교육·훈련제도 마련이 시급하나, 우리나라의 직업훈련 여건은 아직은 미흡하다. 급변하는 산업전환에 유연하게 대처하고, 양질의 교육훈련을 확대하기 위해서는 디지털·신기술 훈련에만 국한했던 훈련규제 완화의 전면 적용이 불가피하다. 그러나 정부 지원 사업주훈련의 경우 각종 규정의 경직성 때문에 감소세인 반면, 정부 지원을 받지 않는 비환급 훈련과정은 증가[10]한 것으로 나타났다. 특히 코로나19 이후 채용상황이 악화된 청년층의 직업능력개발을 지원하고 취업지원을 위한 방안 모색이 시급하다. 최근 MZ세대의 노동시장 진출이 본격화[11]되면서 새로운 고용형태 확산, 좋은 일자리 부족 등으로 근로 청년이 노동권 보호로부터 멀어질 우려가 커졌다. 청년이 미래사회의 주역으로 성장할 수 있도록 일자리 중심의 수준 높은 훈련·교육기회 제공이 필요하며, 학습자들이 스스로 동기를 부여하고 능동적으로 학습하는 역량을 습득할 수 있는 경험 제공도 요구된다.

이에 기존 틀에 얽매이지 않고 전 국민의 생애 직업능력개발 체계 구축을 위해 필요한 새로운 직업훈련정책의 틀과 방향성을 모색할 필요가 있다. 이를 위해 급변하는 노동시장에 대한 적응성을 키워 고용가능성을 높이고, 지속적인 성장을 유지하기 위한 '직업능력개발훈련 정책'의 수립·추진이 필요하다. 직업능력개발

---

10) 비환급과정 운영사유: 환급과정 인정요건 어려움(38.9%), 환급과정에서 원하는 훈련수요 충족 어려움(17.9%), 행정처리가 복잡하고 어려움(14.8%) 등(고용노동부, 2022. 7.)
11) 2021. 2월 기준 MZ세대(1982~2012년생) 비중은 전체 인구 대비 36.7%(약 1,800만 명), 경제활동인구 대비 45%(약 1,250만 명)(고용노동부 보도자료, 2022. 7. 13.)

은 전 국민을 안정된 삶(고용)으로 연결하는 기반이자, 국가경쟁력의 바탕으로 '평생 고용가능성' 향상을 위한 핵심이다. 그간 세 차례에 걸친 「직업능력개발 기본계획」 수립·추진 등으로 국민의 평생직업능력개발 기반을 마련하고, 그 참여와 확대에 노력하였다. 2022년 2월 18일에는 「국민 평생 직업능력 개발법」이 시행되었으며, 연간 훈련인원도 2018년 63만 2천 명에서 2021년 105만 4천 명으로 크게 증가하였다.

현재 관찰되는 노동시장의 고령화와 청년층의 감소는 기존 생산인구의 정년연장 및 역량의 증진과 재숙련으로 이어지고 있다. 또한 디지털·신기술 중심으로 산업이 재편되면서 노동시장 내 이동이 증가하고, 디지털 및 융합·창의 등 포괄적 직무역량이 대두되고 있다. 이에 재직자의 역량 향상(Upskilling), 직무 재배치(Reskilling) 등에 대한 관심도가 증가하고 있으며, 전 생애에 걸쳐 생산성과 고용가능성을 유지할 수 있도록 훈련·학습기회 요구도 증가하고 있다. 또한 코로나19로 비대면·원격훈련이 활성화되고, 유연한 고용형태와 이직 등의 증가로 개인 주도적 역량강화의 중요성도 강조되고 있다. 이상의 시사점을 바탕으로 다시 한 번의 직업능력개발 체계 혁신을 통하여 "민간이 끌고 정부가 미는 역동적 경제"[12] 실현을 지원하고, 일자리 확대 및 맞춤형 고용지원 서비스 등 민간 고용 여력을 제고하여야 할 것이다.

3. 정책 추진 방향[13]

코로나19 발발, 인구구조의 변화, 디지털 신기술 혁신 등 어느 때보다 급변하는 환경에 노동시장이 안정적이면서 신속하게 대처하기 위해서는 앞서 살펴본 정책 과제를 중심으로 구체적인 추진 방법론이 수립되어야 할 것이다. 또한 앞선 논의들을 통해 정책환경 변화에 효과적으로 대처하기 위해 직업능력개발 패러다임의 혁신이 필수불가결임을 예상할 수 있었다. 즉 정부와 훈련기관 주도의 직업능력개발에서 개인 및 기업 주도로 변화해야 하며, 훈련 범위 및 지원대상 또한 확대되어야 한다. 그러나 운영 측면에서는 훈련 유형의 단순화 및 효율화, 성과를

---

12) 대한민국정부(2022. 7.). 「윤석열정부 120대 국정과제」.
13) 본 항의 내용은 김봄이·류기락(2023)의 연구내용을 기반으로 작성되었음.

그림 8-2 직업능력개발 정책 방향 및 대응 방안

시장의 변화		정책 방향	대응방안
수요 측면	디지털 전환	미래 대비 (디지털·신기술)	디지털·신기술 훈련 확대
	고용형태 다양화		산업구조변화·노동전환 지원
공급 측면	저출산·고령사회	포용 (평생·훈련안전망)	평생능력개발 체계 구축
			취약계층 훈련기회 확대
			중소기업 훈련격차 해소
훈련 시장	규제완화 요구	자율·혁신 (인프라)	훈련규제 혁신
	전달체계 중복		전달체계 재구조화

자료: 이수경 외(2022). p. 4.

중심으로 하는 사후 관리체계 확립, 기업이나 훈련생과 같은 훈련 수요자의 편의성을 제고하는 방향으로의 훈련방식의 변화가 이루어져야 할 필요성이 있다(김봄이·류기락, 2023).

제3절 ▸ 직업능력개발훈련 정책과제

1. 신기술·디지털 직무역량에 대한 집중적인 교육·훈련

현재 디지털·저탄소 등 첨단산업 중심으로 산업구조가 개편되고 있으며, 동 분야의 인력수요 급증으로 현 수준의 인력양성으로는 인력 부족이 발생할 것이란 전망이 지배적이다. 인공지능(AI) 분야는 제조·서비스·의료·금융 등 다방면에서 그 활용이 확대됨에 따라 고급인력의 해외 유출이 우려되는 상황으로 고급수준 인력난이 심화될 것으로 예측된다. 또한 소프트웨어·서버 등 클라우드 서비스의 지속적인 성장으로 클라우드 분야 역시 인력 부족이 심화되고 있으며, 특히 시스템 개발인력과 서버 관리·보수 등 운영인력도 부족한 상황이다. 그리고 디지털 혁신을 위해 분야별 전문지식을 갖춘 데이터 관련 고급수준 인력에 대한 수요가 증가하고 있다. 또한 디스플레이·환경·소재·에너지·바이오헬스 등 첨단 분야의 성장으로 나노 기술인력의 수요도 확대되고 있다.

이에 향후 5년(2023~2027년)간 인공지능 분야는 '연구개발' 등 고급인재 1만 6,600명 부족, 클라우드 분야는 '운영', '개발'등 전 분야 인력수요 증가로 인한 1만 8,800명 부족, 빅데이터 분야는 '융합데이터전문가' 수요 급증으로 인한 1만 9,600명 부족, 나노 분야는 첨단산업 성장으로 '응용기술인력' 수요 증가로 인한 8,400명 부족 등 4개 주요 신기술 분야에서 인력 부족 현상이 발생할 것이란 전망도 있다(고용노동부 보도자료, 2023. 8. 31.).

고탄소·노동집약산업에서도 경쟁력 확보 등을 위해 디지털 기술 접목 등으로 급속한 직무내용의 변화가 요구되는 상황이다. WEF(2020)는 4차 산업혁명 여파로 인해 2022년까지 핵심 업무의 42%가 신기술로 대체되고, 2030년까지 전체 직무의 3분의 1이 변화할 것으로 예상하였다. 특히 내연기관에서 전기차로 변화하는 자동차산업의 경우 기존의 기계공학적 기술과 함께 이차전지, 자율주행을 위한 SW, AI, 빅데이터 등의 신기술이 필요하다. 이에 미국의 경우 국립반도체연구소를 구성하여 R&D 인력을 집중적으로 육성하고 있으며, 대만은 대학의 인력 양성 프로그램에 기업이 다수 참여하여 매년 반도체인력 1만 명 양성을 목표하고 있다.

이렇듯 신기술 분야 역량이 국가경쟁력 확보의 핵심으로 부상하고, 주요 국가들은 관련 분야 인재 확보·양성에 정책역량을 집중하고 있으나, 국내 기업·근로자 상당수가 디지털 미래에 대한 준비가 미흡한 상황이다. 2022년 3월 AWS-알파베타의 설문조사 결과 디지털 교육 프로그램을 갖춘 국내 기업은 25%에 불과하며, 디지털 역량 강화가 필요하다고 응답한 국내 디지털 근로자는 1,015명 중 85%에 달했다(AI타임스, 2022. 3. 22.). 이러한 신기술 분야 인력 부족 문제 해소, 산업의 디지털화에 필요한 직무역량을 갖추기 위해 신기술·디지털 직무역량에

표 8-5 4개 신기술 분야 인력수급 전망 결과('23~'27)

구분	수요			공급					수급차		
					정부·민간		대학				
	계	초·중급	고급	계	초·중급	고급	초·중급	고급	계	초·중급	고급
인공지능	66,100	44,600	21,500	53,300	46,200	4,000	2,200	900	-12,800	3,800	-16,600
클라우드	62,600	51,400	11,200	43,800	40,300	100	2,800	600	-18,800	-8,300	-10,500
빅데이터	99,000	69,000	30,000	79,400	53,000	1,800	20,300	4,300	-19,600	4,300	-23,900
나노	14,000	10,600	3,400	5,600	3,600	-	1,200	800	-8,400	-5,800	-2,600

자료: 고용노동부 보도자료(2023. 8. 31.). p. 5.

표 8-6 국가별 직업능력개발 동향

구분	주요 내용
독일	• 평생 직업교육·훈련의 중요성 강조 → 「국가 계속교육전략」 수립·추진 중 • 16년 VET 4.0 이니셔티브을 발족, '직업교육훈련의 디지털화' 적극 추진 • 중소기업 종사자 디지털 숙련 향상을 위해 기업 공동 훈련센터 확대 • 훈련 지식 공유 플랫폼을 통해 훈련 프로그램 개발 성과 및 노하우 공유
프랑스	• 평생 동안의 직업훈련을 국가 의무로 노동법에 명문화 • 대표적인 직업훈련 지원제도로 개인훈련계좌제(CPF) 운영 　* 모든 경제활동참가인구에 대하여 노동시장 진입부터 퇴직 시점까지 직업상 全 경력기간 　　동안 직업훈련 접근 권한 부여 → 직무훈련 과정뿐만 아니라 직무기초 지식·능력 함양, 　　직무능력진단, 자선활동·자원봉사 등에 필요한 역량 취득 등 지원
미국	• 개인의 노동시장 이동에 도움을 줄 수 있도록 지속적인 학습, 전문기술 개발 등에 따른 개인 　별 성과와 능력을 기록할 수 있는 시스템 구축 추진 　* (예) 미국 상공회의소, '학습 및 경험 기록(Learning and Experience Records)' 제안 → 　　고용주가 구직자의 지식, 기술, 능력, 경험, 성과를 파악하는 자료로 활용 가능 • 민간기업 플랫폼*을 활용한 원격 훈련 지원 및 관련 인프라 구축 　* (예) edX 플랫폼: 학생들이 한 주 분량을 미리 학습하여 퀴즈, 에세이 작성 등 　　주어진 과제를 한 후, 주 1회 화상을 통해 학습 내용을 요약 발표·토론
일본	• 「제11차 직업능력개발 기본계획('21~'25년)」 수립, 평생 능력개발 지원 및 4차 산업혁명에 　따른 디지털 기술 활용 인재 육성 강조 　- 제조분야 훈련의 AR, VR 기술 등 도입 검토, 全 노동자에게 IT 기술력 부여 　- 온라인 훈련 및 온라인·대면 혼합훈련 보급 활성화 　- 노동자 개인이 경력 컨설팅을 이용하기 쉬운 환경 정비(셀프 커리어 독 등)
호주	• 4차 산업혁명 등 고용환경 급변으로 現 직무·숙련을 넘어 새로운 숙련을 고려할 필요성 증 　대 → 신규 직업 탐색 지원 서비스 'Skills Match' 오픈 　* 개인의 직업력에 기반한 개인별 경력매칭 서비스 제공 • 미래 숙련부족이 예상되는 신성장 산업에 실습 및 도제제도 대폭 확대 • 교수자 온라인 교육훈련 수행 역량 제고를 위해 IT 훈련과 지원 제공

자료: 관계부처 합동(2021. 9. 9.). pp. 24－25 재편집.

대한 집중적인 교육·훈련이 필요하다.

2. 전 국민 평생 직업능력 개발

급속한 저출생·고령화로 생산인력 부족과 노동생산성 하락이 가시화되고 있다. 이는 산업현장 전반의 인력 부족 문제로 직결되어 신기술 분야 고급인재뿐만 아니라 단순노무 및 숙련인력 모두 부족해질 가능성이 있다. 또한 인구 고령화로 취업자 중 고령자의 비중[14])과 평균연령이 증가하면서 노동생산성이 하락하고, 급변하는 기술변화 대응이 어려워질 전망도 존재한다.

표 8-7 생산연령인구 증감폭·증감률 전망

구분	생산연령인구 (만 명)	증감폭 (만 명, 2020년 대비)	증감률 (2020년 대비)
2020	3,737.9	-	-
2025	3,561.0	-176.9	-4.7%
2030	3,381.3	-356.5	-9.5%
2040	2,852.1	-885.8	-23.7%

자료: 통계청, 장래인구추계.

표 8-8 잠재성장률 및 투입요소별 잠재성장기여도(연평균, %, %p)

구분	잠재실질 GDP 성장률	투입요소별 잠재성장기여도		
		노동	자본	기타요소
2001~2005	5.2	0.3	2.4	2.5
2006~2010	4.1	0.1	1.8	2.2
2011~2015	3.2	0.0	1.4	1.8
2016~2020	2.6	-0.2	1.1	1.6
(이전 5년) 2018~2022	2.4	-0.2	1.0	1.6
(향후) 2023~2027	2.0	-0.3	0.8	1.6

자료: 국회예산정책처(2023). p. 56.

이로 인해 우리나라 잠재성장률은 2027년까지 지속적으로 하락할 것으로 예측되며, 이는 성장 동력을 차츰 잃어가고 있음을 뜻한다. 특히 자본과 노동의 잠재성장기여도가 계속 감소하는 것은 우리나라 잠재성장률을 낮추는 주요 요인이다. 노동의 경우 지난 5년에 비해 주간 노동시간의 감소율은 둔화될 것으로 전망되었으나, 취업자 수 증가율 또한 둔화될 것으로 전망되어 노동의 잠재성장기여도는 지속해서 감소할 것으로 예상된다(국회예산정책처, 2023).

그러나 근로자는 평균수명 증가로 보다 오래 노동시장에 참여하기를 희망하고 있다. 정년연장 희망자 비율(83.4%, 20~60대)이 높고(신윤정 외, 2021),[15] 고용기회 확대, 퇴직 후 취·창업 등을 위한 정부지원 요구[16]도 상당한 수준인 것으로

---

14) 고령인구 비중(65세 이상): (2018년) 14.3%(고령사회) → (2025년) 20.6%(초고령사회) → (2030년) 25.5%(통계청 보도자료. 2022. 9. 29.)

15) 연령대별 정년연장 동의 비율: (20대) 81.2%, (30대) 84.1%, (40대) 86.3%, (50대) 82.4%, (60대) 82.8%

나타났다(김태완 외, 2020). 정년 이후에는 취업 기회를 얻기 어렵고, 취업 시에도 양질의 일자리로의 취업은 어려운 상황에서 국민의 노동시장 참여율을 높여 인력 부족 문제를 해소하고 노동생산성을 향상시키기 위해서는 전 국민이 평생에 걸쳐 상시적으로 직업능력을 개발할 필요가 있다. 특히 리스킬링(타 직무 수행을 위한 새 기술 습득)과 업스킬링(동일 직무의 숙련도 향상)은 기술 발전로 인한 인력 수급과 일자리 지형 변화에 따른 실업 문제를 동시에 완화할 수 있다는 점에서 기업과 그 구성원 모두가 적극적으로 참여해야 할 과제이다.

3. 기업 규모·지역·계층 산업 등 맞춤형 지원체계 구축

기업 규모에 따라 직업능력개발 참여에도 큰 격차가 존재하고 있다. 2022년 12월 고용행정통계에 따르면 300인 이상 기업의 직업훈련 참여율은 53.2%인 반면, 300인 미만 기업의 직업훈련 참여율은 5.8%로 나타났다. 중소기업의 경우 직업능력개발에 대한 인식부족 및 행정 부담 등으로 인해 훈련 참여가 저조한 것으로 조사되었다.

지역 차원에서도 직업능력개발 참여가 미흡한 것으로 나타났다. 직업훈련 참여인원은 주로 수도권에 집중(수도권 68.5%)되어 있고, 직업능력개발 지원기관 등 인프라도 비교적 수도권에 집중(민간 직업훈련기관 48.3%, 디지털 융합훈련 인프라 42%, 공동훈련센 46% 등)되어 수도권-비수도권 간 훈련 격차가 우려되고 있다.

청년·여성·중장년 등 계층 간에도 직업능력개발 사각지대가 관찰되고 있다. 청년은 고등학교 졸업 후 비진학 또는 군 입대 시, 여성은 돌봄·육아 시, 중장년은 주된 일자리에서의 이·전직기에 직업능력개발 단절이 발생하고 있다.

한편 신산업·신기술 분야뿐만 아니라 전통 제조업 분야에서도 인력난이 심각하나, 현장의 훈련수요·공급은 높지 않은 상황이다. 특히 뿌리산업, 조선업 등의 경우 열악한 근무환경·처우 등으로 청년층이 취업을 기피함에 따라 동 업종의 훈련수요가 저조한 상황이다. 이와 함께 업종 특성상 훈련에 필요한 고가의 시설·장비와 우수 교·강사 확보 제약 등으로 충분한 훈련공급이 어려운 구조이다.

이러한 기업 규모·지역·계층·산업 등에 관계없이 직업능력개발을 통해 개

---

16) 희망 노후지원 정책: 고용기회 확대(19.7%), 치매·독거노인 돌봄(18.9%), 소득지원(14.1%), 퇴직 후 취·창업(11.7%) 순

인과 기업의 역량을 극대화할 수 있도록 맞춤형 지원체계 구축이 필요하다.

4. 인적자원개발 분야에서의 정부 역할의 재정의

　　기업 간 경쟁 심화, 성과주의 기업 경영 등으로 기업은 보다 종합적이고 포괄적인 차원에서의 인적역량 향상을 위한 체계 구축에 관심을 나타내고 있다.
　　최근에는 기업의 학습와 조직의 성과를 효과적으로 정렬하면서 교육훈련의 성과 달성을 강조하는 새로운 HRD 모형도 등장하였다.

그림 8-3 인적역량 향상 체계 구축을 위한 기업의 관심

표 8-9 디지털 트랜스포메이션 시대 HRD 트렌드: ABCD 원칙

구분	주요 내용
Alignment (조직의 전략과 연계)	• 조직 내의 모든 HRD 프로그램은 조직의 미션 또는 전략과 적극적으로 연계되어 실행되어야 함
Behavior change (행동 변화)	• 조직 내의 모든 HRD 프로그램은 학습내용의 현장 활용과 조직 구성원들의 학습 후 행동 변화를 통한 개인 및 조직의 성과 창출에 초점을 두어야 함
Convergence (융합학습)	• 형식학습(formal learning)과 무형식학습(informal learning)이 융합된 학습 생태계 조성 필요
Digital transformation (학습의 디지털 혁신)	• 테크놀로지의 발달을 접목하여 학습의 디지털 혁신에 적극적으로 대응해야 함

자료: 이수경 외(2021). p. 10을 바탕으로 재작성.

　　이렇듯 기업의 인적자원 개발·활용 요구가 점차 전문화·다양화되면서 통일적·일률적인 정부 지원만으로는 맞춤형 인재 개발·활용에 한계가 나타나고 있다. 기업 자체적인 인력충원을 통한 해결과 더불어 시장을 통한 전문적인 서비스 제공 필요성도 증가하고 있다. 이를 위해서는 인적자원개발 분야의 민간시장 활성화와 함께 정부 지원을 직업능력개발 중심에서 인적자원관리·계획·정보시스템 구축 등 더 넓은 분야로의 확대가 필요하다.

5. 수요맞춤형 교육훈련 프로그램 및 콘텐츠 활용·확산

IT 기술 고도화로 인한 교육과 기술의 결합으로 교육의 대중화, 효과의 극대화, 교육의 일상화 가능 등이 이루어지고 있다. 이에 발맞춰 교육훈련의 효과성을 높일 수 있는 다양한 콘텐츠·기술·기법의 개발·공급이 중요해지고 있다. 또한 IT 기술에 친숙한 MZ세대의 본격적인 노동시장 참여로 인해, 기존의 집체훈련 방식보다는 스마트폰, VR, AR 등 새로운 방식의 직업훈련에 대한 요구도 증가하고 있다. 이에 교육훈련 프로그램 및 콘텐츠도 현장에서 필요로 하는 직무기술과 역량이 지속 변화함을 고려하여 지속 최신화가 필수적이다. 특히 원격·혼합·모듈형 훈련 등 수요자가 원하는 다양한 교육훈련 방식과 새로운 교육훈련 프로그램 및 콘텐츠의 활용확산이 필요하다.

한편 코로나19 대응이 단계적 일상회복으로 전환됨에 따라 그동안 보류해 오던 집합교육을 재개하는 움직임이 관찰되나, 온라인 교육 및 실시간 비대면 교육의 강세가 지속될 것이라는 전망이 우세하다. 이에 전체 교육 중 집체교육으로

표 8-10 직업훈련 기술의 변화와 지향점 도출

일과 학습의 결합 주요 특징	직업훈련(기업교육) 지향점	주요 에듀테크 기술
Micro-Learning(마이크로러닝)	교육 콘텐츠의 변화	Micro learning Flipped-Learning Virtual-Learning E-Learning
Real-time Video(실시간 동영상)		
Courses Everywhere (어디에서나 이루어지는 학습)		
Mobile(모바일 기반)		
Design Thinking (인간 중심 디자인-학습자 중심 설계)		
All the Time(언제나)		
Everywhere(어디서나)		
Everyone(누구나)	자기주도 학습환경 구축	Adaptive Learning Social Learning Immersive Learning
Learning Experience(학습경험)		
LMS invisible(LMS 기반)		
Data Driven(데이터 기반)		

자료: 이수경 외(2021). p. 37.

운영해야 할 훈련과정을 선별하는 동시에, 각 교육과정에서도 집체교육, 온라인 교육, 비대면 실시간 교육 등을 어떻게 연계하는 것이 효과적인가에 대한 설계 전략이 중요해질 전망이다.

고용노동부(2022. 7.). 「기업직업훈련 혁신 및 활성화 방안」.

고용노동부 보도자료(2022. 7. 14.). "청년 노동권 보호, 고용노동부가 앞장서겠습니다".

고용노동부 보도자료(2023. 8. 31.). "27년까지 인공지능(AI) 12,800명, 클라우드 18,800명 신규인력 부족 전망."

관계부처 합동(2007. 3.). 「제1차 평생직업능력개발 기본계획('07~'11)」.

관계부처 합동(2012. 9. 25.). 「더불어 성장하고 함께하는 「능력중심사회」 구현을 위한 제2차 직업능력개발기본계획」.

관계부처 합동(2017. 12. 20.). 「혁신과 포용적 성장을 위한 제3차 직업능력개발 기본 계획」.

관계부처 합동(2021. 6. 9.). 「민·관 협력 기반의 소프트웨어 인재양성 대책」.

관계부처 합동(2022. 6. 16.). 「새정부 경제정책방향」.

국회예산정책처(2023). 「2024년 및 중기 경제전망 IV – 성장 부문」.

기획재정부 보도참고자료(2023. 6. 20.). "23년 IMD 국가경쟁력 평가 결과, 한국은 64개국 중 28위 기록".

김봄이·고혜원·이수경·정향진·정란(2023). 『제4차 직업능력개발 기본계획 수립을 위한 과제발굴』, 고용노동부·한국직업능력연구원.

김봄이·류기락(2023). 「직업능력개발 기본계획 성과 점검과 향후 과제」, 『THE HRD REVIEW』, 7~24쪽, 한국직업능력연구원.

김철희·나영선·이수경·오호영·설귀환(2017). 『제3차 직업능력개발 기본계획 수립추진을 위한 연구』, 고용노동부·한국직업능력연구원.

김태완·임완섭·황도경·정은희·이주미·강예은·김상현(2020). 『2020년 사회보장 대국민 인식조사 연구』, 보건복지부·한국보건사회연구원.

대한민국정부(2022. 7.). 「윤석열정부 120대 국정과제」.

반가운·김봄이·김형만·남재욱·이수현·조영철·최영준·티모 플렉켄슈타인(2019). 『사회정책전략 수립을 위한 의제발굴 연구』, 한국직업능력연구원.

신윤정·고든솔·박소은·안수란·우해봉·이다미·이원진·장인수·정연·이지혜·임지혜·

계봉오·윤홍식·전광희·MA Chunhua·Toru SUZUKI·Yeun−wen Ku·Cherng−Tay Hsueh·Yue−Chune Lee·Pramote Prasartkul·Napaphat Satchanawakul·Thang Leng Leng·Stuart Gietel−Basten(1999). 『미래 인구구조 변화에 따른 보건복지 대응』, 한국보건사회연구원.

신익현·최영호·장원섭·옥준필(1999). 『제1차 직업교육훈련기본계획안 작성』, 한국직업능력연구원.

안병영·하연섭(2015). 『5·31 교육개혁 그리고 20년: 한국교육의 패러다임 전환』, 서울: 다산출판사.

이수경·김봄이·박동찬·정란(2022). 『직업능력개발 포럼 운영 사업』, 고용노동부·한국직업능력연구원.

이수경·류기락·김봄이·정란·강정애(2021). 『디지털·비대면 시대의 직업훈련 패러다임 전환』, 고용노동부·한국직업능력연구원.

중소벤처기업부 보도자료(2023. 6. 20.). "중기부, 벤처기업 소프트웨어(SW)일자리 미스매칭 해결 나선다."

통계청 보도자료(2022. 9. 29.). "2022 고령자 통계."

AI타임스(2022. 3. 22.). "한국 근로자 85% '디지털 미래, 준비되어 있지 않다'."

KDI 보도자료(2021. 11. 10.). "코로나 위기가 초래한고용구조 변화와 향후 전망."

Mckinsey(2017). Jobs lost, jobs gained: workforce transitions in a time of automation, McKinsey Global Institute: San Francisco.

OECD(2013). OECD Skills Outlook 2013: First Results from the Survey of Adult Skills, OECD Publishing.

OECD(2021). OECD Employment Outlook 2021.

WEF(2020). The Future of Jobs Report 2020.

통계청 장래인구추계.
  https://kostat.go.kr/portal/korea/kor_nw/1/2/6/index.board.
한국고용정보원 고용행정통계.
  https://eis.work.go.kr/eisps/main/index.do.

09

직업능력개발훈련의
현재 이슈와 미래방향

09

직업능력개발의 현재 이슈와 미래 방향

김주섭(한국직업자격학회), 이수경(한국직업능력연구원)

제1절 ▸ 직업능력개발 정책·사업 이슈와 쟁점

1. 현 상황에 대한 진단

[1] 중앙정부 주도 인력양성 체제의 변화

2000년대 들어와 한국의 경제·사회적 환경은 급격하게 변화하기 시작하였다. 세계화에 따른 글로벌 시장경쟁의 격화, IT 분야를 중심으로 한 급격한 기술변화, 경제의 탈산업화와 지식기반화, 서비스 경제의 확대, 고용 없는 성장 등이 당시의 경제사회 환경을 특징짓는 키워드이다. 이러한 환경 변화는 직업능력개발과 관련된 정책에도 많은 변화를 추동하게 된다. 이러한 환경변화가 직업훈련정책에 주는 함의를 한 단어로 요약하면, '의사결정의 탈중앙화'라고 할 수 있다. 1990년대 후반 이후 직업훈련이 고용보험제도로 편입되면서 직업훈련과 관련된 정책과 사업이 과거의 중앙정부 주도에서 형식적으로는 민간자율을 강화하는 방향으로 선회하였으나, 이를 실질적으로 뒷받침할 만한 새로운 의사결정 구조가 생성되지 못한 상황에서 직업훈련과 관련된 정책환경변화는 날이 갈수록 다기화·다양화되어감에 따라 정부에서도 다양한 방식으로 새로운 정책 및 사업의 의사결정 구조를 분권화하기 위한 시도를 하기에 이른다.

이와 같은 분권화는 대략 세 가지 방향으로 진전되었다. 첫째는 산업 및 지역으로의 분권화이다. 2021년 현재 뿌리산업 인적자원개발위원회 등 19개의 업종별 인적자원개발위원회(Industrial Skills Council : ISC)가 운영되고 있는데, 현재의 업종별 인적자월개발위원회는 2004년 산업별 협의체(SC)가 모태가 되었다. 산업별 협의체에서 시작하여 업종별 인적자원개발위원회로 발전한 현행의 산업계 중심의 협의체의 목적은 인적자원개발에 관한 의사결정을 수요자인 산업계 스스로가 할 수 있는 구조를 만드는 데 있다. 비슷한 시기에 지역 분권화가 시도되었는데, 고용노동부의 "지역맞춤형 일자리 창출 사업"(2007년)을 지역 분권화의 효시로 볼 수 있다. 이 사업은 이후 박근혜 정부 들어 지역인적자원위원회(Regional Skills Council : RSC)로 발전하게 되었다. 이 두 가지 시도는 직업훈련 제도에 관한 2000년대 초반의 대표적인 탈중앙화 시도라고 할 수 있을 것이다.

둘째는 2006년부터 실시된 "노사공동훈련사업"이다. 이 사업은 그간의 대립적 노사관계에도 불구하고 직업훈련에 관한 한 노사가 파트너십을 형성하여 추진함으로써 노사 양측이 윈윈할 수 있는 기반을 마련하는 것을 목적으로 하였다. 이에 따라 비정규직 등 취약계층에 대한 현장성 높은 훈련기회 확대를 위해 2008년에는 전국플랜트 건설노조 포항지부-포항철강단지 건설협의회 등 12개의 노사컨소시엄 사업에 대하여 정부가 지원을 하게 되었다. 이 사업은 2008년 이후 노동부가 노사발전재단에 사업을 위탁하여 시행하는 방식으로 수행하고 있다. 이 사업은 2010년 노사협력직업능력개발사업이 종료되고, 지역맞춤형 일자리 창출사업으로 통합되면서 그 명맥을 유지하고 있다.

셋째는 2008년 도입된 직업능력개발계좌제(이후 '내일배움카드제'로 변경)의 시행이다. 이 제도는 탈중앙화의 가장 극단적인 형태로 평가할 수 있다. 이 제도는 훈련수요자의 선택권을 훈련참가자에게 부여함으로써 공급자중심의 직업훈련체제를 수요자중심의 체제로 전환시키는 데 근본 취지가 있다. 이 제도가 도입됨에 따라 고성과가 기대되는 훈련과정에는 보다 많은 수요자가 몰리게 되고 그렇지 못한 훈련과정에는 수요자가 적게 신청하게 되어 훈련기관 및 과정 간 시장경쟁이 발생하고, 이에 따라 훈련품질이 향상될 것으로 기대된다. 이러한 의미에서 직업능력개발계좌제는 개인의 선택을 중시하고 시장기능을 이용하여 훈련시장의 품질향상을 도모하고자 한 최초의 시도라고 볼 수 있을 것이다.

중앙정부 주도 직업훈련 체제에서 탈중앙화로 전환하고자 한 몇 가지 시도들은 유의미한 긍정적 효과를 보인 것도 사실이다. 현재까지 근 20년 가까이 새로이 시도한 제도들이 어떤 형태로든 명맥을 유지하고 있으면서 동시에 드러난 문제점에 대해서 제도를 수정·보완하고자 하는 노력이 지속적으로 경주되고 있다는 것은 적어도 탈중앙화의 방향성이 틀리지 않았다는 점을 방증하고 있다고 보아야 할 것이다. 그러나 현재로서는 지역·산업분권화와 노사 파트너십 강화를 통한 훈련의 현장성과 적시성의 강화, 계좌제 도입을 통한 훈련시장에서의 시장기능 강화와 이를 통한 훈련품질 향상 등이 일정한 한계를 보이는 것도 사실이다. 이러한 한계의 원인은 다음의 몇 가지로 요약될 수 있을 것이다.

첫째, 직업훈련과 관련해서는 국가의존적 성향이 경제주체들에게 뿌리 깊게 자리 잡고 있어 민간자율적 제도의 정착에 애로요인으로 작용하고 있다. 1967년 본격적으로 직업훈련이 제도화되기 이전부터도 민간이 자율적으로 인력양성을 한다는 개념 자체가 미약하였고, 이러한 사고방식은 개발연대 국가주도 인력양성과 직업훈련 제도의 실행과정에서 더욱 강고해진 것으로 보인다.[1] 따라서 고용보험 제도에서 지향하고 있는 민간자율의 직업훈련 거버넌스가 제대로 정착하기 위해서는 여전히 많은 시행착오와 개선과정을 거쳐 경제주체들의 사고방식의 변화가 선행되어야 할 것이다.

둘째, 인력양성과 직업훈련과 관련된 민간의 전문역량의 부족도 하나의 문제로 지적될 수 있을 것이다. 지역 및 산업인적자원개발협의체 등의 거버넌스 운영에 있어서의 전문역량뿐 아니라, 노사파트너십 등의 파트너십에 기반한 훈련전문가도 상당히 부족한 실정이어서 설사 제도적 기반이 마련되어 있다 하더라도 분권적 거버넌스와 파트너십 기반 훈련사업이 성공적으로 운영되기가 쉽지 않다고 여겨진다.

셋째, 직업훈련과 관련하여 시장기능이 작동되는 데에도 일정한 한계가 노정되었다. 직업능력개발계좌제의 도입은 개인의 합리적 의사결정을 전제로 추진되었으나, 직업훈련과정에 대한 정확한 정보의 부재, 표준훈련비에 의해 운영되는 훈련비 결정구조에서의 정부통제, 개인의 합리적 의사결정을 지원할 수 있는 직업상담 등 사회서비스의 부족 등의 문제점들이 나타나고 있다.

(2) 교육훈련과정과 현장 직무의 괴리 완화를 위한 노력과 한계

2000년대 들어와 산업현장의 변화 속도가 빨라지는 반면, 대학교육은 양적으로 급속히 팽창되면서 학교교육과 현장직무의 불일치 문제가 한국 노동시장에서의 고질적인 문제점 중의 하나로 부각되었다. 이러한 문제점을 해결하기 위한

---

1) 이러한 점에서 한국의 직업훈련 체제는 길드 체제를 기원으로 하는 유럽식 인력양성체제와 극명한 대조를 이루고 있다.

하나의 방안으로 국가직무능력표준(National Competency Standards : NCS)[2]을 개발하여 활용하는 방안이 일군의 학자들에 의해 제시되었는데, 이러한 방안이 2000년 노사정 합의에 따라 2002년부터는 실제로 표준개발에 착수하게 된다. 이 당시에는 일부 직종에 대해 소규모로 표준개발을 해 왔으나, 2013년부터는 이 사업이 정부의 핵심 정책과제로 추진되어 산업전반에 걸쳐 NCS 개발을 완성하여 활용하게 되었다. 3년여 간의 집중개발 기간을 통해 2016년 7월에 최초로 고시되었는데, 이 고시는 24대 직업 분야에 대해서 847개 NCS(세분류)와 10,599개 능력단위로 구성되었다. 각각의 능력단위는 수행준거, 지식·기술·태도로 구성되는 능력단위요소와 능력단위의 적용범위, 그리고 평가지침, 작업상황, 직업기초능력 등으로 구성된다.

현재 NCS가 가장 많이 활용되는 분야는 직업훈련 분야이다. NCS가 현장직무에 대한 직무분석의 성격을 가지고 있기 때문에 이를 직업훈련에 적용함으로써 현장성을 확보할 수 있다는 이점으로 인해 NCS 개발과 거의 동시에 직업훈련에 즉각적으로 활용할 수 있었다. 이 외에도 특성화 고등학교, 전문대학 등 직업교육 분야에서도 NCS를 활용한 교육이 확산되고 있으며, 자격 출제 및 과정평가형 자격의 경우에도 NCS 활용이 확산되고 있는 상황이다.

이뿐 아니라, NCS는 채용시장에도 많은 영향을 주게 되었다. 정부의 강제에 의한 부분도 작용했지만, 블라인드 채용을 통해 직무역량 중심의 채용이 확산하게 된 계기도 NCS기반 채용의 확산에 상당부분 기인하고 있는 것으로 보인다.

NCS 개발과 활용정책과 관련해서는 적지 않은 비판도 존재하는데 이러한 비판은 주로 정부 주도하에 2013년부터 전산업에 걸쳐 NCS를 개발하고 이를 훈련비 지원 기준이나 공공기관 채용에 적용하면서부터 시작되었다. 비판의 요지는 NCS를 직업교육훈련이나 공공기관 채용에 적용을 의무화하는 과정에서 현실에 맞지 않거나, 부작용이 발생하고 있는 부분에 대한 점들이다. 이러한 문제점들은 NCS 자체에 대한 문제라기보다는 적용과정에서의 문제인데, 영국이나 호주 등 NCS가 잘 정착된 국가들에서는 산업계가 주도하여 개발과 활용이 진행되고 있는 것과는 달리, 우리의 경우 정부의 강력한 추진력을 기반으로 단기간에 개발과 활용이 이루어진 데에서 문제가 발생한 것이라 여겨진다. 향후 NCS 품질관리 강화,

---

2) 산업현장에서 직무 수행에 필요한 직무능력을 체계적이고 과학적으로 도출하여 이를 표준화한 것을 말한다.

유연한 활용정책, 더 나아가 산업계 자율적 개발 및 활용체제로의 전환 등을 통해 이러한 문제점이 해소될 수 있을 것으로 기대된다.

NCS와는 별개로, 교육훈련과정과 현장 직무의 괴리 완화를 위해 도입된 또 다른 중요한 시도 중의 하나는 일학습병행제이다. 이 제도는 2014년 도입되었는데, 산업현장 일학습병행 지원에 관한 법률(2020) 제1조에 의하면, 이 사업은 "사업주가 실시하는 직업교육훈련인 일학습병행의 내용과 방법 및 일학습병행에 참여하는 학습근로자의 근로조건의 보호 등에 관한 사항을 정하고, 일학습병행과 자격을 연계하여 학습근로자의 고용촉진 및 사회적·경제적 지위의 향상을 도모함으로써 국민경제의 발전에 이바지함을 목적으로 한다." 이 제도를 통해 기업현장은 학습근로자에게 기업현장을 학습공간으로 활용하게 하고, 기업에게는 우수한 현장인력을 확보할 수 있는 기회를 제공함으로써 학습과 현장직무의 괴리를 완화함과 동시에 기업의 경쟁력 강화에도 도움을 줄 수 있을 것으로 기대된다.

이 제도 역시 제도의 도입 취지에 대해서는 산업계와 학습근로자 모두에게 환영을 받고 있으나, 제도 운영과 관련해서는 여러 가지 개선점이 제기되고 있다. 우선 학습근로자에 대한 교육훈련프로그램의 충실성에 대한 문제제기가 일부 있고, 아직까지는 정부지원 대비 경제적 효과가 엄밀하게 검증된 바가 없어 제도의 효과성에 대한 의문점이 제기되기도 한다. 그럼에도 불구하고 일학습병행제 참여 기업이 2014년 752개에서 2018년 7,691개로 10배 이상 증가하였고, 학습근로자 역시 2014년 3,154명에서 2018년 41,105명으로 10배 이상 증가한 것을 감안한다면 이 제도는 현장의 호응이 매우 좋은 제도라고 평가할 수 있으며, 제기되는 문제점들을 보완해 가면서 내실화를 기해 가는 방향으로 발전시켜야 한다고 본다.

2. 주요 이슈와 쟁점

한국사회가 고령시대로 진입하면서 시급히 해결하여야 할 여러 가지 노동시장 정책과제 중의 하나는 인구고령화로 인한 생산성 저하의 문제이다. OECD 보고서에 의하면 한국의 노동생산성 증가율은 2001~2007년 4.9%에서 2010~2017년에는 2.3%로 크게 하락하였다. 최근의 노동생산성 하락의 주된 원인은 기술혁신의 지체나 노동자 숙련도의 저하 등 총요소생산성의 급격한 하락에 있었던 것으로 분석되고 있는데, 인구고령화가 급속히 진행되고 있는 현재의 인구변화 상황을 고려하면, 노동생산성 하락은 피할 수 없는 추세인 것으로 보인다.

고령시대 지속가능한 고용은 크게 보아 다음과 같은 두 가지 점에서 고령자의 노동생산성 저하 문제와 밀접한 연관성을 가진다. 첫째, 한국과 같이 강한 연공성을 띠고 있는 사회에서는 고령자의 노동생산성 저하가 크게 일어날수록 기업에서의 고령자 고용회피가 일어날 가능성이 커지게 된다. 현재와 같은 상황에서는 법적 강제에 의한 고령자 의무고용 연한의 연장(정년연장)은 고령자의 고용을 유지하는 대가로 신규 고용의 억제를 초래할 가능성이 크다. 둘째, 고령자의 노동생산성 저하는 다른 한편으로는 사회 전체의 인적자본 총량의 하락을 가져올 것이기 때문에 성장잠재력을 낮추게 되고, 이는 다시 노동수요의 하락을 초래하여 고용규모가 전반적으로 낮아지게 될 것이다.

노동생산성을 결정짓는 데는 여러 가지 요소가 있겠으나, 기술혁신과 노동자의 평균적 숙련수준, 노동자의 직무적합성 등이 중요한 요소이다. 따라서 고령시대 노동생산성 저하를 완화하기 위한 중요한 정책은 생산에 적용되는 기술 및 공정혁신, 노동자 숙련향상, 고령 노동자에 적합한 직무의 개발 등과 관련된 정책이 되어야 할 것이다. 이 중에서도 특히 노동시장 정책 차원에서 중요하게 다루어져야 할 정책은 산업현장에서의 노동력 고령화로 인한 노동생산성 저하에 대응하기 위한 직업능력개발 정책을 어떻게 설계하고 실행할 것인가의 문제가 될 것이다.

현재 진행형인 고령시대로의 급속한 진입에 대응하는 직업능력개발정책 방향을 구안하는 데 있어서 간과해서는 안 될 중요한 사실은 한국사회 고령화의 진전은 4차 산업혁명이라 일컬어지는 급속한 기술혁신과 동시에 진행되고 있다는 사실이다. 고령사회로의 진입과 4차 산업혁명이 동시 진행함에 따라 정규교육과정에서 습득된 지식과 기술의 진부화(obsolescence)가 가속화될 것으로 예견되고 있으며, 이에 따라 정규교육 이후 직업능력개발의 수요가 급속히 증가할 뿐 아니라 수요의 내용 또한 다양한 형태로 나타날 것이라는 점이다.

다른 한편으로는 4차 산업혁명은 필연적으로 고용관행과 작업장에서의 직무수행 방식에 커다란 변화를 초래할 것으로 예견되고 있는데, 소위 긱-이코노미(gig-economy)가 보편화되어 산업현장에서 임시적 일자리가 일반화될 것으로 예견되고 있으며, 디지털 경제의 급속한 발달로 경제의 초연결성(hyper-connectivity) 속성이 강화되어 시간과 공간의 제약에서 벗어난 근무방식이 점차로 확산될 것으로 전망되고 있다. 한국의 고령시대로의 진입은 이렇듯 4차 산업혁명이 필연적으로 초래할 것으로 보이는 노동시장의 혁명적 변화와 동시적으로 진행된다는 점을 간과해서는 안 될 것이다.

그렇다면 예견되는 미래의 혁명적 변화 속에서 현재 우리는 충분한 대비를 하고 있는 것인가? 이미 진행되고 있는 고령시대로의 급격한 진입에 대응하기 위한 직업능력개발 정책의 방향과 주요 정책과제는 무엇인가?

여기서는 그리 멀지 않은 미래3)에 펼쳐질 직업능력개발 정책환경의 변화를 고령화와 급속한 기술혁신을 중심으로 그려 보고, 이러한 미래 환경에 대응하는 정책방향을 제시하고자 한다.

[1] 대-중소기업 훈련격차의 문제

한국의 경우 대−중소기업 간 직업훈련 격차가 주요국에 비해 상대적으로 크며, 이러한 추세는 과거 수십년 동안 지속되고 있다. 한국의 중소기업은 전체 기업의 99.9%를 차지하고 있으며, 전체 고용의 80% 이상을 차지하고 있어 중소기업에서의 저조한 훈련참여와 이로 인한 대−중소기업 생산성 격차 확대는 한국의 이중 노동시장 구조를 더욱 악화시킬 가능성이 매우 클 것으로 보인다.

최근 들어 산업현장에서 디지털화와 자동화 등이 광범위하게 발생하고 있음에도 불구하고, 중소기업의 경우 디지털 활용수준이 낮고 근로자의 디지털 능력도 상대적으로 떨어지고 있으며, 고령화에 대한 대응도 충분치 않은 상황이다. 이러한 상황을 극복하기 위해서는 단지 중소기업의 직업훈련 참여율을 높이는 데 그치지 않고, 중소기업 생산현장의 디지털화 지원, 이에 상응하는 근로자 역량 개발, 전반적인 중소기업 HR개선을 위한 정책지원 등이 동시적·종합적으로 이루어져야 함을 시사한다.

〈표 9−1〉에 의하면, 2017년 기준 근로자 직업훈련 참여현황을 살펴보면, 전체 임금근로자 중에서 7.7%가 직업훈련 참여를 경험하였으며, 기업규모별로는 대기업이 17.8%, 중소기업이 5.3%로 나타나고 있는데, 이러한 분석결과는 재직자의 직업훈련이 불균등하게 이루어지고 있으며, 직업훈련 격차가 노동시장 성과 격차로 이어져 노동시장 이중구조를 더욱 확대하는 방향으로 진행될 수 있음을 시사한다. 한편 OECD(2020)의 분석에 의하면, 10인 미만 소기업 근로자의 훈련참여율

---

3) 대략 2040년을 전후로 한 미래를 염두에 두고 글을 작성하였음.

표 9-1 연도별 대-중소기업 직업훈련 참여율 격차

		경험 있음	현재 받는 중	경험 없음	Total
대기업	인원수	639,528	15,420	2,935,932	3,590,880
	비율	17.8	0.4	81.8	100.0
중소기업	인원수	774,813	24,514	13,942,570	14,791,897
	비율	5.3	0.2	94.6	100.0
Total	인원수	1,414,341	39,935	16,878,502	18,332,777
	비율	7.7	0.2	92.1	100.0

주: 한국노동패널 2017년 원자료, 횡단면 가중치 사용
자료: 문영만 외(2019), "기업규모별 직업훈련 실태 및 노동시장 성과", 산업혁신연구

은 30.3%로 OECD 회원국 중 7번째로 낮은 반면, 대기업의 훈련참여율은 69.6% 로 회원국 평균수준보다 높은 수준인 것으로 조사되었는데, 중소기업 근로자 중 취약계층 근로자(고령자, 여성, 저임금, 저숙련)의 직업훈련 참여율은 대기업의 취약 계층 근로자 및 중소기업의 그렇지 않은 근로자에 비해 더 낮은 상황인 것으로 나타나고 있다.

숙련불균형의 정도에 있어서도 기업규모가 작을수록 숙련불일치 비율이 큰 경향이 있으며, 10인 미만 기업의 숙련불일치 수준(약 45%)은 300인 이상 기업(약 25%)의 두 배 수준으로 나타나고 있다(OECD, 2020).

[2] 평생학습의 비활성화에 따른 성인 역량 저하

우리나라 인적자원개발시스템의 가장 큰 특징 중 하나는 평생학습이 경시되 고 있다는 점이다. 우리나라의 인적자원개발 시스템은 초중등 단계에서의 과도한 교육투자와 고등교육 및 직업세계 단계에서의 학습에 대한 저투자로 특징지어진 다. 고등교육과 직업세계단계에서의 학습에 대한 투자가 상대적으로 강화된 '평생 직업형' 학습곡선으로의 변화가 필요하다.

정규교육 단계에서의 과도한 교육투자와 정규교육 이후 단계에서의 저투자 현상으로 인하여 연령이 높을수록 역량이 낮아지고 있다는 것이 앞 장의 [그림 8−1]에서 잘 나타나고 있다. 즉 OECD의 비교대상 국가에 비해 중고등교육기까 지 높은 인적자본 수준을 유지하나 30대 이후 성인들의 능력은 OECD 국가의 평 균에 미치지 못하는 것으로 나타나고 있다.

[3] 재원과 거버넌스 문제

고용보험기금 중심의 지원으로 사각지대 문제가 발생하고 있으며, 이러한 문제는 고령시대에 진입하면서 더욱 증폭될 것으로 보인다. 정규직 임금근로자의 경우 85.9%가 고용보험에 가입되어 있지만, 비정규직 임금근로자의 경우 44.1%만이 가입되어 있는 상황(2017년)인데, 비임금근로자와 비경제활동인구, 고용보험 가입 이력이 없는 실업자의 경우 일반회계를 통해서만 교육훈련에 대한 지원이 가능하나, 그 지원 규모는 크지 않은 것으로 알려지고 있다. 고령자의 경우 정규직 임금근로자의 비율이 낮아 현행의 재원조달 방식으로는 고령근로자에 대한 직업능력개발훈련이 체계적으로 저투자될 가능성이 높은 것으로 판단된다.

평생학습에 대한 지원이 교육부와 고용노동부로 이원화되어 있으며, 부처 간 높은 칸막이로 연계 협력이 미흡하여 자원이 비효율적으로 활용되고 있는 것도 문제점으로 지적될 수 있다. 교육부 중심 평생교육의 경우에는 예산규모가 적고 직업능력개발 관점이 부족한 상황인 것으로 알려지고 있으며, 학교부설 평생교육 시설(대학평생교육원 등)은 성인 근로자의 직업능력개발보다 학점은행제에 의한 학위취득 교육과정을 주로 운영하고 있는 실정이다. 또한 기타 다양한 평생교육시설에서는 교양 및 시민교육 위주의 교육이 이루어지고 있는 상황이다.

고용보험을 통해 상당한 예산이 지원되는 고용부 중심 직업훈련의 경우에도 필요한 인력에게 노동시장의 요구에 부응하는 양질의 교육기회가 충분히 제공되고 있다고 보기는 어렵다. 영세한 훈련기관을 통해 주로 저가 훈련이 제공되고 있어, 훈련의 성과가 제한적이다. 따라서 고용부의 재원이 보다 잠재력이 높은 교육기관을 통해 활용될 필요가 있을 것으로 보인다.

[4] 시간 부족과 프로그램 부족 문제

평생교육훈련을 위한 시간부족과 양질의 프로그램에의 접근성 문제도 해결해야 할 문제이다. 다음 [그림 9-1]에서 보여주고 있듯이 평생학습 불참의 가장 큰 요인은 시간 부족의 문제이다. 특히 재직자의 경우 '직장업무로 인한 시간 부족' 문제가 53%에 이르고 있고, '가족부양에 따른 시간부족'까지를 포함하면 65% 정도가 시간부족으로 인한 사유가 타 사유에 비해 월등히 높은 것으로 나타나고 있다. 아울러 양질의 교육훈련 프로그램에 대한 접근성이 용이하지 못하다는 점

그림 9-1 평생교육 불참 요인(복수 응답, %)

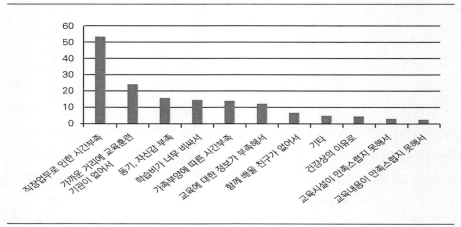

자료: 교육부·국가평생교육진흥원, 2023 평생교육백서

도 평생학습 불참의 중요한 원인으로 조사되고 있다. 특히 교육훈련 프로그램의 문제는 평생학습과 취업 및 직무와의 불일치 문제를 내포하고 있는 문제이기 때문에 이 역시 시급히 해결해야 할 문제로 보인다. 결론적으로 현재의 상황은 평생학습이 필요한 국민들에게 적시에 적절한 내용의 학습 기회가 제공되고 있지 못한 상황이라고 볼 수 있다. 국민들이 자신에게 부족한 능력이 무엇인지, 어떤 능력을 갖춰야 하며, 이를 위해 어디에서 학습할 수 있는지, 적절한 진단과 상담 및 정보 제공 등이 쉽게 이루어져야 하지만, 현재는 문턱이 너무 높고 전달체계4)가 복잡하여 국민들이 어디로 가야 할지 모르는 실정이다.

[5] 정부 부처간/부처내 직업훈련 기능 중복의 문제

고용노동부 외에도 과기부, 여가부, 산자부 등 많은 부처에서 주요 정책 수단이자 전략으로 직업교육훈련을 적극적으로 활용하는 추세이다. 실제로, 과기부, 교육부, 문체부, 산자부, 해수부 등에서 이루어지고 있는 사업들은 고용부 직업능력정책국에서 수행하고 있는 국가기간·전략직종훈련, 계좌제훈련, 공동훈련센터 운영사업들과 유사 중복성이 높다.

---

4) 현재의 평생교육훈련 전달체계는 일반행정(지자체), 교육행정(교육청), 고용노동행정(고용센터) 등으로 3분화되어 있다.

표 9-2 2023년 부처별 디지털 신기술·첨단산업 관련 주요 직업훈련 사업명

소관부처	사업명
과학기술정보통신부	데이터융합인재양성(청년인재양성)
과학기술정보통신부	이공계전문기술인력양성(이공계전문기술연수)
과학기술정보통신부	중소벤처기업 재직전문가 양성
과학기술정보통신부	클라우드 생태계 조성-개발자 기술교육
교육부	한국형 온라인 공개강좌 콘텐츠개발 및 활용 활성화
문화체육관광부	게임전문학교(게임인재원) 운영
산업통상자원부	바이오인력양성사업
산업통상자원부	나노융합기술인력양성
산업통상자원부	미래형자동차현장인력양성
중소벤처기업부	스마트공장전문인력양성

특히, 최근 들어 디지털 신기술 인력양성에 대한 정책적 관심과 수요가 높아지면서 많은 부처에서 관련 정책사업들을 쏟아내고 있으며 이로 인해 정부 부처 간 직업능력개발 부문의 역할, 기능간 중복 문제가 심화되고 있는 양상이다.

〈표 9-2〉에 보는 바와 같이, 각 부처의 디지털 신기술 분야의 직업훈련사업들은 고용부의 K-digital Training 사업 구조, 형태와 유사할 뿐만 아니라 실제로 해당 사업들에 운영기관(교육훈련기관)들이 중복적으로 참여하고 있으며, 이러한 부처 간 중복 투자는 모집율 저하, 훈련성과 저조, 예산 집행 부진 문제를 야기할 가능성이 있다.

해당 문제는 이미 수차례에 걸쳐 정부 테이블에서 논의되어, 훈련수준을 통해 부처 간 역할 정립이 이루어진 바 있다. '100만 디지털인재 양성(국정과제 81번)' 추진시 고용노동부의 K-digital Training 등 관련 사업은 '초중급' 수준을 구현함으로써 과기부 등(중고급 수준)과 차별화가 이루어졌다.

다만, 국정과제 디지털 인재양성 영역의 핵심 가치로 설정되어 있는 '창의'와 '융합' 관점에서 볼 때, 과연 디지털 신기술 영역에서 훈련수준을 중요하게 부각하여 부처별 기능을 차별화하는 것이 어떤 의미가 있는지, 어떤 실효성이 있는지에 대해 논의가 필요하다. 고용노동부의 직업능력개발 사업의 본질은 '산업 수요', '기업 현장' 수요를 즉각적이며 상시적으로 반영할 수 있는 메커니즘이자 수단이라는 측면에서 볼 때, 이러한 현장수요가 점차 융복합되어 가고 있다는 지점을 눈여겨 볼 필요가 있으며, 이러한 정책환경에서 고용노동부의 직업능력개발 사업의 포지셔닝에 대해 깊은 고민이 필요한 시점이다. 고용부내에서도 청년, 중장년,

여성 관련 정책 담당국에서 상당기간 동안 직업교육훈련을 전략적 수단으로 활용하고 있다는 점에서 이러한 논의는 고용부 부처내 발생하고 있는 직업훈련 사업간 중복 문제에도 예외는 아닐 것이다.

(6) 공공훈련 부문의 역할 및 기능의 문제

고용노동부의 직업훈련사업은 1) 민간 직업훈련기관들이 참여하는 훈련사업과 2) 폴리텍, 한기대 등 공공기관을 통해 실시하는 형태로 크게 구분지을 수 있다.

공공훈련 부문에서 한기대는 온라인평생교육원, 능력개발교육원 등을 통해, (1) 직업훈련의 기반 기술(메타버스, 실감형콘텐츠 등) 및 인프라성(콘텐츠, LMS 등) 영역, (2) 직업훈련 교원에 대한 직업훈련을 맡고 있는 반면, 폴리텍의 경우, 직접적 훈련운영 사업을 통해, 학위과정(다기능기술자과정), 전문기술과정, 여성/중장년/소기업 대상 직업훈련 과정 등을 담당하고 있다.

공공훈련의 경우, 수행하고 있는 역할이 국가 재원 투입의 시급성과 중요성이 확보되고 있는지 여부이며, 자율적으로 성장해가고 있는 민간훈련시장 영역을 침범하여 부정적 영향을 미칠 우려가 있는지 유의할 필요가 있다.

공공파트에서 수행되고 있는 경단여성, 중장년 대상의 직업훈련 사업의 경우, 대상면에서 볼 때, 인구구조 변화에 따른 이들 인력의 생산성을 높여야 되는 차원에서 시의성과 중요성이 인정되나, 훈련의 영역(분야)과 훈련의 방법에 대한 차별화가 명확하게 이루어지지 않고 있다는 점에서 민간훈련과의 중복성 문제가 제기될 여지가 있다. 단순한 훈련대상 특화만으로는 한계가 있으며, 훈련운영 모델에 대한 특성화가 이루어지지 않을 경우, 중복성 문제뿐만 아니라 더 나아가 재원 투입의 실효성 부분에 대한 문제가 제기될 수 있는 상황이다.

이러한 문제는 디지털 신기술 인력양성 관련하여 공공부문 투입이 이루어지면서 심화되고 있는 양상이다. 동 분야의 경우, 민간에서 조차도 과도한 경쟁에 의해 훈련생 모집 문제가 발생하고 있는 상황이라는 점을 유념할 필요가 있다. 민간에서 활성화되고 있는 동 분야에 대한 공공부문의 직접적인 사업참여가 필요하다면, 이는 훈련접근성 차원에서 지역격차 해소를 위한 접근이라든지, 반도체 부문과 같이 고가의 장비 투자가 필요한 공급 부족 부문이라든지, 또는 first-mover로서 혁신적인 훈련운영모델 도입을 통해 민간훈련시장을 이끌어내는 역할 등에 기반하여 민간과의 뚜렷한 차별점 및 공공부문 투자 실효성을 확보해 나가야 할 것이다.

디지털 신기술 분야와 달리, 국가기간 산업 분야의 경우, 전문대나 민간훈련기관의 경우 초고령화사회 진입에 따른 입학자원 부족 문제로, 전통적인 기계, 장치 등의 산업분야를 큰 폭으로 줄여나가고 있어 공공부문의 동 분야 관련 인력양성 사업의 중요성과 차별점이 명확해져 가고 있는 것은 다행이다.

전반적으로, 공공부문에서 이루어지고 있는 직업훈련에 대한 명확한 R&R 설계, 이에 대한 대국민 차원의 공감대 확보가 중요하나 아직까지 미진한 측면이 있다. 공공훈련 실효성을 담보하기 위해서는 무엇보다도 직업훈련에 대한 차별화된 성과지표 적용이 필요하나 현재는 모집율, 수료율, 취업률과 같은 민간훈련과의 동일한 지표가 적용되고 있는 상황도 우려 지점이다. 해당 성과 지표로는 공공훈련 취지, 목적을 우선시하기에는 운영상 한계가 있을 것이다.

공공훈련 부문이 (1) 훈련 접근성이 부족한 대상이나 지역, (2) 훈련 인프라 부담으로 훈련 수요가 있음에도 공급이 부족한 훈련 분야 및 대상, (3) 분야의 특성을 반영한 특화된 훈련모델 등에 초점을 맞출 수 있도록, 더 나아가 (4) 선진 훈련모델 및 훈련환경(인프라) 조성 등을 통해 민간훈련을 이끌어 나갈 수 있는 first-mover, testing-bed 역할, 기능을 수행할 수 있도록, 공공부문의 R&R 정비, 운영체계개편, 성과지표개선 등이 필요한 상황이다.

[7] 직업훈련 전달체계의 문제

직업훈련 정책사업 추진을 위한 전달체계에는 한국산업인력공단, 직업능력심사평가원, 한국고용정보원, 한국직업능력연구원, 고용센터, 지역인자위 등 다양한 기관들이 관여되어 있으며, 운영기관별로 직업훈련 사업에서 담당하는 업무와 기능이 구분되어 있다. 예컨대, 한국고용정보원이 훈련행정 관련 정보망을 담당하고 있다면, 직업능력심사평가는 심사·평가 업무 및 실업자훈련사업, 한국산업인력공단은 모니터링·품질관리 업무 및 사업주훈련사업, 고용센터는 사업 계약 및 비용 집행 업무, 한국직업능력연구원 제도연구, 지역인자위는 지역단위의 직업훈련 수요 분석 및 맞춤형 훈련실시 업무 등을 수행하고 있다. 반면, 과기부, 산자부 등 타부처들의 경우, 사업별로 전담기관 형태로 별도 배치하고, 이들 기관으로 하여금 단위 사업에 대하여 기관 선정에서부터 성과관리, 비용집행에 이르기까지 전체 영역을 담당하게 하고 있다는 점에서 큰 차이가 있다.

쟁점에 대한 논의에 앞서, 고용노동부의 훈련사업 전달체계의 기본 구조를 간략하게 살펴보면 다음과 같다. 고용노동부 직업훈련의 정책사업의 영역은 직업훈련의 종류, 형태와 관계없이 대체로 직업훈련 절차에 따라 ① 기획/설계, ② 선정심사, ③ 실행, ④ 모니터링/컨설팅, ⑤ (비용)집행, ⑥ 성과관리로 구성되어 있다.

① 기획/설계

직업훈련 정책 사업의 방향성과 형태, 틀 등을 수립하는 영역으로, 직업훈련 정책 사업의 전달체계 수립과 참여주체간의 역할, 기능 정립 등을 포괄하고 있다. 주로 정부 부처의 정책 사업 입안 과정, 연구 용역 산출물, 직업훈련 전달체계 참여 주체 기관의 기획/설계 기능 등을 통해 정책 사업 기획이 이루어진다. 직업훈련 정책 사업 기획/설계의 산출물은 직업훈련 사업 전반에 절대적인 영향을 미치게 되며, 특히, 심사, 평가 기능과 관련하여 심사 방향, 대상, 기준, 절차, 방법 등에 직접적 영향을 미치는 매우 중요한 영역이다.

② 선정심사

고용노동부의 직업훈련 정책사업 대상으로의 적정성을 선별하기 위하여 실시하며, 선정심사는 선별 기능 외에도 정부 직업훈련 예산에 따른 분배 기능을 수반하고 있다. 정부 직업훈련 사업에 참여하는 공급자 입장에서는 동 심사의 선정 요건, 기준이 정부 사업 참여 여부를 결정하는 지표인 만큼, 직업훈련 시장에서는 선정심사 영역에 대한 관심도와 민감도가 매우 높다.

③ 실행

선정심사를 통과한 훈련사업들에 대한 실제 실행 과정을 지원하는 영역으로 훈련사업 추진을 위한 계약체결, 변경사항 처리 업무 등을 포함한다. 계약 업무는 행정 전문성을 요하는 사항인 반면, 변경사항 처리 업무는 행정 전문성 외에도 변경의 적정성을 판단하는 영역이 포함되어 있어, 선정심사 영역과 같이 직업훈련에 대한 전문성이 요구되는 영역이다.

④ 모니터링/컨설팅

직업훈련 진행 사항을 점검하는 영역으로, 형태로는 현장 점검 방식과 데이터 분석 방식이 있다. 데이터의 경우, 온라인 툴을 활용한 실시간 데이터 분석과 취합된 자료를 토대로 분석을 실시하는 방식 두 가지가 존재한다. 모니터링 결과를 토대로 부정 적발을 위한 지도 점검 등의 행정적 절차와 조치가 시행된다. 컨설팅 영역의 경우, 직업훈련 진행 사항에 대하여 전문 인력을 통한 가이드, 지도, 안내 등이 이루어지는 부분으로, 주로 신규 사업 출범 시 훈련현장의 실행력을 끌어올리는 측면에서 병행되나, 때로는 성과가 부진하거나, 고난이도 사업 추진 등이 요구되는 사업에도 시행된다.

⑤ 비용 집행

훈련에 투입되는 예산(훈련비, 훈련장려금 등) 등을 집행하는 영역이다. 실행 단계에서 이루어지는 '계약' 사항을 근거로, 출석, 평가 결과 등의 비용 산정 기준에 따라 비용 정산이 이루어지는 영역이다. 직업훈련 전산망(HRD-net)을 통해 해당 업무가 이루어지도록 전산화가 이루어진 영역이다.

⑥ 성과 평가

훈련 실적에 대한 데이터를 수집, 분석하여 훈련성과를 도출하는 영역이다. 성과 관리의 대상은 크게, (1) 훈련기관과 (2) 훈련과정 단위로 구분된다. 성과 관리의 방법은 (1) 훈련생 대상 만족도 조사, (2) 취업률, 고용유지율 등의 데이터를 통한 관리, (3) 평가사업을 통한 관리로 나눌 수 있다. 평가사업을 통한 방법은 훈련과정 단위로 이루어지는 평가, 훈련기관 단위로 이루어지는 인증평가로 다시 세분화된다.

고용노동부 직업훈련 사업의 경우, 훈련사업의 다양성 및 집행 규모가 크다는 점을 고려해 볼 때, 앞에서 논의한 바와 같이 직업훈련 추진 단계 및 영역별로 기관 역할을 할당하는 방식의 전달체계를 운영하는 것은 이상적이라고 할 수 있겠다. 다만, 여러 기관들이 관여되는 만큼 타부처의 '단일 기관 체제'과 같이 한 몸처럼 전달체계가 작동하기 위해서는 부단한 노력이 필요해 보인다. 무엇보다도, 첫째, 운영기관 간 역할과 기능 분배가 명확해야 하며, 둘째, 운영기관 간 협업과 소통이 원활해야 하며, 셋째, 의사결정체계를 통한 현안에 대한 대응 및 환류 활동이 상시화될 필요가 있어 보인다.

COVID-19, 디지털신기술 인력양성 수요 급증 등 직업훈련을 둘러싸고 있는 대내외적 환경이 역동적으로 변화되고 있는 상황에서, 직업훈련시장 또한 새로운 사업 출현, 사업운영 형태 변경 등이 지속적으로 발생하고 있으며, 기존과 달리 융복합적 성격의 사업들이 빈번하게 등장하고 있다. 이로 인해 전달체계의 운영기관들의 역할, 기능 간 모호성, 유사·중복성이 늘어날 소지가 크며, 신규사업의 빈번한 출현과 변화로 인해 기관 간 업무 소통 및 환류 활동 또한 쉽지 않을 것으로 예측된다. 고용노동부 전달체계의 특성을 고려해 볼 때, 전달체계 각각의 축을 담당하고 있는 운영기관들이 개별적인 역할을 온전히 수행한다 하여도, 운영기관간 환류 및 협업 체계가 제대로 작동하지 않을 경우, 즉 한 기관처럼 움직이지 않을 경우, 훈련사업 운영의 고도화를 기대하기 어려우며, 더 나아가 훈련운영의 부정과 부실의 문제를 초래할 수도 있다는 점에서 고용노동부의 전달체계가 제대로 작동할 수 있도록 협업 구조 및 방식에 대한 정비가 시급히 요구되는 상황이다.

(8) 직업훈련 수요에 대한 쟁점과 이슈

직업훈련 정책·제도 설계시 주요 키워드로 등장하는 용어가 '수요'라고 해도 과언이 아니다. 직업훈련 정책·제도를 기획하는 입장에서 훈련수요의 개념에서부터 접근방식까지 다각적인 측면에서 심도있는 논의가 필요한 상황이다.

'수요'는 사전적 의미에서 수요란 '어떤 재화나 용역을 일정한 가격으로 사려는 욕구'로 정의된다. 경제학에서 수요란 경제 주체가 특정 상품에 대해 사고자 하는 의지와 실제로 살 수 있는 구매 능력을 갖춘 욕구를 말한다. 직업훈련시장에서 수요의 대상이 되는 것은 직업훈련서비스이며, 이러한 직업훈련서비스를 대가를 지불하고 사고자 하는 구매 능력을 갖춘 자가 수요자가 될 것이다. 그러나 직업훈련에 있어서 수요 또는 수요자를 이해하기 위해서는 이러한 직업훈련서비스를 사고자 하는 '욕구'가 왜 발생하는지에 대한 이해가 선행되어야 한다. 수요는 재화나 서비스에 대한 욕구가 구체적인 구매 요구로 나타나기 때문이다. 경제주체의 합리적 선택으로 직업훈련의 수요를 이해하는 경우, 이 수요는 직업훈련의 니즈(요구), 즉 숙련차이(skill gap)에 따른 욕구의 표현이다. 기업이 요구하는 숙련

그림 9-2 훈련수요의 개념적 접근

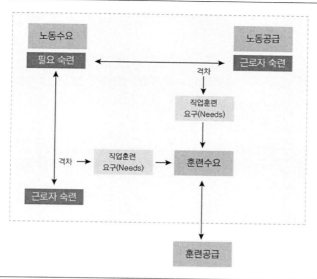

자료: 이수경 외(2016). 훈련수요에 따른 공공훈련·민간실업자훈련 역할 분담, p.22, 한국직업
    능력연구원

과 근로자 자신이 보유하고 있는 숙련간의 차이, 즉 숙련 차이(skill gap)가 직업훈
련의 요구(니즈)다. 직업훈련의 니즈가 시장에서 직업훈련서비스에 대한 구매 욕
구로 나타난 것이 훈련수요(demand)다.

　　훈련수요는 노동공급과 노동수요 모두에서 나타난다. (1) 노동공급 측면에
서 근로자는 자신이 지닌 숙련이 수행해야할 직무나 취업하고자 하는 일자리가
요구하는 숙련과 차이가 있을 때 직업훈련에 대한 수요로 나타난다. 근로자는
노동시장으로의 진입, 현재의 일자리의 유지, 보다 나은 일자리로의 이동에 요구
되는 필요숙련이 자신이 보유하고 있는 숙련과 차이가 있을 때 대가를 지불하고
직업훈련서비스를 구매한다. (2) 노동수요 측면에서는, 기업은 외부노동시장에서
필요숙련을 갖춘 근로자를 채용하는 데 소요되는 비용이 채용 후 필요숙련을 갖
출 수 있도록 투자하는 것보다 비용이 큰 경우, 고용하고 있는 근로자의 숙련이
필요숙련에 미치지 못하는 경우 직업훈련에 투자를 한다. 훈련수요나 훈련수요
자는 노동공급측이나 노동수요측 모두에서 나타날 수 있지만, 양자 모두 직업훈
련에 대한 수요가 발생하는 근원은 숙련격차이며, 노동공급측의 수요는 궁극적
으로 기업이 요구하는 필요숙련과 그 필요숙련을 갖춘 숙련인력 수요에 따라 결

정된다.5) 훈련수요는 노동수요측의 숙련인력수요의 또 다른 표현이다.

문제는 훈련수요가 정확한 파악이 어렵고, 시장 내에서 훈련수요가 정상적으로 나타나지 않는다는 점이다.

첫째, 노동 수요측에서 본다면 현실적으로 대부분의 숙련은 일반적 숙련 (genernal skill)과 기업 특수적 숙련(firm-specific skill)의 중간형태의 숙련, 즉 기업 간 통용 가능한 숙련이 대부분이어서 훈련비용의 부담주체를 명확하게 구분할 수 없다. 따라서 투자에 대한 수익의 완전한 보상이 현실적으로 잘 나타나지 않아 밀렵(poaching)으로 인한 과소투자, 즉 필요한 훈련수요보다 적은 훈련수요가 나타날 가능성이 크다.

둘째, 정보의 불완전성으로 기업이 원하는 필요숙련이 무엇인지, 숙련인력에 대한 수요가 어느 정도인지 알 수 없어, 근로자의 합리적 선택이 어렵다. 훈련시장에서의 정보의 비대칭성은 훈련공급자의 이익극대화 행위로 인한 지대추구행위로 이어질 가능성이 높다. 훈련공급자는 노동시장정보에 대한 훈련기관과 근로자 간의 정보비대칭성을 이용하여 노동시장에서 유용성이 낮은 직업훈련을 실시하고 비용을 지불받는 지대추구 행위가 나타난다.

셋째, 뿐만 아니라 훈련시장에 대한 정부의 개입은 의도하지 않은 결과를 가져와 가수요를 야기할 수 있다는 점이다. 정부지원 실업자직업훈련의 경우를 예를 들어보면, IMF이전인 1997년에 42천명에 불과하였으나, 1998년 학원 등 민간 직업훈련기관의 자율적 모집 허용, 과다한 훈련수당의 지급 등으로 331천명으로 증가하였으며, 1999년은 350천명으로 늘었다. 이후 바우처형(계좌제) 지원방식의 도입으로 지속적으로 늘고 있으며, 이러한 가수요에 대한 논란은 현재도 진행형이다.

[9] 직업훈련 공급과 심사·평가 이슈6)

직업훈련 수요를 반영하여 정부의 정책 사업들이 출범하게 되며, 직업훈련

---

5) 예컨대 근로자가 기업이 요구하는 구체적인 숙련에 대한 정보가 없거나 이를 반영하지 않은 상태에서 직업훈련을 받고자 하거나, 일을 위한 생산활동에 필요한 숙련을 습득·향상하기 위한 것이 아닌 훈련에 대한 요구도 훈련수요로 본다면 직업훈련정책에 대한 정확한 평가가 어려울 것이다.

6) 심사평가 1기와 2기의 일부 내용은, 임경화, 이수경 외 5인(2021)의 "직업능력개발 심사평가 효과성 분석과 개선(발전)방안 연구"내용을 활용하여 수정, 보완한 내용임을 밝히는 바임.

공급 사이드를 대상으로 다양한 형태의 심사, 평가 제도를 통해 수요와 공급을 매칭하기 위한 노력들이 이루어지고 있다. 직업훈련 심사·평가의 이슈는 특정 제도, 특정 기관에 귀속되는 기능에 대한 이슈와 쟁점이라기보다는 직업훈련 수요와 공급간의 양적, 질적 미스매칭을 최소화하기 위한 정책적 시도이자 기제로 이해하고 정책을 설계 및 운영하는 것이 무엇보다도 중요하다.

이러한 의미에서 볼 때, 직업훈련 심사 및 평가 영역은 크게 세 가지 단계로 발전해 왔으며, 각 시기별 심사·평가 관련 이슈와 쟁점에 대한 명확한 이해를 전제로 직업훈련 심사·평가 방향 설정 및 고도화 논의가 이루어져야 할 것이다.

① 1기 지방노동관서 물량배정제의 주요 쟁점

1기는 지방노동관서 중심의 물량배정제가 실시되었던 시기이다. 1997년 외환 위기와 맞물려 있으며, 경제적인 상황을 돌파하기 위하여 직업훈련 중, 재취업을 위한 실업자 훈련을 중심으로 훈련사업 물량이 집중되었으며, 이를 원활하게 운영하기 위하여 정부의 훈련사업 전달체계 및 정책이 '지방노동관서'를 중심으로 개편되었다. 지방노동관서의 물량배정제 시기에서 물량 배정은 크게 세 단계에 걸쳐 이루어졌다. 첫 번째는, 중앙과 지방노동청 단위의 예산 배분 과정이며, 두 번째는 지방노동청과 관할 지방노동관서 단위의 예산 배분 과정, 세 번째는 지방노동관서의 관할 훈련기관에 대한 예산 배분 과정이다. 물량배정제의 세 번째 단계는 훈련기관에 대한 선정을 위한 심사·평가가 본격적으로 이루어지는 단계로 볼 수 있다. 즉, 현재의 직업능력심사평가원이 실시하고 있는 물량 배정을 위한 훈련기관 및 훈련과정 선정 심사가 지방노동관서(지청)에서 직접적으로 수행되었다.

지방노동관서의 물량배정제의 장점을 꼽자면 다음과 같다. 첫째, 관할 지역의 기업, 산업계의 인력 수급 현황을 가장 잘 알고 있는 지방노동관서에서, 관할 훈련기관의 훈련운영 규모와 성과에 따라, 훈련 물량을 배정하였다는 점에서 지역적 관점에서의 훈련사업의 효용성을 높였다는 측면과, 둘째, 훈련기관, 훈련과정에 대해 지도점검 등을 맡고 있어 훈련기관에 대해 누구보다도 잘 알고 있는 관할 관서에서 선정 심의를 실시하는 만큼, 훈련기관이 선정 심의와 관련하여 제출하는 서류가 훈련성과, 훈련실적 외에는 거의 생략되어 있어, 훈련행정을 간소화하였다는 점을 꼽을 수 있다. 셋째, 훈련정책 단계 전 과정(기획, 사전심사, 실행,

모니터링, 집행, 성과평가)가 모두 동일한 운영 주체(지방노동관서) 중심으로 일원화되어 있었던 만큼 운영의 효율성이 높다.

반면, 지방노동관서의 물량배정제의 단점을 꼽자면 다음과 같다. 첫째, 무엇보다도 관할 지방노동관서의 최초 물량배정 계획안이 대체로 훈련과정 선정 심의회에 원안대로 통과되는 경향을 보여, 외부전문가들로 구성된 심의기구가 있음에도 불구하고 훈련기관을 관할하는 지방노동관서의 의견이 절대적으로 영향을 미치는 의사결정 구조라는 측면에서 객관적인 시각을 반영하기에는 한계가 있다. 이와 같은 관 주도의 의사결정 시스템은 신규 훈련기관들의 훈련사업 진입에도 영향을 미쳤다. 기존에 물량을 배정받았던 훈련기관들이 성과가 유지되는 상황에서는 계속적으로 훈련과정 승인이 이루어지는 상황이다 보니, 신규 훈련기관들이 실업자 훈련과정 물량을 관서로부터 배당받기는 쉽지 않다. 둘째, 각 지방노동관서에서 훈련 시설이나 과정을 승인을 하는 데 있어, 세부 항목별로 그 기준에 차이가 나는 문제가 있다. 셋째, 심사평가 단계에서 인력 수요, 공급 차원의 거시적 관점은 반영이 용이했던 반면, 훈련 품질과 관련된 미시적 관점(훈련내용, 훈련방법 등) 반영은 역부족이었다.

1기의 지방관서 중심의 물량배정제 시기는 고용부(본부와 지방조직)에서 전체 훈련정책 사업의 주도적인 역할을 수행했다. 정책 수립의 기획단계는 주로 고용부 본부에서, 그 이후 단계의 산전심사, 실행, 모니터링/컨설팅, 집행, 성과평가 단계는 고용부 지방조직(지방청 단위, 지청 단위)이 주도적으로 수행하였다. 전체 프로세스에 대하여 운영 주체가 일원화된 만큼 운영의 효율성이 매우 높았던 시기라고 볼 수 있다. 고용부 내부 인력들이 모든 업무를 직접적으로 수행하는 만큼, '물량배정제' 타이틀에서 보는 바와 같이 정부 지원 훈련물량이 엄격하게 통제될 때 적용 가능한 체계이다. 또한, 고용부 행정 인력들이 심사, 평가 주체인 만큼, 이 당시의 심사, 평가의 내용, 방법 등은 품질에 기반한 전문적이며 미시적 차원의 심사 체계로 보기는 어려우며, 훈련성과를 기반으로 훈련수요와 공급을 맵핑해 주는 거시적 차원의 접근으로 평가된다. 이 시기의 심사 특성을 꼽자면 다음과 같다. 첫째, 훈련과정 단위 보다는 훈련기관 단위 심사 특성, 둘째, 훈련품질에 대한 선정심사 보다는 훈련성과 기반의 선정 심사 특성, 셋째, 지역별 훈련 수요와 훈련공급을 맵핑해주는 데 초점을 맞추는 심사 특성이다.

② 2기 고용부 유관기관 중심 심사 평가 시기의 쟁점

1기에서 시행되었던 정부 주도의 심사 방식과 지역별 편차 등의 여러 문제점 지적에 의해 2005년부터 고용부 유관기관인 한국산업인력공단, 한국직업능력개발원에서 직업훈련 사업 심사를 주도하게 된 시기이다.

2기 출범은, 고용부 관 주도의 심사 방식에 대한 훈련 현장의 불만과 한계가 부각된 측면도 있지만, 근본적으로는 물량 통제 방식에서 시장 중심의 훈련정책 기조 변화에 주된 요인을 찾을 수 있다. 특히, 변곡점으로 2008년 직업능력개발계좌제 훈련정책 출범을 꼽을 수 있으며 다음과 같은 이슈가 등장하게 되었다. 첫째, 폭증하는 심사 물량에 대한 대응 체계가 요구되었다. 기존의 고용부 내부 인력에 대한 심사 체계로는 한계에 직면하였다. 둘째, 산업, 기업의 관점에서 훈련 물량을 맵핑해 주는 심사 관점 측면에 대한 변화가 요구되었다. 훈련생의 자기주도적, 자율적 선택권을 근간으로 하는 계좌제 정책 취지에 부합하는 심사 관점이 요구되었다.

1기가 주로 선정심사 중심으로 평가활동이 이루어진 것에 비해, 2기는 선정심사 외에도 모니터링, 집행, 성과평가에 걸쳐 체계적인 심사평가 사업들이 정비된 시기로 판단된다. 평가와 관련되어 다수의 운영기관들이 '훈련사업' 단위로 역할, 기능을 수행하던 시기이며, 운영기관간 사업 이관이 지속적으로 이루어지게 되면서 훈련시장에 일부 혼선을 유발한 측면도 있다.

동 시기의 특징과 이슈를 살펴보면 다음과 같다.

첫째, 사전심사에서는, 대표적인 훈련사업인 국기, 계좌제 사업에서 본격적으로 중앙단위의 전문 심사제도가 도입이 되었다. 다만, 사업별 특성을 반영하여, 국기는 훈련기관 단위의 평가, 계좌제는 훈련과정 단위의 평가가 각각 산인공, 직능연 중심으로 이루어졌다. 반면, 재직자 훈련의 경우, 고용부에서 산인공으로 인정심사 업무가 이관이 되었으나, 심사 방식은 대체로 유사한 형태와 내용을 유지하였다.

둘째, 원격훈련을 중심으로 모니터링 제도가 시행되었다. 이는 산인공 전담부서 설치를 모태로 본격화되었으며, 초기에는 랜덤식으로 모니터링을 하여 부정 등을 적발하는 방식이었으나, 이후에는 원격훈련기관 시스템에 의무적으로 원격훈련 데이터를 산인공으로 전송하는 프로그램(에이전시)를 설치하는 방식으로 전환하였다.

셋째, HRD-net을 통한 직업훈련 행정 시스템이 본격적으로 가동되었다. 훈련과정 개설부터 훈련생 입과, 출결, 훈련과정 만족도 조사, 비용 집행, 훈련 성과 관리(취업률 등) 등이 HRD-net을 통해 관리되었다.

넷째, 직능연의 원격훈련기관 평가사업을 모태로 성과평가 영역의 활동(기관평가제도 도입)이 시작되었으며, 집체훈련 평가사업으로 확대되었다. 훈련기관 평가사업의 운영기관 또한 직능연에서 산인공으로 사업이관이 이루어지는 등의 변화가 이루어졌다. 이 시기에는 HRD-Net을 중심으로 성과평가를 위한 데이터 인프라 구축이 이루어진 시기로, 훈련과정 만족도 평가활동이 의무화되었으며, 고용정보망 연계를 통한 취업률, 고용유지율 등의 데이터가 성과평가에 적극적으로 활용되기 시작하였다.

③ 3기 전담기관(직업능력심사평가원) 시기의 쟁점

2014년 통합심사 제도출범은 사업별로 흩어져 있는 직업훈련에 대한 (1) 통합 관리 체계 구축의 일환으로, 통합 심사를 통해 (2) 수요자/성과 중심의 훈련시장 육성을 꾀함과 아울러, 직업훈련 시장의 성장, 발전을 이끌어 낼 수 있는 (3) 직업능력개발 거버넌스의 고도화/전문화를 목표로 하였다.

심평원 출범당시의 직업훈련 심사의 기본 틀은 '통합심사' 측면에 있다. 기존의 훈련사업별로 이루어졌던 심사 형태, 방식 등을 단일화하여, 불필요한 행정 업무(비용)과 업무 혼선을 줄여, 심사의 효율성과 심사 신청기관의 편의성을 도모하기 위하여 통합적 심사를 실시하였다. 즉, 국가기간·전략직종 훈련, 실업자 일반(계좌제) 훈련, 재직자 훈련 등이 기존에는 각기 다른 기준과 방식으로 훈련과정 심사가 이루어졌으나, 심평원 출범부터는 동일한 심사 플랫폼(영역, 기준, 절차 등)에서 통합적으로 심사가 이루어질 수 있도록 개편되었다.

'통합심사'가 당초의 정책 취지와 목표대로 작동하기 위해서는 다음과 같은 전제가 필요하다. 첫째, '통합심사'와 '직업훈련 품질관리 시스템(기관인증평가, 훈련이수자 평가 등)'과의 연계(환류) 체계 구축이 필요하다. 통합심사에서 승인된 훈련과정들이 실제 '운영' 상황에서 어느 정도의 수준과 질을 확보하게 될 것인지는 운영 기관들이 확보하고 있는 훈련 인프라, 운영 체계 등과 밀접한 관련이 있어, 이에 대한 평가시스템인 기관인증평가, 훈련이수자평가 등과 훈련과정 심사 간의 긴밀한 연계체계 구축이 필요하다. 통합심사를 담당하고 있는 심평원에서는 훈련과정 품질과 직접적으로 관련되어 있는 훈련인증, 이수자평가, 훈련성과평가 등의 사업 또한 수행하고 있으며, 내부적으로도 이들 심사·평가 시스템의 정책적 환류체계 구축을 주요 기관 운영 방향으로 2015년 심사평가원 출범 당시부터 지속적으로 제시하고 있는 이유도 이 때문이다.

둘째, 통합심사를 통해 승인된 훈련과정에 대한 훈련의 질은 단순한 '문서'나 '계획'상이 아닌, 실제 훈련 운영 과정에서의 '결과'로 담보될 수 있도록, '훈련성과'와의 연계가 강화되어야 한다. 통합심사에서 이루어지는 심사평가 활동에 훈련성과 데이터가 긴밀하게 활용될 수 있도록 관련 데이터망 구축 및 활용 체계 구축이 필요한 이유이다.

위에서 제시한 심평원 출범 당시의 쟁점은 현재도 계속되는 가운데, 직업훈련 정책·제도를 둘러싼 환경 변화가 급격하게 이루어지는 상황에서 다음과 같은 이슈들이 추가되고 있다.

첫째, 직업훈련 사업의 형태 및 비중 변화가 심사의 방식, 형태에도 영향을 미치고 있다. 통합심사의 주축이 되었던 직업훈련사업(국기, 계좌제, 재직자훈련) 이외에도 정책 특화사업(플랫폼 훈련사업, K-digital training, K-디지털 기초역량 등)들이 다양한 형태로 등장하고 있으며, 이들 특화사업의 종류와 규모가 급격히 늘어나고 있는 상황이다. 이들 사업에 적용되고 있는 심사 방식은 기존 통합심사의 틀을 벗어나 해당 사업 특성을 반영한 형태로, 심사 절차 및 방식이 각각 달리 적용되고 있는 상황이다. 즉, 통합심사 트랙과 특화심사 트랙이 병존하는 가운데, 심평원의 한정된 인력과 예산을 투입하여, 심사의 효율성과 효과성을 꾀해 나가는 것 자체가 매우 큰 도전 과제가 되고 있다.

둘째, 직업훈련 사업별 고용노동부 주무 부서들이 다른 상황에서 체계적인 심사 평가 활동을 이끌어 나가는 것이 쉽지 않은 상황이다. 훈련과정 심사 대비, 훈련기관 단위로 이루어지는 인증, 성과 평가 업무의 경우, 각기 다른 훈련사업의 추진 목표 및 관점, 속도를 수용하는 것이 용이하지 않은 상황으로 이러한 어려움은 가속화될 것으로 예견된다. 동일 훈련기관에서 고용노동부의 여러 정책 사업들에 참여하고 있는 것이 보편적 현상이며, 고용부 부서별로 추진하고 있는 특화 훈련에 대해서도 동시 참여도 늘어나고 있다. 선정심사의 경우 훈련사업 단위로 심사가 이루어지고 있어 문제가 안 되나, 훈련기관 대상의 인증평가, 성과평가는 훈련기관을 단위로 고용노동부 훈련사업에 참여하는 기관 전체를 대상으로 공통적인 지표와 방식을 적용하는 형태로, 다양한 직업훈련사업들간 '훈련성과'라는 합의점을 찾아나가는 것 자체가 도전 과제이자 주요 쟁점 사항이 될 것이다.

셋째, 직업훈련 운영 형태, 내용, 대상간에 융복합적 접근이 늘어나고 있는 상황에서, 이에 대한 심사, 평가 측면에서의 대응 체제 구축이 필요한 상황이다. 훈련영역 간 융복합, 훈련대상(재직자, 실업자) 간 융복합, 훈련형태(집체, 원격) 간 융복합 등이 다양한 형태로 출현하고 있어, 대상, 영역, 방법별로 접근하는 전통적인 직업훈련 심사체계로 이를 대응하기에는 한계가 있다. 이러한 직업훈련의 다변화에 대응할 수 있도록 근본적으로 심사·평가 패러다임과 체제를 개편해 나갈 필요가 있다.

이와 같이 훈련시장의 복잡성, 다변화가 가속화되고 있는 상황에서, 심사·평가 역할과 기능을 수행해 나가기 위해서는 심평원의 R&R에 대한 논의가 필요한 시점이다. 단순 심사, 평가 활동에 머무르지 않고, 직업훈련심사 전담기관으로서 리더십과 전문성을 발휘하여, 개별 단위로 수행되고 있는 각각의 훈련사업들에 대한 통합적이며 중장기적 관점에서 발전을 이끌어 나갈 수 있도록 이에 합당한 역할과 권한, 책무를 부여하는 것이 필요하다. 심사평가의 주된 기능, 역할이 환류라는 측면에서 볼 때, 심사 및 평가 활동을 통해 직업훈련사업들에 대한 개선 및 고도화를 체계적으로 이끌어나갈 수 있도록 심평원 기능, 역할, 데이터인프라 등에 대한 논의가 필요한 시점이다.

제2절 ▸ 직업능력개발훈련 미래 방향

1. 평생직업능력개발 환경변화

[1] 급속한 고령 시대로의 진입

① 인구구조 변화 추이

통계청에서 '23년 분석한 "고령자의 특성과 의식변화" 자료에 의하면, 한국의 65세 이상 고령자 증가 속도는 매우 빠르게 진행되고 있는 것으로 나타나고 있다. '23년 65세 이상 고령자 인구 비중은 18.4%인데, '37년에는 31.9%로 전망되

그림 9-3 고령자 연령대별 인구비중 추이

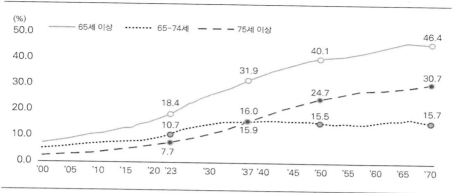

자료: 통계청 「고령자의 특성과 의식변화」 보도자료, 2023

그림 9-4 인구고령화 국제 비교

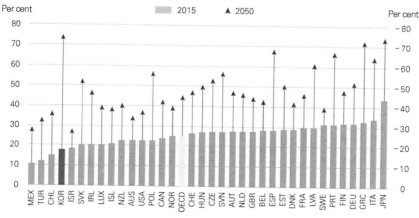

Population ageing wil be the fastest among OECD countries

Population aged over as a share of the population aged 15 to 64

Source: OECD Demography and Population (database).

고 있으며, '70년이 되면 46.4%에 이를 것으로 전망되고 있다. 다른 한편, '23년
75세 이상 인구 비중은 7.7%로 나타나고 있어 65~74세 인구 비중 10.7%보다 적
은데, '37년에는 75세 이상 인구비중이 16.0%로 증가할 것으로 전망되어 65~74세

인구비중 15.9%를 초과할 것으로 전망되며, 이후 두 연령대 코호트 간 인구 비중은 점차 확대되어 '70년에 이르면 75세 이상 인구비중이 65~74세 인구의 거의 두 배에 이를 것으로 전망되고 있다.

이러한 고령화의 속도는 세계적으로도 유례가 없는 것으로 평가되고 있다. 2018년 6월 OECD에서 발표된 "OECD경제보고서"에 따르면 한국은 OECD 국가 중에서 가장 빠른 고령화 추세를 보이고 있다. [그림 9-4]는 2015년 대비 2050년까지의 65세 이상 고령자 비율을 각 국별로 예측하여 비교한 내용을 보여주고 있다. 이 그림에 의하면 2015년 현재 한국의 고령자 비율은 35개 비교대상 국가 중에서 31위인 것으로 나타나고 있으나, 2050년에 이르면 한국에서의 고령자 비율은 70%를 상회하여 한국이 비교대상 국가 중에서 고령자 비율이 가장 높은 국가가 될 것이라 예측되고 있다. 이러한 비교 결과는 한국에서의 고령화 속도가 비교 대상 국가에 비해 매우 빠를 것이라는 점을 암시하고 있다.

② 고령인력 증가와 노동생산성

저출산·고령화의 영향으로 생산가능인구가 감소하고 노동생산성이 저하함에 따라 한국의 성장잠재력은 약화될 것이 거의 확실시 되고 있다. 허재준 외 (2017)에 의하면 향후 10년 간 인구요인만으로도 성장률이 약 0.5% 낮아질 전망이다. 물론 이러한 전망은 일정한 시점에서 관찰한 것이기 때문에 고령 노동자의 동태적 생산성 변화를 고려하고 있지 않으며, 미래의 고령층이 현재의 고령층보다 더 높은 노동생산성을 보유하게 될 가능성도 배제할 수 없다. 이 경우 지금 전망되고 있는 성장률 하락의 정도는 일정 정도 완화될 수 있을 것이다. 미래로 갈수록 고령층의 평균 건강상태가 점차 개선되고, 고령층에 적합한 근로여건이 확충되며, 교육과 훈련수준이 높아지게 된다면 인구고령화로 인한 성장잠재력의 하락 속도를 다소나마 완화시킬 수 있을 것이다.

노동생산성을 결정짓는 데는 여러 가지 요소가 있다. 기술혁신과 공정혁신, 노동자의 평균적 숙련수준, 노동자의 직무적합성 등이 중요한 요소이다. 따라서 과학기술 및 산업정책의 영역에서 작업장에서의 기술혁신과 공정혁신을 추동하기 위한 R&D투자확대, 기술혁신을 위한 규제 완화 등에 대한 구체적인 대안을 마련해 나가는 것이 노동생산성 제고를 위한 중요한 정책과제일 것이다. 다른 한편 노동정책 정책 차원에서는 산업현장에서의 노동력 고령화로 인한 노동생산성 저하에 대응하기 위한 직업능력개발 정책을 어떻게 설계하고 실행할 것인가의 문제가 될 것이며, 보다 포괄적인 관점에서 본다면 다가올 고령시대에 대응하는 정규교육 제도를 포함한 생애직업능력개발 정책을 혁신해 나가는 것이 매우 중요한 정책적 과제이다.

고령노동자의 노동생산성 향상을 위한 정책은 노동공급의 평균적인 질을 높여 직접적으로 잠재성장률 저하를 예방하는 유효한 정책방안일 뿐 아니라, 현재 논의되고 있는 (65세로의) 정년연장 정책 시행 시 발생할 수 있는 신규 고용감소라는 부작용을 완화할 수 있는 정책이기도 하다.

이미 2013년에 시행된 정년연장 이후의 고용변화에서도 관찰하였듯이 정년연장은 기업의 노동비용 상승을 초래하게 되어 정년 대상 근로자에 대한 조기퇴직 유도, 신규고용 억제 등의 양태로 고용위축이 발생하게 된다. 정년연장에 따른 이와 같은 부작용을 완화하기 위해 임금피크제 도입, 직무·직능급제로의 임금체계 개편 지원 등의 정책이 실시되고 있으나 현재로서는 추가적인 정년연장이 고용감소로 이어지지 않을 것이라는 확신을 줄 정도의 임금체계 개편이 이루어지지는 않은 것으로 판단된다.

정년연장과 고용감소 사이에 상충관계(trade-off)가 발생하는 근본적인 이유는 이연임금계약시 기업과 근로자 간 암묵적으로 합의한 생애임금의 총량이 외부의 법적 강제에 의해 기업에 추가적인 비용을 부담지우는 방향으로 변화하기 때문이다. 그리고 중고령근로자의 임금-생산성 갭(wage-productivity gap)이 클수록 기업의 추가적인 비용부담은 커지게 되며, 기업의 추가적인 비용부담이 커질수록 정년연장으로 인한 고용감소 효과는 더욱 커지게 될 것이다. 이러한 점이 고령시대에 대비한 노동정책에서 임금체계 개편과 함께 노동생산성 향상을 위한 평생직업능력개발 정책이 중요한 이유이다.

(2) 급속한 기술변화에 따른 노동시장 변화

다가오는 고령시대는 소위 4차 산업혁명이라 명명되는 급속한 기술변화와 동시에 진행된다는 특징을 보인다. 고령시대로의 진입은 인구 구조 변화에 대한 전망을 통해 고령화로 인해 파생되는 경제·사회적 변화와 노동시장 변화에 대한 일정 정도의 객관적 예측이 가능한 반면, 4차 산업혁명으로 인한 변화는 기술변화의 예측불가능 속성 때문에 이로 인한 노동시장 변화에 대한 정확한 예측이 대단히 힘들다. 다만 정확한 기술변화의 시점과 이로 인한 경제·사회 변화를 객관적으로 예측하기는 어려우나, 기술변화로 인한 노동시장의 변화 방향은 가늠할 수 있을 것이다. 이하 고령화의 진행과 동시기적으로 발생할 것으로 예상되는 4차 산업혁명에 따른 노동시장 변화 양상을 개관해 보고자 한다.

① 일자리 양적 변화

Frey & Osborne에 의해 2013년 미국의 일자리가 자동화에 얼마나 취약한가를 분석한 연구결과가 발표되면서 4차 산업혁명하에서 실업에 대한 공포가 확산되었다. 이 연구에 따르면 향후 10~20년 안에 미국 전체 일자리의 47%가 자동화될 위험성이 70% 이상 높은 것으로 나타났다.

동일한 방법론을 사용하여 추정한 한국에서의 미래 직업의 양적 변화는 더욱 충격적이다. 김세움(2015)에 따르면 무려 57%의 직업들이 컴퓨터에 의해 대체될 가능성이 높은 것으로 추정된다. 이와 유사한 연구는 노무라종합연구소(2016)에서도 수행되었는데, 이 연구에 따르면 일본 내에서 601종의 직업에 종사하는 노동자의 49%가 향후 10~20년 후에 인공지능이나 로봇으로 대체될 것으로 추정된다. 이후 2016년 다보스 포럼에서 710만개의 일자리가 사라질 것이라는 예측이 발표되면서 4차 산업혁명이 가져올 실업에 대한 공포는 지구촌 전체로 확산되고 있는 상황이다.

그러나, 이러한 공포스러운 연구결과가 학계의 공식의견으로 자리잡고 있는 것은 아니다. 기술혁신으로 일자리가 실제로 줄어들었다는 실증적 결과는 없으며, 없어지는 일자리는 관측가능하나, 4차 산업혁명으로 인해 새로이 등장하게 될 일자리는 예측이 어렵다는 점이 반대 입장에선 학자들의 주된 논거이다. 실제로 미국에서의 자동화 진전 속도는 매우 느린 것으로 나타나고 있는 점도 비관론자들의 논리의 반대논리의 논거로 활용된다.

일자리의 양적 변화가능성에 대해서는 논란이 지속되고 있으나, 4차 산업혁명으로 인해 직무의 변화가 도래할 것이라는 점에 대해서는 이론의 여지가 거의 없는 것으로 보인다. 기존 직무에 컴퓨터를 활용하여 직무효율화를 달성하게 된다든지, 직무의 일부가 자동화된다든지 하는 등의 변화는 충분히 예상되는 변화이다. 그런데 이러한 직무의 자동화가 반드시 일자리 소멸로 이어지지는 않을 것이라는 것이 낙관론의 하나의 근거가 될 수 있다. 특정 일자리에서 근로자가 수행하는 직무는 포괄적인 직무를 수행하는 경우가 많으며, 특정 직무가 자동화된다고 하더라도 이에 수반되는 다른 직무가 새로이 생성될 수 있는 가능성이 있기 때문이다.

대기업의 지속적 성장이 경제활성화를 위해 여전히 중요하지만 최근의 일자리 창출 중에서 많은 부분은 신기술을 기반으로 하는 소위 "start-up 기업"에 의해 발생하고 있다는 점을 감안한다면, 기술혁신은 오히려 지속가능한 성장의 핵심요소이다. 신기술을 사회전반에 확산시키고, 기존의 패러다임을 혁신적으로 바꾸어 나가는 것이 일자리 수요 확대에 기여하는 바가 될 수 있을 것이다.

② 노동수요 패러다임의 변화

4차 산업혁명하에서의 노동수요는 여러 가지 측면에서 기존의 노동수요와 대비될 것으로 전망된다. 우선 기업이 필요로 하는 인재상의 변화가 예상된다. 기존에는 지식축적의 정도가 인재의 우수성의 척도가 되어왔으나, 미래에는 문제제기와 문제해결 능력이 더욱 중요한 인재의 요건이 될 것으로 예견된다. 기술변화의 불확실성이 커짐에 따라 창의성을 바탕으로 문제의 본질을 단순화시키고, 이에 대한 해결책을 제시하는 것이 고급 인재의 필수 요건이 되고 있는 것이다.

인재상에 있어서의 또 다른 변화 중의 하나는 사람뿐만 아니라 사이보그와도 네트워크를 형성하고 협력할 수 있는 능력이 중요시 된다는 점이다. 이는 생산에서의 기계와 인공지능의 활용범위가 확대됨에 따른 당연한 변화로 여겨진다.

인재상에 있어서 또 다른 변화 중의 하나는 기업가정신이다. 새로운 수익 모델을 창조할 수 있도록 즉각적으로 새로운 것을 학습하고, 지속적으로 혁신할 수 있는 능력이 점점 중요해지고 있다.

미래 기업의 노동수요에 있어서 위에 언급된 요건을 겸비한 핵심인재와 그 외의 범용 인력과의 수요격차가 대폭적으로 확대될 전망이다. 이러한 수요격차 확대는 보상격차 확대로 이어지고, 결국은 핵심 역량을 가지는 소수의 인재들과 그 외의 대다수 사람들로 양분될 것이고, 이러한 보상격차는 양극화의 주된 원인이 될 것으로 예상되고 있다. 그러나 이러한 견해와는 달리 4차 산업혁명으로 프로젝트별 직무가 증가하게 되면 임금 격차와 양극화가 심화되지 않을 것이라는 견해도 있다. 역사적 경험을 보더라도 기술발전은 장기적으로 소득분배를 개선시키는데 기여했다는 점이 이러한 낙관론의 논거 중의 하나이다. 현재 양극화의 주요 원인은 자본의 독점에 있지만, 향후 미래에는 지식과 기술의 독점이 중요한 요인으로 예상되는데, 지식과 기술에 대해서는 지속적으로 독점력을 가지기 힘들다는 점에서 미래 사회에서 양극화가 오히려 줄어들 수도 있다는 것이다.

③ 일하는 방식의 변화

일하는 방식에도 많은 변화가 예상된다. 초연결망 사회로 특징지워지는 미래의 노동사회에서는 업무가 수행되는 시간과 장소의 측면에서 업무상 경계의 붕괴가 나타날 것으로 예견된다. 기존과 달리 회사에 대한 소속감, 정시 출근 정시 퇴근, 팀원과의 협력 등에 대한 유용성이 감소되고 보다 개별화된, 시간과 장소에 구애받지 않는, 사람과의 협력보다 기계와의 소통이 우선시 되는 방식으로의 변화가 예상된다.

이러한 변화는 기존 기업 인사관리 상에서의 변화를 유발할 것으로 예상된다. 시간과 장소에 구애받지 않는 노동이 보편화됨에 따라 근로에 대한 모니터링 비용이 급격히 상승할 것으로 예상되며, 성과에 대한 측정과 보상이 보다 정교해질 것으로 예상된다.

시간과 장소에 구애받지 않는 노동의 확산이 미칠 노동자에게 미칠 영향은 의외로 크다. 시간과 장소에 구애받지 않는 노동의 다른 모습은 일과 가정(또는 일과 개인생활) 간의 경계가 허물어진다는 것을 의미한다. 또한 이는 개인의 자기관리가 더욱 중요해 진다는 것을 의미하게 된다.

④ 고용관계의 변화

일하는 방식이 변화함에 따라 고용 관계에 있어서도 변화가 예상된다. 4차 산업혁명의 영향으로 한국 노동시장의 특징인 강력한 내부노동시장이 약화될 것으로 예상되며, 전통적 노−사 관계의 영역은 점차로 줄어들고 on−demand 고용관계가 점차로 확산될 것으로 예상된다. Freelancer.com의 예에서 보듯이 이미 현재에도 인터넷 상에서 Human cloud를 활용하여 인적자원을 공유하는 형태의 노동시장이 작동하고 있다.

인터넷의 발달로 소비자가 생산에 직접 참여하는 Prosumer가 이미 등장하고 있으며, 이러한 현상은 더욱 가속화될 것으로 전망된다.

주목하여야 할 사실은 노동수요의 변화, 일하는 방식의 변화와 고용관계의 변화는 경쟁시장에서 살아남기 위한 기업의 불가피란 전략의 결과라는 점이다. 특히 플랫폼 경쟁과 승자독식의 원리가 작용하게 될 미래의 플랫폼 경제하에서는 이러한 변화는 지구촌 전체로 확산될 것으로 예견되고 있다.

[3] 직업훈련 시장 및 운영모델의 변화

노동시장 및 디지털 신기술의 영향은 훈련시장에도 지대한 영향을 미치고 있으며, 직업훈련의 운영 형태 및 방식에서도 기존에 경험하지 못했던 다양한 변화가 이루어지고 있다.

우선적으로, 훈련기관의 사업의 다각화 및 융복합에 따라 다양한 훈련운영 형태가 출현하고 있다. 몇 가지 뚜렷한 변화와 관련 쟁점 사항을 살펴보면, 다음과 같다.

첫째, 직업훈련을 실시하는 기관들이 기존의 경우, 고용부 사업 단독으로 추진하는 경우도 있지만, 최근 들어, 타 부처 사업, 지자체 사업 등에도 참여하고 있는 양상이다. 이는 특히 디지털신기술 인력양성 부문에서 심화되고 있는데, 부처, 지자체, 공공기관들에서 유사 사업들을 중복적으로 추진하고 있는 것과 무관하지 않다. 이러한 변화는 훈련사업 운영에 장애 요소가 될 여지가 높다. 예컨대, 훈련기관 인증 및 성과 평가, 훈련과정 선정 심사 등에서, 투입 조직 및 인력, 시설·장비 등 인프라 투입의 충분성(적정성)에 대한 판단이 쉽지 않을 가능성이 크며, 심사위원별 편차가 발생할 가능성 또한 높다. 즉, 기존의 사업별 전담투입의 개념과 의미가 희석되고 있으며, 훈련환경 측면에서도 이를 요구하는 것 자체가 쉽지 않은 상황으로 변화되고 있다.

이러한 훈련시장과 훈련기관의 비즈니스 모델의 변화에 대응하기 위해, 근본적으로 훈련사업 운영체계 무게 중심을 '선정' 단계보다는 '성과평가'단계로 이동해 나가는 전략이 필요해 보인다.

현재는, 인력, 시설 등 선발 요건을 중심으로 우수기관들을 변별해 나가기 위해 '선정심사'에 막대한 행정력을 투입하고 있다. 향후에는 선발단계 보다는 '성과평가'에 보다 초점을 두어 최종 산출물인 훈련성과를 타당하고 신뢰롭게 평가할 수 있도록 노력을 기울일 필요가 있다. 훈련성과 평가결과가 사업 재진입 여부를 결정짓는 기준으로, 즉 선정요건으로 긴밀히 작동될 경우 훈련기관 입장에서는 자발적으로 우수한 인력, 프로그램, 시설·장비를 투입할 수밖에 없는 사업구조가 구축될 것이다. 즉, 얼마나 깊이 있는 훈련성과평가가 이루어질 것인지, 얼마나 긴밀하게 훈련성과평가가 사업선발에 영향을 미칠 것인지에 따라, 훈련기관들의 해당 훈련사업에 대한 인프라 투입과 투자 자체가 달라질 것이기 때문이다.

둘째, 사업영역 또한 고용서비스 사업, 인턴십 사업, 콘텐츠 개발 사업 등으로 영역을 확대해 나가고 있는 양상이다. 직업훈련사업의 중요한 영역인 '훈련상담, 취업지원' 기능, 역할을 강화해 나가는 가운데, 독립적인 고용서비스 사업 영역으로 확대하여 훈련기관 주요 비즈니스 모델로 정착되어 가는 추세이다. 고도화되어 가는 훈련기관의 고용서비스 역량과 전문성이 훈련사업 운영에 적극적으로 반영될 수 있도록, 직업훈련사업의 외연을 확장해 나갈 필요가 있다. 평생직업능력개발시대에서 무엇보다도 중요한 것은 훈련생들이 본인의 경력개발로드맵을 수립하고 체계적으로 교육훈련 활동을 이행하는 데 있으며, 이것이 가능하기 위해서는 훈련사업 내에서 고용서비스 기능과 역할 설계 및 강화가 이루어져야 할 것이다.

셋째, 훈련기관의 비즈니스 모델(훈련모델) 또한 기존의 경우 집체훈련, 원격훈련으로 구분하여 각자 독자적인 영역을 추구해 나갔던 반면, 최근 들어 집체훈련에서도 원격훈련을, 원격훈련에서도 집체훈련을 시도하는 형태로 융복합이 활발하게 이루어지고 있다.

COVID-19 영향으로 기존 집체훈련의 혼합훈련, 원격훈련에 대한 관심과 투자가 늘어나고 있으며, 고용노동부의 인프라 지원(LMS, 콘텐츠 등) 사업, 컨설팅 지원 사업 등을 통해 집체훈련의 역량과 전문성이 늘어나고 있다. 훈련내용에 대한 전문성을 확보하고 있는 집체훈련기관의 원격훈련 시장으로의 진입은 기존 원격훈련기관 입장에서 볼 때 매우 큰 위험 요소가 될 것으로 예측된다.

반대로, 원격훈련 역시, 기존 집체훈련 중심의 훈련사업 참여가 늘어나고 있는 추세이다. 특히, 에듀테크 등 스마트한 방식 또는 첨단 훈련기법의 훈련기제가 필요한 영역에서 원격훈련 기관의 참여가 적극적으로 이루어지고 있어 집체훈련기관과의 경쟁 구도가 형성되어 가는 모양세다.

고용노동부 직업훈련 정책·제도는 아직까지도 원격훈련, 집체훈련을 구분하여 각종 요건을 제시하고 있으며, 훈련비도 차등하고 있다. 훈련기관들이 훈련목적, 대상, 분야에 따라 이제는 집체, 원격훈련을 융복합적으로 활용하고 있으며, 이러한 현상은 점차 확대될 것이며 또 심화될 것이라는 점에서, 근본적으로 현재의 훈련방법별로 분리되어 운영되고 있는 지원 제도, 규정에 대해 중장기적으로 통합하는 방안을 강구할 필요가 있다.

이와 함께, 집체훈련 기관의 원격훈련 준비도, 역량을 강화하기 위한 제도적 지원, 원격훈련 기관의 훈련내용(분야)에 대한 전문성을 확보하기 위한 제도적 지원 등에 대한 세심한 배려도 필요해 보인다.

이와 같이 노동시장 및 디지털 신기술의 영향은 훈련시장에도 지대한 영향을 미치고 있으며, 구체적으로 직업훈련의 운영 형태 및 방식에서도 지능화 및 고도화가 가속화될 것으로 예견된다. 이러한 측면에서, 직업훈련 요소인 (1) 인적자원, (2) 과정개발 및 운영, (3) 시설 및 시스템, (4) 문화 및 제도 영역에 대한 미래의 변화 방향을 살펴볼 필요가 있다. 여기서, 인적자원은 직업훈련에 투입되는 학습자, 교강사, 운영자 등 투입 인력의 역할, 특성, 역량 등의 변화 방향이 포함된다. 과정개발 및 운영은 직업훈련에 투입되는 교육과정과 관련하여, 개발/운영의 형태, 특성 변화를 의미하며, 시설 및 시스템은 직업훈련에 투입되는 플랫폼, 솔루션, 장비 측면, 문화 및 제도는 직업훈련 운영에 영향을 미치는 사회, 문화적 측면의 제도 및 환경을 의미한다. 영역별로 구체적인 미래의 방향은 다음의 표를 통해 제시하였으며, 이들 영역들의 미래 방향에 대응할 수 있도록 직업훈련 정책·제도의 방향과 전략을 수립할 필요가 있다.

표 9-3 직업훈련 운영 모델의 미래 방향

영역	세부 영역	직업훈련 운영의 미래 방향
인적 자원	학습자	• 자기주도성 강화
		• 학습자별 요구·수준을 반영한 개별화·맞춤식 훈련 강화
		• 학습 관심 분야의 다양화
		• 평생직업능력 관점의 지속적인 학습참여의 강화
		• 학습자의 디지털 리터러시의 중요성 증대
	교강사	• 교강사 역할 및 활용 형태의 다변화(리뷰어·멘토 등)
		• 교강사 소속의 다변화(현장교사, 프리랜서 등)
		• 교강사 팀티칭 활성화
		• 교강사 역량 강화(현장 전문성, 교육방법·매체 역량, 맞춤형 학습역량)
	기획/ 행정/ 상담 인력	• 환류에 의한 과정 업데이트를 적시에 수행할 수 있는 과정 기획 및 관리 역량 강화
		• 학습 데이터 설계, 관리, 분석 역량 강화
		• 교강사 선발 및 활용 역량 강화

영역	세부 영역	직업훈련 운영의 미래 방향
		• 투입 학습 자원의 선정, 배치, 관리 역량 강화
		• 행정 업무 수행 중심에서 학습자 요구, 특성을 반영한 학습 환경 지원 및 촉진 역할로 변화
		• 교육 기획/행정·상담 인력의 디지털 기술 이해와 활용 능력의 강화
		• 훈련기관 기관장 리더십과 통찰력의 강화
과정 개발 및 운영	과정 개발	• 과정 운영단위의 마이크로러닝화
		• 선형적/순차적 학습 외 학습자 취사 선택이 용이한 모듈형태의 과정 활성화 (모듈화)
		• 형식(formal learning) 학습 외에 비형식 학습(informal learning) 활동 강화 (인포멀러닝).
		• 한 과정 내 다양한 훈련 방식 결합의 강화(하이브리드).
		• 인문, 기술, IT 등의 융합적 접근 강화(융복합적 학습).
		• 첨단기술을 활용한 혁신적인 과정개발 확대(VR, AR, XR, 메타버스 인공지능 등).
	과정 운영	• 개별화/맞춤식 학습 활동 지원 강화
		• 인포멀 학습 활동(커뮤니티 등)을 촉진·지원하는 활동 증대
		• 인포멀 학습에 필요한 자원(학습정보, 튜터, 학습자원 등) 제공 증대
		• 교강사, 학습자, 운영자 간 상호작용 강화
		• 인포멀 학습 활성화에 따른 학습자 간 상호작용(동료학습)의 활성화
		• 일률적인 평가방식에서 학습자별 개별화/맞춤화된 다양한 평가방식 적용 확대
		• 신기술 기반 플랫폼과 연계한 혁신적인 과정운영 확대(인텔리전트 튜터링 시스템 등)
시설 및 시스템	플랫폼	• 학사, 원격 등 개별 시스템 구축·운영방식에서 학습 플랫폼으로의 통합화가 가속화
		• 플랫폼을 통한 직업훈련 프로세스 지원/관리(훈련생 입과, 과정 운영, 사후 관리 등) 강화
		• 플랫폼을 통하여 포멀러닝, 인포멀러닝 등 다양한 학습 활동 증대
		• 플랫폼의 학습 데이터 생성·관리·분석 기능 강화
		• 플랫폼을 통한 업무의 지능화/자동화 가속화 및 효율화
	교육 시설/ 장비	• 교육시설 및 장비의 공동화/집적화/클라우드화/가상화 강화
		• 에듀테크(VR/AR/XR, 메타버스 등)를 통하여 실습 시설, 장비의 활용 방식 다변화
	지원 도구	• 개인 단말기 내에서 교육 콘텐츠(객체) 생성이 용이하도록 관련 툴 강화
		• 인포멀러닝을 위해 단말기 내에서의 커뮤니티/소통 기능 강화
		• 다양한 학습 도구를 학습 플랫폼과 연동하여 지원 기능 강화
문화 및 제도	훈련 지원	• 산업계/기업/개인의 다양한 관점과 요구를 반영하여 훈련지원 영역 확대
		• 훈련서비스 제공형태가 모듈화 및 인포멀러닝 운영이 가능하도록 지원 단위 변화
		• 훈련성과를 기반으로 차등 지원 강화

영역	세부 영역	직업훈련 운영의 미래 방향
	훈련 인증	• 훈련 영역·형태 등의 다양화를 위해 기관 및 과정에 대한 선별 방식의 완화 • 사전적인 선별단계(심사)보다는 사후적인 성과 관리로의 전환
	학습 문화/ 환경	• 원격훈련 성과에 대한 부정적, 차별적 인식 완화 • 수료증, 자격 외 학습이력, 프로젝트 등의 인증 제도 확대 • 학습정보 메타데이터화(데이터표준화) 추진을 통해 공유, 확산 기반 구축 • 직업훈련 생태계 관점에서 분산된 훈련 공급/수요 정보의 통합화 • 디지털 학습역량(디지털 리터러시) 및 디지털 환경(디바이스, 통신망 등) 격차 완화

* 이수경 외(2022), 디지털·비대면 시대의 직업훈련 패러다임 전환

2. 미래 환경변화의 정책적 함의와 주요 정책과제

인구고령화와 4차 산업혁명으로 인한 노동시장, 훈련시장 변화 전망은 공히 한국에서의 교육·직업능력개발 분야에서의 일대 혁신의 필요성을 제공하고 있다. 저출산·고령화로 노동시장으로부터의 퇴장 시기가 늦춰질 수밖에 없는 상황이지만, 동일 직장에서의 장기근속은 점점 더 어려워져, 인생 2모작, 3모작이 불가피한 현실이므로, 국민들이 평생에 걸쳐 배울 수 있도록 충분한 기회를 제공할 필요성이 높아지고 있으며, 4차 산업혁명의 도래는 필연적으로 노동시장 유연성의 확산을 초래하여 개인 스스로 고용가능성(employability) 제고를 위한 자기 학습의 필요성을 높이게 될 것으로 예견된다.

우리나라의 경우 4차산업혁명과 고령화가 병행하여 진행되고 있다. 이에 따라 사회경제적 혁신없이 현 상태가 지속된다면 생산성 위기가 도래할 것이라는 점이 많은 연구자들에 의해 예견되어 왔다. 생산성위기를 극복하기 위해서는 생산에 적용되는 기술 및 공정혁신이 우선되어야 하겠으나, 이에 못지않게 중요한 부분이 직업능력개발의 질적 향상을 통한 노동자의 생산성 향상 및 고용가능성 제고의 문제이다. 이를 위해 다음과 같은 정책 방향이 설정되어야 할 것이다.

첫째, 직업능력개발 대상을 확대하여 전국민 대상 평생직업능력개발 체제를 강화하고, 이를 위한 제도 개선 및 인프라 확충이 필요하다. 앞서 지적한대로 정규교육에서 습득된 직업능력의 유효기간은 점점 짧아지고 있으며, 이에 더하여 인구고령화로 노동시장에서 활동해야할 기간은 점점 길어지고 있다는 점을 감안

할 때, 정규교육 이후의 직업능력개발 기회를 대폭 확대하는 것은 당연한 정책방향이다. 그러나, 평생직업능력개발에 대한 기회 확충이 단지 관련 사업의 확대에 머무른다면 생산성 향상이나 고용가능성 제고 효과는 미미한 수준에 머물 것이다. 고용·훈련·자격 관련 정보인프라와 상담 인프라가 동시에 확충됨으로써 평생직업능력개발 기회 확대의 효과가 극대화될 수 있을 것이다.

둘째, 직업능력개발 거버넌스 혁신이 필요하다. 중앙정부 주도의 거버넌스를 탈피하여 지방정부와 산업계의 참여가 더욱 확대되는 방향으로의 거버넌스 혁신이 필요하다고 판단된다. 전술하였다시피 미래 노동시장에서 필요로 되어지는 교육·훈련에 대한 수요는 다양한 형태를 띨 것으로 보이는데, 이러한 수요변화를 식별하고 대응하는 데 있어서 지역과 산업에서의 참여는 필수적이다. 이에 더하여 개인맞춤형·자기주도 학습을 강화하기 위해서는 순수민간 훈련시장이 더욱 확대될 필요가 있으며, 과도한 정부개입이 민간시장을 구축(crowding-out)하지 않도록 하여야 한다.

셋째, 교육훈련, 고용서비스 분야에서의 디지털 전환(digital transformation)을 가속화하기 위한 정부정책이 필요하다. 상품시장 및 노동시장에서의 생산성 문제를 해결하기 위한 가장 유효한 해결방안 중의 하나가 디지털 전환이듯이 사회서비스 자체의 생산성을 획기적으로 향상하기 위해서도 이 분야 디지털 전환이 필요하다.

[1] 직업능력개발 정책·제도 추진 방향 및 주요 과제

앞에서 세 가지 측면에서의 정책 방향을 제시하였으나, 사실 이러한 직업능력개발 정책의 혁신방안은 여타 부문의 혁신이 병행되지 않게 되면 그 효용성이 제한적일 수밖에 없을 것이다. 예컨대 기존의 연공중심형 노동시장을 보다 유연화하여 숙련 및 성과 유인형 노동시장으로 개혁하지 못한다면 평생직업능력개발 체계가 효율화되어도 이것이 우리가 당면한 생산성 위기를 극복하는 데 있어서 제한적인 유용성만을 가질 뿐이다. 직업능력개발 정책방향과 관련된 주요 정책과제를 아래와 같이 제시하면 다음과 같다.

첫째, 인력수요의 불확실성이 증대함에 따라 노동시장 미스매치가 가속화될 것으로 우려되므로 이에 대한 대응이 필요하다. 기술발달의 불확실성으로 산업의 성쇠(up-and-down) 기간이 짧아지고 있으며, 이에 따른 직무변화도 빈번해지고 있다. 따라서 훈련수급에 관한 실시간 정보 체계 구축과 직업훈련 모니터링 및 평가를 강화하는 등의 정책이 필요하다. 예산상의 문제로 전산업에 걸친 실시간 정보체계, 모니터링－평가 체계 구축이 불가능하다면 IT, 전자 분야 등 일부 기술혁신이 빠르게 진행되고 있는 분야에 대해서 우선적으로 실시간 훈련수급 정보를 구축할 필요가 있으며, 이 외에도 훈련－일자리－임금 종합정보를 구축하여 제공할 필요가 있다. 또한 직업훈련 모니터링과 평가제도를 내실화하여 훈련성과 향상과 이를 통한 재정효율성 제고의 필요가 있다. 이를테면 전체 훈련사업비 중에서 일정 비율을 정보인프라 구축과 모니터링－평가에 사용하도록 의무화하는 방향으로 입법화할 필요가 있다.

둘째, 신직업과 신직무의 출현에 대응하는 직업훈련 프로그램 개발이 활성화되어야 한다. 로봇기술, 드론, 사물인터넷 등 다양한 기술 분야에서 새로운 직업과 직무가 출현하고 있으며, 이러한 직업 및 직무영역에서 필요로 되어지는 역량을 발굴하여 이를 훈련프로그램에 반영하는 등의 노력이 지속적으로 경주되어야할 것이다. 이러한 훈련프로그램 개발을 위한 R&D투자는 민간영역에만 맡겨놓을경우 과소투자의 가능성이 높으므로 공공이 선도적으로 훈련프로그램 개발을 위한 R&D투자를 확대하여 이를 민간에 확산하는 노력이 필요해 보인다. 예컨대 메타버스 기반 훈련, 플립러닝, MOOC, 혼합훈련 등 새로운 훈련기법의 개발과 유용성 평가 등이 한국기술교육대학이나 폴리텍 대학 등에서 시범적으로 수행되고, 이를 점차로 민간에 확대되도록 유도할 필요가 있다고 본다.

셋째, 비정형 근로자 증가에 대응하기 위해 현행의 정규직 재직근로자 중심의 재직자 훈련제도에 대한 개편이 필요하다. 이를 위해 현행 고용보험제도의 개편도 검토할 필요가 있다고 판단되는데, 기존의 고용보험을 통한 재원조달 방식으로는 비정형 근로자에 대한 직업훈련 참가를 유인하기 힘들 것으로 전망되며, 이에 따라 직업훈련 사각지대가 더욱 넓어질 것으로 예상된다. 이러한 문제를 해결하기 위해서 직업훈련 사각지대에 위치하고 있는 취약근로자에 대한 직업훈련확대를 위해 일반회계의 기여분을 대폭 확대하는 방향, 혹은 평생학습기금 등의이름으로 별도의 기금으로 관리하는 방안 등이 검토되어야 할 것이다.

넷째, 근로자 학습휴가의 확대방안을 모색하여야 한다. 노동이동이 증가되고, 개별 기업에서의 고용안정성이 점차로 낮아지고 있는 추세가 심화될 것으로예상되는데, 이러한 환경변화에 대응하기 위해서는 근로자 개인이 스스로 역량개발을 함으로써 개인의 고용가능성을 높일 수 있도록 하는 지원정책이 필요하다. 이러한 지원정책의 하나로 근로자 학습휴가제 도입을 검토해 보아야 한다. 그러나 근로자 학습휴가제는 기본적으로 노동시장 유연화에 대응하기 위한 근로자 보호 수단의 일환이기 때문에 다른 노동이슈와 병행하여 노동개혁 아젠다 중 하나로 다루는 것이 바람직해 보인다.

다섯째, 대학에서의 평생직업능력개발 기능을 확대하여야 한다. 4차 산업혁명이 도래한 상황에서 기존의 직업훈련 공급기관만으로 신기술 분야 인력양성을 감당하는 것이 어려운 상황이며, 특히 고급 기술인력을 양성하는 것은 기존의 훈련공급기관에서는 거의 불가능하다. 따라서 기존의 대학이 평생직업능력개발 공급기관으로서의 역할을 강화해야 할 것이며, 이는 저출산·고령화 시대 대학이 학령인구 감소에 대응하는 하나의 방안이 될 수도 있을 것이다.

여섯째, 청년층에 대한 일학습병행 제도를 내실화하여 확대함으로써 일과 학습의 괴리를 해소해 나가야 한다. 최근 악화되고 있는 청년실업 문제는 기본적으로는 저성장에 따른 노동수요 위축과 고학력 노동의 과잉공급에 기인하고 있으나, 다른 한편으로는 기술변화에 따른 산업현장 직무내용 변화를 대학교육 내용이 적시에 반영하지 못하는 지체현상에 의해서 발생하고 있는 측면이 있다. 이러한 상황을 타개하기 위해서 기존의 고학력 구조를 근본적으로 개선하여 인력수요와 인력공급이 균형을 이루도록 하여야 함으로써 양적 미스매치를 해소함과 동시에 일학습병행제를 확대하여 일과 학습의 괴리를 완화시켜 질적 미스매치를 해소 나가기 위한 노력이 필요하다.

일곱째, 청년층의 조기 노동시장 진입이 개인의 생애경력과 생애소득에 손해가 되지 않도록 하는 노동시장 시스템의 구축이 필요하다. 대학졸업장 대신에 자격과 직업훈련, 현장경력 등이 제대로 평가될 수 있는 노동시장 시스템이 구축된다면 지금처럼 과도한 대학교육에의 진학도 진정될 수 있을 것이며, 이에 따라 청년층의 고용률 제고, 양적 미스매치의 완화 등 한국 노동시장에서의 고질적 문제점이 상당부분 해소될 수 있을 것으로 기대된다. 잘 알려져 있지는 않지만 현재 고용노동부 지원하에 일부 업종에서 실행되고 있는 업종별 역량체계(SQF: Sectoral Qualifications Framework)구축사업과 교육부 지원 하에 추진되고 있는 국가역량체계(KQF: Korean Qualifications Framework)사업은 기본적으로 업종별 혹은 국가차원에서 학력-자격-훈련-경력 간의 통용성과 호환성을 체계화함으로써 학력취득

이외의 다양한 방법으로도 개인의 역량이 노동시장에서 인정될 수 있는 체계를 구축하는 것을 목표로 하고 있다. 이들 사업들에 대한 중요성을 인식하고 사업에 대한 투자를 확대해 나감으로써 보다 균형 있는 노동시장을 구축해 나가는 것이 필요해 보인다.

(2) 직업능력개발 사업 추진 방향 및 주요 과제

① 직업훈련 사업 설계 및 운영상의 주요 고려 사항
: 직업훈련 운영모델의 As-is vs. To-Be

노동시장 변화는 훈련사업에 참여하고 있는 훈련기관들의 경영환경과 비즈니스 모델에도 지대한 영향을 미치고 있다. 최 근들어 훈련기관들의 사업 운영 조직 및 모델이 급격하게 변화되고 있으며, 이러한 변화 양상은 가속화될 것으로 예견된다. 특히, COVID-19 시기를 겪은 직업훈련 운영기관들은 디지털, 비대면 직업훈련 운영에 대한 역량과 관심이 급증한 상황이며, 특화사업을 통해 민간 혁신기관들의 고용노동부 훈련사업 참여 확대가 이루어지면서 훈련기관 간 경쟁이 가속화되다 보니, 훈련기관들은 기관 경영에서부터 사업운영 모델에 이르기까지 대대적인 변화 과정 속에 놓여있다 해도 과언이 아니다.

고용노동부의 직업능력개발 정책·제도 설계 및 훈련사업 운영시 훈련기관들의 이러한 변화 및 발전 방향을 고려할 필요가 있으나, 아직까지 전통적인 직업훈련 운영 조직 및 형태에 기반하여 사업 설계 및 운영이 주를 이루고 있어 한계가 있다. 직업훈련기관의 기관 경영, 과정개발·운영, 교강사/훈련생, 시설·장비 측면을 중심으로 As-is vs To-be 비교 관점에서 제시하고자 하며, 직업능력개발 사업 추진시 이러한 변화 및 발전 방향에 대한 충분한 이해와 분석이 기반되어야 직업훈련 사업의 성과를 이끌어낼 수 있을 것으로 기대된다.

특히, 특화형태로 신설되는 훈련사업들의 경우, 훈련사업의 취지, 목적면에서는 여기에서 제시하고 있는 직업훈련 방향성을 반영하여 기획되고 있으나, 교강사, 시설·장비 등 구체적인 운영 요소에 대해서는 충분한 논의 및 준비가 이루어지지 않은 채 사업이 출범하여 사업 수행시 문제점으로 노출되는 경우가 적지 않다. 예컨대, 4차산업혁명 선도인력양성 사업의 경우, 프로젝트 기반 훈련을 의무화하였음에도 불구하고, 전통적인 직업훈련 운영 제도(국기훈련)을 준용함에 따라, 훈련교사, 훈련시설 등에서 여러 갈등과 마찰이 발생하였다.

즉, 최근 들어 늘어나고 있는 훈련사업들이 훈련내용, 훈련방법 등의 측면에서 유연화가 이루어지고 있으나, 이러한 유연성이 실제 작동하기 위해서는 훈련 운영 요소와 관련되어 있는 훈련사업 관련 제도들을 다각적이며 구체적으로 살펴보아야 되며, 충돌 지점에 대해 선제적인 대응이 필요하다. 이와 함께, 준비도가 부족한 훈련기관들에 대한 지원체계가 촘촘하게 구축될 필요가 있다.

첫째, 기관 경영 측면의 경우, 기존의 훈련사업별 경직적, 위계적 형태의 경영전략에서 벗어나, 급변하는 노동시장 환경에 빠르게 대응할 수 있도록 애자일한 형태의 기관 경영으로 전환을 이끌어내야 할 것이다. 점차 개별화, 다양화되는 기업 및 훈련생의 수요에 대하여 각 기관이 적시에 대응하고 경쟁력을 갖추기 위해서 보다 유연하며, 애자일한 형태의 기관 운영이 선호되고 있다. 다양한 시도가 가능하기 위하여, 융복합적이며 수평적 형태의 인력 활용이 우선시 되어야 하며, 합리적 의사결정과 지속적인 변화를 이끌어내기 위하여 데이터 인프라 구축과 활용을 꾀해야 한다(디지털 경영체계 도입). 내부인력(교강사/행정인력) 중심의 폐쇄형 훈련사업 운영체계에서 벗어나 산학 전문가 활용을 통한 개방형 사업체계로 전환을 유도해 나가야 할 것이다.

둘째, 훈련과정 개발·운영의 경우, 기존에는 NCS를 기반으로 표준화에 초점을 맞추어 개발되고, 훈련규정에 맞춘 정형화된 형태의 수업운영이 주가 되었다면, 현장훈련 수요를 기반으로 맞춤형 훈련과정 개발과 탄력적인 수업 운영으로 변화되어야 할 것이다. 최근 등장하고 있는 직업훈련 사업들의 특성이 이러한 변화를 가속화하고 있다고 해도 과언이 아니다. 예컨대, KDT의 경우, 훈련과정 개발 측면에서 기업 맞춤형 과정개발을 요구하고 있으며, 운영 측면에서도 프로젝트 기반 직업훈련을 의무화하고 있어 기존 운영 형식을 탈피한 분반 수업, 비형식·무형식 형태의 교수·학습 활동이 보편화되어 가는 추세이다.

셋째, 훈련자원의 경우, 민간혁신기관 등의 등장으로 인한 운영기관간 경쟁 심화 및 인구구조 변화에 따른 훈련생 유입 감소 등의 문제로 기존 방식대로 젊은 층 중심의 신규 훈련생을 대상으로 한 교육에만 집중하는 것은 현실적으로 한계에 봉착했다. 훈련기관들은 평생직업능력개발 관점에서 훈련 수료 이후에도 지속적인 사후 지원과 관리 활동을 통해, 경력개발을 위한 리턴/향상 교육 또는 전직 교육을 지원하는 형태로 훈련자원 확보를 도모해 나가야 할 것이다. 이를 위해, 훈련기관에서는 수료생에 대한 무형식, 무형식 형태의 학습 지원 활동(커뮤니

티를 통한 직장적응 교육, 첨단기술교육 등)을 강화해 나갈 필요가 있으며, 재교육이 필요한 시점에 정규교육 코스를 개설하는 리턴 교육 모델 등을 추진할 필요가 있다. 아울러, 수료생을 훈련생의 멘토, 리뷰어로 적극적으로 활용하는 등 훈련기관과의 지속적인 연계를 도모할 수 있도록 다양한 전략과 방법론을 시도할 필요가 있다. 이러한 시도가 실효성을 거두기 위해서, 훈련사업운영에서 고용서비스(상담, 컨설팅) 기능의 강화 및 연계가 중요한 이슈로 등장하고 있다. 즉, 훈련생 대상으로 경력개발 로드맵을 설계하고, 로드맵 이행에 도움을 줄 수 있도록 사후적인 학습지원 활동이 제공되는 형태로 훈련사업과 고용서비스 파트간에 긴밀한 연계가 필요하다. 이와 함께, 기존의 청년 중심의 교육에서 중장년, 경력단절 여성 등으로 교육 대상을 확대하는 방안도 모색하고 있으며, 이 부분에서 폴리텍 공공부문의 훈련사업과의 중복투자 문제가 심화될 여지가 있다.

넷째, 훈련성과의 경우, 평생직업능력개발 시대 도래에 따라 개개인의 직업훈련에 대한 요구가 다양화되고 있는 상황에서 전통적인 계량적 성과지표인 취업률 등만으로 훈련성과를 관리하기에는 한계에 봉착했다. 훈련의 실제적 차원의 효용성(예, 현업적용도 등)에 대한 훈련기관의 관심과 투자가 높아지고 있는 상황으로, 훈련전 역량과 훈련후 역량의 차이를 성과로 도출하기 위한 노력들이 이어지고 있다. 특히, 원격훈련기관뿐만 아니라 일반 훈련기관에서도 사업운영의 지능화, 고도화를 위하여 학습관리시스템(LMS)활용은 필수가 될 것으로 예측되는 가운데, LMS, 플랫폼 등을 활용하여, 참여 중인 훈련생의 성과관리뿐만 아니라, 일정 시점 이후의 수료생에 대한 현업적용도 평가도 체계적으로 실시될 수 있을 것으로 예측된다.

다섯째, 교강사의 경우, 기존에는 훈련기관의 내부 정규직 인력을 중심으로 훈련교사 역할을 수행하는 양상을 보여왔다. 훈련 수요가 점차 개별화되고 다양해짐에 따라 내부 인력이 모든 과정을 개발, 운영하는 것은 향후 현실적으로 어려운 상황이다. 외부 기업이나 현장 전문 인력을 대폭 활용하는 방안, 이를 용이하기 위한 에듀테크 활용 등이 고려될 필요가 있다. 또한, 근본적으로 표준화된 지식, 기술 전달은 콘텐츠 등을 활용하여 효율화하고, 교강사의 활동은 학습자별 개별화, 맞춤화 학습지도에 좀 더 중점을 두게 할 필요가 있다. 수업 강의자에 중점을 둔 훈련교사 역할 설계 또한, 훈련과정 특성을 반영하여 퍼실러테이터, 매니저, 상담자 등의 다양한 역할로 다변화할 필요가 있다. 아울러, 훈련교사의 원활하고 효율적인 교수 및 지원활동이 이루어지기 위해서는 에듀테크와 관련한 미디어툴, 학습데이터 수집·분석 관련 직무역량 강화가 전제되어야 할 것이다.

여섯째, 시설 장비의 경우, 에듀테크 및 디지털기술 등장과 함께 훈련과정의 공동화, 집적화, 클라우드화, 가상화 등 신기술 도입을 통한 학습형태의 변화가 가속화되고 있다. 이러한 시대 변화에 대응하여 훈련기관들의 시설 및 장비의 경우 기존의 물리적 교육 시설 및 장비에서 클라우드 시스템 등 첨단 교육 인프라로의 전환이 필요하다. 학습데이터 관리가 대체로 엑셀을 중심으로 단선적, 분산적으로 이루어지고 있어, 궁극적으로 LMS 활용을 통한 통합적, 중장기적 차원의 관리 체계가 구축되어야 할 것이다. 아울러, 기존의 강의실과 같은 물리적 환경 또한 개별화, 맞춤화 훈련에 대응할 수 있도록 폐쇄적 형태에서 벗어나 개방형 공간(프로젝트룸, 미팅룸 등)이 더욱 필요해질 것으로 보인다.

표 9-4 직업훈련 운영 모델의 As-is vs. To-Be

영역	AS-IS	TO-BE
1. 기관경영	훈련사업별 경직적, 위계적 형태의 기관경영	- 애자일한 조직 및 운영 체계 구축 　융합적 접근, 수평적 인력활용을 통한 경쟁력 확보 및 효율화 - 훈련 전-중-후 데이터/ 고객(훈련생/기업) 데이터 환류를 기반으로 지속 가능한 성장을 이끌어 낼 수 있도록 디지털 경영 체계 도입
	내부 인력 중심의 폐쇄적 훈련사업 운영 체계: 훈련생 모집을 위한 상담과 훈련행정 인력 중심의 인력 구성 + 정규직 내부 인력을 중심으로 한 전일제, 담임제 교육훈련 운영	- 훈련 업무의 지능화/자동화 - 산학전문가 인력풀 구축 및 활용(개방형) - 훈련교사 역할 재설계: 기본 수업 시수 외에, 훈련생/기업 접점에서, 교육과정에 대한 기획과 컨설팅, 상담, 성과관리 중심의 매니저/촉진자 역할로의 개편 - 학습 데이터 수집, 관리, 분석 관련 직무역량 교육에 대한 체계적 관리 필요
2. 훈련과정 개발·운영	NCS를 기반으로 한 표준형 교육과정 개발 + 획일화/정형화된 교육과정(수업) 운영	- 현장 훈련 수요 기반의 프로그램 개발 - 훈련생 맞춤형 교육 체계 구축(모듈형 선택 수업 및 통반·합반·분반 운영) - 인포멀 학습 체계 구축
3. 훈련성과	모집율, 수료율, 취업률 중심의 일률적 성과 지표	- 훈련 전 역량과 훈련 후 역량의 차이를 성과로 제시할 수 있는 성과기제 구축 및 운영 - 현업 기반의 인증체계 구축 및 활용(마이크로크리덴셜, 디지털배지 등)
	훈련성과 관리의 단기적 관점	- 역량(경력) 로드맵 기반의 성장, 발전을 지원할 수 있는 중장기적 관점

영역	AS-IS	TO-BE
4. 훈련 교강사	기존의 전통적인 수업 운영을 통하여 지식, 기술 전달에 초점	- 표준화된 지식, 기술 전달은 에듀테크를 활용하여 효율화하고, 교강사의 활동을 학습자별 개별화, 맞춤화 학습지도에 중점
	기술력/현장성을 유지해야 하는 부담과 훈련교사의 높은 이전직율	- 훈련업무의 지능화/자동화를 통한 업무 효율화, 이를 통한 자기계발의 물리적 시간 확보 기존 담임 중심의 교강사 운영체계에서 퍼실러데이터, 매니저, 상담자 등의 다양한 역할 설계로 훈련교사 활용방식의 다변화
5. 훈련자원 (훈련생)	인구구조 변화, 기관 간 경쟁 심화 등에 따라 신규 훈련생 유입이 급격히 감소	- 리턴 프로그램(평생 직업능력개발)과 경력개발 상담 서비스 강화를 통한 기수료생에 대한 유치 전략 필요 - 중장년, 경력단절 여성 등 특화훈련 실시 방안 고려 필요
	훈련생 수료 이후 기관과의 연계 부족 (현장 적응 능력 부족)	- 기수료생이 재직자로서 훈련기관과 연계가 가능할 수 있도록 사후 지원 프로그램 강화
6. 시설 및 장비	집체 강의를 위한 폐쇄적 구조의 물리적 교육 시설 중심	- 학습형태의 다변화에 대응할 수 있도록 카페테리아식(개방형) 공간 리모델링
	데이터 하드카피 및 엑셀 기반 분산 관리	- 데이터, 프로그램의 클라우드화 및 데이터 통합 관리 시스템 구축 및 활용

② 직업훈련사업 설계 및 운영을 위한 주요 추진 과제

직업훈련 사업을 새롭게 기획 및 설계하는 과정에서, 또는 직업훈련 사업에 대한 고도화 및 성과 관리 과정에서, 추진해야 할 주요 과제들을 제시하면 다음과 같다.

첫째, 공공훈련 부문의 훈련사업 운영 구조 및 방식을 전환할 필요가 있다. 민간시장과의 유사, 중복성을 최소화하는 가운데 공공훈련으로서의 역할과 책무를 수행하기 위해, 훈련대상(경단녀, 중고령자, 취약계층, 소기업 등)에 대한 차별화를 꾀해 나가고 있으나, 앞에서 논의한 바와 같이 훈련기관들 또한 초고령화사회 진입에 따라 훈련자원이 청년층에서 경단녀, 중고령자 등으로 확대해 나가고 있다. 훈련영역 측면에서 공공부문에서 최근 투자가 늘고 있는 신기술 분야 또한 기업 협업 체계 등을 활용하여 민간에서 활발하게 진행되고 있는 상황이다. 훈련대상, 내용, 방식 등을 획기적이며 구조적으로 차별화한 형태로 훈련사업 운영이 이루어지지 않을 경우, 이러한 논쟁은 지속될 가능성이 높다.

이를 위해, 공공부문에서 집중하고 있는 경단녀, 중고령자 대상 직업훈련의 경우 민간과 유사한 훈련과정 운영 방식에서 벗어나, 체계적인 R&D 투자를 통하여 특화된 직업훈련체계를 선제적으로 구축할 필요가 있으며, 훈련 프로그램 개발·운영에서부터 훈련 매체 개발, 시설·장비에 이르기까지 민간훈련의 퍼스트 부버(first mover) 또는 테스팅 베트(testing-bed)로서 역할을 수행해 나가도록 할 필요가 있다. 아울러, 지방대학에서부터 급격히 사라져가고 있는 기계, 용접 등 국가기간산업 분야에 대한 지속적인 역할 수행이 요구되는 가운데, 낙후된 훈련시설, 장비 등에 대한 투자 확대가 필요하다. 훈련사업 예산이 디지털신기술로 쏠림현상이 심화되고 있는 가운데, 공공부문을 중심으로라도 국가기간산업 분야 훈련사업에 대한 인프라 및 환경 개선에 대한 예산 안배가 이루어질 필요가 있다.

이러한 내용을 종합적으로 반영하여, 공공부문의 R&R이 재정립될 필요가 있으며, R&R에 부합하는 성과평가 개선이 이루어져야 할 것이다. 민간직업훈련과 차별화된 성과지표 적용이 필요하나 현재는 취업률과 같은 동일 지표가 적용되고 있는 상황이다 보니 사업운영상 공공훈련 취지, 목적을 우선시하기에는 한계가 있다. 공공부문에서 (1) 퍼스트 무버 또는 테스트 베드로서의 기여를 할 수 있도록, (2) 훈련접근성이 부족한 대상이나 지역, 공급부족 분야를 대상으로 특화된 훈련이 구현될 수 있도록 공공부문의 R&R과 성과지표 개선이 무엇보다도 필요한 상황이다.

둘째, 훈련사업간 유사중복 문제를 해소하기 위하여 훈련과정 단위의 메타데이터 체계를 구축해 나가야 할 것이다. 신규, 특화 사업들이 새롭게 등장하는 가운데, 기존 사업과의 유사·중복 문제가 심화되고 있다. 사업 간 차별화 및 연계성을 확보해 나가기 위해서는 근본적으로 '훈련대상', '훈련수준', '훈련영역', '훈련형태' 등 단위 사업 특성을 변별할 수 있도록 메타데이터셋을 설계, 수집, 관리할 필요가 있다. HRD-net을 통해, 훈련특성 관련 메타데이터를 코드화하여 수집, 분석, 관리하게 된다면, 훈련사업별 특성을 반영한 훈련성과 평가가 가능해지게 될 것으로 기대되며, 근본적으로는 단위사업의 변화 행태에 대한 히스토리 관리 또한 가능해질 것이다.

메타데이터를 활용하여, 단위사업별 훈련대상, 훈련수준, 훈련영역의 변화사항에 대한 분석과 검토가 가능하게 되면, 당초 사업 취지, 목적과 달리 실제 과정 운영 단계에서 차이가 나타나는 경우, 예컨대, 대상, 분야, 수준이 부합하지 않거나, 무분별한 확대가 이루어져 타 사업과 중복성이 발생할 경우, 사업 운영 구조 및 방식 개선을 이끌어낼 수 있다.

　이러한 데이터 기반 접근을 통해 훈련사업 총괄적 측면에서도 단위 사업 간 유기적 연계를 유도해 나감으로써 무분별한 확대를 최소화하고, 훈련사업 운영의 효율성을 꾀할 수 있을 것이다.

　고용부내에서 훈련사업간 통폐합 또는 차별화에 대한 합리적 의사결정을 위해 해당 데이터가 활용될 수 있을 뿐만 아니라, 메타데이터 등록 체계는 고용노동부 뿐만 아니라 타부처의 직업훈련사업(우선적으로 재정지원 일자리사업 성과평가 대상 훈련사업부터)에도 동일하게 적용함으로써, 부처 사업간의 유사, 중복성에 대한 지표 내지는 고용노동부 직업훈련사업의 포지션을 잡는 데도 활용 가능하다.

　셋째, HRD－net 직업훈련서비스망을 국민들의 평생직업능력개발 구현에 기여할 수 있도 고도화해 나갈 필요가 있다. 앞에서 제시한 메타데이터셋을 활용하여 훈련사업 분류체계에 의거 전체 사업들을 훈련대상, 훈련수준, 훈련영역별로 배치하여, 국민들이 고용부 사업, 더 나아가서는 타부처 직업훈련 사업들에 대한 정보를 손쉽게 접근할 수 있도록 해야 할 것이다. 이를 통해, 훈련사업 종류나 칸막이에 구애받지 않고, 국민들이 필요한 역량을 수준별, 영역별로 손쉽게 키워나갈 수 있을 것이다(생애 단계별 직업훈련 구현). 아울러 고용부내, 더 나아가 부처별 사업의 유사·중복 문제도 이와 같은 정보망 서비스 운영을 토대로, 자체적으로 차별화 및 정화 노력이 강화될 것으로 기대된다.

　넷째, 직업훈련사업의 환류 체계 문제를 보완해 나가야 할 것이다. 직업훈련사업은 대체로 선정심사 또는 사업계획심사가 대체로 독립적이며 단선적으로 이루어지고 있어, 훈련사업 운영기관들의 체계적인 사업 개선 활동을 이끌어내기가 쉽지 않다. 훈련사업 전달체계상 여러 운영기관들이 독자적인 기능, 역할을 맡고 있어 구조적으로 어려움이 있다. 이를 해결하기 위하여, 일부에서 동일 기관에서 선발, 모니터링, 성과평가 업무를 통합적으로 수행하는 방식을 시도 중이나, 이 역시도 담당 부서, 사업방식 등이 각각 다른 상황으로 환류 체계를 구축하는 데는 상당 시일이 소요될 것으로 보인다. 이러한 어려움에도 불구하고, 우선적으로라도 직업훈련기관들이 (1) 심사평가 활동 등을 통해 사업운영상에서 제기된 개선 사항과 (2) 자체적인 모니터링/성과분석 활동을 통해 도출된 개선 사항 등에 대해 의무적으로 환류 실적과 성과를 제시할 수 있도록 선정심사(사업계획심사)의 지표를 보완해 나가는 방식이라도 변화를 시작할 필요가 있다. 이러한 환류 기제가 구축, 활용되지 않을 경우, 훈련사업의 고도화, 품질관리를 기대하기 어려울 뿐만 아니라, 막대한 훈련행정 비용 투입에 대한 효용성을 거두기 쉽지 않을 것이다.

다섯째, 훈련장려금 제도에 대한 논의가 필요하다. 디지털 신기술과 같은 고급훈련의 경우, 타 부처 사업, 지자체 사업들에서는 대체로 높은 훈련장려금이 설계되어 있으며, 이와 같은 사업 특성이 훈련생 모집 및 유지, 더 나아가 성과 창출에 지대한 영향을 미치는 형세다. 실제로, 고용노동부 KDT 훈련사업에서 훈련생 모집 문제가 심화되고 있는 것도 이러한 훈련장려금 문제와 무관하지 않다. 타 부처, 지자체 등 유관사업과의 성과 경쟁에서 훈련장려금 이슈를 어떻게 극복해 나갈지 숙고할 필요가 있다. 타부처, 지자체 등에서 높은 훈련장려금을 투입하는 데는 장기훈련에 대한 몰입이 가능하도록 생계유지를 위한 생활비를 보존하기 위한 목적으로 투입 비용을 늘려나가는 반면, 고용노동부에서는 훈련장려금을 목적으로 한 훈련참여를 미연해 방지하기 위해 장려금을 줄여나가고 있어 상반대 흐름을 보이고 있다.

실제로 고용노동부 디지털신기술 훈련 부분의 경우, 훈련기관 소재지가 대체로 서울 등에 위치하고 있어 지역 청년들의 접근성이 떨어지고 있다. 지역격차를 해소하기 위하여 지역 단위의 훈련공급기관을 늘려나가기 위해 다양한 시도가 이루어지고는 있으나 인프라 측면에서 한계가 있는 상황이며 훈련공급 측면에서 지역격차가 계속적으로 벌어지고 있는 상황이다. 지역 거주 청년들에게도 수도권 훈련기관에서 제공하는 장기훈련 참여가 가능하도록 기본적인 숙식 등을 해결할 수 있도록 대책 마련이 필요한 시점이다. 훈련장려금에 대한 단선적 설계 방식에서 벗어나, 훈련 목적, 접근성 등을 다각적으로 고려하여 지급 규모, 방식 등에 대한 논의를 본격화해야 될 것이다.

여섯째, 고용노동부 직업능력정책국 R&R에 대한 고민이 필요하다. 고용노동부내에서 청년, 중장년, 여성 관련 정책 담당국에서도 상당기간 동안 직업교육훈련을 전략적 수단으로 활용하고 있는 상황이다. 청년국에서 성과를 거두고 있는 ESG 사업, 일경험 사업 등에서 청년들에게 의미있는 일 경험을 제공하기 위하여 체계적이며 구조적인 교육훈련 활동을 제공하는 형태로 진화해 나가고 있으며, 고용서비스 분야에서도 직업훈련과의 융복합적인 정책사업 설계는 가속화될 것으로 예견된다. 이렇게 직업훈련 관련 정책 사업들간 중복성이 심화되고 있는 상황에서, 고용노동부 직업훈련 사업의 주무 부서인 직업능력정책국의 R&R(Role &

Responsibility) 또는 포지셔닝을 어떻게 가져가야할 지에 대해 심도있는 논의가 필요한 시점이다. 단위 훈련사업 중심의 지원, 관리 역할에서 벗어나 직업훈련 생태계의 구축 및 지원, 훈련 운영을 위한 프레임, 틀을 정립하는 데 초점을 맞추어 역할을 차별화해 나갈 필요는 없는지 검토가 필요하다.

직업훈련 이해관계자들의 직업훈련 인프라가 원활하게 구축되어 운영될 수 있도록 인프라를 구축, 지원하는 데 주력하며, 고용부내 추진되고 있는 단위 직업훈련 사업들에 대한 성과관리와 환류활동을 통해 부족한 영역에 대한 집중 투자, 우수사례의 확산 보급 등을 구현하여 지속발전 가능한 직업훈련 생태계를 조성하는 데 주력하는 역할 설계가 점점 중요해지고 있기 때문이다. 훈련사업의 직접적인 플레이어보다는 전체 직업훈련의 기반과 프레임을 만들어 나가는 가버넌스 역할을 강화해 나갈 필요가 있어 보인다.

참고문헌

경제활력 대책회의(2019). 인구구조 변화의 영향과 대응방향(9월 18일)

교육부(2017). 평생학습 개인실태조사

문영만 외(2019), '기업규모별 직업훈련 실태 및 노동시장 성과', 산업혁신연구

이수경 외(2016). 훈련수요에 따른 공공훈련·민간실업자훈련 역할 분담, 한국직업능력
    연구원

이수경 외(2022), 디지털·비대면 시대의 직업훈련 패러다임 전환. 한국직업능력연구원

임경화, 이수경, 이지은, 이진구 외 3인(2021), "직업능력개발 심사평가 효과성 분석과
    개선(발전)방안 연구", 2021 수탁과제 연구보고서, 실천공학교육학회

APPENDIX

우리나라 인적자원개발: 회고와 제언

어수봉[한국기술교육대학교 명예교수]

　　우리나라는 1945년 8·15해방과 1948년 8·15 대한민국 수립 이후 1950~1953년 6·25전쟁, 1960년 4·19혁명, 1961년 5·16군사혁명 등 절대빈곤 시대와 정치적 혼란기를 거쳤다. 그러나 그 이후 급속한 경제발전(소위 '압축성장') 으로 현재는 선진국의 일원이 되어 있고, 이는 세계적으로 '한강의 기적'으로 불리고 있다. 1960년 우리나라의 1인당 GDP는 82$에서 2021년 34,758$로 420배 이상 증가하였다. 1960년대 초 필자는 초등학교(당시는 '국민'학교)에 다니고 있었는데, 담임선생님은 "우리나라는 세계에서 가장 가난하고, 천연자원도 없는 농업국가다. 너희는 공부를 열심히 해서 빈곤에서 벗어나야 한다"고 항상 강조하셨다. 이 글은 지난 60년간 우리나라의 경제발전 과정에서 인적자원의 역할과 그에 관련된 인적자원개발 정책을 회고한다. 이 글은 학술적이지 않고, 동시대를 살았던 저자의 개인적 경험을 투영하고 있어 수필적이다.

　　본고는 경제발전이 본격화된 시점(1961년)으로부터 전략산업의 특성에 따라 경제발전 시기를 크게 3단계로 구분한다. 1단계는 노동집약적 산업 (labor-intensive industry) 시기(1961~1975), 2단계는 중화학공업(heavy and chemical industry) 시기(1976~1997), 그리고 3단계는 기술주도(technology-driven) 시기(1998 ∞2017)이다. 2018년 이후는 소위 '4차산업혁명(4th industrial revolution)'이 주도하는 시기로서 이는 현재의 시점이기 때문에 회고보다는 제언의 측면에서 다루고자 한다. 한편 1961년 이전에 우리나라의 급속한 경제발전의 토대가 되었던 2개의 중요한 사건, 즉 농지개혁(1949년에 시작되어 1964년 종결)과 의무교육(1953년에 시작되어 1959년에 완성)이 있는데, 본고는 이를 '이전(以前)' 시기로 구분하여 간략히 서술하고자 한다.

1. 이전 시기

1949년에 시작된 농지개혁(land reform)은 '유상몰수, 유상분배' 원칙하에 시행되었다. 그 성과는 논자에 따라 다르지만, 대다수의 농민이 자신 소유의 땅에서 농사를 짓게 되면서 농업생산성이 급격히 높아진 것만은 사실이다. 이로써 우리나라는 절대 빈곤을 벗어날 수 있는 토대를 만들 수 있었고, 더 나아가 소위 '원시적 자본축적'을 통해 자본주의의 길을 열게 된다. 농지개혁의 성과로 발생한 '잉여농산물'은 그 이후 노동집약적 산업 중심의 공업화를 촉진하는 기폭제가 된다. 즉, 농업 잉여(surplus)는 농촌 인력의 잉여를 귀결하여, 농촌에서 의무교육 시행에 대한 저항을 감소시킬 수 있었고, 더 나아가 의무교육을 받은 15세 이상 청소년은 1960년대 노동집약적 산업의 핵심 인력으로 자리 잡게 된다.

한편 1948년 정부 수립 직후 이승만 정부는 의무교육(mandatory education)을 시행하였지만, 6·25전쟁으로 지지부진하다가 1953년에 만 6세가 된 1946년생부터 의무교육이 본격적으로 시행된다. 이후 점차적으로 확대되어, 1954년에는 82.5%, 그리고 1959년에는 대상자의 95% 이상이 초등학교에 취학하여 우리나라의 의무교육이 완성된다. 특히 우리나라의 의무교육은 예외 없이 철저히 시행되었다. 이를 해태한 아동의 부모(혹은 보호자)는 심지어 감옥에 갈 수도 있었다. 1950년대 의무교육의 철저한 시행은 2가지 중요한 경제사회적 성과를 가져오게 된다. 첫째, 우리나라는 다른 개도국과 달리 '아동노동(child labor)'을 산업화 초기부터 봉쇄할 수 있게 된다. 아동은 작업장이 아니라 학교에 있어야 하기 때문이다. 둘째, 의무교육을 통해 전 국민은 모든 산업이 요구하는 '직업기초능력'을 보유하게 된다. 이는 다음 시기 노동집약적 산업화 시대의 핵심 역량으로 작동하게 된다.

베이비붐 세대인 필자는 1960년대 서울의 한 초등학교를 다니고 있었다. 열악한 재정 사정으로 교실 하나에 70명 이상의 학생이 있었고(소위 '콩나물 교실'), 저학년은 교실 부족으로 하루 2~3부제 수업을 해야 했다. 당시 집과 학교와의 거리 및 대중교통 상황을 생각하면 등교 시간을 지키는 것 자체가 쉬운 일이 아니었다. 그리고 선생님이 내주시는 과제(가령 한글 자모음 100번 쓰기)를 제 시간에 하는 것도 어려운 일이었다. 시간 지키기(punctuality)는 직업기초능력에서도 가장 기본적 역량인데, 이 역량이 바로 초등학교 교육을 통해 형성되는 것이다. 70여 명의 주의산만한 아동들이 교실에 오래 앉아 있기도 힘들지만, 소리도 내지 않고 움직이지도 않아야 하는 것은 더욱 힘든 일이다. 한 아동이 잡담 등으로 수업을 방해하면 수업 자체가 진행되지 않는다는 부정적 외부효과(negative externality) 때문에 당시 처벌의 수위는 높았다. 따라서 수업 시간에는 항상 인내심(endurance)이 요구되고, 이는 산업화시대 또 하나의 중요한 직업기초 역량이다. 물론 정규학교 수업을 통해 읽기, 쓰기, 계산하기 등 문해력과 수리력 등 직업기초능력이 형성되는 것은 당연하다. 학령기 아동에 대한 의무교육과 더불어 당시 문맹 성인에 대한 문해(literacy) 교육도 '거의' 의무적으로(70일간 200시간 수업) 진행되었다. 이 결과 우리나라의 성인 문맹률은 해방 직후 1945년 78%에서 1959년 22%로 하락한다. 이와 같이 산업화 이전에 철저하게 실시된 1950년대의 의무교육은 1960년대 이후 경제발전을 시작할 수 있는 밑바탕(backbone)이 된다.

2. 산업화 1단계: 노동집약적산업 시기

1960년대 본격화된 노동집약적 산업, 혹은 경공업 제품은 섬유(textile), 신발(shoes), 의류(garments), 합판(plywood), 가발(wig), 전기전자제품 조립(assembly) 등이다. 이러한 경공업 제품 생산은 많은 자본이나 높은 기술을 요구하지 않지만, 값싸고 풍부한 노동력이 필요하다. 따라서 천연자원(natural resources)이 빈약한 개발도상국은 노동집약적 제품 생산에서 산업화의 시동을 걸 수밖에 없고, 우리나라도 마찬가지이다. 그러나 값싼 경공업 제품이라 하더라도 당시 우리 국민의 소득 수준을 고려하면 국내 수요는 제한되어 있어, 해외 수요(수출)를 개척할 수밖에 없다. 생산품 대부분을 수출하기 위해서는 공장 자체를 수출항 주변에 짓는 것이 물류비용을 절약하고 납기를 단축할 수 있어 국제경쟁력을 높일 수 있다. 따라서 인천, 부산, 마산, 군산 등 수출항과 인접한 지역에 대규모 경공업 생산단지('수출자유지역' 등)를 건설한다.

이제 남은 문제는 노동력의 동원이다. 당시 대부분의 국민은 내지(in-land)에 위치한 농촌에서 농업에 종사하고 있어, 내부 이주(internal migration)가 당시의 핵심 인력정책이 된다. 1960년대에는 이미 9년간의 의무교육이 실시된 결과, 우리 청소년은 직업기초능력을 갖추고 있어 별도의 교육은 필요하지 않았다. 이들은 이미 노동 윤리(work ethics)를 습득한 양질의 노동력이었다. 특히 노동집약적 산업은 단순반복 직무가 대부분이어서, 추가적인 기술교육(skill training)의 수요는 높지 않았다. 즉, 산업화 1단계에서 인적자원개발(HRD)은 정규 학교(regular school)가 담당한 것이고, 우리 교육 시스템은 이 과제를 효과적으로 달성한 것이다. 그러나 공장지역으로의 내부 이주는 쉬운 문제가 아니다. 이를 위해 다양한 정책이 시행되었지만, 여기에서는 채찍과 당근에 해당되는 대표적 정책 하나씩을 언급한다.

노동력 내부 이주 정책의 채찍(push)으로는 소위 '저곡가 정책'을 들 수 있다. 당시에는 우리의 주식인 쌀을 정부가 정한 가격으로 독점 수매했다. 급속한 공업화를 추진했던 정부는 쌀 수매가를 낮게 책정하였다. 이는 한편으로는 도시지역 근로자의 저임금을 유지하는 기능을 하고, 다른 한편으로는 농업의 이윤을 감소시켜 이농을 촉진하는 역할을 하게 된다. 농촌 가구는 생활비를 줄이기 위한 방편으로 식구(食口)를 줄이게 되는데, 이는 15세 이상 농촌 청소년이 도시 공장지역으로 대거 이주하는 것으로 귀결된다. 한편, 내부 이주 정책의 당근(pull)으로는 청소년 근로자에게 제공하는 고등학교 교육을 들 수 있다. 대단위 공장(가발, 방직, 봉제, 신발 등)은 공장 내(in-plant) 기숙사와 더불어 정규 야간 고등학교를 설립하여 고등학교 학위(diploma)를 제공하였다. 농촌의 청소년이 공장에 취업하면 소득(income), 학위(education), 그리고 거주(housing)가 동시에 해결될 수 있었다. 취업 청소년은 소득 대부분을 농촌에 있는 부모에게 송금하였고, 이는 농촌 부모가 자식을 농사짓게 하는 것보다 월등한 수입을 보장하게 되어, 이주의 선순환 구조가 형성된다.

한편 농촌 가족 전체가 도시로 이주하는 경우도 많았다. 이 경우 성인은 도시 주변(소위 '달동네')에서 일자리를 찾을 수 있지만, 같이 이주한 15세 미만 청소년은 불안정한 거주 여건으로 정규 교육의 기회를 놓치는 경우가 많았다. 당시 이들에게 최소한 중학교 수준의 교육을 제공하기 위한 '야학'이 민간 부분에서 운영되었다. 1970년 중반 필자도 야학 교사를 한 경험이 있는데, 당시는 교육이 '빈곤' 탈출의 가장 중요한 방법이라는 믿음이 실제로 작동하던 시대였다. 당시 가족의 이산 규모는 파악하기 어렵지만, 적어도 두 번의 명절(설날과 추석)에 전국의 도로가 마비될 정도로 귀경/귀성하는 인구 규모로 가늠해 볼 수 있다. 즉, 지금까지도

이어지고 있는 명절의 '교통지옥'은 1960년대 이후 지속된 지역 간 노동력의 내부 이주 결과이다.

필자는 1970년대 중반 대학에 다니고 있었는데, 당시 학생운동은 정치 민주화와 더불어 저임금 노동의 해소를 지향하고 있었다. '저곡가－저임금'으로 농민과 노동자의 삶은 어려워지고 있다는 문제의식을 공유하게 되었고, 이는 남미의 소위 '종속이론(dependency theory)'을 받아들이는 계기가 되었다. 남미의 종속이론은 서구 열강의 자본으로 운영되는 플랜테이션 농업(plantation) 구조에서 마치 노예처럼 일하는 농업근로자의 문제에서 촉발된 주장이지만, 우리나라의 경우 외국자본의 유치 자체도 어려운 상황이었고, 특히 플랜테이션을 할 만한 토지도 없었기 때문에 이 이론은 우리나라에서는 공장노동자의 상황을 설명하는 이론으로 변질된다. 그러나 돌이켜 보면, 농촌에서 이주한 수많은 청소년이 작업환경이 열악한 대도시 주변 공장에서 저임금－장시간 일하는 상황은 안타깝지만, 천연자원이 거의 없는 우리나라에서 경제발전을 위한 다른 대안이 있었는지 알 수 없다.

경공업 제품 생산에서도 생산기계의 사용은 필수이다. 가령 봉제 산업의 경우 재봉틀(sewing machine)은 필수재이다. 당시 우리나라는 재봉틀 자체를 만들 수는 없어 전량 일본에서 수입(Brother, Juki 등)했지만, 그 유지/보수는 핵심 직무이다. 그리고 라디오, TV 등 전기전자제품 조립에서도 일정 수준의 용접기술 등이 필요하다. 당시 산업 현장에서 이러한 직무를 담당할 기술인력을 양성하기 위해 정부는 단계적으로 전국에 12개의 공업계 고등학교(vocational high school: 용산공고, 부산기계공고, 진주기계공고, 금오공고, 창원기계공고 등)를 설립하게 되고, 이는 우리나라 기술교육의 초석이 된다. 당시 이들 공고에는 '工業立國'을 표방한 이른바 '공업탑'이 하나씩 세워졌고, 훈련생은 유니폼에 "祖國 近代化의 旗手"라고 적힌 구호를 산업 현장에서 실제로 구현하였다. 이들은 '기능올림픽(World Skills Competition)'에 참가하여 수많은 메달을 수상하였고, 정부는 공항부터 광화문까지 이들에게 카퍼레이드를 제공하는 등 '산업영웅'으로 대접하였다. 이들은 후에 '대한민국명장'. '기능한국인' 등 최고의 숙련기술인으로 성장하였다. 필자는 2022년 한국산업인력공단의 이사장으로서 우리나라의 '기능올림픽선수단장'을 맡은 적이 있다. 이때 선수들이 훈련 현장에서 작업에 고도로 집중하여 발하는 눈빛이 종이는 물론 철을 뚫는 것(眼光紙背徹)을 목격하고, 숙련기술(skill)의 중요성을 다시 한

번 확인한 바 있다.

우리의 직업교육의 효시는 대부분 국가와 마찬가지로 농업교육이다. 산업화 이전에는 농업이 가장 중요한 산업이기 때문이다. 우리나라도 1960년대 이전에는 농업계 고등학교(농고)가 직업교육의 중심에 있었지만, 산업화 1단계 시기에는 공고가 그 역할을 담당하게 된다. 사실, 이는 우리나라 인적자원개발(HRD)의 대전환이 이루어진 사건으로 주목해야 한다. 당시에는 전문대학이 없었고, 공과대학은 이론교육 중심이어서, 산업화 초기 공고는 산업 현장이 요구하는 기능인력(technician)은 물론 실무 엔지니어(practical engineer)를 양성하는 역할까지 수행했다고 볼 수 있다. 이는 당시 공고 출신 중 엔지니어로 성장한 무수한 성공 사례에서도 확인할 수 있다.

요약하면, 우리나라는 노동집약적 산업화 시기에 농촌 청소년의 도시 공장 이주를 통해 양질의 값싼 노동력을 산업 수요에 부응하여 대량 공급하는 데 성공하고, 동시에 생산기계의 운영과 보수를 위해 우수한 기술인력 양성도 성공한다. 이 두 종류의 인력 공급이 바로 우리나라 경공업 제품(가령 신발, 와이셔츠, TV 등)이 세계 시장에서 "가격은 싸지만, 품질은 우수하다"는 평판을 얻게 된 원동력이고, 이후 '한강의 기적'을 만드는 출발점이 된다. 1961년 1인당 국민소득이 $100에서 1974년 마의 벽인 $500를 돌파한 시대이다. 이를 지금 기준으로 보면, 개도국 탈출 선으로 간주되는 $5,000를 돌파한 것과 마찬가지이다.

3. 산업화 2단계: 중화학공업 시기

1970년대 중반 제4차 중동전쟁으로 석유 위기(oil crisis)가 시작되었다. 이는 우리나라에게는 연료의 급상승은 물론 섬유, 신발 등 경공업 제품의 원가를 크게 상승시켜 이러한 제품의 국제경쟁력을 유지하기 어려워졌다. 또한 대만, 홍콩, 말레이시아, 멕시코, 아르헨티나 등 경공업 제품에 대한 강력한 경쟁 국가가 나타나기 시작하였다. 이는 우리나라의 산업정책이 경공업에서 중화학공업으로 전환하게 된 국제환경의 변화이다. 물론 국내적으로는 미국의 베트남 철군 이래 '자주국방'이 핵심 국정과제(national agenda)가 되었고, 이를 위해 방위산업의 근간인 중화학공업에 대한 대대적인 투자가 이루어졌다. 이때 선택과 집중의 전략산업은 철강

(steel), 기계(machinary), 자동차(auto), 조선(shipbuilding), 석유화학(petro-chemical)과 더불어 건설업(construction)이 대표적이고, 필자는 이 전략산업을 'Big5+1'로 부른다.

중화학공업을 육성하기 위해서는 대규모 자본, 첨단 기술, 그리고 풍부한 기능인력(skilled workforce)이 필요한데, 이 생산의 3요소 모두 우리나라에게는 없는 것이었다. 따라서 이들을 해외에서 조달하거나 국내에서 새롭게 만들 수밖에 없다. 우선 자본 조달 측면에서는 당시 국제 금융시장에서 우리나라는 6·25전쟁의 여파로 고위험국가(high risk country)로 분류되어 해외 조달이 불가능하고, 외국직접투자 역시 국내 자원 부족과 숙련노동력 미흡으로 기대하기 어려워, 필요한 자본을 직접 동원할 수밖에 없었다. 우리나라는 가용한 외환을 탈탈 털어 모두 중화학공업에 투자하게 된다. 물론 경공업 제품의 수출로 벌어들인 외환이 투자의 제1차 종자돈(seed money)인 된 것은 당연하다.

여기에 주목할 가치가 있는 또 다른 외환 자금의 원천은 대일청구권자금(대부분 포항제철 설립에 투자된 것으로 알려져 있음), 베트남 파병 장병의 보수, 중동 건설노동자의 보수, 그리고 많진 않지만 서독에 진출한 광부 및 간호사의 보수 등이다(사족: 영화 '국제시장'에서 주인공의 역할). 그런데 이 자금은 모두 국민의 "피와 땀"으로 창출된 것이라는 공통점이 있다. 이 자금이 정부 주도로 중화학공업에 투자되었고, 이는 현재 대기업으로 성장한 현대, 삼성, LG, SK, 환화 등의 성장 발판이 되었다. 따라서 우리 국민은 여전히 이 대기업들을 소위 '국민기업'으로 바라보는 정서가 남아 있고, 소위 '재벌'의 상속이나 부패에 엄격한 잣대를 들이대는 현상이 현재에도 지속되고 있다.

다음으로 중화학공업에는 첨단 기술의 확보가 필요한데, 이는 예나 그제나 해외에서의 도입은 불가능하다. 우리나라가 어떻게 첨단 기술을 확보했는가에 대한 문헌은 찾기 어렵지만, 몇몇 다큐멘터리를 통해 그 일부를 가늠해 볼 수 있다. 우선 중화학공업에 필요한 장치는 선진 외국에서 도입할 수밖에 없는데, 이때 장치를 파는 외국 기업은 우리나라 근로자를 데려가 상당 기간 연수를 시키고, 이들은 돌아와 장치의 운영을 담당하게 된다. 물론 대규모 장치의 유지/보수는 그 자체가 중요한 비즈니스이기 때문에 결코 공개하지 않는다. 우리나라 단체 연수생은 매일 매일 연수가 끝나면 저녁에 다시 모여 각자 자신이 한 작업을 그림을 그려 서로 맞춰 보고 장치 전체의 운영 방식을 파악한다. 그리고 장치를 움직이는 개별 부품을 눈으로 보고 나중에 정밀화를 그려 부품의 설계를 파악하기도 한다. 이렇게 스스로 기술인력(technician)에서 실무 엔지니어(practical engineer)로 성장한다. 그리고 경공업에서 기계의 유지/보수를 담당했던 기술인력의 엔지니어로의 성장이 있다. 가령 재봉틀에서 가장 중요한 부품인 회전 나사(spiral screw)는 당시 우리나라에서 만들 수 없어, 고장이 나면 제조국인 일본 기술자를 초청할 수밖에 없었다. 이는 시간과 비용이 많이 드는 것은 물론이고 현장 기술인력의 자존심을 건드린다. 이에 화가 난 우리나라의 한 기술인력이 소위 '목숨을 걸고' 자체 제작에 도전한다. 그는 재료의 열처리와 정밀가공 방법을 스스로 개발하여 10년 후 국산화에 성공한다. 이러한 예는 기계, 자동차, 조선, 건설업 등에서 모두 발견되는데, 산업 현장에서 스스로 기술인력(technician)에서 실무 엔지니어(practical engineer)로 성장한 사례이다. 물론 베트남전 참전 대가로 미국의 원조를 받아 1966년 설립한 한국과학기술원(KIST)이 산업 현장에 필요한 기술을 개발하고 발전시키는데 중추적 역할을 했다는 것은 주지의 사실이다.

자본과 기술이 있다 하더라도 자국에 관련 기술인력이 없으면 산업의 해외 의존을 피할 수 없다. 우리나라의 경우 경공업 시대에 직업계 고등학교를 설립하기 시작했지만, 중화학공업이 요구하는 대규모 기술인력을 공급할 수 있는 규모는 아니었다. 정부는 1970년대 후반부터 1980년대 초반에 산업 현장에 기술인력을 대규모로 공급하기 위한 교육개혁을 실시한다. 우선 고등학교 수준에서 인문교육(academic track)과 직업교육(vocational track)의 비율이 50:50이 되도록 직업고등학교의 설립과 더불어 인문고등학교의 직업고등학교 전환을 촉진하였다. 당시 전환의 롤 모델은 대만이었는데 대만의 고등학교 학과 비율이 50:50이었기 때문이다. 고등교육 수준에서는 '대학설립 자유화' 조치가 시행되었는데 주 내용은 2년제 전문대학의 설립을 자유화한 것이다. 이는 당시 국민소득이 일정 수준(약 2,000$) 상승하면서 고등교육에 대한 수요 압박에 대응하는 한편, 인문교육을 받은 고교졸업자를 빠르게 기술인력(technician)으로 전환하기 위한 조치였다.

기술인력 양성을 위한 또 하나의 획기적 정책은 기업의 '훈련 의무화(mandatory training)' 정책이다. 기업은 자신의 근로자를 훈련할 의무가 있으며, 이를 이행하지 않으면 처벌받게 된다. 초기에는 의무교육의 경우와 마찬가지로 실제 형사처벌도 있었지만, 이는 너무 강한 규제라는 인식으로 '부과금'으로 바뀌게 되는데, 이 제도는 1995년 고용보험의 한 사업으로 통합된 후에도 훈련부과금(training levy)으로 유지되어 현재에 이르고 있다. 현재 많은 개도국의 경우 자국민의 훈련을 지원할 수 있는 재정 마련에 어려움을 겪는데, 우리나라의 성공 사례를 벤치마킹하는 개도국(베트남, 캄보디아, 미얀마 등)이 증가하고 있다. 대기업은 자체 훈련소를 설립해 자기 근로자의 양성 및 향상훈련을 시킬 수 있지만, 중소기업의 경우는 대부분 외부 훈련기관에 위탁하여 훈련하게 된다. 이를 위해 많은 공공 및 사설 직업훈련기관이 설립되었고, 이 훈련기관은 기업 근로자뿐 아니라, 직업계 고등학교에 진학하지 못한 중학교 졸업자, 인문계 고등학교를 졸업하였으나 전문대학으로 진학하지 못한 자, 그리고 기술교육을 희망하는 일반 국민 모두에게 직업훈련의 기회를 활짝 열었다. 이를 위한 재정(financing)은 특별목적세 형태로 기업에 부과된 훈련기금(1995년 이후는 고용보험 기금)이 담당하고 있다.

3년제 직업고등학교(vocational high school), 2년제 기술대학(technical college), 그리고 1년 이하 단기 직업훈련기관(training center)은 중화학공업이 요구하는 기술인력을 대규모로 공급하는 데 성공한다. 9년간 의무교육을 통해 직업기초능력을 습득한 청소년은 기술교육훈련(TVET)을 받아 중화학공업 시대 우리나라의 핵심 인력으로 자리잡게 된다. 여기에서 주목할 점은 이 기술인력이 20~30년 후 우리나라 중산층(middle class)으로 성장하게 된 점이다. 1960년대 초 국민소득 $500에서 시작하여, 금융위기 직전의 1996년 $13,000의 주역이 된 것이다. 소위 'my home, my car'를 성취하면서, 이 계층은 산업화의 주역에서 1990년대 민주화의 한 축으로도 자리 잡게 된다.

우리나라가 직업교육을 벤치마킹한 국가는 당시의 서독이다. 서독은 분단 상황이라는 공통점으로 우리나라에 대해 원조를 많이 하였는데, 그중에서도 직업기술교육의 노우하우 전수는 주목할 만한 사건이다. 서독은 우리나라의 예비 교사 상당수를 독일로 초청해 1~2년간 연수를 시켜 주었고, 이들은 귀국해 직업고등학교 및 직업훈련기관의 교사(teacher)로 자리 잡게 된다. 이들 중 일부는 이후 학위를 취득해 전문대학과 공과대학의 교수로 일하게 된다. 서독은 또한 TVET 전문가(expert)를 한국에 파견해 훈련기관의 설립, 훈련 과정 및 교재 개발을 지원하였다. 서독이 원조를 통해 1970년 설립한 '한독부산직업전문학교'는 현재도 전액 국비로 운영되고 있는 우리나라 제1호 직업훈련기관이다. 해방 이후 우리나라는 미국의 교육시스템(American education system)을 받아들였지만, 1970~1990년대 산업화 시대에는 독일의 훈련시스템(German training system)을 받아들였다. 우리나라는 2개의 서로 다른 교육 및 훈련시스템을 조화롭게 운영하면서, 산업 현장의 다양한 노동수요를 충족시키는데 성공한 것으로 평가할 수 있다.

중화학공업 시대 기술교육훈련의 내실화와 발전을 위해 2가지 중요한 지원 정책이 시행되는데 1973년 '국가기술자격(skills certification)'의 도입과 1982년 '한 국산업인력공단(HRD Korea)'의 설립이다. 국가기술자격은 일본의 '기능사 및 기술사' 제도를 벤치마킹한 것이지만, 그 실제 내용은 독일의 기술자격(technician and master)이다. 국가기술자격 도입의 계기는 중동 건설수출 붐이다. 중동 건설사업 (가령 삼환의 사우디아라비아의 고속도로 건설, 현대의 주베일 산업항 건설 등)에 참여하기 위해서는 기능인력의 숙련기술 수준에 대한 국제 인증이 요구되었는데, 자국에 국가기술자격제도가 운영되는 경우 이를 대체할 수 있었다. 우리나라는 이를 위해 부랴부랴 국가기술자격제도를 도입/운영하기 시작했는데 당시의 핵심 자격은 '기능사'이다. 초기에는 기능 수준이 부족한 인력에게 해외 진출을 위한 자격증(기능사 2급)이 부여되기도 하였다.

국가기술자격은 한 나라의 직업교육훈련을 선도(lead and guide)하기 때문에 매우 중요하다. 자격은 산업이 요구하는 기능(skills)의 현장성을 반영해야 하고, 학생의 취업과 연계되는 효용성도 중요하다. 산업화 초기에는 국가기술자격의 관리가 체계적이지 않아 현장성 측면에서 많은 문제점이 발생하였고, 교육훈련과 자격검정을 통합적으로 관리하기 위해 1982년 한국산업인력공단(당시 명칭은 '한국산업인력관리공단', 이하 공단)을 설립한다. 공단은 500여 개 국가기술자격(기능사, 산업기사, 기사, 기술사 및 사무서비스 자격)을 통합 관리하는 한편, 공공훈련기관을 통합 관리하는 명실공히 'HRD Korea'로 자리잡게 된다. 이후 교사 양성과 훈련 인프라 강화를 위해 공단 산하에 1992년 '한국기술교육대학교'가 설립되었다. 한편 직업훈련기관은 기능대학으로 자율 운영되다가 역시 공단 산하에 2006년 '폴리텍'으로 독립되어 지금에 이르고 있다. 이는 자격검정과 훈련을 공단이 모두 독점 운영하다 보니 자격의 선도기능이 약화되고, 오히려 훈련에 종속되는 현상이 나타나 훈련을 자격운영과 분리하게 된 결과이다.

필자는 1980년대 중반 미국 유학을 거쳐 1990년대 10년간 '한국노동연구원'에서 노동시장과 인력개발을 주제로 연구를 수행하고 있었다. 1990년대 초반 노동시장의 과제는 노동력 부족(labor shortage)이었다. 급속한 산업화로 기술인력의 수요는 커졌지만, 공급 측면에서는 고학력화 및 교육의 인문화, 노동력의 여성화 및 고령화가 역시 급속하게 진행되어 시장에서는 기술인력의 수급 불일치 현상(mismatching)이 나타나게 된다. 이에 대한 대안으로 노동시장의 수급 조절(good matching)을 지원하는 고용서비스 강화, 여성 및 중장년 인력의 활용 제고, 외국인력의 도입, 그리고 노동력의 질 향상, 즉 노동생산성 증대를 통한 양의 부족 문제를 해결하기 위한 인적자원개발 투자 확대 등이 정책과제로 제시되었고, 이는 현재도 진행 중이다. 여기서 주목할 점은 인력수급의 조화를 위한 고용서비스 및 인적자원개발을 종합적으로 담당하는 제도가 1995년 도입되었는데, 바로 '고용보험'이다. 고용보험은 1997년 시작된 외환위기에 실업자에 대한 소득 지원(실업급여)으로 사회안전망의 중요성을 일깨워 준 바 있고, 노동시장에서는 취업지원 및 직업능력개발의 중추적 역할을 수행하고 있다.

요약하면, 1980~90년대 중화학공업 시대에 우리나라는 부족한 재원을 전 국민의 노력과 희생으로 자체 조달하고, 기술 개발과 산업 수요에 부응한 인력개발에 성공한다. 이로써 우리나라는 개발도상국에서 신흥 성장국가(emerging country)로 도약한다. '한강의 기적'이 실제 이루어진 것이다. 현재 우리나라는 철강, 조선 산업에서 세계 1위의 자리를 차지하고 있고, 기계, 자동차, 석유화학 등은 세계 5위의 자리에서 한 번 더 도약을 시도하고 있다. 나아가 'Big5' 산업은 현재 및 미래 전략산업인 반도체, 배터리, 로봇, 방위산업의 튼튼한 밑바탕이다. 배터리의 기본은 화학이고, 반도체, 로봇 및 방산의 기본은 역시 정밀기계와 화학이기 때문이다.

4. 산업화 3단계: 기술주도산업 시기

1997년 말부터 우리나라는 아시아 국가의 연쇄적인 외환위기로 국가부도 상황에 처하게 된다. 한국은 IMF에 긴급 구제금융을 신청하였고, IMF는 반대급부로 재정 및 산업구조 혁신을 요구하게 된다. 이 결과 많은 은행과 대기업이 문을 닫게 되었고, 수많은 실업자가 발생하게 되었다. 1인당 GDP는 1996년 $13,403에서

원화 가치 하락으로 1997년 8,282$로 급락하게 된다. 돌이켜 보면, 이 위기는 기업의 전반적인 생산성 저하 때문이 아니라, 운영 자금(pocket money)의 부족으로 초래된 일종의 '흑자 부도'로 볼 수 있다. 즉 소위 '경제의 기본(fundamental)'이 흔들린 것은 아니다. 그러나 중화학공업의 성공으로 많은 기업이 이 시장에 뛰어들면서, 중복 투자의 문제가 발생하고, 일부 대기업(대우, 국제 등)은 여전히 경공업 제품을 생산하고 있어 국제경쟁력을 잃고 있었다. 부실기업에 자금을 대준 은행들은 줄도산을 할 수밖에 없었다. 무엇보다도 대규모 자본이 '중후장대(重厚張大)' 장치산업에 묶이게 되면서 일시적인 자금 부족 현상이 나타났다. 산업정책 측면에서 중화학공업에 투자를 무한정 지속하기보다는 기존의 산업을 '고부가가치(high−value added)' 산업으로 전환해야 한다는 전략이 추진된다. 그리고 이는 기술주도경제(technology−driven economy)로의 대전환을 의미하는 것이다.

다른 한편으로 중화학 제품 분야에서 우리의 강력한 경쟁국가들이 이 시기에 등장하는데 이들이 바로 BRICs(Brazil, Russia, India, China, South Africa)이다. 넓은 땅, 많은 인구, 풍부한 천연자원을 갖고 있는 BRICs는 중화학산업을 중심으로 경제발전의 시동을 걸고 있었다. 이러한 국제환경 변화 역시 우리가 첨단 기술(high tech)을 도입하여 중화학 제품의 고부가가치화를 추진하게 되는 배경이 된다. 우리의 산업전략은 기존 우리의 강점인 'Big5'의 제조 역량과 첨단 기술을 결합하여 경쟁국가와의 격차를 벌리는 것이다. 예를 들면, 조선에서 기존 중추적 역할을 했던 대용량 콘테이너운반선에서 LNG운반선으로 전환하는 것이다. 이때 많은 첨단 기술 중, 특히 ICT(정보통신), NT(nano), BT(bio), ST(space), ET(environment) 등의 기술에 관심이 집중되었다. 특히 ICT는 이미 우리가 잘하고 있는 분야여서 ICT를 활용한 첨단 제품이 국제경쟁력을 갖게 되어 수출을 주도하게 된다. ICT와 결합된 기존의 제품은 'smart'라는 별칭을 갖게 되는데, smart phone, smart car, smart ship, smart building 등이다. 그리고 비행기, 로켓, 인공위성 등의 국산화를 가능하게 만든 ST(우주항공기술)는 정밀기계기술과 결합되어 현재 방위산업 제품의 국제경쟁력을 높이고 있다.

산업전략의 변화에 따라 인력개발 측면에서도 첨단 기술을 개발하고 현장에서 활용하는 인력 양성이 중요한 과제로 등장한다. 이 기술 인력은 일본식 표현으로는 '실무 엔지니어'이고, 우리식 표현으로는 '실천공학 기술자'인데, 영어로는

'practical engineer'이다. 그냥 엔지니어와의 차이점은 실무 엔지니어는 제품과 공정의 설계도 일부 담당하지만, 생산 현장에서 기술을 직접 운영하면서 공정의 개선, 생산기술인력(technician)의 훈련과 지도를 담당한다는 점이다. 즉, 실무 엔지니어의 작업 장소는 책상이 아니라, 생산 현장이다. 이러한 핵심 기술인력의 관점 전환은 직업능력개발의 대전환을 요구한다. 무엇보다도 엔지니어의 공급 주체인 4년제 공학 대학에서는 실습(practice)이 강화되어야 한다. 필자는 2,000년대 초부터 '한국기술교육대학교'의 교수로 일하고 있었는데, 이 대학에서는 공학 교과 과정이 "이론 50과 실습 50"으로 구성되어 있었고, 교육 목표 자체가 실천공학기술자 양성이었다. 이 교육모델은 높은 취업률과 기업의 좋은 평판으로 귀결되었고, 이후 많은 공과 대학이 벤치마킹하는 교육모델로 자리 잡게 된다.

한편 첨단 기술인력의 수요가 커지면서 공업계 고등학교와 공학 대학의 중간에 위치하고 있던 2년제 전문대학의 위상이 애매하게 된다. 즉, 전문대학의 교육 목표인 중간기술자의 역할이 축소되는 기술 변화가 진행된 것이다. 전문대학은 '심화형' 과정을 도입해 기술의 이론적 측면을 강화하는 한편, 현장 기술인력의 현장성을 강화하려는 실습을 확대하는 방향으로 변화의 노력을 하고 있다. 공공 전문대학인 폴리텍은 ICT는 물론, 로봇, AI와 Big data, 반도체, 배터리 등 첨단기술 및 융합기술교육으로 전환하고 있다. 한편 정부는 직업계 고등학교 기술교육의 업그레이드를 위해 분야별로 특화된 '마이스터교'를 지정하고 투자를 확대하고 있다. 예를 들면, 에너지, 스마트팩토리, 로봇, 소프트웨어, 반도체, 자동차, 전기 등의 분야에서 마이스터교가 운영되고 있다. 민간 직업훈련기관의 경우에도 교육생 확보라는 시장 압박(market pressure)에 따라 점차 첨단 기술교육의 비중이 커지고 있다. 물론 이 시대에 첨단기술, 혹은 원천기술 자체를 개발하는 R&D 기술인력의 중요성은 다시 강조할 필요가 없다. 이러한 전방위적인 기술교육의 혁신으로 우리나라 기술주도산업의 경쟁력이 유지되고 있는 것으로 평가될 수 있다.

우리나라는 이 시기의 마지막에 해당되는 2016년에 드디어 1인당 GDP가 $30,000를 돌파하게 된다. 이로써 우리나라는 1960~1980년대의 개발도상국 시대, 1990~2010년대 신흥 성장국 시대를 거쳐 2010년대 후반에는 드디어 선진국 반열에 오르게 된다. 이는 제2차 세계대전 이후 인구 5,000만 명이 넘는 국가에서

빠른 경제 성장('압축성장')을 통해 세계 최빈국에서 60여년 만에 선진국으로 도약한 전무후무한 성과이다. 필자는 이 시대 전체를 같이 살면서 목격한 행운과 더불어, 여기에 조금이라도 기여했다는 자부심이 있는데, 이는 동시대 우리 국민 전체의 자부심이다.

이 시기에 시작되어 우리나라 인적자원개발 측면에서 중요한 역할을 하고 있고, 많은 개도국이 벤치마킹하고 있는 3가지 HRD 정책에 주목할 필요가 있다. 첫째는 '직업훈련 콘소시움' 사업이다. 첨단기술이 발전하면서 기업간 기술격차가 커지고, 이는 노동시장에서 기업 규모간 임금 격차로 나타나고 있다. 노동시장의 이중구조를 완화하기 위해서는 무엇보다도 대기업과 중소기업의 기술격차를 좁혀야 하는데, 중소기업 근로자의 직업능력 개발이 핵심 과제이다. 그러나 중소기업은 훈련에 필요한 시설, 비용, 시간 등의 측면에서 여력이 부족하여 근로자에게 직업훈련 기회를 제공하지 못하고 있는 것이 현실이다. 이를 해결하기 위해 정부는 '대중소기업 직업훈련 콘소시움' 사업을 추진하게 되는데 이 직업훈련 모델은 OECD 보고서에 언급될 정도로 성과를 거두고 있다고 평가된다. 콘소시움은 대기업의 리더십과 TVET 전문기관(대학, 대기업훈련원 등)의 전문성, 그리고 정부의 재정 지원을 결합한 일종의 '훈련플랫폼'으로 중소기업의 참여를 촉진하는 돌파구를 제공하고 있다.

둘째는 '일학습병행' 사업이다. 독일식 이중훈련(dual training)은 학교와 작업현장이라는 2개의 장소에서 학교와 기업이라는 2개의 훈련 주체가 각자의 장점을 교육생에게 제공하여 직업교육훈련의 현장성과 효과성을 제고한다. 이때 이중(dual)이라는 표현은 바로 '2개가 동시 작용함'을 의미한다. 우리나라에서도 여러 차례 독일 모델을 벤치마킹하여 이중훈련을 실시한 적이 있으나, '학생'에게 '일을 시킨다'라는 비판으로 실패한 바 있다. 그래서 일학생병행제도는 참여 학생에게 '학습근로자'의 지위를 부여하고 있고, 기업은 제반 근로기준(임금, 근로시간 등)을 준수해야 한다. 노동력이 부족한 중소기업은 학습근로자를 모집하여 '일과 학습을 병행'하면 정부의 재정 지원을 받을 수 있고, 학습근로자의 직업능력 향상에 따른 생산성 증대는 물론, 장기간 노동력을 확보할 수 있다는 장점이 있다. 실제로 중소기업 학습근로자의 대부분이 사업 종료 후 그 기업에 정착하고 있음은 이 사업의 효과성을 입증한다.

셋째는 '국가직무능력표준'(National Competency Standards: NCS)의 도입이다. 기술 발전이 전 산업 분야에서 급속히 이루어지면서 기존의 국가기술자격의 현장성이 약화되었고, 효용성(즉, 자격의 시장가치)도 하락하게 되었다. 2,000년대 초반 정부는 국가기술자격의 혁신을 위해 NCS를 도입하는데, 이때 영국과 호주의 국가직업표준(NOS)이 벤치마킹 모델이다. NCS는 공공(정부 재정의 지원을 받는다는 측면에서) 직업교육과 직업훈련에 적용되기 시작하여 대부분의 TVET 기관과 특화 직업훈련사업(콘소시움이나 일학습병행 등)으로 확산되었고, 기존 국가기술자격의 업그레이드에 기여하고 있다. 현재 약 1,000여 개 이상의 NCS 세분류 종목이 개발되었고, 여기에 포함된 역량 단위(unit of competency)는 약 12,000여 개에 이르고 있다. 필자는 2,000년대 초반 한국산업인력공단 부설기관인 중앙고용정보원(현재는 '한국고용정보원')의 원장이었는데, 정부로부터 NCS 모델과 시범 종목의 개발을 의뢰받고, '한국형 NCS 모형' 개발과 더불어 현장성이 높은 시범 종목을 개발한 바 있다. 우리나라 제1호 NCS 종목은 '용접(welding)'이다. 그러나 최근 NCS 조차도 기술 발전의 속도를 따라가지 못한다는 비판과 더불어, 특히 AI 활용도(가령 GPT 등)가 커지면서 국가가 직업이나 직무의 표준을 정할 필요가 있는가 등의 회의론도 커지고 있다. 산업 현장의 숙련기술(skill) 수요를 보다 정확히 반영하기 위해서는 산업계가 NCS 개발/보완을 주도해야 한다. 정부는 이를 위해 산업별 인적자원개발위원회(Industry Skills Council: ISC)와 지역별 인적자원개발위원회(Regional Skills Council: RSC)를 구성하여 재정 지원을 하고 있다. 그러나 산업계와 지자체의 소극적 대응으로 영국이나 호주에서와 같이 SC(Sector Council)의 적극적 역할은 기대하기 어려운 현실이다.

5. 제4차 산업혁명과 기후위기의 도래: 제언을 중심으로

2016년 세계경제포럼(WEF)의 회장인 클라우스 슈밥(Klaus Schwab)이 인공지능과 빅데이터, 로봇, 유전공학 등의 신기술에 힘입은 산업변화를 '제4차 산업혁명(Fourth Industrial Revolution)'이라고 명명한 이후, 인류의 운명에 큰 변화를 초래하는 메가트렌드의 하나로 인식되고 있다. 또한 지구온난화 등 기후위기도 이제는 전망이 아니라, 현실이 되면서 이에 대응하는 저탄소 산업전략 역시 또 하나의 메가트렌드로 자리 잡고 있다. 우리나라의 경우 이 두 메가트렌드와 함께 국내적으로는 인구절벽과 사회 이중구조라는 또 다른 위기가 심화되고 있는 상황이다. 이는 모두 현재 및 미래 진행형이기 때문에 '회고'의 시간은 없고, 다만 '제언'이 가능하다. 필자는 최근 한국산업인력공단의 이사장으로 근무하면서 이러한 메가트렌드에 대한 장기 인적자원개발 전략을 수립하고 시행한 경험이 있다. 본고는 우리가 직면하고 있는 복합 위기에 대응한 인적자원개발 전략에 초점을 두고 몇 가지 제언으로 결론을 갈음한다.

우선 신기술에 대응한 HRD 전략은 앞의 기술주도 시대와 크게 다르지 않다. 신기술이 요구하는 숙련기술의 내용을 파악하여 교육훈련에 적용하면 된다. 그러나 신기술의 전파 속도가 매우 빠르기 때문에, 기존의 재직 근로자 역시 직무역량 향상을 위한 훈련('up-skilling')이 필요하다. 특히 중소기업의 근로자는 이러한 기회가 부족하기 때문에 '대중소기업 콘소시움' 형태의 직업훈련이 역시 좋은 대안이다. 현재 재정 지원으로 시행되고 있는 Digital Training Platform('DTP'), 첨단산업 훈련콘소시움 등이 더욱 확산되어야 할 것이다. 한편 최근(2022년) 생성형 AI(GPT)가 상용화되면서 교육훈련의 내용과 방법에 일대 혁신이 요구되고 있다. 무엇보다도 AI 리터러시가 요구된다. 특히 GPT를 교육훈련에 활용하면, 개인 맞춤형 훈련이 가능해진다. 이는 AI가 축적된 훈련 데이터로 '교육훈련 플랫폼'을 구성할 수 있고, 개인은 여기에서 본인의 직무역량에 대한 진단과 더불어 자신에게 적합한 훈련 처방을 받을 수 있다. 따라서 기존의 집단 교육훈련을 대체할 수 있는 개인별 프로젝트학습(Project Based Learning: PBL)이 필요하고, 이를 지원해 주는 'AI Teacher' 개발이 필요하다.

다음으로 신기술 확산과 더불어 기후위기에 대응한 저탄소 산업전략은 산업 현장의 직무 전환을 요구한다. 대표적 사례가 전기자동차이고, 이것이 AI와 결합되면 자율자동차, 즉 '운전 로봇(driving robot)'이다. 전기자동차의 동력은 배터리이므로 자동차 부품의 상당수가 필요 없게 된다. 따라서 자동차의 제조, 수리에 상당한 직무 구조의 변화가 예상된다. 즉, 노동력의 양적, 질적 측면 모두 '노동전환'(ILO의 '정의로운 전환')이 필요하게 되고, 이는 숙련기술의 전환(re-skilling)으로 귀결된다. 산업전환 및 노동전환은 산업 단위로 진행되기 때문에, 이에 대한 대응도 산업 단위로 이루어져야 효과가 크다. 이러한 측면에서도 산업별 직업훈련 콘소시움은 역시 중요하다.

마지막으로 우리 사회의 인구절벽은 그동안 진행되어 온 사회 이중구조의 결과이다. 대기업과 중소기업 종사자의 소득 격차, 부동산 소유 여부에 따른 자산 격차가 커지면서, 상위 계층에 진입하지 못한 청년이 독립 가정을 갖게 어렵게 되어 인구절벽이란 현상이 나타나고 있다. 1960년대 이후 산업화 시대에는 '교육 격차'가 우리 사회 이중구조의 가장 중요한 요인이었다. 그러나 현재 교육 격차는 크게 완화된 반면, 오히려 자산의 대물림으로 격차 자체가 구조화되고 있다. 이러한 상황에서 인적자원개발이라는 수단은 큰 한계를 노정한다. 즉, 개인이 교육훈련을 열심히 하면, 계층의 상향 이동이 가능해진다는 산업화 시대의 '성공 신화'는 더 이상 작동하지 않는 것처럼 보인다. 그럼에도 불구하고, 이중구조 해소를 위한 인적자원개발 전략은 여전히 중요하고 필요하다. 중소기업 근로자는 신기술을 습득해야 생존할 수 있을 뿐더러 앞으로 나아갈 수도 있다. 이를 위해 앞에서 제언한 직업훈련 콘소시움의 틀을 이용해도 되고, 특히 중소기업 근로자의 훈련 참여 유인(incentive)을 높여야 한다. 가령 공공주택 분양에서 중소기업 재직 기간, 훈련 기간, 자격 취득 등에 가점을 주는 방안 등이다. 실업 혹은 잠재적 실업 상태에 있는 청년에 대해서는 4차 산업혁명과 AI가 요구하는 숙련기술에 대한 교육훈련 기회를 대폭 확대하고, 참여하는 청년에 대한 유인 역시 높여야 한다.

저자 소개

이진구

이진구 교수는 고려대학교 교육학과를 졸업하고 펜실베니아 주립대학교에서 HRD/OD 전공으로 박사학위를 받았다. 삼성카드 인력개발팀을 거쳐 KT&G 인재개발원과 인사혁신팀에서 근무하면서 13년간 HR 현장을 경험하였고 2012년부터 현재까지 한국기술교육대학교 테크노인력개발전문대학원의 인력개발 전공 교수로 재직하고 있다, 기업을 대상으로 인력개발 및 조직개발에 대한 강의와 컨설팅을 수행하면서 국가 직업능력개발 체계를 발전시키는 일에도 헌신하고 있다.

오계택

오계택 박사는 성균관대학교 사회학과를 졸업하고 위스컨신 주립대에서 Industrial Relations 전공으로 박사학위를 받았다. 한국노동연구원 부연구위원, 중앙대학교 경영대학 조교수, 한국직업능력개발원 부연구위원을 거쳐 2015년부터 현재까지 한국노동연구원에서 근무하고 있고, 임금직무혁신센터 소장, 기획조정실장, 노사관계연구본부장 등을 역임하였다. 정부의 고용 및 노동 관련 정책 연구 및 자문 등을 하고 있으며, 주로 고용노동부의 정책 연구 및 자문을 하고 있지만 기획재정부의 직무급 정책과 교육부의 직업교육 정책 등에도 자문을 하고 있으며 경제사회노동위원회, 국민통합위원회 등 각종 대통령 직속 위원회에도 전문위원으로 참여하고 있다.

고혜원

고혜원 원장은 이화여자대학교 정치외교학과 학부 및 대학원을 졸업하고, 행정학과에서 공공정책 전공으로 박사학위를 받았다. 국무총리 산하 정부출연연구기관인 한국직업능력연구원에서 27년간 기업과 근로자, 여성 및 취약계층의 직업훈련정책을 주로 연구하여 왔고, 2024년 3월부터는 원장으로 재직하고 있다. 고용노동부 정책자문위원회 및 고용정책심의위원회, 고용보험위원회 위원, 중앙노동위원회 공익위원, 세계은행 컨설턴트 등으로 활동하고 있거나 활동하였다. 현재 한국직업능력연구원의 원장으로서 국가 전체의 역동적 경제와 행복한 사회를 만드는 직업능력개발 정책 연구에 노력하고 있다.

장신철

1992년부터 노동부에서 근무 후 현재 한국기술교육대학교 고용서비스정책학과 교수로 재직하고 있다. 서울대학교 사회복지학과, 일리노이대(어바나－샴페인) 노사관계대학원, 한국기술교육대학교 HRD 대학원을 졸업하였으며, 행정고시 34회에 합격하여 공직에 입문하였다. 노동부 재직 시 고용보험, 국민내일배움카드, 취업성공패키지사업, 일학습병행제 등 각종 제도의 설계에 참여하였고, 노동부 고용서비스국장, 대통령비서실 선임행정관, 직업능력정책국장, 서울고용노동청장, 일자리위원회 부단장, 중앙노동위원회 사무처장 등을 역임하였다.

이문수

이문수 교수는 한양대학교 산업공학과를 졸업하고 텍사스 A&M대학교에서 산업시스템공학 전공으로 석사 및 박사학위를 받았다. 삼성전자 메카트로닉스연구소 선행연구개발팀에 근무하면서 생산시스템운영관련 현장을 경험하였고 2006년부터 현재까지 한국기술교육대학교 산업경영학부 기술경영전공 교수로 재직하고 있다. 기업의 생산시스템 및 조직운영 효율화를 위한 다양한 방법론에 관심을 갖고 연구 및 컨설팅을 진행하였으며, 국가 직업능력개발분야의 다양한 경험을 바탕으로 우리나라 직업능력개발체계를 효율적, 효과적으로 개선하는 연구도 적극적으로 수행하고 있다.

이수경

이수경 박사는 Virginia Tech에서 교육공학을 전공하여 박사 학위(Ph.D.)를 취득했으며, 서울대학교 특별연구원을 거쳐 1997년에 한국직업능력연구원 창립 멤버로 입사하여, 현재까지 연구원에서 인적자원개발, 직업교육훈련, 기업교육, 교수학습 방법 관련 정책·현장·기초 연구를 수행해오고 있다. 정책 연구를 통해 1998년도에 고용노동부 원격훈련제도를 출범시킨 바 있다. 이후에도 직업훈련기관평가제도, 직업훈련방송사업, 최근에는 K－digital Training 사업, 미래내일 일경험 사업에 이르기까지 고용노동부의 주요 정책 설계자로 활동해 오고 있다. 연세대, 이화여자대학교에서 기업교육, 교육공학 등에 대한 강의를 해왔으며, 한양대, 세종대에서 겸임 교수를 역임한 바 있다.

전승환

전승환 박사는 성균관대학교 경영학과를 졸업하고 서울대학교에서 직업교육훈련 전공으로 석사 및 박사학위를 받았다. 한국전문대학교육협의회 등에 근무하면서 다년간 직업교육훈련과 관련된 다양한 연구경험을 보유하고 있으며, 2014년부터 현재까지 한국직업능력연구원의 선임연구위원으로 재직하고 있다. 현재는 한국직업능력연구원의 자격연구센터장으로서 국가기술자격제도는 물론 개별법 국가자격 및 민간자격에 이르기까지 자격제도와 관련된 폭넓은 연구·사업을 수행하고 있다.

정동열

정동열 교수는 서울대학교 농산업교육과를 졸업하고 동대학원에서 직업교육전공으로 박사학위를 받았다. 한국고용정보원에서 청년고용정책과 고용서비스 관련 연구를 수행하였고, 2019년부터 현재까지 한국공학대학교 기업인재대학의 디지털경영학과 교수로 재직하고 있다. 직업능력개발과 역량체계에 대한 정책 연구 수행뿐만 아니라, 대학에서 K－Digital 훈련원장, 중소기업훈련지원센터장, 일학습병행제공동훈련센터장 등을 역임하면서 제도 설계와 현장 안착을 통한 직업능력개발 선진화에 헌신하고 있다.

김봄이

김봄이 박사는 숙명여자대학교 정보방송학과를 졸업하고 동 대학원에서 경영학(인사관리) 전공으로 석사 및 박사학위를 받았다. 2014년부터 현재까지 한국직업능력연구원의 선임연구위원으로 재직하고 있다. 현재는 직업훈련·청년 관련 다양한 연구·사업을 수행하고 있다.

김주섭

김주섭 박사는 한양대학교 경제학과를 졸업하고 아이오아 주립대학교에서 노동경제학 전공으로 박사학위를 받았다. 한국직업능력개발원(현 한국직업능력연구원)을 거쳐 2001년 3월부터 2023년 12월까지는 한국노동연구원에서 주로 고용정책과 직업능력개발정책 연구를 수행해 왔으며, 성균관대학교, 국민대학교, 한국기술교육대학교, 건국대학교, 고려대학교 등에서 노동경제학, 노사관계론, 경제원론 등을 강의한 바 있다. 2020년부터 2022년까지는 한국직업자격학회 회장을 역임하였으며, 현재는 한국직업자격학회 고문, 시앤피 컨설팅 고문으로 연구와 정책자문 역할을 구준히 수행하고 있다.

직업능력개발훈련의 이해

초판발행   2025년 2월 28일

지은이   이진구 · 오계택 · 고혜원 · 장신철 · 이문수 · 이수경 · 전승환 · 정동열 · 김봄이 · 김주섭
펴낸이   노   현

편 집   탁종민
기획/마케팅   허승훈
표지디자인   BEN STORY
제 작   고철민 · 김원표

펴낸곳   ㈜ 피와이메이트
              서울특별시 금천구 가산디지털2로 53, 210호(가산동, 한라시그마밸리)
              등록 2014. 2. 12. 제2018-000080호
전 화   02)733-6771
f a x   02)736-4818
e-mail   pys@pybook.co.kr
homepage   www.pybook.co.kr
ISBN   979-11-7279-022-6   93370

정 가   23,000원

박영스토리는 박영사와 함께하는 브랜드입니다.